Neue

Kleine Bibliothek 348

W0392141

Arbeitsgruppe Alternative Wirtschaftspolitik

MEMORANDUM 2025

Mehr Demokratie – Weniger Kapitalmacht!

PapyRossa Verlag

© 2025 by PapyRossa Verlags GmbH & Co. KG
Luxemburger Str. 202, D-50937 Köln

Tel.: +49 (0) 221 – 44 85 45
Fax: +49 (0) 221 – 44 43 05
E-Mail: mail@papyrossa.de
Internet: www.papyrossa.de

Alle Rechte vorbehalten

Grafiken: Grafikdesign Susanne Weigelt, Leipzig
Druck: Interpress, Budapest

Die Deutsche Nationalbibliothek verzeichnet diese Publikation in der Deutschen Nationalbibliografie; detaillierte bibliografische Daten sind im Internet über http://dnb.d-nb.de abrufbar.

ISBN 978-3-89438-849-2

Inhalt

I. Kurzfassung des MEMORANDUM

Mehr Demokratie – Weniger Kapitalmacht!

1 50 Jahre *Arbeitsgruppe Alternative Wirtschaftspolitik*

1.1 Ökonomischer Ausgangspunkt für die Gründung

Das Jubiläum, also das 50. Jahr seit Gründung der *Arbeitsgruppe Alternative Wirtschaftspolitik* fällt in eine Zeit der Mehrfachkrisen, der ökonomischen, ökologischen und politischen Umbrüche und großer Verunsicherung. Weltweit reagieren Regierungen, (Kapital-)Eliten wie auch das Wahlvolk darauf mit einem Rechtsruck – mit Nationalismus, Protektionismus, der Aufkündigung solidarischer Hilfsprogramme und sozialer Ausgrenzung. Auch in Deutschland besteht diese Gefahr. Erinnerungen an die Gründung der Arbeitsgruppe werden wach. Diese fiel ebenfalls in eine Phase der Verwerfungen. Nach den »goldenen« sechziger Jahren zeigte sich die Krisenhaftigkeit des Kapitalismus sehr deutlich.

Im Herbst 1973 sorgte ein massiver externer Schock für eine weltweite Wirtschaftskrise. In einem Krieg zwischen einigen arabischen Staaten und Israel wurde von den arabischen OPEC-Staaten der Öl-Export als Druckmittel eingesetzt. Es kam zu Förderkürzungen und Preiserhöhungen gegenüber Staaten, die Israel unterstützten. Nach dem jahrelangen Nachkriegsaufschwung wird die Situation als tiefer Schock wahrgenommen. Aus der heutigen Perspektive betrachtet war es keine besonders schwere Rezession. Die Wirtschaftsleistung ging nur im Jahr 1975, und auch nur um 0,9 Prozent zurück.

In Anbetracht der schweren Krise begannen sich auch die ökonomischen Diskurse zu verschieben. Leitlinie der herrschenden Lehre war bis zu diesem Zeitpunkt eine keynesianisch geprägte Globalsteuerung. Immer mehr Stimmen in den Wirtschaftswissenschaften vollzogen einen Kurswechsel hin zu einer neoklassischen Ausrichtung, die später, eingebettet in eine umfassende politische Ideologie, als neoliberal etikettiert wurde.

Es blieb nicht bei Reaktionen in der Wirtschaftswissenschaft. Auch die Politik begann, wenn auch zunächst noch zögerlich, umzuschwenken. Der damalige Bundeskanzler Helmut Schmidt (SPD) prägte die eingängige Formel: »Die Gewinne von heute sind die Investitionen von morgen und die Arbeitsplätze von übermorgen«. Die Mehrung der Profite war damit faktisch zum primären Staatsziel erkoren worden.

1.2 Wirtschaftliche Entwicklung in den letzten 50 Jahren

Anfang der achtziger Jahre nahm die neoliberale Wende dann richtig Fahrt auf. In der Bundesrepublik regierte Bundeskanzler Helmut Kohl (CDU) und propagierte eine »geistig moralische Wende«. Er sollte das Land sechzehn Jahre lang mit einem marktradikalen Kurs prägen, auch wenn dieser nicht so konsequent durchgezogen wurde wie in den angelsächsischen Ländern. In Großbritannien wurde Margaret Thatcher Premierministerin. Sie prägte den Begriff TINA: There ist no alternative! TINA wurde zur gängigen Kurzformel für eine entsprechende Politik im Interesse des Kapitals. In den USA prägte zu dieser Zeit Ronald Reagan mit seinen Reagonomics den politischen Kurs. Er war am wenigsten einer strengen Austeritätspolitik verpflichtet. Zwar war er propagandistisch stramm auf Linie und trieb sowohl den Abbau der Sozialsysteme als auch die Deregulierung der Wirtschaft voran. Auch Steuererleichterungen gehörten zu seinem Credo. Doch gleichzeitig betrieb er mit kräftiger Aufrüstung eher eine expansionistische Politik, die man auch als Rüstungs-Keynesianismus bezeichnen könnte. Finanziert wurde das Ganze durch Kreditaufnahme.

Die achtziger Jahre waren die Zeit der beginnenden Globalisierung. Die weltweiten Exporte stiegen viel schneller als die weltweite Wirtschaftsleistung. Die Ursachen waren vielfältig: die neue Wirtschaftsordnung mit flexiblen Wechselkursen, die Handelsliberalisierung, der Washington Consensus zwang viele Staaten zur Öffnung für den Weltmarkt, die immer stärker deregulierten Finanzmärkte ermöglichten internationale Spekulationsgeschäfte. Gleichzeitig erleichterten technische Innovationen in EDV und Verkehrswesen den Warenaustausch.

Die neunziger Jahre begannen mit dem Zusammenbruch der realsozialistischen Länder. Für die weltweite Entwicklung bedeutete dies eine kapitalistische Landnahme. Die wirtschaftliche Lage in Deutschland wurde durch die Strukturprobleme in Ostdeutschland und schwere Fehler im Vereinigungsprozess belastet. Der dadurch verursachte Zusammenbruch der ostdeutschen Wirtschaft führte in den »Neuen Bundesländern« u. a. zu einer Arbeitslosenquote von fast 18 % im Jahr 2000.

Die zweite Hälfte der neunziger Jahre war von einem einzigartigen Boom geprägt. Technologische Durchbrüche in der Mikroelektronik und der Telekommunikation revolutionierten die Produktionsweise. Es war die Geburtsstunde des Internets und des Handys als weit verbreitete Technik. Die technologischen Veränderungen trieben die »New Economy« an. Die Börsenkurse entsprechender Unternehmen gingen durch die Decke, die Märkte waren wie im Fieberrausch.

Den abhängig Beschäftigten nutzte dieser Boom wenig. Fast 4 Millionen Menschen waren arbeitslos. Bundeskanzler Schröder (SPD) behauptete, er könne mit einer »Agenda 2010« die Arbeitslosigkeit senken, indem er mit neoliberalen Maßnahmen Arbeitnehmerrechte abbaute, einen Niedriglohnsektor schuf und Arbeitslose unter Druck setzte. Das Gegenteil trat ein: die Arbeitslosigkeit sank nicht, aber die Lebensbedingungen der abhängig Beschäftigten verschlechterten sich.

Auch der »New Economy-Boom« hielt nicht an. Im Frühjahr des Jahres 2000 platzte die Dotcom-Blase. Doch sehr schnell setzte vor allem in den USA die Erholung ein. Vor allem die US-Notenbank trieb die Konjunktur mit einer extrem expansiven Geldpolitik. Wenige Jahre danach platzte dann die US-amerikanische Immobilienblase. Die Spekulationsgeschäfte mit Wertpapieren auf der Basis krisenanfälliger Kredite brachen zusammen. Es kam zu einer schweren weltweiten Finanz- und Wirtschaftskrise. Zeitweise drohten die Weltfinanzmärkte zusammenzubrechen. Banken liehen sich gegenseitig kein Geld mehr. Die Weltwirtschaft stand vor dem Kollaps. Eine Situation, die es seit 1929 nicht mehr gegeben hatte und diesmal nach mancher Einschätzung sogar noch schlimmer war.

Nur durch ein beherztes, international abgestimmtes Eingreifen der Notenbanken, die die Märkte mit Liquidität fluteten, gewaltigen Bankenrettungspaketen (in Deutschland wurden quasi über Nacht 780 Milliarden Euro bereitgestellt) und große Konjunkturprogramme in vielen Ländern konnte der Absturz verhindert werden. Von einer neoliberalen Agenda war in diesen Tagen kaum noch etwas zu spüren. Wenn es ernst wurde, hatte sie keine Lösungen anzubieten. Eine solche Krise war nur möglich, weil lange vorher deregulierte, enthemmte Finanzmärkte frei agieren konnten.

Danach kehrte für ein paar Jahre Ruhe in Form einer längeren Prosperitätsperiode, allerdings mit eher verhaltenen Wachstumsraten, ein. Ab 2020 begann die Zeit der Mehrfachkrisen, die bis heute andauert. Es begann mit der Corona-Pandemie, die das öffentliche und wirtschaftliche Leben lahmlegte. Als die direkten Folgen der Pandemie mit den Impfungen abflauten, fehlten überall Zulieferteile und Material. Die Industrie konnte nur eingeschränkt produzieren. Dann erfolgten der Angriff Russlands auf die Ukraine und die westlichen Sanktionen gegen Russland. Die Inflation stieg kräftig an. Zeitgleich wurden die Folgen der weltweiten Umweltkrise immer greifbarer. Politisch sind rechtsradikale Kräfte in vielen Ländern auf dem Vormarsch und sorgen für weitere Verunsicherung. Als Folge dieser Mehrfachkrisen verharrt Deutschland in der Stagnation.

Wenn es das erklärte Ziel des Paradigmenwechsels in den siebziger Jahren gewesen sein sollte (was oft so proklamiert wurde), die Wachstumsdynamik vorheriger Dekaden durch Steigerung der Profite wieder zu erreichen, so ist diese Idee gescheitert. Zwar gab es ab 1976 noch ein paar wenige Jahre mit einem Wachstum von deutlich über vier Prozent, doch nach 1990 fand das ein Ende. Der langfristige Wachstumstrend zeigt eindeutig leicht abwärts. Auch Kriseneinbrüche wurden mit der Austeritätspolitik nicht verhindert, sondern vertieft.

1.3 Abbild der Ereignisse im Spiegel der MEMORANDEN

Das erste MEMORANDUM erschien 1975 unter dem Titel »Für eine wirksame und soziale Wirtschaftspolitik, Memorandum von Wirtschaftswissenschaftlern«. Der Dreiklang aus einem Ausbau (bzw. mindestens einem Erhalt) der sozialen Sicherungssysteme einschließlich verbesserter Regulierungen vor allem des Arbeitsmarktes, Arbeitszeitverkürzung und einem Ausgaben- und Investitionsprogramm prägte schon das erste MEMORANDUM. Der erste Bereich sollte durch höhere Realeinkommen die abhängig Beschäftigten am gesamtgesellschaftlichen Wohlstand beteiligen und die Nachfrage stärken. Mit der Arbeitszeitverkürzung sollte neben dem Abbau der Arbeitslosigkeit auch die allgemeine Lebensqualität verbessert und die Gleichstellung der Geschlechter vorangetrieben werden. Diese beiden Forderungen wurden schon seit den ersten MEMORANDEN ausführlich ausbuchstabiert. Der dritte Bereich, das Investitionsprogramm, wurde mit der Zeit zunehmend klarer. Ein großer Schritt dazu war das im MEMORANDUM 84 ausgeführte »Sofortprogramm zur Schaffung von Arbeitsplätzen durch qualitatives Wachstum«. Aus heutiger Sicht fiel der Umfang, damals noch als Gigantonomie verteufelt, noch relativ bescheiden aus. 30 Milliarden DM sollten dafür bereitgestellt werden.

Schon drei Jahre später wurden die Forderungen erheblich erweitert. Die umfangreichen Umweltschäden wurden analysiert, auch ihre erheblichen finanziellen Kosten bewertet und eine konsequente Politik zur Verbesserung der Umweltqualität in das Sofortprogramm aufgenommen. Das Programm hatte schließlich (über die Laufzeit von 15 Jahren) ein Volumen von insgesamt 658 Milliarden DM. Für dieses Programm wurden auch die dazugehörigen Beschäftigungseffekte beziffert. Danach wären mit diesem Programm jährlich fast 700.000 Arbeitsplätze neu entstanden.

Im MEMORANDUM 2001 erfolgte eine grundsätzliche Neujustierung für ein öffentliches Investitionsprogramm. Von einem Sofortprogramm konnte inzwischen keine Rede mehr sein. Ein jahrelanger Kahlschlag bei den öffentlichen Investitionen hatte zu einem dramatischen Verfall der öffentlichen Infrastruktur geführt. Gefordert wurde ein Investitionsprogramm für mehr Beschäftigung im Volumen von zusätzlich 150 Milliarden DM jährlich.

Insgesamt umfasste das Programm im Jahr 2014 jährliche Mehrausgaben von 100 Milliarden Euro. Sie verteilten sich auf die Bereiche Bildung (25 Milliarden Euro), Verkehrsinfrastruktur (10 Milliarden

Euro), kommunale Ausgaben (10 Milliarden Euro), Energetische Gebäudesanierung (5 Milliarden Euro), lokale Pflegeinfrastruktur (20 Milliarden Euro) und Arbeitsmarkt (30 Milliarden Euro). Bis heute gehört ein Ausgaben- und Investitionsprogramm notwendigerweise zu den grundlegenden Forderungen alternativer Wirtschaftspolitik.

Ein anderes Thema, welches zwar nicht in allen MEMORANDEN, aber doch relativ häufig in den letzten 50 Jahren bearbeitet werden musste, waren Krisen in strukturprägenden Industriebranchen der deutschen Wirtschaft. Krisen in nicht industriellen Branchen waren dagegen nicht so stark im Fokus der Arbeitsgruppe. Die Krise des Einzelhandels – obwohl ebenfalls eine beschäftigungsstarke Branche – wurde beispielsweise nicht in einem ähnlichen Umfang bearbeitet wie solche in den großen Industriebranchen.

In den letzten Jahren hat sich die Lage dramatisch verändert. Es geht nicht mehr um einzelne Branchen, sondern der Industriestandort Deutschland steht insgesamt unter Druck. Die Industrie ist gefordert, die ökologische Transformation zu meistern. Das Ganze in einem schwierigen konjunkturellen Umfeld und mit einem zunehmenden internationalen Wettbewerbsdruck, vor allem durch die wachsende Konkurrenz chinesischer Unternehmen. Von einer langfristig zunehmenden oder zumindest stabilen Nachfrage nach Industrieprodukten in Deutschland oder Europa ist nicht zwangsläufig auszugehen. Das ist eine sehr komplexe und herausfordernde Situation. Im MEMORANDUM 2022 wurde der Stand der Transformation und Voraussetzungen ihres Gelingens auf der Basis von drei großen Branchen, der Chemischen Industrie, der Stahlindustrie und der Automobilindustrie, betrachtet.

Die Umstellung wird nicht als rein technischer, sondern als gesellschaftlicher Prozess gesehen. Dabei komme es auf alle gesellschaftlichen Akteure an. Man könne diese Aufgabe nicht an den Staat delegieren. Das Kapital, die Gewerkschaften zusammen mit den Belegschaften, die Zivilgesellschaft und die lokalen Strukturen vor Ort müssten mitziehen, damit die Transformation funktionieren kann. Der Staat stehe jedoch mit in der Verantwortung. Ohne einen starken Staat, der auch finanziell handlungsfähig ist, geht es nicht.

Die *Arbeitsgruppe Alternative Wirtschaftspolitik* hat in den 50 Jahren ihres Bestehens nicht nur viele Forderungen für öffentliche Ausgaben gestellt, sondern auch immer Vorschläge für eine realistische Finanzierung dieser Maßnahmen gemacht. Eine wichtige Finanzquelle für öffentliche Ausgaben ist die Kreditaufnahme. Zum einen ist sie für eine antizyklische Konjunkturpolitik in der Rezession notwendig (deficit spending), zum anderen für die Finanzierung öffentlicher Investitionen (»goldene Regel«). Diese Möglichkeit wurde in Deutschland 2009 mit der in den Verfassungsrang erhobenen Schuldenbremse eingeschränkt. Die *Arbeitsgruppe Alternative Wirtschaftspolitik* hatte dieses Vorhaben schon im MEMORANDUM 2008, fast als einzige kritische Stimme, heftig kritisiert.

Schon in den achtziger und neunziger Jahren des vorigen Jahrhunderts gab es diverse Fehlentwicklungen in der Steuergesetzgebung. Einen besonders großen Einschnitt stellte jedoch die Steuerreform der rot-grünen Bundesregierung ab 1999 dar. Im Zentrum stand die Förderung von Gewinn- und Kapitaleinkommen. Das wurde im MEMORANDUM 2000 heftig kritisiert. Begründet wurde diese Politik damit, dass mit den Steuerentlastungen Investitionen der Unternehmen gefördert werden sollten. Es war ein Paradebeispiel dafür, dass die einfache Rechnung »Entlastung der Unternehmen = mehr Unternehmensinvestitionen« nicht aufgehen muss. In den Jahren danach brachen die Bruttoanlageinvestitionen sogar dramatisch ein. Diese stark neoliberal geprägte Steuerpolitik hat in den Folgejahren die Staatsschulden nach oben getrieben.

Die steuerpolitischen Forderungen der *Arbeitsgruppe Alternative Wirtschaftspolitik* beinhalten dagegen einen gerechteren Einkommensteuertarif (Entlastung unten, Belastung oben), die Einführung (besser Wiedererhebung) einer Vermögensteuer, eine Finanztransaktionssteuer, eine Erhöhung der Körperschaftsteuer, die Weiterentwicklung der Gewerbesteuer zu einer Gemeindewirtschaftsteuer und die wirksamere Bekämpfung von Steuerflucht und Steuerhinterziehung.

In 50 Jahren entstand in den diversen MEMORANDEN und SONDERMEMORANDEN ein umfangreiches analytisches Werk mit dezidierten politischen Forderungen. Sie sind natürlich auch ein

Spiegel der ökonomischen Entwicklung und der sozialen Kämpfe in diesen Jahren.

1.4 *Hat sich die Arbeit gelohnt? Bilanz der* Arbeitsgruppe Alternative Wirtschaftspolitik

Die aktuelle Debatte um den Industriestandort Deutschland fühlt sich an wie eine Zeitreise: »Die Löhne sind zu hoch«, »Die Bürokratie erstickt alle Aktivitäten«, »Die viel zu hohen Steuern und Sozialabgaben sind unattraktiv« und »Die Energiepreise hemmen die Produktion in Deutschland«. »Argumente«, mit denen schon in den siebziger Jahren für die neoliberale Wende geworben wurde. War das Engagement der *Arbeitsgruppe Alternative Wirtschaftspolitik* ein Kampf gegen Windmühlen?

Wenig Veränderungen hat es in den Debatten über die soziale Absicherung gegeben. Die aktuelle politische Diskussion über das Bürgergeld, mit dem sich »Sozialschmarotzer« ein schönes Leben auf Kosten der Allgemeinheit verschaffen würden, sind nur der zugespitzte Ausdruck davon. Es wird dabei völlig ausgeblendet, dass große Gruppen der Bürgergeldempfänger*innen beispielsweise Beschäftigte sind, die aufstocken müssen – oder Alleinerziehende. Auch die Pflege von Angehörigen spielt eine große Rolle. Es sind nur die üblichen Verfechter des Sozialstaats wie die Sozialverbände, die hier für eine andere Entwicklung streiten. Auch bei den zu geringen Renten und den Aufwendungen für die Krankenversicherung drehen sich die Diskussionen lediglich um zu hohe Kosten und Beiträge.

Etwas positiver sieht es auf dem Arbeitsmarkt aus. Der große Bereich von Niedriglöhnen und prekärer Beschäftigung, der vor allem in den »Agenda-Jahren« entstanden war, konnte etwas zurückgedrängt werden. Vor allem die Einführung des gesetzlichen Mindestlohns war ein großer Fortschritt, der für viele eine Verbesserung ihrer Lebenssituation gebracht hat. Auch der Gender Pay Gap konnte reduziert und die Frauenerwerbstätigkeit gesteigert werden. Wie ein Blick auf die Lohnquote zeigt, ist die Lohnentwicklung generell gestärkt worden. Auch hier hatte es in den »Agenda-Jahren« Anfang der 2000er einen brutalen Absturz gegeben. Seitdem zeigt der Trend aber wieder eindeutig nach oben. Das liegt auch an der wieder offensiveren Politik der Gewerkschaften, dem Mindestlohn und der gestiegenen Beschäftigung.

Fortschritte hat es bei der Frage von öffentlichen Investitionsprogrammen gegeben. In Zeiten, in denen im wahrsten Sinne die Brücken zusammenbrechen, lassen sich die riesigen Investitionsbedarfe auch kaum mehr verleugnen. Viele verlangen inzwischen ein großes Investitionsprogramm. Neben der verrotteten Infrastruktur sind es die enormen Anforderungen an die ökologische Transformation, die gewaltige Anstrengungen notwendig machen. Ein Beispiel für die veränderten Debatten ist die gemeinsame Studie von IMK (Institut für Makroökonomie und Konjunkturforschung) und IW (Institut der deutschen Wirtschaft), also dem gewerkschaftsnahen und dem unternehmernahen Institut (siehe hierzu Dullien et al. 2024), womit gewissermaßen ein breiter gesellschaftlicher Konsens ausgedrückt wird. Sie ermitteln eine Investitionslücke von 600 Milliarden Euro. Um diese Lücke zu schließen, sollten jedes Jahr zusätzlich 60 Milliarden an öffentlichen Investitionen erfolgen. Das erinnert schon sehr an die Forderungen in den MEMORANDEN.

Die großen Finanzbedarfe für Investitionen haben auch dazu geführt, dass sich die wissenschaftliche Debatte um die Schuldenbremse komplett gedreht hat. Nur noch sehr wenige Ökonom*innen streiten für die Schuldenbremse in ihrer derzeitigen Form. Viele fordern ihre Reform. Sie sehen die Schuldenbremse heute als ein Hindernis für die inzwischen notwendigen Investitionsausgaben des Staates.

Konsequent wäre dabei die Rückkehr zur Regelung von vor 2009: Kreditfinanzierung nur bei öffentlichen Investitionen (auch durch mehrjährige Programme). Dies dient der nachhaltigen Wohlstandssicherung künftiger Generationen. Die Finanzierung wird auf die nutznießenden Generationen aufgeteilt (»pay as you use«). Soweit reichen die aktuellen Vorschläge meist nicht. Es werden stattdessen Reformen innerhalb der Struktur der Schuldenbremse debattiert:

- Verstärkung der Konjunkturkomponente, d. h. schuldenfinanzierter Ausgleich bei krisenbedingten Ausgabenzuwächsen und Steuerausfällen sowie Stärkung der Beschäftigungskomponente.

- Höherer Kreditspielraum: strukturelle Verschuldungskomponente beim Bund von derzeit 0,35 % des Bruttoinlandsprodukts (BIP) auf 1,5 % (2022: 58 Mrd. Euro) (Vorschlag IW Köln; ähnlich IWF).
- Spielraum für Neuverschuldung ohne Erhöhung der Staatsschuldenquote von 60 % (Vorschlag von Peter Bofinger): Übertragung der generellen Kreditobergrenze des Bundes mit 1,5 % auf die Länder. Rechenbeispiel: Staatsschuldenquote 60 %. Bei 2,0 % Inflation und 0,5 % realem Wirtschaftswachstum steigt die Staatsschuldenquote mit 60 % nicht.
- Deutsche Bundesbank und »Sachverständigenrat zur Begutachtung der gesamtwirtschaftlichen Entwicklung« (SVR): Defizitquote abhängig von Staatsschuldenquote (unter 60 % gilt 1 % Defizitquote, über 60 % Defizitquote 0,5 %, über 90 % nur noch 0,35 % Defizitquote).
- Gekappte »goldene Regel«: Höhere Schuldenquote nur abschöpfbar, wenn über 0,15 % Nettoinvestitionen am BIP pro Jahr realisiert werden.
- Ergänzung um »außerordentliche Notsituationen«: Belastungen durch Krieg / Programme gegen die Megaaufgabe Klimakrise werden subsumiert.

Vermehrte Debatten hat es in den letzten Jahren auch um die Frage der Vermögensverteilung und der Vermögensbesteuerung gegeben. Angestoßen wurde die Debatte international vor allem von Thomas Piketty (2014). Zuletzt gab es eine internationale Initiative aus Brasilien für die Einführung einer internationalen Vermögensteuer für Milliardäre. Gleichwohl ist diese Debatte im deutschen politischen Raum erst in Nischen angekommen.

Bei der Bilanz der Arbeit der *Arbeitsgruppe Alternative Wirtschaftspolitik* lohnt sich auch ein Blick auf die Entwicklung des Sachverständigenrats (SVR). Sein Kurswechsel zur neoliberalen Ordnungspolitik ab 1973 war schließlich ein Motiv zur Gründung der *Arbeitsgruppe Alternative Wirtschaftspolitik*. Die MEMORANDEN sind auch immer wieder als eine Art Gegengutachten zum SVR gesehen worden. In den ganzen letzten 50 Jahren stand der SVR fast durchgängig für eine harte neoliberale, marktradikale Ausrichtung. In jüngster Zeit hat es jedoch deutliche Veränderungen gegeben. Industrie- und Klimapolitik spielen heute in den Gutachten eine große Rolle. Die Verteilungswirkungen der politischen Forderungen werden offen diskutiert. Im Jahresgutachten 2023/24 fand erstmals eine ausführliche Problematisierung von Armutsgefährdung und Ungleichheit statt. Ordoliberale Positionen finden sich eher in Minderheitenvoten wieder.

Die Positionsverschiebungen des SVR sind offenkundig. Sie haben sich ein Stück weit den Positionen des MEMORANDUM angenähert, auch wenn die Unterschiede weiterhin sehr deutlich auszumachen sind. Auch dies gehört zur ökonomischen Diskursverschiebung, zu der die *Arbeitsgruppe Alternative Wirtschaftspolitik* einen Beitrag geliefert hat.

Natürlich lassen sich nicht alle Erfolge der letzten Jahre – sowohl an konkreten Ereignissen oder auch erst einmal in den jeweiligen Diskursen – der *Arbeitsgruppe Alternative Wirtschaftspolitik* zurechnen. Viele wollen Veränderungen in Richtung mehr Gerechtigkeit und mehr Demokratie. Längst nicht alle wurden dabei von den MEMORANDEN inspiriert. Aber das seit 50 Jahren beharrliche Eintreten der *Arbeitsgruppe Alternative Wirtschaftspolitik* für eine Politik weg von der rein profitorientierten Wirtschaft hat die gesellschaftliche Entwicklung zweifelsohne positiv beeinflusst.

1.5 Stehen wir am Beginn einer neuen ökonomischen Ära?

Die Gründung der *Arbeitsgruppe Alternative Wirtschaftspolitik* war eine Reaktion auf die ökonomische Wende in Theorie und Praxis, weg von der keynesianischen, hin zu einer neoklassischen bzw. neoliberalen Welt. Diese Periode währt jetzt schon 50 Jahre. Geht diese Ära jetzt zu Ende? Vieles spricht dafür.

Ein prägendes Merkmal dieser Epoche ist die Globalisierung. Das war die ökonomische Globalisierung durch die Ausweitung des Freihandels, den Abbau von Zöllen, der kapitalistischen Landnahme in Ländern des globalen Südens und die steigende Macht multinationaler Konzerne. Dagegen formierten sich globalisierungskritische Bewegungen, die auf fairen Welthandel, Klimagerechtigkeit und die Einschränkung von Kapitalmacht setzten. Kleine Erfolge, etwa die weltweiten

Klimaabkommen oder das EU-Lieferkettengesetz, konnten sie erkämpfen. Das Zeitalter der Globalisierung, so wie wir sie kennen, neigt sich dem Ende zu. Rein statistisch gesehen wächst seit der Finanzkrise 2008 der Außenhandel nicht mehr stärker als die Wirtschaftsleistung. Zumindest auf der Ebene des Warenaustauschs stagniert die weitere Globalisierung bestenfalls. Doch es geht noch viel weiter. Schon seit der ersten Präsidentschaft von Donald Trump ist statt Freihandel eine nationalistische Abschottung mit Zöllen in den Mittelpunkt der wirtschaftlichen Außenpolitik getreten. Diese Politik wurde von Joe Biden nicht substanziell korrigiert. Mit den Mehrfachkrisen der letzten Jahre haben diese Prozesse massiv an Dynamik gewonnen.

Es geht nicht mehr nur um Zölle, und es geht auch nicht nur um die Energie- und Rohstoffversorgung. Zudem ist die Welt mittlerweile in einen massiven Subventionswettlauf getreten. China, die USA und die EU kämpfen um die industrielle und technologische Vorherrschaft. Dabei werden riesige Summen eingesetzt. Das widerspricht fundamental den marktradikalen Prinzipien. Natürlich gab es immer schon Subventionen und Einschränkungen des Freihandels. Die reine Lehre wurde selten praktiziert. Doch in diesem Umfang und in dieser Konsequenz ist es eine völlig neue Dimension. Dazu kommt, dass viele Länder sich aus einer Welt der Dollar-Dominanz befreien wollen.

Die Globalisierung ist nicht das einzige Feld, auf dem alte neoliberale »Wahrheiten« auf dem Müllhaufen der Geschichte landen. Das gilt auch für das Verdammen der Staatsverschuldung. Seit der Finanzkrise 2009 ist die weltweite Verschuldung der Staaten massiv angestiegen. Aus monetaristischer Sicht ist das ein schwerer finanzpolitischer Sündenfall. Es werden keine wirksamen Maßnahmen debattiert, diesen Trend umzudrehen. In Europa werden Schuldenbeschränkungen immer stärker in Frage gestellt, auch wenn die Reform der Maastricht-Regeln durch den Druck einiger Staaten (wie Deutschland) keine nennenswerten Veränderungen brachte.

Auch die Geldpolitik hat sich gewandelt. Zwar zeigt sie derzeit, dass sie gegen Preissteigerungen (auch bei einer importierten Inflation) mit einer restriktiven Geldpolitik hart vorgeht und damit die Konjunktur belastet. Aber das ist nicht das vollständige Bild. Sie versteckt nicht, dass sie mit einer expansiven Politik gegen Deflationsgefahren agiert. Im Fall großer, fundamentaler Krisen wie 2008 ist sie inzwischen bereit, jedes Korsett monetaristischer Denkansätze abzuschütteln und mit allen ihren Mitteln gegen die Krise anzukämpfen.

In den nächsten Jahren erfordert die ökologische Umstellung der gesamten Wirtschaft enorme staatliche Interventionen. Der Markt kann diese Umstellung nicht bewerkstelligen. Er hat kein Sensorium für ökologische Belastungen. Auch halb-marktwirtschaftliche Instrumente wie die Bepreisung von Verschmutzungsrechten reichen dafür nicht aus. In Deutschland erfordert zudem der Wiederaufbau der Infrastruktur enorme Finanzmittel, die dem öffentlichen Sektor zufließen müssen (siehe oben).

Wir leben in einer Übergangsphase. Kann sich die neoliberale Weltordnung noch einmal stabilisieren? Das ist schwer abzuschätzen, auch wenn derzeit offensichtlich alles dagegenspricht. Was sich aber schon erkennen lässt, ist eine Richtung, in die es sich in Zukunft entwickeln könnte. Der Blick auf die USA, die immer noch die Leitgesellschaft des modernen Kapitalismus sind, liefert da wertvolle Erkenntnisse. Augenfällig ist das Bild eines nationalistischen und staatsinterventionistischen Oligarchenkapitalismus zu erkennen. Die Veränderungen bleiben derzeit noch sehr im Spekulativen, über Details lässt sich noch sehr wenig sagen. Was sich aber klar abzeichnet ist, dass die Überwindung des neoliberalen Weges nicht in eine solidarische und sozialere Gesellschaft der ökonomischen Vernunft führt, die sich nicht nur dem Profit von wenigen verpflichtet fühlt.

2 Anforderungen an die Bundesregierung

2.1 Deutschland in der Krise

Die Mehrfachkrise, die die Gesellschaft seit Jahren gefangen hält, hat die Ökonomie in eine lang andauernde Stagnationskrise geführt. Ähnlich wie in der Gründungszeit der *Arbeitsgruppe Alternative Wirtschaftspolitik* befinden wir uns heute in einer Zeit grundlegender Umbrüche. In den letzten beiden Jahren befand sich die deutsche

Wirtschaft in einer leichten Rezession mit schrumpfender Wirtschaftsleistung. Viel gravierender ist aber die längerfristige Stagnation. Seit 2019, vor dem Ausbruch der Corona-Pandemie, hat das reale BIP um lediglich 0,3 Prozent zugelegt. Der kräftige Einbruch des Jahres 2020 konnte zwar relativ schnell ausgeglichen werden, der Wachstumspfad der Vorkrisenjahre konnte aber nicht mehr erreicht werden.

Schon vor der Krise hatte der Außenbeitrag (Exporte minus Importe) nicht mehr nennenswert zum Wachstum in Deutschland beigetragen. Das alte Wachstumsmodell, vor allem über wachsende Exportüberschüsse die Wirtschaftsleistung zu steigern, funktioniert schon länger nicht mehr. Das hat sich in der Mehrfachkrise nicht geändert, auch wenn es zwischen den einzelnen Jahren große Schwankungen gab. 2024 war der Außenbeitrag mit minus 0,4 Prozentpunkten negativ, er führte damit zu einem Rückgang des BIP. Ein signifikanter Unterschied zur Krise in den siebziger Jahren ist die Entwicklung der Produktivität, hier gemessen als BIP je Erwerbstätigenstunde. Während diese in der Krise noch zulegte, ist sie seit 2023 rückläufig.

Wichtige Kennziffern zur ökonomischen Entwicklung in der Mehrfachkrise

Preisbereinigt, Veränderung in Prozent zum Vorjahr,
Außenbeitrag: Wachstumsbeitrag in Prozentpunkten

	2021	2022	2023	2024
Bruttoinlandsprodukt	3,7	1,4	-0,3	-0,2
Private Konsumausgaben	2,3	5,6	-0,4	0,3
Bruttoanlageinvestitionen	0,6	-0,2	-1,2	-2,8
Außenbeitrag	0,9	-1,3	0,1	-0,4
BIP je Erwerbstätigenstunde	1,3	0,1	-0,6	-0,1
Bruttowertschöpfung im Verarbeitenden Gewerbe	8,7	0,6	0,9	-3,0

Quelle: Destatis, Pressemitteilung vom 15.01.2025

© ARBEITSGRUPPE ALTERNATIVE WIRTSCHAFTSPOLITIK MEMORANDUM 2025

Während gesamtwirtschaftlich von einer längeren Stagnationskrise gesprochen werden kann, sieht die Entwicklung in der Industrie zuletzt deutlich schlechter aus. Die reale Bruttowertschöpfung im Verarbeitenden Gewerbe schrumpfte 2024 um drei Prozent. Noch viel bedrohlicher für die Zukunft der Industrie ist nicht die Bruttowertschöpfung, sondern sind die rückläufigen Investitionen. Schon seit 2022 gehen die gesamtwirtschaftlichen Bruttoanlageinvestitionen zurück. Besonders dramatisch war dies bei den nicht öffentlichen Ausrüstungsinvestitionen (Maschinen und Anlagen). Diese gingen im letzten Jahr um 6,5 Prozent zurück. Eine Industrie, die immer weniger investiert, hat kaum Entwicklungsperspektiven. Zusammen mit fast täglichen Meldungen über Personalabbau und Restrukturierungsmaßnahmen in großen Unternehmen hat dies zu einer großen Verunsicherung geführt. Die Angst um den Arbeitsplatz geht um. Die Debatten werden geprägt von der Sorge um Deindustrialisierung und schwindender Wettbewerbsfähigkeit. Im auffälligen Widerspruch zu der schlechten wirtschaftlichen Entwicklung der Industrie verläuft allerdings die Aktienkursentwicklung der großen Dax-Konzerne, die viel Geld verdienen. Der Index erklimmt immer neue Rekordhöhen.

Auch im internationalen Vergleich mit anderen großen Industrienationen verlief die wirtschaftliche Entwicklung in Deutschland in der Mehrfachkrise schlecht. In der gesamten EU lag das reale Wirtschaftswachstum seit 2019 bei 5,3 Prozent, in Spanien bei 6,7 Prozent und in Polen bei 13,7 Prozent. Außerhalb Europas war die Entwicklung oft besser. In den USA legte die Wirtschaftsleistung um 11,4 Prozent zu und in China sogar um 25,8 Prozent.

Eine andere große Belastung durch die Mehrfachkrise hat sich inzwischen wieder etwas stabilisiert. Der Anstieg der Verbraucherpreise betrug in Deutschland im letzten Jahr noch 2,2 Prozent. Das ist nicht mehr weit weg von der Zielinflationsrate der EZB von zwei Prozent, die als Preisstabilität definiert wird. In der Spitze, im Jahr 2022, lag die Inflationsrate bei 6,9 Prozent. Seitdem sind die Energiepreise als wichtigster Treiber der Inflation wieder stark gesunken.

Doch der massive Inflationsschub hat zu einem erheblichen Kaufkraftverlust geführt. In der Zeit von 2021 bis 2025 (auf der Basis von Inflationsprognosen) werden die Verbraucherpreise um etwa 22 Pro-

Verbraucherpreise

Veränderung zum Vorjahr in Prozent

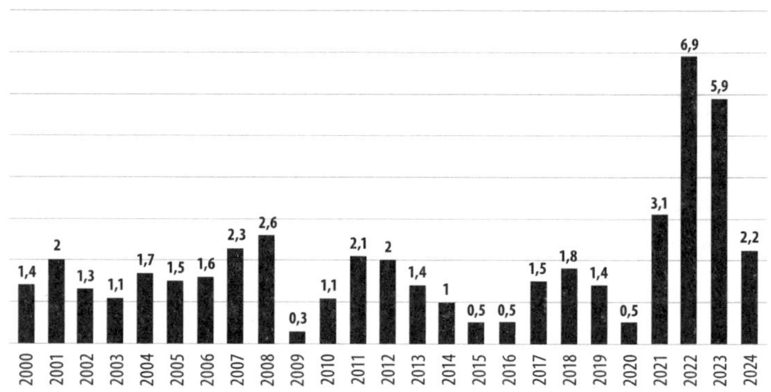

Quelle: Destatis, eigene Berechnungen, nach Umstellung auf Basisjahr 2020, zuvor plus

© ARBEITSGRUPPE ALTERNATIVE WIRTSCHAFTSPOLITIK MEMORANDUM 2025

zent angestiegen sein. Da konnten viele Löhne, selbst bei passablen Tarifsteigerungen, nicht mithalten. Es kam zu Reallohn- und damit Kaufkraftverlusten. Die fehlenden Einkommen sind ein Grund für die schwache Entwicklung der privaten Konsumausgaben. Der andere Grund ist die wachsende Verunsicherung über die weitere Entwicklung. Die Sparquote steigt, die Menschen halten ihr Geld zurück. Die Verunsicherung hat viele Gründe: allgemeine Krisen- und Inflationsängste und schwindendes Vertrauen in die Politik. Vielen scheint, diese ist kaum noch in der Lage, die Probleme zu lösen.

Die derzeitige Krise ist eine Mischung aus Konjunktur- und Strukturkrise. Für die Überwindung der Konjunkturkrise braucht es mehr Nachfrage. Gerade in Zeiten, in denen die Exportgeschäfte immer schwieriger werden, kommt es umso mehr auf eine steigende, kaufkräftige Binnennachfrage an. Auch wenn sie die Auslandsnachfrage nicht vollständig ersetzen kann.

Angesichts der Krisenentwicklungen zeigt sich der Arbeitsmarkt derzeit noch relativ robust. 2024 waren in Deutschland 46,1 Millionen

Erwerbstätige nach Wirtschaftsbereichen 2024

Veränderung zum Vorjahr in Prozent

Bereich	%
Produzierendes Gewerbe	-0,6
Darunter: Verarbeitendes Gewerbe	-0,9
Baugewerbe	-1,1
Handel, Verkehr, Gastgewerbe	0
Information, Kommunikation	0,4
Unternehmensdienstleister	-0,9
Öffentliche Dienstleister, Erziehung, Gesundheit	1,5

Quelle: Destatis, Pressemitteilung vom 15.01.2025

© ARBEITSGRUPPE ALTERNATIVE WIRTSCHAFTSPOLITIK MEMORANDUM 2025

Zahl der Arbeitslosen steigt

Bestand in Mio.

	2021	2022	2023	2024
Registrierte Arbeitslose	2,6	2,4	2,6	2,8
Unterbeschäftigung (ohne Kurzarbeit)	3,4	3,2	3,5	3,6

Quelle: Bundesagentur für Arbeit, Januar 2025

© ARBEITSGRUPPE ALTERNATIVE WIRTSCHAFTSPOLITIK MEMORANDUM 2025

Menschen erwerbstätig. Das ist ein absoluter Rekordwert. Die Zahl war in den vergangenen Jahren weiter angestiegen, zum Schluss aber nur noch um 0,2 Prozent. Dieser Anstieg erfolgte ausschließlich in den Dienstleistungsbereichen. Im Verarbeitenden Gewerbe (-0,9 Prozent) und im Baugewerbe (-1,1 Prozent) ging die Zahl der Erwerbstätigen zurück. Der relativ stabile Arbeitsmarkt ist eine direkte Folge der sinkenden Produktivität. Doch die Arbeitslosenzahlen steigen wieder;

gleichzeitig klagen viele Branchen nach wie vor über Fachkräftemangel, obwohl die Zahl der offenen Stellen zurückgeht. Wir haben einen gespaltenen Arbeitsmarkt. In den letzten beiden Jahren stieg insgesamt die Zahl der registrierten Arbeitslosen genauso wie die Zahl der Unterbeschäftigung um 400.000 Personen an.

2.2 Elementare ökonomische Herausforderungen

Zum Redaktionsschluss dieses Textes ist noch nicht absehbar, wie die nächste Bundesregierung aussehen wird. Klar ist hingegen, was die möglichen Regierungsparteien in ihren Wahlprogrammen formuliert hatten. Die Herausforderungen, vor denen die Regierungsparteien stehen werden, sind immens.

Auch wenn der gesamte neoliberale Entwicklungsweg derzeit in der Weltwirtschaft in Frage steht: beim Blick auf die Krise haben einige Parteien in ihren Wahlprogrammen die alten neoliberalen Rezepte runtergebetet. Es müssten vor allem die Steuern gesenkt werden, damit der Wirtschaftsstandort Deutschland wieder wettbewerbsfähig und damit die Krise überwunden wird. Daneben sollen Bürokratieabbau und Deregulierung dem gleichen Ziel dienen. Vor allem die angestrebten Steuerentlastungen hätten verheerende Auswirkungen auf die öffentlichen Finanzen. Das DIW hat aufgrund der Wahlprogramme die Einnahmeausfälle der öffentlichen Hand berechnet, wobei alle Steuern in die Berechnungen eingeflossen sind. Nach den Vorstellungen der FDP und der AfD würden dem Staat Finanzmittel von über 180 Mrd. Euro verloren gehen. Bei der CDU wären es noch 110 Mrd. Euro und selbst bei den Grünen noch fast 40 Mrd. Euro und bei der SPD über 11 Mrd. Euro. Auch bei den beiden Letztgenannten reichen die Gegenfinanzierungen etwa durch Vermögensteuern nicht aus, um die Steuerentlastungen auszugleichen. Die Wahlprogramme von Linken und BSW wurden vom DIW nicht durchgerechnet.

Es ist nicht realistisch anzunehmen, dass vor allem die enormen Steuermindereinnahmen durch die Programme von FDP, AfD und CDU/CSU sich »selbst finanzieren«. Investitionen und Nachfrage würden nach allen Erfahrungen aus der Vergangenheit durch die Senkung

Steuerentlastungen der Parteien

in Milliarden Euro

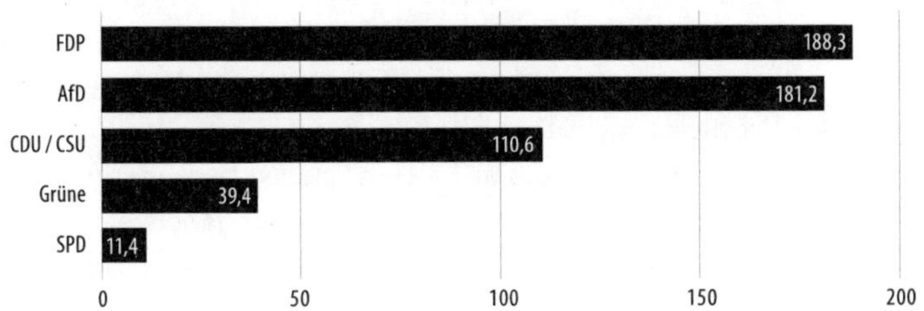

Quelle: Simulationsanalysen des DIW auf Basis der Wahlprogramme der jeweiligen Parteien. 2025.

© ARBEITSGRUPPE ALTERNATIVE WIRTSCHAFTSPOLITIK MEMORANDUM 2025

der Unternehmensteuern nicht in nennenswertem Umfang gesteigert werden. Die Senkungen der Einkommensteuern könnten im unteren Einkommensbereich dagegen durchaus erhebliche Nachfrageeffekte auslösen. Da FDP, AfD und CDU/CSU aber vor allem hohe Einkommen entlasten wollen, bleiben auch diese Effekte gering. Die wirtschaftliche Stagnation wird mit diesen Maßnahmen nicht wirklich bekämpft werden können. Dafür fehlen erhebliche Mittel für notwendige Ausgaben, um die Wirtschaftskrise und andere gesellschaftliche Herausforderungen zu lösen. Verstärkt wird die Finanznot noch durch das weitere Festhalten an der Schuldenbremse und dem Bekenntnis zu weiterer Aufrüstung, was die zur Verfügung stehenden Finanzmittel weiter begrenzt.

Die Probleme, die eine neue Bundesregierung dringend angehen muss, sind vielfältig:

- Die öffentliche Infrastruktur muss endlich saniert werden. Seit Jahren ist das Problem bekannt und wird auch von niemandem mehr ernsthaft bestritten. Doch passiert ist in den letzten Jahren nur wenig. Das Problem wird immer drängender. Brücken brechen buchstäblich unter uns zusammen, das gesamte Bahnsystem steht vor dem Kollaps, öffentliche Gebäude verfallen. Dafür werden gigantische Finanzmittel benötigt. Eine leistungsfähige Ökonomie ohne leistungsfähige Infrastruktur ist undenkbar.

- Die ökologische Katastrophe muss aufgehalten werden. Die Kosten, um die Schäden von Extremwetterereignissen zu beseitigen, werden immer weiter steigen – ganz zu schweigen von dem menschlichen Leid, das damit verbunden ist. Eine sichere und günstige Energieversorgung ist langfristig nur mit erneuerbaren Energien möglich. Allein mit einer CO_2-Bepreisung lassen sich die vielfältigen ökologischen Probleme nicht lösen.
- Dem Fachkräftemangel muss auf vielen Ebenen begegnet werden. Heute geben viele Betriebe dieses Defizit als wichtiges Wachstumshemmnis an. Natürlich sind hier auch die Betriebe gefragt. Sie müssen mehr ausbilden. Aber es fehlt auch an Kitaplätzen, um mehr Frauen die Erwerbstätigkeit zu ermöglichen, an besseren Eingliederungsmaßnahmen, um Migrant*innen schneller in den Arbeitsmarkt zu integrieren, an Qualifizierungsmaßnahmen, um Arbeitslose für offene Stellen zu befähigen, und an Umschulungen, um Menschen aus schrumpfenden Bereichen fit zu machen für Tätigkeiten in wachsenden Branchen.
- Für die internationale Wettbewerbsfähigkeit ist die Digitalisierung voran zu treiben. Es fehlt an qualifizierten Kräften, an Forschung und an digitaler Infrastruktur. Außerdem gibt es eine große Abhängigkeit von US-amerikanischen Tech-Konzernen und von chinesischen Anbietern. Um diese Defizite aufzuholen, sind hohe Investitionen und Förderungen notwendig.

Daneben gibt es viele Herausforderungen, die nicht unmittelbar die Bekämpfung der akuten ökonomischen Krise betreffen, für die Lebensqualität vieler Menschen und den gesellschaftlichen Zusammenhalt aber von extremer Bedeutung sind. Dazu gehört die Bekämpfung der enormen Ungleichheit bei der Verteilung von Einkommen und Vermögen. Vor allem die Vermögen sind in Deutschland extrem ungleich verteilt. Nach Schätzungen des DIW besitzt das reichste Prozent der Bevölkerung über ein Drittel des Nettovermögens. Die reichsten 0,1 Prozent (ca. 40.000 Haushalte) etwa ein Fünftel.

Das betrifft die Stabilisierung der sozialen Sicherungssysteme. Bei den Renten drohen niedrigere Auszahlungssätze und wachsende Altersarmut auf der einen Seite und wachsende Kosten auf der anderen Seite.

Die Pflege steht vor dem Kollaps und ist zum Armutsrisiko geworden. Das Bürgergeld droht von der letzten Sicherungslinie zum Steinbruch für die Finanzierung von Steuergeschenken zu werden. Das Gesundheitssystem leidet unter Ineffizienz und hohen Kosten. Schließlich fehlt es an wirksamen demokratischen Mitwirkungsrechten in der Wirtschaft, wie viele Beschäftigte derzeit in Umstrukturierungen, die oft eigentlich Entlassungswellen sind, bitter erfahren müssen.

Alle diese Herausforderungen lassen sich nicht mit Steuergeschenken oder der »Entfesselung von Marktkräften« bewältigen. Sie brauchen einen handlungsfähigen, handlungswilligen und finanzkräftigen Staat. Werden sie nicht gelöst, droht dem Wirtschaftsstandort Deutschland tatsächlich der Abstieg. Und dies würde bedeuten: Die Lebensgrundlagen für viele Menschen werden sich zunehmend verschlechtern. Und der allgemeine Frust und die Wut im Land werden weiter zunehmen.

3 Ökologische und soziale Transformation

3.1 Die deutsche Industrie hat Zukunft – wenn sie klimafreundlich wird

Vor wenigen Jahren war Klimafreundlichkeit noch Top-Thema, auch in der Wirtschaftspolitik. Zwar werden die Folgen des Klimawandels selbst in Europa – zum Beispiel durch verheerende Flutkatastrophen – immer spürbarer, doch politisch hat sich der Wind gedreht. Ob offen oder verdeckt, immer stärker wird in Teilen der Politik und Öffentlichkeit die Umwelt- und Klimapolitik für die aktuellen wirtschaftlichen Probleme verantwortlich gemacht. Für die gegenwärtige Schwäche des Industriestandorts Deutschland werden nicht nur – wie traditionell üblich – überdurchschnittlich starke Belastungen der Unternehmen durch Arbeitskosten und Unternehmensteuern zugunsten »sozialer Wohltaten« verantwortlich gemacht, sondern vielfach auch Faktoren wie hohe Strompreise aufgrund einer »übereilten Energiewende«.

Das Gegenteil ist richtig: Weitere Aufweichungen des Klimaschutzes und die Abschwächung umwelt- und klimapolitischer Maßnahmen

Deutschlands und der EU würden die »Rettung des Industriestandorts Deutschland« dramatisch gefährden. Stattdessen ist eine radikale Wende erforderlich: Die Industrie in Deutschland hat nur durch konsequente Hinwendung zu klimafreundlichen Produkten und Produktionsverfahren eine erfolgversprechende Zukunft, und dies funktioniert nur Hand in Hand mit sicheren und guten Arbeitsplätzen. Dabei setzt die sozial-ökologische Transformation voraus, das Ökologische und das Soziale als zwei Seiten derselben Medaille zu begreifen.

Deutschland soll bis 2045 klimaneutral werden. Insgesamt sind die Treibhausgasemissionen hierzulande in den zurückliegenden zehn Jahren erstmals zurückgegangen. Den entscheidenden Anteil daran hat die Energiewirtschaft auf Grund des – nach langen Verzögerungen – beschleunigten Ausbaus der erneuerbaren Energien. Auch die vorläufigen Daten für 2024 bestätigen, dass der Energiewende über 80 Prozent der Emissionsreduzierungen zu verdanken ist (Agora Energiewende 2025). Von 2021 bis 2023 gab es auch in der Industrie einen gewissen Rückgang, wobei die wirtschaftlichen Mehrfachkrisen der letzten Jahre dabei eine nicht unerhebliche Rolle gespielt haben dürften.

Bei den Forderungen von Umweltverbänden, Gewerkschaften und Industrieverbänden gibt es breite Überschneidungen: so bei Forderungen nach staatlichen Investitionen in den Netzausbau und in die Versorgungssicherheit mit erneuerbaren Energien, nach der Schaffung einer Wasserstoffinfrastruktur, nach der Förderung neuer Schlüsseltechnologien und staatlichen Anreizen für Investitionen in sich erst mittelfristig rechnende Umwelttechnologien, nach massiven Investitionen in den Schienenverkehr und ÖPNV und nach der Schaffung stabiler EU-weiter Rahmenbedingungen für energieintensive Industrien. Grundlegende Voraussetzung ist eine massive Beschleunigung des Ausbaus der Stromerzeugung aus erneuerbaren Energien. Dabei ist zu beachten, dass in energieintensiven Branchen wie der Stahl- und der Chemieindustrie der Strombedarf erheblich ansteigen wird. Und da die Industrie-Transformation sowohl die Produktionsprozesse als auch die Produkte umfassen muss, führt auch die Elektromobilität zu einem erheblich steigenden Strombedarf. Ein weiterer Treiber des

Strombedarfs ist Wasserstoff, dessen Einsatz in den energieintensiven Industrien eine Schlüsselrolle spielen wird.

All dies setzt nicht allein erhebliche Investitionen in die dafür erforderliche Infrastruktur voraus, sondern geht in einer Übergangsphase auch mit hohen zusätzlichen Kosten der Unternehmen vor allem in den am stärksten betroffenen Branchen einher. Dies befeuert die Debatte über »Industriestrompreise« oder »Brückenstrompreise«, die mittlerweile eine zentrale Rolle in den Auseinandersetzungen über industriepolitische Strategien vor allem in Deutschland, aber auch auf EU-Ebene spielt. Noch weiter gehende und komplexere Strategie-Bausteine sind der Grenzausgleichs-Mechanismus (CBAM) auf EU-Ebene gegen ausländische Konkurrenz ohne vergleichbare Klimaschutzauflagen. Dazu kommen die Klimaschutzverträge, deren Umsetzung 2024 vom Bundesministerium für Wirtschaft und Klimaschutz begonnen wurde. In letzter Instanz steht und fällt die Konsequenz, mit der alle Umbaustrategien verfolgt werden, mit dem verlässlichen Ausbau der erforderlichen Infrastruktur. Besonders augenfällig wird dies bei der Verkehrswende. Es geht um eine Mobilitätswende auf der Basis einer Expansion des öffentlichen Personen- und Güterverkehrs sowohl in den Städten als auch regional, bundes- und europaweit – dem vielleicht größten Infrastrukturprogramm überhaupt. Die übergreifenden und besonders konfliktträchtigen Herausforderungen für die Bewältigung des riesigen Infrastruktur-Ausbaus sind die dafür notwendigen öffentlichen Investitionen und deren Finanzierung.

Zu bedenken ist darüber hinaus, dass der Ausbau der öffentlichen Infrastruktur – z. B. für die Verkehrswende, aber noch mehr für den Bildungssektor, und zwar angefangen bei den Kitas, in denen die Weichen für die qualifizierten Arbeitskräfte von morgen gestellt werden – nicht allein Investitionen voraussetzt, sondern auch wesentlich höhere permanente Personalausgaben nach sich zieht. Dies bedeutet, dass – anders als im vorherrschenden öffentlichen Diskurs – die sozial-ökologische Transformation der Industrie keineswegs ein reines »Industrie-Thema« ist, sondern ganz wesentlich mit der Entwicklung des (v. a. öffentlichen) Dienstleistungssektors zusammenhängt. Hinzu kommen die Staatsausgaben, die für die soziale Abfederung von mit der Transformation einhergehenden Kosten für viele Privathaushalte mit niedrigen und mittleren Einkommen nötig sind.

Von großer Bedeutung ist die Forderung nach der Schaffung langfristig verlässlicher regulatorischer Rahmenbedingungen durch EU und Bundesregierung. So heben deutsche Industrieverbände nicht zu Unrecht immer wieder die notwendige »Planungssicherheit« hervor, die für mittel- bis längerfristige Investitionsentscheidungen erforderlich sei. Allerdings versuchen sie gleichzeitig, in wichtigen Bereichen verbindliche Marktregulierungen zu blockieren, die allein eine solche Planungssicherheit ermöglichen können. Vor allem wird versucht, mit dem »Argument« der »Technologieoffenheit« das für 2035 vorgesehene Ende der Zulassung von Verbrennerfahrzeugen in der EU aufzuweichen oder auf unbestimmte Zeit zu verschieben. Die wirtschaftliche Quittung für derartige Verzögerungstaktiken kommt mit der wachsenden E-Auto Konkurrenz aus China.

Nach jahrelangem Lobbydruck gegen eine höhere CO_2-Bepreisung bzw. eine wirksame CO_2-Mengensteuerung auf EU-Ebene wird von neoliberaler Seite mittlerweile der Eindruck erweckt, die CO_2-Bepreisung könnte in allen Bereichen als zentrales Lenkungsinstrument fungieren; der überwiegende Teil der Klimapolitik also über den Markt gesteuert werden. Einen eindrucksvollen Gegenbeweis bietet das zur Bekämpfung des sogenannten Ozonlochs eingeführte FCKW-Verbot. Es wurde von etlichen Staaten in den 1990er Jahren gesetzlich verankert und erzwang damit technologische Innovationen der Industrie. Ein anderes Beispiel ist das erfolgreiche Erneuerbare-Energien-Gesetz mit gesicherter Einspeisevergütung und Vorrangeinspeisung für Ökostrom oder das Verbrennerverbot ab 2035 auf EU-Ebene. Klar ist: Ohne verbindliche Marktregulierungen sind die Klimaziele von Paris, Brüssel und Berlin nicht zu erreichen. Nicht Markt *statt* Ordnungsrecht, sondern Markt *und* Ordnungsrecht sind notwendig. Parallel bleiben staatliche Infrastrukturinvestitionen und Fördermittel unverzichtbare Instrumente dafür, den Wandel industriepolitisch und sozialverträglich abzusichern.

Regionen mit schärferen Regulierungen können internationale Wettbewerbsnachteile erleiden. Damit gelangt auch das Thema staatlicher Finanzhilfen für unternehmerische Technologie-Innovationen ins Zentrum industriepolitischer Debatten. Vor dem Hintergrund der geopolitischen Erschütterungen verschiebt sich dabei das Hauptinteresse auf die Frage, wie die deutsche Wirtschaft in der internationalen Konkurrenz gestärkt werden kann. Dabei ist es entscheidend, dass der Kern der Herausforderungen – die klimapolitisch erforderliche sozial-ökologische Transformation der Industrie – nicht aus dem Fokus gerät. Nur vor diesem Hintergrund sind präzise angelegte öffentliche Subventionen möglich und sinnvoll. Zugleich stellt sich die Frage, wo Subventionen unter Umweltgesichtspunkten gekürzt werden können und müssen. So lautet eine grundlegende Forderung des Umweltbundesamtes, umweltschädliche Subventionen (die – Stand 2018 – auf ca. 65 Mrd. Euro pro Jahr beziffert werden) sozial flankiert abzubauen.

Die traditionelle Praxis folgt bisher meist dem Muster, Risiken und Kosten zu sozialisieren und spätere Gewinne zu privatisieren. Um das zu verhindern, sind verbindliche ökologische und soziale Bedingungen der Mittelvergabe notwendig. Der Biden'sche Inflation Reduction Act (IRA) in den USA, der Steuererleichterungen bei klimapolitisch wichtigen Investitionen an soziale Bedingungen wie Ausbildung, faire Löhne und Gewerkschaftsrechte knüpft, bietet hier wertvolle Anregungen. Das massive Wachstum z. B. der Batterieproduktion in den USA zeigt die Erfolge einer solchen Politik.

Industriepolitik und Beschäftigungspolitik müssen miteinander verzahnt werden. Die soziale Bedeutung einer solchen Verzahnung ist offensichtlich, denn die Transformation geht mit Strukturbrüchen auf dem Arbeitsmarkt einher, die je nach Branche, Tätigkeit, Region und Zeitraum sehr unterschiedliche Beschäftigungswirkungen haben. Eine arbeitspolitische Strategie muss alle staatlichen, tariflichen und betrieblichen Instrumente umfassen, mit denen die Sicherheit von Arbeitsplätzen, die Mobilitätsprozesse auf dem Arbeitsmarkt und die Qualität von Arbeit beeinflusst werden können, vor allem betrifft dies die Aus- und Weiterbildung.

Angesichts der Spaltung des deutschen Arbeitsmarkts wird mehr soziale Sicherheit in den bevorstehenden Umbrüchen letztlich erst dann ermöglicht werden können, wenn – wie es die Gewerkschaften fordern – alle öffentlichen Aufträge an die Einhaltung von Tarifstandards der jeweiligen Branche geknüpft werden und die Allgemeinverbindlicherklärung von Tarifverträgen per Gesetzesreform grundsätzlich erleichtert wird.

All dies muss und kann auf EU-Ebene gefördert werden. So zeigt das zuletzt genannte Beispiel, wie die Mindestlohnrichtlinie der EU, die nationale Aktionspläne zum Erreichen einer Tarifbindung von 80 % fordert, angesichts der Blockadepolitik der FDP innerhalb der Ampel-Regierung noch nicht einmal im Ansatz als Rückenwind genutzt wurde (woran sich auch bei einer CDU-geführten Regierung nichts ändern dürfte, selbst wenn die Mindestlohnrichtlinie vom Europäischen Gerichtshof für EU-Recht-konform erklärt wird).

Auch in der Klima- und Industriepolitik wurden auf EU-Ebene in den letzten Jahren Gelegenheitsfenster geöffnet, deren akut drohende Schließung verhindert werden muss. Hervorzuheben ist hier das durch die Corona-Krise möglich gewordene, durch Kreditaufnahme der EU im Volumen von bis zu rund 800 Mrd. Euro finanzierte Investitionsprogramm »Next Generation EU« mit dem Schwerpunkt einer »Wiederaufbau- und Resilienz-Fazilität (RRF)«. Hier ist die Mittelvergabe an die Mitgliedsstaaten durch die EU-Kommission an zahlreiche Bedingungen geknüpft; z. B. müssen mindestens 30 % der Mittel für Projekte der »Grünen Transformation« ausgegeben werden. Während mit der starken Rechtsentwicklung sowohl in zahlreichen Mitgliedsländern als auch in Europaparlament und EU-Kommission ein Ende dieses Programms nach seinem Auslaufen 2026 droht, fordern die Gewerkschaften seine Fortsetzung, bei der jedoch die Einhaltung sozialer Standards und die Einbeziehung der Gewerkschaften verpflichtend gemacht werden müsse.

Auch im Draghi-Bericht, der eine breit angelegte industriepolitische Strategie zur Stärkung der Wettbewerbsfähigkeit entwickelt, wird zur Finanzierung – unter Verweis auf das Next-Generation-EU-Programm – die Verstetigung gemeinsamer Staatsanleihen auf EU-Ebene vorgeschlagen. Da dies jedoch implizit für politisch nicht durchsetzbar gehalten (oder vielleicht auch nicht gewünscht) wird, liegt der Schwerpunkt auf der Mobilisierung direkter Finanzierung durch privates Kapital.

Am Draghi-Bericht wird zugleich deutlich, dass bei der Renaissance der Industriepolitik auf EU-Ebene immer noch deutlich stärker als z. B. in der deutschen Öffentlichkeit die Themen Wettbewerbsfähigkeit und Dekarbonisierung als eng miteinander verknüpft betrachtet werden. Wie lange dies noch angesichts der Rechtsentwicklung aufrechterhalten wird, sei dahingestellt. Umso mehr gilt es in den kommenden Jahren zu verhindern, dass derartige – noch einen Spalt breit geöffneten – Gelegenheitsfenster unter dem Druck rechter Regierungen und insbesondere einer CDU-geführten Bundesregierung geschlossen werden. Wenn jetzt diskutiert wird, länderspezifische Ausnahmen von den Verschuldungsregeln des Stabilitäts- und Wachstumspakts für Rüstungsausgaben zuzulassen, dann demonstriert dies die dramatische Verschiebung der politischen Gewichte. Für jede alternative Wirtschaftspolitik auf deutscher ebenso wie auf EU-Ebene gilt, dass alles einem Grundsatz unterzuordnen ist: Die sozial-ökologische Transformation der Wirtschaft ist die wichtigste Voraussetzung für deren Revitalisierung.

3.2 Ökologischer Umbau ist mehr als industrielle Transformation

Eine Zukunft, in der es Energie risikofreier, generationengerecht, versorgungssicher, bezahlbar und nahezu vollständig CO_2-frei für alle gibt, ist möglich. Davon profitieren Haushalte, und auch für die Industrie wird die ausreichende Verfügbarkeit erneuerbarer Energien zu einem positiven Wirtschaftsfaktor. Wenn die Energiewende allerdings scheitert, droht Deutschland seine Rolle als eine der führenden Industrienationen zu verlieren. Denn Produktionsstätten werden dorthin gehen, wo die Energie krisensicher, klimafreundlich und kostengünstig ist.

Doch der Prozess der Transformation des Energiesystems zur Klimaneutralität wird durch hartnäckige Mythen aufgehalten. Ein besonders kontraproduktiver Mythos besagt zum Beispiel, dass für Versorgungssicherheit das Stromangebot durch große zentrale Kraftwerke bereitgestellt werden muss. Nationale wie weltweite Analysen zeigen das Gegenteil. In zahlreichen Kommunen und Regionen ist ein hoher Anteil stark dezentralisierter Energieversorgung längst etablierte Praxis. Entscheidend dafür ist der Ausbau erneuerbarer Energien, die intelligente informationstechnische Verknüpfung der Erzeugungspunkte sowie die Bereitstellung von Flexibilitätsoptionen wie Speicher und Lastmanagement. Auch der Ausbau der Bürgerenergie vor Ort kann zur Stärkung der Akzeptanz, zur örtlichen Versorgungssicherheit, zur Finanzierung und zum beschleunigten Kapazitätsausbau erheblich beitragen. Es zeigt sich beispielsweise, dass der sehr starke Anstieg des jährlichen Zubaus von Photovoltaik in den vergangenen Jahren zu einem Ausbauniveau geführt hat, das in den nächsten Jahren nur noch moderat erhöht und dann gehalten werden müsste, um die erforderliche installierte Photovoltaik-Leistung des Jahres 2030 in allen relevanten Szenarien erreichen zu können. Demnach liegt die erforderliche Photovoltaik-Leistung in 2030 bei etwa 215 Gigawatt, um in Einklang mit dem Ausbauziel nach Erneuerbare-Energien-Gesetz, EEG 2023, zu stehen. So belegt der für 2024 vermutete Zubau, der nahezu einer Verdreifachung des Zubaus im Jahr 2021 und einer Verdoppelung gegenüber 2022 entspricht, dass einerseits die Wirtschaftlichkeit der Photovoltaik stark zugenommen hat und die eingeleiteten Lenkungsmaßnahmen die erhoffte Wirkung entfalten.

Die erzielten Erfolge und die inzwischen erreichte Wirtschaftlichkeit bei erneuerbaren Energien lassen darauf hoffen, dass die Dekarbonisierung der Wirtschaft auch bei massivem politischem Gegenwind weiter voranschreitet. Allerdings gibt es dabei zwei Probleme: Zum einen dürfte sich das Ausbautempo dabei merklich verlangsamen. Zum anderen stellt sich die Frage der Finanzierung. In konservativen Kreisen und auch bei der Draghi-Studie für eine Investitionsoffensive in der EU wird von einem vermehrten Einsatz von privatem Kapital für den ökologischen Umbau ausgegangen. Das würde die Kosten dramatisch erhöhen und damit die Verteilungskämpfe massiv verschärfen. In einer Studie vom Januar 2025 haben Kaczmarczyk/Krebs das für den deutschen Stromnetzausbau untersucht. Bei einer öffentlichen Finanzierung müssen die Stromtarife um 34 Prozent steigen, um den Netzausbau finanzieren zu können. Wird der zusätzliche Kapitalbedarf durch private Finanzinvestoren gedeckt, müssten die Strompreise um 60 Prozent steigen. Der Unterschied entsteht durch die privaten Renditeerwartungen, die von den Verbraucher*innen (einschließlich Unternehmen) über den Strompreis getragen werden müssen.

Die erzielten ökologischen Erfolge beim Ausbau erneuerbarer Stromerzeugung dürfen aber nicht darüber hinwegtäuschen, dass Deutschland – gemessen am gesamten ökologischen Fußabdruck – deutlich über seine Verhältnisse lebt. Nach wie vor überwiegen nicht nachhaltige Produktions- und Konsumweisen. Die *Arbeitsgruppe Alternative Wirtschaftspolitik* teilt deswegen den Ansatz des Projektes »Earth4All Deutschland«, das vom Club of Rome und dem Wuppertal Institut getragen wird. Danach braucht es einen Systemwandel, der durch globale Politikwechsel in fünf Themenschwerpunkten und entsprechende politische Maßnahmen erreicht werden soll:

- Kampf gegen die Armut
- Verringerung der Ungleichheit
- Gleicher Zugang zu natürlichen Ressourcen
- Ökologisch verträglichere Ernährung
- Versorgung mit erneuerbaren Energien

In einer Simulationsrechnung zeigt »Earth4All Deutschland«, dass die gemeinsame Umsetzung aller Politikwechsel nicht zu immer größeren Schwierigkeiten führen, sondern dass sich diese Wenden gegenseitig ergänzen und positive Synergien erzeugen:

- Die Energiewende trägt mit dem Ausstieg aus der Nutzung fossiler Energieträger direkt zur Einhaltung der planetaren Grenzen, zur Ressourcenschonung und damit zur Ressourcenwende bei. Energieeffizienz, Energiesuffizienz und die Verhinderung von Rebound-Effekten sind Kernstrategien, um die knappen Rohstoffe, die für den enormen Zuwachs von Anlagen mit erneuerbaren Energien weltweit in großem Umfang gebraucht werden, zu schonen.
- Umgekehrt reduziert ein sparsamer Einsatz von Primärressourcen den Energieaufwand. Aluminium oder Kupfer sind zum Beispiel als Rezyklate weit weniger energieintensiv herstellbar als durch die Gewinnung aus Erzen. Ähnliches gilt auch für die Herstellung von Glas. Daher sind Strategien einer zirkulären Wirtschaft auch ein entscheidender Beitrag dafür, ambitionierten Klimaschutz leichter, wirtschaftlicher und schneller zu erreichen.

- Die Ungleichheitswende entfaltet in vielerlei Hinsicht große Synergieeffekte: Viele Reiche und Superreiche schaden mit ihren Konsummustern in einem Ausmaß der Umwelt, dass inzwischen alle darunter leiden. Überreichtum im Interesse des Gemeinwohls durch progressive Besteuerung abzuschöpfen, ist daher verursachergerecht und auch mit dem Grundgesetz verein- und begründbar, weil in diesen Fällen Eigentum nicht zum Wohle, sondern zum erheblichen Schaden aller verwendet wird.
- Nachhaltigeres Wirtschaften ist eine Ökonomie, die nicht einigen Wenigen einen privilegierten Zugang zu natürlichen Ressourcen (Gemeingüter/Allmende) ermöglicht, sondern sicherstellt, dass alle daran teilhaben können. So kann bestehende Armut minimiert werden und langfristig keine neue Armut entstehen. Das gilt auch im Sinne der relativen Armutsdefinition in reichen Industrieländern wie Deutschland. Die Einnahmen aus der Ungleichheitskehrtwende eröffnen zudem neue Finanzierungsspielräume zur strukturellen Armutsbekämpfung.
- Eine Ernährungswende kann zur Schonung der natürlichen Ressourcen direkt und signifikant beitragen. Pflanzliche statt tierischer Produkte können sehr viel ressourceneffizienter und klimaschonender produziert werden. Die Empfehlungen der Deutschen Gesellschaft für Ernährung (DGE) sind gute Orientierungspunkte, um Maß zu halten – für mehr Klimaschutz aber auch für ein gesünderes Leben. Die Artenvielfalt und der Klimaschutz werden durch eine regenerative Landwirtschaft unterstützt.

4 Alternative Wirtschaftspolitik in schwierigen Zeiten

4.1 Forderungen der Arbeitsgruppe sind weiter aktuell

Die *Arbeitsgruppe Alternative Wirtschaftspolitik* hat frühzeitig sozialökonomische und ökologische Krisenthemen aufgegriffen und Vorschläge zur Lösung unterbreitet. Oftmals wurden diese erst nach Jahren unter dem Druck der Krise gesellschaftsfähig. In der 50-jährigen

Geschichte wurden Maßnahmen entwickelt und immer wieder den neuen Herausforderungen angepasst. Es ist gleichermaßen erstaunlich und erschreckend, wie aktuell viele Forderungen heute noch sind. Wichtige Elemente, die sich durch die ganze Geschichte der MEMORANDEN ziehen, sind:

- *Staatliche Investitionsprogramme* zur Stärkung nachhaltiger und sozial verantwortlicher Entwicklung, anfangs mit einem Volumen von 30 Mrd. DM; zuletzt 120 Mrd. Euro jährlich für Infrastruktur, Klima und Transformation.
- Seit dem Start der MEMORANDEN die Forderung nach einer Nutzung der staatlichen Kreditfinanzierung für öffentliche Investitionen und damit von Anfang an Kritik an der Schuldenbremse, die ab 2007 durch die Föderalismuskommission II vorangetrieben wurde und seit 2009 Gesetz ist.
- Gesamtkonzept einer *sozial gerechten, ökologisch verantwortlichen Steuerpolitik* mit dem Schwerpunkt einer Vermögensteuer sowie einer angemessenen Erbschaft- und Schenkungsteuer.
- *Bekämpfung der Armut* vor allem infolge von Arbeitslosigkeit / prekärer Arbeitsverhältnisse sowie die Forderung nach einem grundlegenden sozialen Sicherungssystem.
- Seit Beginn der *Arbeitsgruppe Alternative Wirtschaftspolitik* Vorschläge zu einer *Rentenreform* gegen Armut im Alter.
- Vorschläge zum Abbau der Defizite im *Gesundheits- und Pflegebereich.*
- Aufbau eines *»Öffentlich geförderten Beschäftigungssektors« (ÖBS).*
- *Stärkung des Tarifvertragssystems* zugunsten Guter Arbeit der abhängig Beschäftigten (hohe Löhne und humane Arbeitsbedingungen).
- Mit umfangreichen Analysen von Anfang an der Spitze der Bewegung für *Verkürzung vor allem der Wochenarbeitszeit* (insbesondere ab 1984).
- Einführung von *existenzsichernden Mindestlöhnen* auf der Basis einer fundamentalen Kritik des neoklassischen Arbeitsmarktmodells (Nachfrage nach Arbeit abhängig von der Höhe der Löhne).

- Für geschlechtergerechte Aufteilung von Erwerbs- und Sorgearbeit.
- Begründete Forderung nach Ausbau der *Mitbestimmung* und umfassender *Demokratisierung* der Wirtschaft.
- Kritik der praktizierten Politik der *deutschen Einigung* und Vorschläge zum Ausbau »einheitlicher Lebensverhältnisse« (mit Unterstützung der Teilgruppe ostdeutscher Wissenschaftler*innen).
- Kritik der neoklassischen Strategie *der Globalisierung* auf der Basis eines Konzepts sozial-ökologisch regulierter Weltmärkte und Produktionsstätten in aller Welt.
- Offenlegung der Ursachen der *Finanzmarktkrise 2008/09* und Konzepte zur weltweiten Regulierung (u. a. Einführung der Transaktionsteuer).
- Kritik der *monetaristischen Geldpolitik* mit dem Ziel, eine koordinierte Geld- und Finanzpolitik durchzusetzen.
- Immer wieder Beiträge zur *Kritik* an der wirtschaftswissenschaftlich vorherrschenden Theorie des *marktfundamentalistischen Kapitalismus.*

4.2 Für ein gerechtes und aufkommenstarkes Steuersystem

Aus der Sicht der *Arbeitsgruppe Alternative Wirtschaftspolitik* gibt es für das Steuersystem vier grundsätzliche Anforderungen:

- *Erstens* muss das Steuersystem grundsätzlich die Finanzierbarkeit staatlicher Aufgaben sichern.
- *Zweitens* stellt sich die Aufgabe, endlich die gesamte Steuerlast sozial gerecht zu verteilen. Im Mittelpunkt steht bei der Lastverteilung das Prinzip Leistungsfähigkeit (»ability to pay«). Je höher die Einkommen und je höher das Vermögen, umso höher ist die wirtschaftliche Leistungskraft als Basis der Besteuerung.
- *Drittens* muss das System der Steuereinnahmen viel stärker auf das ökologische Ziel der Rettung des Klimas ausgerichtet werden. Dazu gehören die Abgaben auf den CO_2-Ausstoß, die zum Ausstieg aus der fossilen Produktionsweise anreizen sollen. Wenn nicht gezielt gegengesteuert werden sollte, sind vor allem wegen steigender Energiepreise die Belastungen für niedrige und mittlere Einkommens-

bezieher hoch. Deshalb muss mit einem sozialen Ausgleich über ein Klimageld Entlastung gesichert werden.

- *Viertens:* Das Versprechen einer Selbstfinanzierung von Steuersenkungen vor allem für die Unternehmenswirtschaft durch erhöhte Steuereinnahmen infolge steigender Unternehmensinvestitionen funktioniert nicht. Erfahrungen aus früheren Phasen der Unternehmensteuersenkungen bestätigen dies: Dieses »Konzept« ist untauglich.

Für die einzelnen Steuerarten ergeben sich daraus folgende Forderungen der *Arbeitsgruppe Alternative Wirtschaftspolitik:*

Einkommensteuer: Reform des Einkommensteuertarifs in Anlehnung an den DGB-Vorschlag (Zahlenangaben für Grundtabelle): steuerfreier Grundfreibetrag auf 14.500 Euro (derzeit 12.084 Euro) erhöhen, Linear progressiv von 22 Prozent bis zum bei 85.000 Euro Einkommen einsetzenden Spitzensteuersatz von 49 Prozent ansteigender Steuertarif, die Reichensteuer beginnt mit 52 Prozent ab 135.000 Euro (derzeit ab 277.826 Euro mit 45 Prozent). Abschaffung des 2009 eingeführten Privilegs der Abgeltungsteuer mit 25 Prozent auf Kapitaleinkünfte und stattdessen volle Integration in den Einkommensteuertarif. Zügiger Abbau der Vorteile aus dem derzeitigen Ehegattensplitting. Die Mehreinnahmen sollten zum Ausbau von Leistungen für Familien eingesetzt werden.

Unternehmensbesteuerung: Die Körperschaftsteuer auf einbehaltene Gewinne von juristischen Personen (Kapitalgesellschaften, Vereine und Stiftungen etc.), die seit 1990 immer wieder reduziert und seit 2009 bei 15 Prozent festgeschrieben wurde, wird auf 25 Prozent erhöht. Auch sollte im Zuge Reform der Unternehmensbesteuerung eine effektive Besteuerung durch den Abbau nicht zu rechtfertigender Steuerprivilegien erfolgen.

Mehrwertsteuer: Derzeit gelten offiziell zwei Steuersätze: 19 Prozent als Regelsatz und der ermäßigte Steuersatz mit 7 Prozent auf den Großteil der Lebensmittel, aber auch Bücher und vieles mehr. Ärztliche Dienstleistungen oder Mieten unterliegen nicht der Mehrwertsteuer. Die Anwendung des ermäßigten Steuersatzes soll künftig strikt auf Waren und Dienstleistungen für die Grundbedürfnisse konzentriert werden.

Besteuerung von Vermögen: Im internationalen Vergleich ist die Besteuerung von Vermögen in Deutschland auffällig niedrig. Dabei ist Deutschland durch eine hohe, seit Jahren steigende Vermögenskonzentration gekennzeichnet: Nach Angaben aus dem Jahr 2023 verfügten die obersten zehn Prozent der Personen in Deutschland über 63 Prozent des Gesamtvermögens, die unteren 50 Prozent dagegen nur über 2,9 Prozent. Gegenüber dieser Konzentration auf die Top-Vermögenden ist deren Steuerbelastung extrem gering. Ursachen unzureichender Besteuerung sind eine löchrige Erbschafts- und Schenkungsteuer sowie die seit 1997 ausgesetzte Vermögensteuer. Dabei wird die Vermögenskonzentration in wenigen Händen durch den leistungslosen Zuwachs des Vermögens im Zuge des Erbens vorangetrieben. Zwei Stellschrauben sind wichtig: Das Vermögen muss ebenso wie der Wechsel von Vermögen durch Erbschaften besteuert werden.

Erbschaft- und Schenkungsteuer: Die durch die Schenkungsteuer ergänzte Erbschaftsteuer hat mit knapp 8 Mrd. Euro in den letzten drei Jahren deutlich weniger als auf der Basis der vollzogenen Erb- und Schenkungsanlässe zu erwarten war, eingebracht. Ursachen sind die je nach Familiennähe der Erwerber nach drei Steuerklassen differenzierten, vergleichsweise hohen Freibeträge sowie die beim Vererben von Betriebsvermögen vorgesehenen »Verschonungsregeln«. Schwerpunkte einer dringend erforderlichen Reform sind reduzierte Freibeträge und höhere Steuersätze. Die wichtigste Maßnahme ist die grundsätzliche Ablösung der steuerlichen »Verschonung« des vererbten Betriebsvermögens.

Vermögensteuer: Eine wichtige Voraussetzung für die Wiederbelebung der verfassungskonformen Vermögensteuer ist erfüllt worden. Durch die Reform der Grundsteuer werden mittlerweile Immobilien – wie seit Jahren in den MEMORANDEN gefordert – nicht mehr zu den zuvor irreal niedrigen Einheitswerten, sondern marktnah bewertet. Die *Arbeitsgruppe Alternative Wirtschaftspolitik* fordert eine Steuer auf große Vermögen oberhalb eines Grundfreibetrags von 1 Mio. Euro an Nettovermögen. Der Steuertarif soll progressiv wirken. Bis zum Vermögen von 20 Mio. Euro steigt der Steuersatz von 1 Prozent bis auf 1,5 Prozent. Ab 100 Mio. Euro erhöht sich dieser auf 1,75 Prozent.

Klimageld: Aus der deutschen CO_2-Abgabe und dem europäischen Emissionshandelssystem werden hohe Einnahmen erzielt. Diese Emissionsabgaben belasten jedoch insbesondere die armen Haushalte. Deshalb muss endlich das durch die Vorgängerregierung angekündigte Klimageld als soziale Kompensation dieser ökologisch erforderlichen Mehrbelastung durchgesetzt werden.

Finanztransaktionssteuer: Der gesamte börsenbezogene und außerbörsliche Handel mit Wertpapieren und darauf basierenden Finanzderivaten wird mit 0,1 % des Marktwerts besteuert. Wegen der hohen Handelsvolumina schlagen auch kleine prozentuale Steuern stark zu Gewicht. Die Ergiebigkeit der Maßnahme ist also zweifelsohne groß.

Umbau der Gewerbesteuer zur kommunalen Wertschöpfungsteuer: Mit der kommunalen Wertschöpfungsteuer sollen nicht nur die Gewerbetreibenden, sondern alle Unternehmen und Freiberufler in die Finanzierung der Ausgaben ihrer Kommunen einbezogen werden.

Maßnahmen gegen Steuerhinterziehung und Verlagerung in Steueroasen: Um eine sozial gerechte Besteuerung ernsthaft zu realisieren, müssen nationale und internationale Steuerschlupflöcher geschlossen und Instrumente gegen die Steuerhinterziehung eingesetzt werden. Dazu gehört auch der Einsatz für eine Mindestbesteuerung von Unternehmen. Für die kontrollierte Implementierung eines gerechten Steuersystems müssen die deutschen Finanzbehörden personell und technisch gestärkt werden.

4.3 Die industrielle Transformation vorantreiben

Die *Arbeitsgruppe Alternative Wirtschaftspolitik* unterstützt die Forderung von IMK und IW nach der Einrichtung eines »Sondervermögen Klimanotstand und Transformation« über zehn Jahre mit einem Gesamtvolumen von 600 Mrd. Euro. Diese Forderung bezieht sich allerdings ausschließlich auf direkte öffentliche Ausgaben für Infrastruktur und Dekarbonisierung. Die positiven Effekte eines solchen Programms wären enorm. Es würden nicht nur die marode Infrastruktur saniert und der ökologische Umbau vorangetrieben, sondern auch positive gesamtwirtschaftliche Effekt generiert. Nach einer Studie des

IMK vom Februar 2025 würde das BIP um drei bis sechs Prozent über seinem Niveau ohne Investitionsprogramm liegen. Auch die daniederliegenden Unternehmensinvestitionen würden in erheblichem Umfang angeregt. Zu einem ähnlichen Ergebnis kommt auch eine Untersuchung des Deutschen Instituts für Wirtschaftsforschung (DIW) vom Januar 2025. Eine Investitionsoffensive ist die wichtigste Maßnahme, um Deutschland aus der Stagnationskrise zu führen.

Realistischerweise wird aber ein viel größeres, umfassenderes Programm benötigt. Für den Ausbau der Netzinfrastruktur bei den Stromnetzen ergibt sich bis 2045 ein Bedarf von 651 Mrd. Euro. Da die Netze sich in der Hand privater Unternehmen befinden, sind diese Bedarfe in dem Programm von IMK und IW nicht enthalten.

Die *Arbeitsgruppe Alternative Wirtschaftspolitik* sieht noch weitere Bedarfe, etwa in der Bildung oder der Pflegeinfrastruktur, die auch notwendige Personalausgaben enthalten. Die *Arbeitsgruppe Alternative Wirtschaftspolitik* fordert deshalb ein Ausgaben- und Investitionsprogramm von 120 Mrd. Euro jährlich zusätzlich. Darüber hinaus unterstützt die *Arbeitsgruppe Alternative Wirtschaftspolitik* die Einrichtung eines Transformationsfonds, der den Unternehmen beim Umbau zusätzlich unter die Arme greift. Ein detaillierter Vorschlag dazu wurde vom IMK und der IG BCE entwickelt. Diese Mittel werden allerdings nicht als Geschenke verteilt, sondern der Fonds erhält dafür Anteile an den Unternehmen und nimmt auch direkt auf die Geschäftspolitik Einfluss, damit die vorgesehenen Ziele im Interesse der Beschäftigten und der Allgemeinheit umgesetzt werden.

4.4 Krise des Sozialstaats überwinden

Der Sozialstaat steht unter Druck. Gerade in Zeiten mit gravierenden Umbrüchen sind die Menschen auf die Leistungen der sozialen Sicherungssysteme angewiesen. Eine Erosion der Sicherungssysteme ist deshalb nicht hinzunehmen. Im Gegenteil, sie müssen ausgeweitet werden. Die *Arbeitsgruppe Alternative Wirtschaftspolitik* hat in den MEMORANDEN dazu eine Vielzahl an Vorschlägen und Forderungen vorgelegt. Hier sollen nur zwei Bereiche angerissen werden, die in der Langfassung zum MEMORANDUM 2025 näher ausgeführt sind:

Eine umfassende Reform der gesetzlichen Rentenversicherung muss beide Prinzipien der gesetzlichen Rentenversicherung adressieren: das Äquivalenzprinzip und das Solidarprinzip des sozialen Ausgleichs. Sie muss glaubhaft darstellen können, wie die finanziellen Rahmenbedingungen geschaffen werden können, damit diese auch in Zeiten des demografischen Wandels finanziert werden können. Dazu zählt insbesondere:

- Die Stabilisierung des Rentenniveaus auf mindestens 48 Prozent und dessen schrittweise spätere Anhebung.
- Die Stärkung der Grundsicherung im Alter sowie der Verzicht auf Einkommensanrechnung bei der Grundrente.
- Die Einführung einer solidarischen Erwerbstätigenversicherung, in die alle Berufsgruppen einbezogen werden.
- Höhere Bundeszuschüsse, die mindestens die Kosten für die Übernahme gesamtgesellschaftlicher Aufgaben, die von den Rentenversicherungsträgern getragen werden, abdecken.
- Der Fortbestand der abschlagsfreien Rente nach 45 Versicherungsjahren (sogenannte »Rente mit 63«) und keine Erhöhung des Renteneintrittsalters, stattdessen gesicherte und flexible Altersübergänge.
- Solidarausgleich bei beitragsfreien Zeiten wie Arbeitslosigkeit, Krankheit, Kindererziehung.

Seit Jahren verharrt das System der Langzeitpflege in einer tiefgreifenden Krise. Mit der demografischen Entwicklung wird sich diese Fehlentwicklung dramatisch verschärfen. Die Verweigerung grundlegender Reformen führt dazu, dass Deutschland gegenüber vergleichbar hochentwickelten Ländern immer mehr ins Hintertreffen gerät. Die *Arbeitsgruppe Alternative Wirtschaftspolitik* fordert eine am Bedarf ausgerichtete Finanzierung, Infrastrukturplanung und Steuerung bei der Pflege, die Defizite bei der Versorgungsqualität und Personalengpässe beseitigt. Wichtig ist auch eine Aufwertung des Pflegeberufs. Für die meisten Menschen sind die kräftig steigenden Zuzahlungen nicht und schon gar nicht auf Dauer aufzubringen. Pflege schafft immer mehr Armutsprobleme. Die Eigenanteile in der stationären Pflege müssen dringend begrenzt werden.

4.5 Demokratisierung gegen Oligarchenherrschaft

Es ist zu befürchten, dass die Bundesregierung die aktuellen Herausforderungen nicht angeht und mit untauglichen marktfundamentalistischen, neoliberalen Rezepten weiter herumdoktert. Das wäre keine Antwort auf die Mehrfachkrise. Deutschland würde den Weg aus der Stagnation nicht finden und die Umweltkrise schritte ungebremst weiter voran. Es kann sogar noch schlimmer kommen. Katastrophal wäre es, wenn die Bundesregierung sich stärker an den Rezepten der Trump-Regierung orientieren würde und auch hierzulande den Weg zu einem räuberischen Oligarchenkapitalismus einschlagen würde.

Unmittelbar nach Amtsübernahme am 20. Januar 2025 erließ Donald Trump mehr Dekrete als jeder seiner Vorgänger. Sie reichen vom Austritt aus der Weltgesundheitsorganisation (WHO) und der Aufkündigung des Pariser Klimaschutzabkommens über die Anordnung, in Alaska verstärkt Öl- und Gasbohrungen vorzunehmen, bis zur Auflösung ganzer Behörden wie der Behörde für Internationale Entwicklung USAID, die im Jahr 2023 rund 50 Mrd. US-Dollar für Hilfsprojekte gegen Hunger, Armut und Krankheiten in etwa 120 Ländern einsetzte. Der Tech-Milliardär Elon Musk, ein enger Verbündeter Trumps, erhielt ein neu gegründetes, dem Weißen Haus direkt unterstelltes »Department of Government Efficiency« (DOGE) mit dem Auftrag, die staatliche Bürokratie massiv zu verkleinern und Staatsausgaben zu senken. Das Kernanliegen besteht darin, den Kapitalismus seiner rechtlichen, sozialen und ökologischen Bindungen zu entledigen und die weltweite Macht der USA dafür zu nutzen, dass sich möglichst viele Staaten dem imperialen Diktat unterwerfen.

Das kann und darf nicht die Perspektive sein. Die *Arbeitsgruppe Alternative Wirtschaftspolitik* setzt auf einen anderen Weg. Statt einiger weniger reicher Oligarchen muss die breite Gesellschaft ihre Macht zum Tragen bringen. Der politische Weg muss die Verstetigung einer Bewegung werden, wie sie schon vor der Bundestagswahl fast täglich überall im Land auf den Straßen zu beobachten war. Auch als politisches Programm muss mehr Demokratie an erster Stelle stehen. Ökonomisch braucht es dafür neben Investitionsprogrammen, gerechter Steuerpolitik und leistungsfähigen Sozialsystemen auch eine Demokratisierung der Wirtschaft. Ein erster Schritt könnte eine Ausweitung der Mitbestimmung sein: Grundlegende Entscheidungen im Aufsichtsrat brauchen eine Zweidrittelmehrheit, damit nicht mit dem Doppelstimmrecht von Unternehmerseite dekretiert werden kann. Im Transformationsprozess und in den unzähligen Restrukturierungsprozessen in den Unternehmen hätten dann auch diejenigen, die es am meisten betrifft, die Belegschaften, endlich die Möglichkeit, ihre Interessen durchzusetzen.

International gilt es, sich einer neuen Weltordnung entgegenzustellen. Es darf nicht um die Wahl zwischen ungehemmten Freihandel gegenüber Abschottung und Zollpolitik gehen. Die weltweiten Wirtschaftsverflechtungen dürfen auch nicht durch »Deals« im Interesse einzelner Staaten geprägt sein. Die *Arbeitsgruppe Alternative Wirtschaftspolitik* fordert eine neue regelbasierte Handelsordnung, die aber nicht wie die alte Welthandelsorganisation (WTO) nur den Interessen von reichen Industriestaaten und großen Konzernen dient.

Für alle diese Forderungen sind derzeit politische Mehrheiten nicht abzusehen. In Deutschland nicht – und international nicht. Aber seit 50 Jahren erhebt die *Arbeitsgruppe Alternative Wirtschaftspolitik* ihre Stimme und schreibt gegen den Mainstream an. Die Konzepte einer alternativen Wirtschaftspolitik werden auch in den nächsten Jahrzehnten in den gesellschaftlichen Debatten dringend benötigt. Erfolge werden langfristig erzielt. Es darf nicht darum gehen, mehr Trump (USA) oder Milei (Argentinien) zu wagen, sondern im Gegenteil: mehr Demokratie und weniger Kapitalismus, ja weniger Kapitalmacht zu wagen.

Die Kurzfassung des MEMORANDUM 2025 wurde bis zum 23.3.2025 von folgenden Personen unterstützt:

Tom Ackermann, München
Andrea Adrian, Bremen
Susanne Agne, Bad Oldesloe
Michael Ahlmann, Blumenthal
Jutta Ahrweiler, Oberhausen
Markus Albrecht, Düsseldorf
Matthias Altmann, Weimar
Dr. Werner Anton, Merseburg
Lutz Apel, Bremen
Horst Arenz, Berlin
Dieter Argast, Erlangen-Buckenhof
Norbert Arndt, Herne
Dr. Helmut Arnold, Wiesbaden
Dr. Jupp Asdonk, Bielefeld

Erich Bach, Bad Nauheim
Dr. Volker Bahl, Pullach
Walter Bald, Hagen
Berthold Balzer, Fulda
Robert Bange, Oelde
Ursula Bär, Kall
Hans Joachim Barth, Wiesbaden
Stephan Bartjes, Krefeld
Manfred Bartsch, Gütersloh
Hagen Battran, Heuweiler
Jochen Bauer, Herne
Mechthild Bayer, Karlsruhe
Helmut Becker, Köln
Dr. Johannes M. Becker, Marburg
Friedrich-Karl Beckmann, Pinneberg
Dr. Peter Behnen, Breitnau
Jan-Patrick Behrend, Marburg
Herbert Behrens, Osterholz-Scharmbeck
Prof. Dr. Hermann Behrens, Klein Vielen
Angelika Beier, Bielefeld
Dr. Theodor W. Beine, Isselburg
Anke Beins, Ostermunzel
Rüdiger Beins, Ostermunzel
Andreas Beran, Hamburg
Jochen Berendsohn, Hannover
Sabine Beutert, Köln
Brigitte Bey, Chemnitz
Wolfgang Bey, Chemnitz
Ortwin Bickhove-Swiderski, Dülmen-Rorup
Prof. Dr. Heinz Bierbaum, Saarbrücken
Dr. Fritz Bilz, Köln
Dr. Detlef Bimboes, Berlin
Dr. Joachim Bischoff, Hamburg
Prof. Gudrun Bischoff-Kümmel, Hamburg
Dr. Reinhard Bispinck, Düsseldorf
Prof. Dr. Arno Bitzer, Dortmund
Dr. Antje Blöcker, Ilsede
Dirk Blotevogel, Troisdorf

Peter-Josef Boeck, Bielefeld
Peter Boettel, Göppingen
Dr. Hermann Bömer, Dortmund
Prof. Dr. Heinz-J. Bontrup, Witten
Klaus Borchardt, Bremen
Reinhard Borgmeier, Paderborn
Prof. Dr. Gerd Bosbach, Köln
Prof. Dr. Gerhard Bosch, Köln
Manfred Böttcher, Hannover
Mohamed Boudih, Mönchengladbach
Maren Bracker, Fritzlar
Giesela Brandes-Steggewentz, Osnabrück
Klaus Brands, Drolshagen
Monika Brandt, Dortmund
Prof. Dr. Peter Brandt, Berlin
Dietrich Brauer, Oberhausen
Hugo Braun, Düsseldorf
Prof. Dr. Karl-Heinz Braun, Magdeburg
Peter Braun, Rödinghausen
Leo Braunleder, Wuppertal
Carsten Bremer, Hamburg
Uli Breuer, Frankfurt
Dr. Oskar Brilling, Schwelm
Karl-Heinz Brix, Tüttendorf
Karin Brugger, Neu-Ulm
Dr. Jochen Buchholz, Bonn
Dr. Wiebke Buchholz-Will, Nordhorn
Hans-Ulrich Bünger, Freudenstadt
Jürgen Burger, Bremen
Günter Busch, Reutlingen
Dr. Ulrich Busch, Berlin
Prof. Dr. Christoph Butterwegge, Köln

Luis Caballero-Sousa, Mainz
Ferhat Cato, Neuwied
Jörg Cezanne, Mörfelden-Walldorf
Dr. Christian Christen, Berlin
Heinz-Günter Clasen, Duisburg
Martine Colonna, Hamburg

Matthias Dam, Köln
Monika Damaschke, Lüneburg
Adelheid Danielowski, Trebel
Holger Dankers, Stade
Wolfgang Denecke, Leipzig
Prof. Dr. Frank Deppe, Marburg
Herbert Derksen, Kleve
Walter Deterding, Hannover
Richard Detje, Göttingen
Alexander Deutsch, Dresden
Karsten Deutschmann, Berlin
Theodor Dickmann, Bad Homburg
Reinhard Dietrich, Bremerhaven
Joachim Dillinger, Berlin
Helmut Dinter, Wessobrunn
Florian Dohmen, Duisburg
Jochen Dohn, Hanau-Mittelbuchen
Wolfgang Dohn, Hanau

Prof. Dr. Ulrich Dolata, Bremen
Günter Domke, Düsseldorf
Werner Dreibus, Wagenfeld
Hartmut Dreier, Marl
Dieter Dressel, Berlin
Jochen Dürr, Schwäbisch Hall

Jochen Ebel, Borkheide
Claudia Eberhard, Hannover
Roman Eberle, Dortmund
Dirk Ebert, Radebeul
Gunter Ebertz, Berlin
Raimund Echterhoff, Wuppertal
Dr. Kai Eicker-Wolf, Marburg
Prof. Dr. Andreas Eis, Kassel
Prof. Dr. Dieter Eißel, Gießen
Stephan Elkins, Marburg
Prof. Dr. Wolfram Elsner, Bremen
Gerhard Endres, München
Dieter Engel, Wiesbaden
Joachim Ernst, Bremen
Otto Ersching, Lüdenscheid
Rolf Euler, Recklinghausen

Walter Fabian, Hannover
Wolfgang Faissner, Aachen
Reinhold Falta, Mainz
Hinrich Feddersen, Hamburg
Josef Fehlandt, München
Ansgar Fehrenbacher, Lauterbach
Wolf-Rüdiger Felsch, Hamburg
Herbert Fibus, Übach-Palenberg
Harald Fiedler, Oberursel
Dr. Ulrich Fiedler, Berlin
Adrijana Filehr, Klana, Kroatien
Josef Filippek, Lüdenscheid
Prof. Dr. Dietrich Fischer, Potsdam
Dr. Hans Ulrich Fischer, Mainz
Maria Fischer, Biessenhofen
Tino Fleckenstein, Aschaffenburg
Hermann Fleischer, Salzgitter
Wolfgang Förster, Speyer
Uwe Foullong, Bottrop
Michael Frank, Hildesheim
Matthias Frauendorf, Dresden
Otfried Frenzel, Chemnitz
Dr. Joke Frerichs, Köln
Günter Frey, Burgau
Dr. Michael Frey, Berlin
Klaus Friedrich, Würzburg
Jürgen Friemelt, Frankfurt
Marianne Friemelt, Frankfurt

Prof. Dr. Dominik Gager, Frankfurt
Gabriela Galli, Werther
Dr. Irene Gallinge, Berlin
Prof. Dr. Berthold Gasch, Baiersbronn
Dieter Gautier, Bremen
Elmar Gayk, Trebel
Prof. Dr. Klaus Gebauer, Berlin

Werner Geest, Wedel
Andreas Gehrke, Hannover
Dr. Friedrich-Wilhelm Geiersbach, Hagen
Udo Gelhausen, Burscheid
Dr. Roman George, Diez
Dr. Klaus-Uwe Gerhardt, Obertshausen
Sebastian Gerhardt, Berlin
Prof. Dr. Dr. Thomas Gerlinger, Bielefeld
Lisa Gesau, Northeim
Dr. Jürgen Glaubitz, Düsseldorf
Marlu Gleiser, Bad Hersfeld
Dr. Sigmar Gleiser, Bad Hersfeld
Christian Gloede, Bremen
Horst Gobrecht, Ober-Flörsheim
Burglinde Goers, Meißen
Joachim Gogoll, Nottuln
Dr. Jörg Goldberg, Frankfurt
Eckart Goldmann, Bremen
Thomas Gorsboth, Bad Orb
Arno Gottschalk, Bremen
Ralph Graf, Goslar
Gerhard Grawe, Ense
Regine Greb, Siegen
Dr. Herbert Grimberg, Kaarst
Herbert Grimm, Dortmund
Prof. Dr. Dr. Rainer Grothusen, Hamburg
Walter Gruber, Salzgitter
Günter Grzega, Treuchtlingen
Wolfgang Haferkamp, Oberhausen
Dr. Thomas Hagelstange, Düsseldorf
Volker Hahn, Bad Gandersheim
Ellen Hainich, Lindenberg im Allgäu
Andreas Hallbauer, Berlin
Andreas Hammer, Östringen
Detlef Hansen, Görmin
Rosmarie Hasenkox, Wuppertal
Rüdiger Hauff, Stuttgart
Wolfgang Haupt, Renningen
Rosi Haus, Münster (Hessen)
Kornelia Haustermann, Rastede
Dr. Gert Hautsch, Frankfurt
Helga Hecht, Bielefeld
Manfred Heidbreder, Bielefeld
Alexander Heieis, Hollenstedt
Michael Hein, Schwelm
Dirk Heinke, Berlin
Dr. Cornelia Heintze, Leipzig
Dr. Michael Held, Berlin
Susanne Held, München
Julius Heller, Tübingen
Prof. Dr. Fritz Helmedag, Chemnitz
Marita Henkel, Berlin
Jürgen Hennemann, Ebern
Prof. Dr. Peter Hennicke, Wuppertal
Dr. Frank W. Hensley, Dossenheim

Michael Hermund, Bochum
Philipp Hersel, Berlin
Stefan Herweg, Berlin
Markus Herzberg, Leingarten
Dr. Horst Hesse, Leipzig
Dr. Ludwig Heuwinkel, Bielefeld
Olaf Hey, Hamburg
Hermann Hibbeler, Lage
Prof. Dr. Rudolf Hickel, Bremen
Frank Hiebert, Saarbrücken
Uwe Hiksch, Berlin
Nicolaus Hintloglou, Düsseldorf
Lieselotte Hinz, Düsseldorf
Timo Hodel, Mannheim
Beate Hoffmann, Hanau
Bernhard Hoffmann, Eppelheim
Tino Hofmann, Berlin
Helmut Holtmann, Bremen
Christine Holzing, Koblenz
Rolf Homeyer, Hannover
Heinz-Rudolf Hönings, Solingen
Jonas Christopher Höpken, Oldenburg
Roland Hornauer, Erlangen
Guido Hornkohl, Worpswede
Jürgen Horstmann, Berlin
Dr. Joachim Hösler, Marburg
Gerd Huhn, Friedrichskoog
Frank Hühner, Frankfurt (Oder)
Doris Hülsmeier, Bremen
Prof. Dr. Ernst-Ulrich Huster, Pohlheim

Tamer Ilbuga, Bremen
Dr. Norbert Irsch, Schwalbach

Prof. Dr. Klaus Jacob, Berlin
Dr. Nils Jacobsen, Rumohr
Michael Jäkel, Köln
Christoph R. Janik, Wesseling
Dr. Florian Janik, Erlangen
Dr. Dieter Janke, Leipzig
Prof. Dr. Jörn Janssen, London, Großbritannien
Anne Jenter, Frankfurt
Brigitte Jentzen, Flörsbachtal
Michael Jung, Hamburg
Kurt-Dieter Jünger, Oberhausen
Jörg Jungmann, Wiesbaden
Luthfa Jungmann, Wiesbaden
Hermann Jürgens, Bielefeld
Jürgen Jürgens, München
Regina Jürgens, Bielefeld
Herbert G. Just, Wiesbaden
Dr. Heiner Jüttner, Aachen

Kurt Kaiser, Kassel
Dr. Irmtraud Kannen, Cloppenburg
Tobias Kaphegyi, Tübingen
Ralf Kapschack, Witten
Dr. Bernd Kaßebaum, Frankfurt
Manfred Kays, Braunschweig

Dr. Andreas Keller, Frankfurt am Main
Prof. Erich Kern, Hamburg
Karin Kettner, Münster
Dr. Gunnar Ketzler, Kerkrade, Niederlande
Werner Kiepe, Düsseldorf
Dierk Kieper, Bonn
Wolfgang Killig, Hamburg
Manfred Klei, Bad Salzuflen
Dr. Ansgar Klinger, Krefeld
Dr. Bernhard Klinghammer, Ronnenberg
Pat Klinis, Heidelberg
Dr. Sebastian Klinke, Bremen
Oliver Kloss, Leipzig
Dieter Knauß, Waiblingen
Reiner Harald Knecht, Berlin
Detlev Knocke, Bonn
Prof. Dr. Helmut Knüppel, Bielefeld
Dieter Knutz, Elsfleth
Cornelia Koch, Braunschweig
Erich Koch, Schieder-Schwalenberg
Hajo Koch, Dortmund
Michael Kocken, Nürtingen
Roland Kohsiek, Hamburg
Harald Kolbe, Hannover
Prof. Christian Kopetzki, Kassel
Wilhelm Koppelmann, Bramsche
Prof. Dietrich-Wilhelm Köppen, Berlin
Ina Korte-Grimberg, Kaarst
Marion Koslowski-Kuzu, Salzgitter
Jörg Köther, Peine
Martin Krämer, Frankfurt
Lothar Kraschinski, Wuppertal
Dr. Ute Kratzmeier, Bretten
Astrid Kraus, Köln
Prof. Dr. Jürgen Krause, Erfurt
Stefan Kreft, Essen
Jutta Krellmann, Coppenbrügge
Peter Kremer, Castrop-Rauxel
Hans Jürgen Kröger, Bremen
Tobias Kröll, Wangen/Allgäu
Prof. Dr. Tobias Kronenberg, Bochum
Günter Kronschnabl, Wald
Ulrich Kröpke, Bielefeld
Heinz-Jürgen Krug, Rüsselsheim
Beate Krügel, Hannover
Martin Krügel, Hannover
Lothar Krüger, Ascheberg
Reinhard Krüger, Hannover
Dr. Stephan Krüger, Berlin
Stephan Krull, Hamburg
Bernd Krumme, Kassel
Werner Kubitza, Salzgitter
Hajo Kuckero, Bremen
Michael Kuehn, Münster
Michael Kugelmann, Neu-Ulm
Dr. Roland Kulke, Brüssel, Belgien
Alfons Kunze, Germering

Peter Kurbjuweit, Hameln
Wilfried Kurtzke, Frankfurt
Prof. Ingrid Kurz, Hamburg

Knut Langenbach, Berlin
Winfried Lätsch, Berlin
Bernd Lauenroth, Hattingen
Richard Lauenstein, Lehrte
Steven Lavan, Kassel
Dr. Steffen Lehndorff, Köln
Dr. Jürgen Leibiger, Radebeul
Bruno Leidenberger, Feldkirchen
Dr. André Leisewitz, Weilrod
Rolf Lemm, Glava, Schweden
Reiner Liebau, Minden
Christoph Lieber, Berlin
Georg Liebl, Leidersbach
Hartmut Limbeck, Zetel
Hartmut Lind, Bad Münster
Godela Linde, Marburg
Beate Lindemann, Rugensee
Ralf Linder, Hamburg
Axel Lippek, Bochum
Wolfgang Lippel, Nienburg
Jürgen Locher, Bad Kreuznach
Jochem Loeber, Übach-Palenberg
Klaus Peter Lohest, Waldesch
Prof. Gerhard Löhlein, Frankfurt
Walter Lohne, Aachen
Regine Lück, Rostock
Prof. Dr. Christa Luft, Berlin
Sibylle Lust, München

Henry van Maasakker, Nimwegen, Niederlande
Gerd Mack, Ulm
Peter Malcherek, Norderstedt
Carsten P. Malchow, Lübeck
Gerd Mankowski, Flensburg
Manfred Margner, Oldenburg
Dr. Peter Marquard, Bremen
Ansgar Marquardt, Hilter
Heinz Martens, Oberhausen
Heike Marx, Straußfurt
Uta Matecki, Klein Vielen
Dr. Philipp Mattern, Berlin
Prof. Dr. Harald Mattfeldt, Fintel
Horst Maylandt, Sprockhövel
Frank Mecklenburg, Schwerin
Christine Meier, Berlin
Michael Meineke, Hamburg
Dr. Heinz-Rudolf Meißner, Berlin
Reinhard Meringer, Hof
Jonas Metz, Saarbrücken
Thomas Meyer-Fries, Bad Endorf
Dr. Wolfgang Mix, Berlin
Peter Mogga, Stolberg-Gressenich
Annegret Mohr, Bonn
Dr. Katrin Mohr, Berlin
Gerald Molder, Braunschweig
Margret Mönig-Raane, Berlin
Manfred Moos, Schmitten/Ts.
Prof. Dr. Gernot Mühge, Bochum

Marc Mulia, Oberhausen
Bernhard Müller, Hamburg
Gregor Müller, Kabelsketal
Michael Müller, Berlin
Norbert Müller, Oberhausen
Petra Müller, Hamburg
Prof. Dr. Andres Musacchio, Bad Boll
Dr. Frank Mußmann, Göttingen
Uwe Myler, Bonn

Jochen Nagel, Groß-Gerau
Dr. Georg Nagele, Hannover
Martin Nees, Köln
Hans-Georg Nelles, Düsseldorf
Joachim Neu, Berlin
Bernd Neubacher, Lübeck
Roland Neuhaus, Kiel
Peter Neumaier, Wiesbaden
Simone Nickel, Kassel
Wolfgang Niclas, Erlangen
Manfred Nieft, Bremen
Prof. Dr. Jürgen Nowak, Berlin

Ralf Oberheide, Springe
Dr. Paul Oehlke, Köln
Jürgen Offermann, Neustadt am Rübenberge
Gabriele Osthushenrich, Hannover
Dr. Rainald Ötsch, Berlin
Dr. Silke Ötsch, Göttingen
Prof. Dr. Erich Ott, Künzell
Wilfried Ottersberg, Schandelah

Pia Pachauer, Hildesheim
Roland Pauls, Witten
Dieter Pauly, Düsseldorf
Fritz Peckedrath, Detmold
Josef Peitz, Krefeld
Prof. Peter Peschel, Essen
Dr. Emanuel Peter, Rottenburg
Dr. Hermannus Pfeiffer, Hamburg
Dr. Wolfram Pfeiffer, Raguhn-Jeßnitz
Klaus Pickshaus, Frankfurt
Fabian Pilz, Hanau
Michael Pilz, Hanau
Rainer Pink, Berlin
Achim Plener, Frankfurt
Dieter Prottengeier-Wiedmann, Haundorf
Prof. Dr. Ralf Ptak, Wankendorf
Hans-Georg Pütz, Bielefeld
Dieter Pysik, Walldürn

Michael Quetting, St. Ingbert

Björn Radke, Bahrenhof
Bodo Ramelow, Erfurt
Dr. Jens Rannenberg, Magdeburg
Gregor Rasch, Wuppertal
Hiltrud Rasch, Wuppertal
Jana Rasch, Wuppertal
Stefan Rascher, Langenzenn
Andreas Raschke, Meßstetten
Wolfgang Räschke, Coppenbrügge

Dr. Paul Rath, Münster
Peter Rauscher, Nürtingen
Alexander Recht, Köln
Matthias Regenbrecht, Reutlingen
Frank Rehberg, München
Hans-Joachim Reimann, Bremen
Jörg Reinbrecht, Hannover
Dr. Sabine Reiner, Kleinmachnow
Christian Reischl, München
Prof. Dr. Jörg Reitzig, Mannheim
Carmen Remus, St. Wendel
Thomas Rexin, Regensburg
Dr. Fabian Richter, Chemnitz
Dr. Gerhard Richter, Buckow
Anne Rieger, Graz, Österreich
Frank Riegler, Bubenreuth
Siegfried Riemann, Bruchköbel
Michael Ries, Hannover
Monika Rietze, Hannover
Prof. Dr. Rainer Rilling, Marburg
Mark Roach, Hamburg
Willi Robertz, Windeck
Günter Roggenkamp, Moers
Klaus Röllecke, Stuttgart
Katharina Roloff, Hamburg
Hermann Römer, Bad Nauheim
Eckart Rosemann, Kaarst
Michaela Rosenberger, Hamburg
Dr. Volker Roth, Düsseldorf
Holger Rottmann, Rüthen
Franz-Josef Röwekamp, Münster
Albert Rozsai, Düsseldorf
Hajo Rübsam, Homberg
Anke Rudat, Hagen
Dr. Urs Peter Ruf, Bielefeld
Sabine Ruwwe, Wiesbaden

Robert Sadowsky, Gelsenkirchen
Dr. Wolfgang Saggau, Bielefeld
Gert Samuel, Düsseldorf
Bernhard Sander, Wuppertal
Anne Sandner, Münster
Ruth Sauerwein, Hagen
Manfred F. G. Schäffer, Bad Oeynhausen
Remo Schardt, Mömbris
Heidi Scharf, Fellbach
Christoph Scherzer, Düsseldorf
Dr. Egbert Scheunemann, Hamburg
Burkhard Schild, Aachen
Dominik Schirmer, Kiefersfelden
Ewald Schleiting, Recklinghausen
Gudrun Schlett, Coesfeld
Thorsten Schlitt, Mülheim an der Ruhr
Dr. Rolf Schmachtenberg, Berlin
Christian Schmidt, Olten
Detlev Schmidt, Duisburg

Gabriele Schmidt, Gladbeck
Gisbert W. Schmidt, Hamburg
Gudrun Schmidt, Frankfurt
Dr. Helmut Schmidt, Maintal
Dr. Ingo Schmidt, BC, Kanada
Marlis Schmidt, Salzgitter
Prof. Dr. Peter Schmidt, Bremen
Thomas A. Schmidt, Düsseldorf
Werner Schmidt, Stuttgart
Martin Schmidt-Zimmermann, Braunschweig
Bernhard Schneider, Kronberg
Frieder Schneider, Bietigheim-Bissingen
Gerhard Schneider, Ellwangen
Gottfried Schneider, Hallerndorf
Günter Schneider, Unna
Karl-Heinz Schneider, Augsburg
Roland Schneider, Düsseldorf
Michael Schnitker, Rosenheim
Dr. Wolfgang Schober, Bremen
Wilfried Schollenberger, Heidelberg
Dieter Scholz, Berlin
Andreas Schönfeld, Leipzig
Prof. Dr. Mechthild Schrooten, Berlin
Dr. Ursula Schröter, Berlin
Dr. Florian Schubert, Hamburg
Hans-Peter Schulz, Wuppertal
Hartmut Schulz, Hannover
Michael Schulze, Waiblingen
Thorsten Schumacher, Hannover
Prof. Dr. Susanne Schunter-Kleemann, Bremen
Andreas Schüßler, Bielefeld
Sandra Schuster, Berlin
Dr. Bernd Schütt, Friedrichsdorf
Kevin Schütze, Berlin
Ingo Schwan, Kassel
Prof. Dr. Jürgen Schwark, Krefeld
Helmuth Schwarz, Münster
Michael Schwarz, Tübingen
Helga Schwitzer, Hannover
Reinhard Schwitzer, Hannover
Prof. Dietmar Seeck, Emden
Prof. Dr. Franz Segbers, Konstanz
Reinhard Seiler, Lemgo
Dr. Friedrich Sendelbeck, Nürnberg
Frank Sichau, Herne
Gerd Siebecke, Hamburg
Thorsten Sieber, Lehrte
Elke Sieger, Frankfurt
Reinhold Siegers, Mönchengladbach
Friedrich Siekmeier, Hannover
Regina Siepelmeyer, Schlangenbad
Dr. Alexander Silbersdorff, Gleichen
Dr. Ralf Sitte, Berlin
Gert Söhnlein, Kist
Margarete Solbach, Helpsen
Stephan Somberg, Köln
Dr. Jörg Sommer, Bremen

Thomas Sorg, Altbach
Bernd Spitzbarth, Straußfurt
Uwe Spitzbarth, Dortmund
Gabriel Spitzner, Düsseldorf
Sonja Staack, Berlin
Martina Stackelbeck, Dortmund
Andreas Stähler, Niedernhausen
Siegfried Stapf, Brühl
Manfred W. Steglich, Bremen
Robert Steinigeweg, Ibbenbüren
Hartmut Stinton, Bremen
Gerd Stodollick, Arnsberg
Roland Stolze, Halstenbek
Klaus Störch, Flörsheim
Dr. Detlev Sträter, München
Manfred Sträter, Dortmund
Peter Stutz, Oldenburg
Prof. Dr. György Széll, Osnabrück

Ingo Tebje, Bremen
Ingo Thaidigsmann, Lindenfels
Matthias Thomsen, Hamburg
Christian Thym, Ludwigsburg
Michael Tiemens, Idstein
Dr. Lothar Tippach, Leipzig
Ulrike Tirre, Wagenfeld
Günter Treudt, Berlin
Marianne Troost, Leipzig
Mathias Troost, Frankfurt
Antje Trosien, Ulm
Uwe Tschirner, Mülheim
Manfred Tybussek, Mühlheim am Main

Hüseyin Ucar, Bochum
Marco Unger, Rottenburg
Hermann Unterhinninghofen, Frankfurt
Prof. Dr. Hans-Jürgen Urban, Frankfurt

René Vits, Dresden
Willi Vogt, Bielefeld
Dr. Rainer Volkmann, Hamburg
Jürgen von Strauwitz, Dresden
Heinz Georg von Wensiersky, Bad Bentheim
Jan Voß, Altenstadt
Reinhard van Vugt, Siegbach

Prof. Dr. Roderich Wahsner, Bremen
Prof. Dr. Dieter Walter, Potsdam
Hans-Dieter Warda, Bochum
Veronika Warda, Bochum
Wilhelm Warner, Hannover
Hugo Waschkeit, Ronnenberg
Georg Wäsler, Taufkirchen
Marianne Weg, Wiesbaden
Doris Wege, Frankfurt
Ralf Weggenmann, Frankfurt
Dr. Bettina Wegner-Reimers, Gundelfingen
Torsten Weil, Köln
Doris Weist-Knauß, Waiblingen
Stefan Welberts, Kleve
Michael Wendl, Kirchanschöring

Markus Wente, Wedemark
Rainer Wermelt, Coesfeld
Alban Werner, Köln
Markus Westermann, Bremen
Ulrich Westermann, Frankfurt
Gerhard Wick, Geislingen
Jörg Wiedemuth, Berlin
Roland Wiegmann, Hamburg
Margarete Wiemer, Frankfurt
Michael Wiese, Herne
Franziska Wiethold, Berlin
Matthias Wilhelm, Kissenbrück
Thomas Winhold, Frankfurt
Arne Winkelmann, Wittmund
Burkhard Winsemann, Bremen
Johannes Wintergerst, Queidersbach
Darijusch Wirth, Nienburg
Viktor Wittke, Peine
Herbert Wöhrl, Abensberg
Prof. Dr. Frieder Otto Wolf, Berlin
Hans-Otto Wolf, Dortmund
Rüdiger Wolff, Berlin
Dr. Beatrix Wupperman, Barjols, Frankreich

Karl-Friedrich Zais, Chemnitz
Beate Zeidler, Frankfurt
Prof. Dr. Jochen Zimmer, Duisburg
Norbert Zirnsak, Würzburg
Kay Zobel, Rostock
Thomas Zwiebler, Peine

II. Langfassung des MEMORANDUM

1 50 Jahre Arbeitsgruppe Alternative Wirtschaftspolitik – eine Epoche kapitalistischer Entwicklung

1.1 Ökonomischer Ausgangspunkt für die Gründung der *Arbeitsgruppe Alternative Wirtschaftspolitik*

Die siebziger Jahre waren eine Zeit großer ökonomischer Umbrüche. Nach den »goldenen« sechziger Jahren zeigte sich die Krisenhaftigkeit des Kapitalismus wieder sehr deutlich. Diese Entwicklung deutete sich mit der ersten Rezession in Deutschland 1967 schon an, auch wenn dies eher eine leichte Stagnationskrise war. Die Wirtschaftsleistung schrumpfte um 0,2 Prozent, die Zahl der offiziell registrierten Arbeitslosen stieg auf 460.000 und die Arbeitslosenquote erhöhte sich auf 2,1 Prozent. Im Vergleich zu den Krisenerscheinungen, die wir in den siebziger Jahren und später gesehen haben, war das nur ein mildes Vorspiel.

Die Wirtschaftsordnung jener Zeit war schon im Jahre 1944 in Bretton Woods beschlossen worden. Sie beruhte auf einem System fester Wechselkurse mit dem US-Dollar als Leitwährung. Dollar konnten jederzeit in Gold umgetauscht werden, weshalb man auch von einem Gold-Devisen-Standard sprach. Bei Kursschwankungen von mehr als einem Prozent nach oben oder unten gegenüber dem Dollar waren die nationalen Notenbanken verpflichtet, mit Devisenkäufen bzw. Verkäufen zu intervenieren, um den Kurs zu stabilisieren. Alle Währungen sollten grundsätzlich untereinander konvertibel sein. »Das neue System war der Versuch, die Wirkungen des Goldstandards zu simulieren, ohne seine Rigidität in Kauf zu nehmen. Gold blieb, neben dem Dollar, das wichtigste Reservemedium. Die Funktionsfähigkeit des Währungssystems war jedoch keinem Gleichgewichtsmechanismus unterworfen. Gleichgewicht setzte vielmehr einen Kodex des Wohlverhaltens voraus, den die Vereinigten Staaten über die von ihnen kontrollierten Instrumente des Weltwährungsfonds und der Weltbank im Zweifel auch durchsetzen konnten.« (Abelshauser 1983, S. 150f.)

Im Rückblick auf die Jahre der wirtschaftlichen Nachkriegsordnung zeigt sich, dass diese Form der weltwirtschaftlichen Regulierung positive Resultate hervorgebracht hat. Sie war sehr stabil und erlaubte einen langen, weltweiten Nachkriegsboom. »Wenn wir den Vergleich zwischen den Bretton-Woods-Jahren und den Jahren des Washington Consensus (ab Anfang der 1990er Jahre) zusammenfassen, können wir sagen, dass es mit dem Bretton-Woods-System weniger Arbeitslosigkeit, mehr Wachstum, weniger Volatilität bei den Wechselkursen und weniger Ungleichheit gab.« (Skidelsky 2010, S. 188)

Das System hatte aber auch seine Schwächen. Insbesondere gegenüber den wachsenden internationalen Ungleichgewichten war es zu unflexibel. Nicht zuletzt der stark steigende Handelsbilanzüberschuss der Bundesrepublik führte zu einem enormen Aufwertungsdruck auf die DM, besonders gegenüber dem US-Dollar. Dieser war im Rahmen der relativ starren Regulierung des Bretton-Woods-Systems kaum noch zu handhaben. Deutschland war zu immer größeren Devisenkäufen von US-Dollar verpflichtet. »Anfang der siebziger Jahre kollabierte das System. Mit einer Konjunkturkrise und einem Leistungsbilanzdefizit sowie wachsenden Staatsschulden in den USA schwand das internationale Vertrauen in den US-Dollar. Zunächst mussten die USA ein Kernelement aufgeben. 1971 wurde die Golddeckung des Dollar offiziell aufgehoben. Schon seit langem waren die USA nicht mehr in der Lage gewesen, die wachsenden Dollarbestände gegen Gold einzutauschen. Das führte zur ersten schweren Krise. Zwei Jahre später war es endgültig vorbei. Das Ende des Systems wurde in Deutschland eingeläutet. Nachdem allein am Vormittag des 1. März 1973 1,7 Mrd. US-Dollar von der Bundesbank gekauft werden mussten, um den Kurs zu stabilisieren, befreite die Bundesregierung am nächsten Tag die Bundesbank von ihrer Verpflichtung. Das war das Ende von Bretton Woods.« (Kurtzke/Scheidt 2018, S. 3)

Damit war die ökonomische Nachkriegsordnung Geschichte. Zwischen den Währungen bestanden jetzt flexible Wechselkurse, die sich nach Angebot und Nachfrage auf den Devisenmärkten bildeten. Eine offizielle Leitwährung gab es nicht mehr, doch blieb der US-Dollar (bis heute) die mit Abstand am meisten genutzte Reservewährung und damit die internationale Referenz. Doch die Verwerfungen in den siebziger Jahren nahmen damit erst ihren Anfang.

Im Herbst 1973 sorgte ein massiver externer Schock für eine weltweite Wirtschaftskrise. In einem Krieg zwischen einigen arabischen Staaten und Israel wurde von den arabischen OPEC-Staaten der Öl-Export als Druckmittel eingesetzt. Es kam zu Förderkürzungen und Preiserhöhungen gegenüber Staaten, die Israel unterstützten. Im Zusammenspiel mit den sogenannten »Seven Sisters«, einem weltweiten Ölkartell von sieben großen Konzernen, kam es zu Angebotsverknappungen auf dem Weltmarkt und zu massiven Ölpreissteigerungen. Das führte zu einem kräftigen Wirtschaftseinbruch. Die Krise fiel in Deutschland viel heftiger aus als im Jahr 1967. Nach dem jahrelangen Nachkriegsaufschwung wurde die Situation als schwere Krise wahrgenommen. Aus der heutigen Perspektive betrachtet war es keine besonders schwere Rezession. Allerdings hat der Rückgang der realen Wirtschaftsleistung um 0,9 Prozent im Jahr 1975 ausgereicht, einen Paradigmenwechsel der Wirtschafts- und Finanzpolitik einzuleiten.

Deshalb sollte man die Bedeutung dieser Krise nicht unterschätzen. Dazu tragen drei Effekte bei:

- Die Krise zeigte das Ende einer Periode unbegrenzten Wachstums an. Die Rohstoffversorgung ist endlich. Zwar gab es seitdem bis heute immer wieder lange Phasen wirtschaftlicher Prosperität, doch der allgemeine Wachstumstrend schwächte sich ab.
- Weil in den siebziger Jahren die Arbeitsproduktivität noch stark zunahm, waren die Folgen für den Arbeitsmarkt dramatisch. Selbst im Hauptkrisenjahr 1975 stieg die Produktivität je Erwerbstätigenstunde noch um 3,8 Prozent an. Das führte zu einem Anstieg der Zahl der registrierten Arbeitslosen auf über eine Million im Jahr 1976. Zwei Jahre zuvor lag sie noch bei 273.000. Nach Jahren der Vollbeschäftigung und des Arbeitskräftemangels, in denen Arbeitskräfte aus Südeuropa in großer Zahl angeworben wurden, war das ein großer gesellschaftlicher Einschnitt.
- Die Preissteigerungen bei den Energieimporten sorgten für einen kräftigen Inflationsschub. In Deutschland legten die Verbraucher-

preise 1973 um 7,1 Prozent zu. Das sorgte für langfristige Kaufkraft- und damit Nachfrageverluste und führte auch zu einer restriktiven Geldpolitik vieler Notenbanken.

Diese aus heutiger Sicht Minirezession von 1975 hat die *Arbeitsgruppe Alternative Wirtschaftspolitik,* die ihre Keimzelle in Bremen hatte, auf den Plan gerufen. Erwartet wurde ein wirtschaftspolitischer Paradigmenwechsel, der dann auch durchgezogen wurde: Wegen des Rückgangs des realen Bruttoinlandsprodukts und des dann folgenden stufenweisen Anstiegs der Arbeitslosigkeit sowie sinkender Steuereinnahmen hat die Bundesregierung unter Bundeskanzler Helmut Schmidt (SPD) auf eine zuerst zögerliche Austeritätspolitik mit Kürzungen vor allem im Sozialbereich umgeschaltet. Dies war der Anlass zur Gründung der *Arbeitsgruppe Alternative Wirtschaftspolitik* und zur jährlichen Vorlage eines Gutachtens vor allem gegen die beratende Wirtschaftswissenschaft und hier insbesondere den »Sachverständigenrat zur Begutachtung der gesamtwirtschaftlichen Entwicklung« (SVR).

Nicht nur die Wirtschaftsordnung der Nachkriegszeit war untergegangen. In Anbetracht der schweren Krise begannen sich auch die ökonomischen Diskurse zu verschieben. Leitlinie der herrschenden Lehre war bis zu diesem Zeitpunkt eine keynesianisch geprägte Globalsteuerung. Immer mehr Stimmen in den Wirtschaftswissenschaften vollzogen einen Kurswechsel hin zu einer neoklassischen Ausrichtung, die später, eingebettet in eine umfassende politische Ideologie, neoliberal genannt wurde. Zu diesen Stimmen gesellte sich auch der Sachverständigenrat, was die Kritik von Rudolf Hickel hervorrief. »Selbst der ›Sachverständigenrat zur Begutachtung der gesamtwirtschaftlichen Entwicklung‹ (SVR) musste sich im Jahresgutachten 1975 dieser neuen Situation stellen. ›Krise der Marktwirtschaft?‹ lautete sein drittes Kapitel, das er mit seiner Sorge einleitete: ›Die Kritik, die die marktwirtschaftliche Ordnung seit den Anfängen begleitet, findet in Zeiten wirtschaftlichen Rückgangs neue Nahrung (…)‹ Die Antwort des SVR auf diese Kritik bestand in einer arroganten, mehr ideologisch entwickelten Behauptung von der aber auch alles leistenden Marktwirtschaft unter dem Regime der Gewinne.« (Hickel 1986, S. 12f.)

Es blieb nicht bei den Reaktionen in der Wirtschaftswissenschaft.

Auch die Politik begann, wenn auch zunächst noch zögerlich, umzuschwenken. Der damalige Bundeskanzler Schmidt prägte die eingängige Formel: »Die Gewinne von heute sind die Investitionen von morgen und die Arbeitsplätze von übermorgen«. Die Mehrung der Profite war damit faktisch zum höchsten Staatsziel erkoren worden. Mit einem ersten Haushaltsstrukturgesetz wurden praktische Schritte zu einer Kürzungspolitik zu Lasten der Leistungen für die Mehrheit der Bevölkerung gemacht. Eine Methode, die in den nächsten Jahrzehnten noch reichlich Schule machen sollte. Dabei war der wirtschaftspolitische Kurs damals noch sehr widersprüchlich, weil gleichzeitig auch noch Konjunkturprogramme (vor allem das »Zukunftsinvestitionsprogramm« von 1978 mit wichtigen Umweltprojekten) aufgelegt wurden.

Werner Abelshauser sah aber auch nachvollziehbare Gründe für den ideologischen Schwenk, ohne diese zu teilen. Er machte vor allem die Schwächen der Globalsteuerung (Nachfragesteuerung über Höhe der Staatsausgaben) dafür verantwortlich, die auf die neue Herausforderung einer Stagflation (gleichzeitig Stagnation und Inflation) keine passende Antwort hatte. »Es ist angesichts dieser bei weitem nicht vollständigen Bilanz der Schwächen des gegenwärtigen konjunkturpolitischen Instrumentariums leicht zu erklären, warum nicht nur in der öffentlichen Meinung, sondern auch unter den Wirtschaftswissenschaftlern erneut der Glaube an die ›Selbstheilungskräfte‹ der Wirtschaft an Attraktivität gewinnt« (Abelshauser 1983, S. 169).

Der Paradigmenwechsel in den ökonomischen Debatten zeigt sich in dieser Zeit auch auf der internationalen Ebene sehr deutlich. Mit Friedrich A. Hayek bekam 1974 der wohl wichtigste Protagonist der neoliberalen Wende den Nobelpreis für Wirtschaftswissenschaften verliehen. Zu dieser Zeit votierte das Nobelpreiskomitee allerdings noch theoretisch ausgewogen. Denn Hayek musste sich den Preis mit dem eher keynesianisch geprägten schwedischen Ökonomen Gunnar Myrdal teilen. Zwei Jahre später, 1976, war die Ausrichtung dann eindeutig: mit Milton Friedman bekam der führende Monetarist und damit ein weiterer Wortführer der marktradikalen Vertreter den Nobelpreis. Spätestens diese Wissenschaftler leiteten dann die Glorifizierung – bei gleichzeitiger Immunisierung gegen Kritik – dieser Richtung ein. Die neoliberale Denkweise war nicht mehr nur eine Theorie unter vielen, sie war die sozusagen »objektive Wahrheit«.

»Ein entscheidendes Motiv für die Geburt der Memoranden war: Kritische Wirtschaftswissenschaftler hatten es satt, die konservative Wirtschaftswissenschaft in der organisierten Öffentlichkeit als ›wertneutral‹, ›im Interesse aller‹ sowie vor allem ›alternativlos‹ agierend und die praktizierte Wirtschaftspolitik als von Sachzwängen bestimmt propagieren zu lassen.« (Hickel 1986, S. 12)

1.2 Wirtschaftliche Entwicklung in den letzten 50 Jahren

Anfang der achtziger Jahre nahm die neoliberale Wende erst richtig Fahrt auf. In der Bundesrepublik regierte Bundeskanzler Helmut Kohl (CDU) und hob eine »geistig moralische Wende« auf den Schild. Er sollte das Land ab 1982 16 Jahre lang mit einem marktradikalen Kurs prägen. In Großbritannien wurde Margaret Thatcher bereits 1979 Premierministerin. Sie prägte den Begriff TINA: There ist no alternative. Damit sollte der wirtschaftspolitische Kurs gegen Kritik gefeit werden. Es sei gar keine andere Wirtschaftspolitik erforderlich, vor allem jedoch nicht möglich. TINA sollte zur gängigen Kurzformel für eine entsprechende Politik im Interesse des Kapitals werden. In den USA prägte zu dieser Zeit Ronald Reagan den politischen Kurs. Er war allerdings am wenigsten einer strengen Austeritätspolitik verpflichtet. Zwar war er propagandistisch stramm auf Linie und trieb sowohl den Abbau der Sozialsysteme als auch die Deregulierung der Wirtschaft voran. Auch Steuererleichterungen gehörten zu seinem Credo. Doch gleichzeitig betrieb er mit kräftiger Aufrüstung eher eine expansionistische Politik, die man auch als Rüstung-Keynesianismus bezeichnen könnte. Finanziert wurde das ganze durch Kreditaufnahme.

Auf die immer noch relativ hohen Inflationsraten reagierte die US-amerikanische Notenbank Fed, aber in deren Schlepptau auch viele andere Notenbanken, wie auch die Bundesbank, mit einer Hochzinspolitik. Diese bremste die wirtschaftliche Dynamik. Vor allem galt das für den Anfang der achtziger Jahre, als diese Politik in der Rezession prozyklisch und damit krisenverschärfend wirkte. Langfristig trieb diese Politik große Teile des globalen Südens, der sich häufig mit Krediten mit variabler Verzinsung verschuldet hatte, in die Schuldenkrise und in einigen Fällen in die Zahlungsunfähigkeit. Nur mit Rettungsaktionen des Internationalen Währungsfonds (IWF) konnte ein Kollaps des Finanzsystems vermieden werden. Doch die betroffenen Staaten trieben diese »Rettungsaktionen« nur weiter in die Krise.

Ab den achtziger Jahren war auch die Globalisierung sichtbarer geworden. Die weltweiten Exporte stiegen viel schneller als die weltweite Wirtschaftsleistung. Die Ursachen, aber auch die Gründe für die einsetzende Dynamik waren vielfältig: die neue Wirtschaftsordnung mit flexiblen Wechselkursen, die Handelsliberalisierung, der Washington Consensus zwangen viele Staaten zur Öffnung für den Weltmarkt, der immer stärker deregulierte Finanzverkehr ermöglichte internationale Zahlungsströme. Gleichzeitig erleichterten technische Innovationen in EDV und Verkehrswesen den Warenaustausch.

Die Europäische Gemeinschaft, aus der die EU hervorging, etablierte ab 1986 den Binnenmarktprozess, der 1992 mit dem Maastricht-Vertrag zur Europäischen Wirtschafts- und Währungsunion führte. Damit wurde gerade die ökonomische europäische Integration vorangetrieben. Aber das Vertragswerk beruhte auf neoliberalen Strukturen. Der Markt hatte in allen Bereichen Vorfahrt. Staatliche Interventionen wurden zu absoluten Ausnahmen, die Löhne und die sozialen Sicherungssysteme wurden dem Wettbewerb um möglichst niedrige Kosten ausgeliefert.

Die neunziger Jahre begannen mit dem Zusammenbruch der realsozialistischen Länder. Für die weltweite Entwicklung bedeutete dies eine weitere kapitalistische Landnahme und einen Turbo für die Globalisierung. Deutschland bescherte es zunächst einen Vereinigungsboom in Westdeutschland. Doch immer stärker belasteten die Strukturprobleme in Ostdeutschland, schwere Fehler im Vereinigungsprozess und die immensen, nicht gerecht finanzierten Kosten der Vereinigung die weitere wirtschaftliche Dynamik. Bis heute haben die ostdeutschen Länder noch nicht das wirtschaftliche Niveau des Westens erreicht und müssen bis auf wenige »Leuchttürme« flächendeckend als strukturschwach angesehen werden.

Die zweite Hälfte der neunziger Jahre war von einem einzigartigen Boom geprägt. Technologische Durchbrüche in der Mikroelektronik und der Telekommunikation revolutionierten die Produktionsweise. Es war die Geburtsstunde des Internets und des Handys als weit verbreitete Technik. Die neuen Entwicklungen wurden als »New Economy« bezeichnet. Im Zentrum dieser Umbrüche standen die USA, aber sie strahlten auf viele Weltregionen ab. Startups, die im Bereich der neuen Techniken angesiedelt waren und die noch keinen Cent Gewinn erwirtschaftet hatten, erzielten an der Börse höhere Bewertungen als große multinationale Konzerne. Die Börsenkurse gingen durch die Decke, die Märkte waren wie im Fieberrausch. Viele dachten, sie bräuchten nur ein paar Aktien zu erwerben und würden zwangsläufig reich. Der Run auf die Aktien nährte die Kurse. In wirtschaftswissenschaftlichen Fachkreisen wurde ernsthaft diskutiert, ob die Zeit der Konjunkturzyklen vorbei sei und durch einen ewigen Aufschwung abgelöst worden war. Dieser nahezu grenzenlose Optimismus wurde auch nicht durch die Arbeitsmarktsituation vieler Länder getrübt. In Deutschland herrschte auch in diesen Jahren Massenarbeitslosigkeit (vgl. die nachfolgende Grafik Bestand an registrierten Arbeitslosen).

Die Ernüchterung kam im Frühjahr des Jahres 2000, als die durch Spekulationen getriebene Dotcomblase platzte. Ab März gingen die Kurse zurück. Es kam zu Panikverkäufen und zu einem allgemeinen dramatischen Kurssturz. Die Krise erfasste die gesamte Wirtschaft. Doch sehr schnell setzte vor allem in den USA die Erholung ein. Vor allem die Fed trieb die Konjunktur mit einer extrem expansiven Geldpolitik. Es dauerte wieder nur wenige Jahre bis zu einem noch viel größeren Absturz. Diesmal platzte die US-amerikanische Immobilienblase. Der Weiterverkauf von Krediten, die in immer neuen Paketen zusammengefasst wurden, führte zu einem massiven Zahlungsausfall und dann zu einer Kettenreaktion. Die Investmentbank Lehman Brothers brach zusammen. Es kam zu einer schweren weltweiten Finanz- und Wirtschaftskrise. Zeitweise drohten die Weltfinanzmärkte zusammenzubrechen. Banken liehen sich gegenseitig kein Geld mehr. Die Weltwirtschaft stand vor dem Kollaps. Eine Situation, die es seit 1929 nicht mehr gegeben hatte und diesmal nach mancher Einschätzung sogar noch schlimmer ausfiel.

»In der zweiten Jahreshälfte 2008 stürzten die Kapitalflüsse zwischen reichen Ländern von 17 Billionen Dollar auf kaum mehr als 1,5 Billionen Dollar ab. Keine andere aggregierte Kennzahl der Weltwirtschaft war auch nur annähernd so massiv oder so plötzlich betroffen – es war, als ob ein riesiges, stabilisierendes Schwungrad abrupt zum Stillstand gekommen wäre und einen schweren Schock durch das gesamte Finanzsystem geschickt hätte.« (Tooze 2018, S. 191) Nur durch ein beherztes, international abgestimmtes Eingreifen der Notenbanken, die die Märkte mit Liquidität fluteten, gewaltigen Bankenrettungspaketen (in Deutschland wurden quasi über Nacht 780 Milliarden Euro bereitgestellt) und große Konjunkturprogramme in vielen Ländern konnte der Absturz aufgefangen werden. Von einer neoliberalen Agenda war in diesen Tagen kaum noch etwas zu spüren. Wenn es ernst wurde, hatte sie keine Lösungen anzubieten.

Eine solche Krise war nur möglich, weil lange vorher die Finanzmärkte dereguliert wurden und frei agieren konnten. Die Wirtschaft wurde immer stärker finanzialisiert, also durch die Finanzmärkte dominiert. »Das Kursniveau der im Leitindex DAX erfassten sog. ›Blue Chips‹ hat sich seit Beginn der Kurssteigerung in der ersten Hälfte der 1980er Jahre bis zum jahresdurchschnittlichen Allzeithoch 2021 unter zyklischen Schwankungen etwas mehr als verachtfacht.« (Krüger 2024, S. 120) Gleichzeitig wurden viele Regulierungen abgeschafft.

In Europa schloss sich fast unmittelbar danach die Euro-Krise an. Einzelne Staaten waren zahlungsunfähig und mussten durch »Schutzschirme« gerettet werden. Ohne das entschiedene Handeln der EZB hätte das zum Zusammenbruch der Euro-Zone geführt.

Danach kehrte für ein paar Jahre Ruhe in Form einer längeren Prosperitätsperiode ein, allerdings mit eher verhaltenen Wachstumsraten. Ab 2020 begann die Periode der Mehrfachkrisen, die bis heute andauert. Am Anfang stand die Corona-Pandemie, die das öffentliche und wirtschaftliche Leben lahmlegte. Dienstleister konnten häufig ihrer Arbeit nicht nachgehen, Kulturbetrieb und Gastgewerbe kamen fast völlig zum Erliegen, die industrielle Produktion wurde reduziert. Auch der internationale Waren- und Personenverkehr war massiv gestört. Dadurch rissen die Lieferketten. Als die direkten Folgen der Pandemie mit den Impfungen abflauten, fehlten überall Zulieferteile und Material. Die Industrie konnte nur eingeschränkt produzieren. Der Pandemie folgten der Angriff Russlands auf die Ukraine und die westlichen Sanktionen gegen Russland. Die Energieversorgung war gefährdet, die Preise für Gas und Öl explodierten förmlich. Die Inflation stieg kräftig an. Zeitgleich wurden die Folgen der weltweiten Umweltkrise immer greifbarer. Politisch sind rechtsradikale Kräfte in vielen Ländern auf dem Vormarsch und sorgen für weitere Verunsicherung. Als Folge dieser multiplen Krisenkonstellation verharrt Deutschland in einer Stagnationskrise.

Wie schlagen sich die neoliberale Epoche und die vielfältigen, oben beschriebenen Entwicklungen in einigen wenigen zentralen Wirtschaftsdaten nieder? Wenn es das erklärte Ziel des Paradigmenwechsel in den siebziger Jahren gewesen sein sollte (was oft so proklamiert wurde), die Wachstumsdynamik vorheriger Dekaden wieder zu erreichen, so ist dieses Vorhaben gescheitert. Zwar gab es ab 1976 noch ein paar wenige Jahre mit einem Wachstum von deutlich über vier Prozent, doch der langfristige Wachstumstrend zeigt eindeutig leicht abwärts. Auch Kriseneinbrüche wurden mit der Austeritätspolitik nicht verhindert.

Reales BIP-Wachstum

in Prozent zum Vorjahr

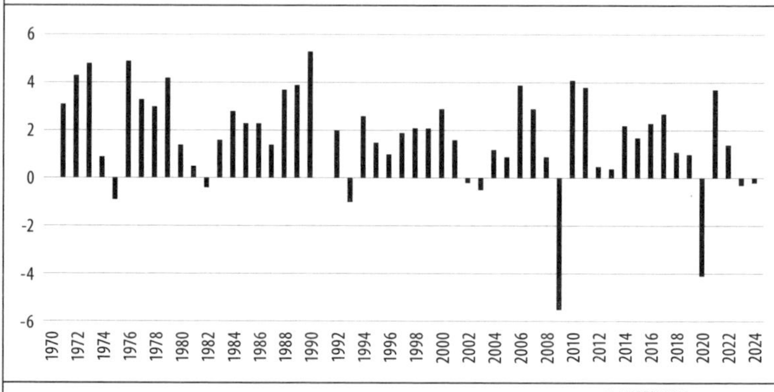

Quelle: Destatis 2025
1971–1990 altes Bundesgebiet, 1991=100 / 1992–2024 Deutschland, 2020=100

© ARBEITSGRUPPE ALTERNATIVE WIRTSCHAFTSPOLITIK MEMORANDUM 2025

Alle fünf bis zehn Jahre kam es zum Konjunktureinbruch. Die sehr unterschiedliche Länge der Zyklen erklärt sich aus den besonderen Krisensituationen, wie sie oben beschrieben wurden. Vor allem die Kriseneinbrüche 2009 und 2020 waren extrem heftig. Lässt sich die Krise 2020 noch mit einem externen Schock (Pandemie) erklären, war die Krise 2009 eindeutig die direkte Folge der neoliberalen Politik. Schließlich führten deregulierte und entfesselte Finanzmärkte in die Immobilienkrise.

Die neoliberale Politik hat die Krisen nicht nur nicht verhindert, sondern befeuert. Insgesamt wäre die Bilanz noch viel negativer ausgefallen, wenn nicht immer wieder im Widerspruch zur reinen neoliberalen Lehre in den Krisensituationen mit Interventionen des Staates und der Geldpolitik reagiert worden wäre. Wie hatte es Hans-Werner Sinn 2008 formuliert: Wir sind doch alle Keynesianer. Das hätte er auch zu jedem anderen Zeitpunkt beherzigen sollen.

Der Blick auf die Arbeitslosenzahlen ergibt ein noch desaströseres Bild. Dabei ist zu beachten, dass die absoluten Zahlen nicht die ganze Misere wiedergeben. In den offiziellen Arbeitslosenzahlen werden nicht

Bestand an registrierten Arbeitslosen

jeweils Jahresdurchschnitt und nach jeweiligem Rechtsstand

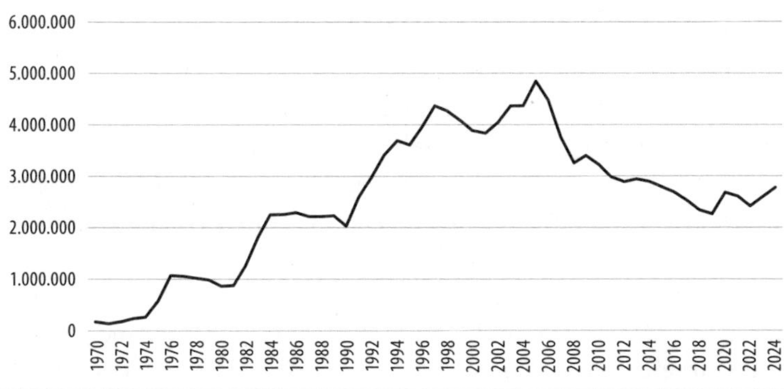

Quelle: Bundesagentur für Arbeit 2025
bis 1990 ehemaliges Bundesgebiet, ab 1991 Deutschland

© ARBEITSGRUPPE ALTERNATIVE WIRTSCHAFTSPOLITIK MEMORANDUM 2025

alle erfasst. Es ist jeweils eine stille Reserve hinzuzurechnen. Die neoliberale Politik seit Mitte der siebziger hat nicht zu einem Abbau der Arbeitslosigkeit geführt. Ganz im Gegenteil: Bis 2005 stieg die registrierte Arbeitslosigkeit auf über fünf Millionen Menschen an. Wobei der starke Anstieg ab 1990 eine Folge der deutschen Einheit bzw. des Vereinigungsprozesses war. Aber auch in allen anderen Jahren war die Arbeitslosigkeit nicht zurückgegangen. In den Phasen der Hochkonjunktur stagnierte sie lediglich. Erst ab 2006 gab es einen Rückgang. Dieser war das Ergebnis der Politik der »Agenda 2010«. Aber nicht in der Form, dass die Reformen einen Wachstumsschub und eine neue Dynamik entfacht hätten (siehe die Grafik der Wachstumszahlen), sondern durch die Umverteilung von Arbeit. Durch die kräftige Ausweitung von prekären Arbeitsverhältnissen mit häufig weniger Arbeitsstunden wurde das bestehende Arbeitsvolumen auf mehr Köpfe verteilt. Eine Form der Arbeitszeitverkürzung, wie sie die *Arbeitsgruppe Alternative Wirtschaftspolitik* strikt ablehnt.

In den letzten Jahren entlasteten auch die schwache Produktivitätsentwicklung (auch wenn hier Probleme ihrer Ermittlung eine Rolle spielen) mit einer teilweise rückläufigen Produktivität sowie die demografische Entwicklung den Arbeitsmarkt. Unter den Bedingungen der Mehrfachkrisen stieg die Arbeitslosigkeit aber zuletzt wieder an.

Interessant ist der Blick auf die Inflationsraten. In den meisten Jahren waren sie recht verhalten und wichen nur leicht (nach oben oder unten) von der Zielinflationsrate der EZB von zwei Prozent ab. Nur im Vereinigungsboom Anfang der neunziger Jahre gab es eine von der Wachstumsdynamik getriebene Inflation. 1973, 1980 und 2022 stiegen die Verbraucherpreise um etwa sieben Prozent (1980 etwas weniger). In allen diesen Jahren waren diese Anstiege ein Ergebnis von importierten Energiepreissteigerungen – auch wenn die Unternehmen mit zusätzlichen Gewinnaufschlägen (Gierflation) die Verbraucherpreise noch weiter nach oben trieben. Ohne Energiekrisen hätte es in den letzten 50 Jahren kein nennenswertes Inflationsproblem in Deutschland gegeben. Eine Konstellation, in dem das Instrumentarium der Geldpolitik relativ wirkungslos ist. Die Politik sollte also mehr auf eine gesicherte Energieversorgung achten als auf wirtschafts- oder geldpolitische Prinzipien.

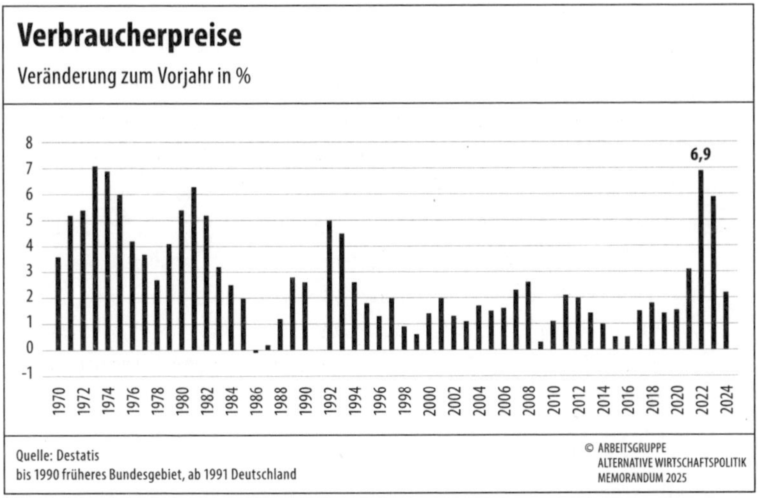

1.3 Abbild der Ereignisse im Spiegel der MEMORANDEN

Die *Arbeitsgruppe Alternative Wirtschaftspolitik* hat vorausschauend sozial-ökonomische und ökologische Krisenthemen aufgegriffen und zur Lösung Handlungsvorschläge unterbreitet. Oftmals wurden erst nach Jahren unter dem Druck der Krise die Ideen »gesellschaftsfähig«:

Einige wichtige Ideen aus dem MEMO-Denklabor

- *Staatliche Investitionsprogramme* zur Stärkung nachhaltiger und sozial verantwortlicher Entwicklung, anfangs mit einem Volumen von 30 Mrd. DM; zuletzt 120 Mrd. Euro jährlich für Infrastruktur, Klima und Transformation.
- Seit dem Start der MEMORANDEN die Forderung nach einer Nutzung der staatlichen Kreditfinanzierung für öffentliche Investitionen und damit von Anfang an Kritik an der Schuldenbremse, die ab 2007 durch die Föderalismuskom-

mission II vorangetrieben wurde und seit 2009 Gesetz ist.

- Gesamtkonzept einer *sozial gerechten, ökologisch verantwortlichen Steuerpolitik* mit dem Schwerpunkt einer Vermögensteuer sowie einer angemessenen Erbschaft- und Schenkungsteuer.
- *Bekämpfung der Armut* vor allem infolge von Arbeitslosigkeit / prekärer Arbeitsverhältnisse sowie die Forderung nach einem grundlegenden sozialen Sicherungssystem.
- Seit Anbeginn der *Arbeitsgruppe Alternative Wirtschaftspolitik* Vorschläge zu einer *Rentenreform* gegen Armut im Alter.
- Vorschläge zum Abbau der Defizite im *Gesundheits- und Pflegebereich.*
- Aufbau eines *»Öffentlich geförderten Beschäftigungssektors (ÖBS)«.*
- *Stärkung des Tarifvertragssystems* zugunsten Guter Arbeit der abhängig Beschäftigten (hohe Löhne und humane Arbeitsbedingungen).
- Mit umfangreichen Analysen von Anfang an der Spitze der Bewegung für *Verkürzung vor allem der Wochenarbeitszeit* (insbesondere ab 1984).
- Einführung von *existenzsichernden gesetzlichen Mindestlöhnen* auf der Basis einer fundamentalen Kritik des neoklassischen Arbeitsmarktmodells (Nachfrage nach Arbeit abhängig von der Höhe der Löhne).
- Für geschlechtergerechte Aufteilung von Erwerbs- und Sorgearbeit.
- Begründete Forderung nach Ausbau der *Mitbestimmung* und umfassender *Demokratisierung* der Wirtschaft.
- Kritik der praktizierten Politik der *deutschen Vereinigung* und Vorschläge zum Ausbau »einheitlicher Lebensverhältnisse« (mit Unterstützung der Teilgruppe ostdeutscher Wissenschaftler*innen).

- Kritik der neoklassischen Strategie *der Globalisierung* auf der Basis eines Konzeptes sozial-ökologisch regulierter Weltmärkte und Produktionsstätten in aller Welt.
- Offenlegung der Ursachen der *Finanzmarktkrise 2008/09* und Konzepte zur weltweiten Regulierung (u. a. Einführung der Finanztransaktionssteuer).
- Kritik der *monetaristischen Geldpolitik* mit dem Ziel, eine koordinierte Geld- und Finanzpolitik durchzusetzen.
- Immer wieder Beiträge zur *Kritik* an der wirtschaftswissenschaftlich vorherrschenden Theorie des *marktfundamentalistischen Kapitalismus*.

Das erste MEMORANDUM und theoretische Einordnung

Als Reaktion auf die wirtschaftliche Krise und den Kurswechsel in Theorie und Praxis der Wirtschaftspolitik, die nunmehr versuchte, die Krise mit Austeritätspolitik zu bekämpfen, wurde die *Arbeitsgruppe Alternative Wirtschaftspolitik* gegründet. Das erste MEMORANDUM erschien 1975 unter dem Titel »Für eine wirksame und soziale Wirtschaftspolitik, Memorandum von Wirtschaftswissenschaftlern«. Damals noch nicht in Buchform, sondern als kurzer Text, der in den *Blättern für deutsche und internationale Politik* (11/1975) veröffentlicht wurde.

Auch wenn in diesem kurzen Papier die Argumentation noch nicht so komplex war wie in den späteren MEMORANDEN, so war die Struktur doch schon prägend für die weiteren Ausgaben. Zuerst wurde die schwere Rezession und die entstandene Massenarbeitslosigkeit analysiert, dann Kritik an der aktuellen Politik, vor allem der Konjunkturpolitik, geübt. »Die Krisenpolitik der Bundesregierung zielt darauf ab, durch gewinnfördernde Maßnahmen die Aktivität der privaten Unternehmen anzuregen. Diese Strategie unterstellt, dass steigende Unternehmensgewinne über den Mechanismus der Marktkonkurrenz zwangsläufig zu erhöhter Investition, Produktion und Beschäftigung führen müssen.« (MEMORANDUM 1975) Im Text wird dann darauf verwiesen, dass genau diese Effekte nicht eingetreten waren.

Als abschließender Punkt wurden stets die notwendigen Alternativen formuliert. Dabei war es das Ziel der *Arbeitsgruppe Alternative Wirtschaftspolitik*, keine Utopien der langen Frist, sondern kurzfristig umsetzbare Maßnahmen aufzuzeigen. Statt der Kürzung der staatlichen Sozialleistungen wurde ein Ausbau des Sozialstaates gefordert. Außerdem wurde die Einführung eines »öffentlichen Sonderhaushaltes zur Konjunkturbelebung« eingefordert. Damals allerdings noch ohne das Ausgabenvolumen zu quantifizieren. Die Mittel sollten in gesellschaftliche Defizitbereiche, wie etwa Umweltschutz, Sozialen Wohnungsbau, Bildung und Regionalförderung fließen. »Die hier vorgeschlagene staatliche Politik würde den privaten und den staatlichen Verbrauch sowie die staatlichen Investitionen als wichtige Bestandteile der gesamtwirtschaftlichen Nachfrage steigern. Sie würde gleichzeitig die Ertragsbedingungen für die privaten Investitionen verbessern, ohne dass die staatlichen Mittel überwiegend durch Preissteigerungen bei äußerst geringem Beschäftigungseffekt absorbiert werden.« (MEMORANDUM 1975) Bereits für das erste MEMORANDUM gab es eine Unterstützer*innenliste von Wirtschaftswissenschaftler*innen, die nicht an der Erstellung des Textes beteiligt waren, seine Positionierung aber ausdrücklich unterstützen.

Die neu geschaffene *Arbeitsgruppe Alternative Wirtschaftspolitik* verstand sich nicht als Theorieorgan. Sie hatte sich eher machbare, aber wirksame Vorschläge für eine sozial engagierte Wirtschaftspolitik auf die Fahnen geschrieben. Gleichwohl entstanden ihre Einschätzungen nicht im luftleeren theoretischen Raum. Das Fundament war eine Mischung aus Linkskeynesianismus und der von Marx entwickelten Kapitalismuskritik. Die Debatten orientierten sich an den großen Ökonom*innen wie Joan Robinson, John Maynard Keynes, Nicolaus Kaldor und Michał Kalecki. Vor allem galt Joan Robinson mit ihrer Weiterentwicklung der Theorie Keynes' als wegweisendes Vorbild. »Bei den Analysen der ›Arbeitsgruppe Alternative Wirtschaftspolitik‹ zur wirtschaftlichen Entwicklung ist der theoretische Einfluss von Joan Robinson deutlich zu spüren.« (Hickel 1993, S. 78) Obwohl die Gruppe gerade auch durch die Abkehr vom in der Nachkriegszeit vorherrschenden Keynesianismus ihre Existenznotwendigkeit sah, hatte sie diesen immer vehement kritisiert. Im Fokus stand vor allem die Auseinandersetzung mit der von Paul A. Samuelson geprägten Lehre der Versöhnung von Keynes mit der Neoklassik, die sogenannte Neoklassische Synthese. Nach Ansicht vieler Kritiker*innen wurde damit gerade das Wesen der keynesianischen Lehre verfälscht. Robinson bezeichnete diese Auffassung als »Bastard-Keynesianismus«.

Die bis dahin gültige Keynes-Orthodoxie wollte mit einer Globalsteuerung die konjunkturellen Zyklen aussteuern. In Zeiten einer Stagflation bedeutete das einen Zielkonflikt zwischen Inflation und Beschäftigung. Das System kam an seine Grenzen. Eine zur Bekämpfung der Arbeitslosigkeit notwendige Stimulierung der Wirtschaft mit der Globalsteuerung heizte das andere große Problem, die Inflation, weiter an. Die *Arbeitsgruppe Alternative Wirtschaftspolitik* ging in ihren Forderungen von der Globalsteuerung ab zu einer Finanzierung ganz konkreter, die Bedürfnisse der Menschen befriedigenden Maßnahmen. Eine solche zielgerichtete Intervention war effektiver und weniger inflationstreibend. Diese Einschätzung wurde später von anderen Ökonom*innen, etwa Abelshauser, geteilt. »Eine Reform der Globalsteuerung ist jedoch am Anfang der achtziger Jahre gleichwohl geboten. Sie muss am Hauptproblem gegenwärtiger Wirtschaftspolitik orientiert sein, das ist die Arbeitslosigkeit. Eine der Schwierigkeiten keynesianischer Konjunkturpolitik besteht darin, den Strom zusätzlicher Investitionsausgaben in die Richtung zu lenken, die dauerhafte Beschäftigungswirkungen verspricht und gleichzeitig zur gesamtwirtschaftlichen Produktivität und zur Befriedigung bisher offener menschlicher Bedürfnisse beiträgt.« (Abelshauser 1983, S. 168f.)

Die *Arbeitsgruppe Alternative Wirtschaftspolitik* kritisierte sehr früh den Politikwechsel der siebziger Jahre auch als bewusste Politik gegen die Vollbeschäftigung. Die Krise war dazu eine willkommene Gelegenheit. Vollbeschäftigung und teilweise sogar Arbeitskräftemangel hatten die Machtverhältnisse zwischen Kapital und Arbeit verschoben. Die Verhandlungsmacht der Gewerkschaften oder auch einzelner Beschäftigter war enorm gewachsen. Arbeitslosigkeit sei auch ein Instrument zur Disziplinierung der Arbeiterschaft. So, wie es schon Karl Marx mit der Funktion der »Industriellen Reservearmee« und später

Michał Kalecki beschrieben hatten. »Dauerhafte Vollbeschäftigung wird wegen der damit verbundenen Stärke der abhängig Beschäftigten und ihrer Organisationen sowie der sozialstaatlichen Tendenz, die eine Vollbeschäftigungslage auslöst, von Unternehmerseite als politisch gefährlich empfunden. Der keynesianisch orientierte Wirtschaftstheoretiker Michał Kalecki hat bereits 1943 darauf hingewiesen, dass ein ›Vollbeschäftigungskapitalismus‹ von den ökonomischen Bedingungen her machbar wäre, dass dies aber aus politischen Gründen nicht von Dauer sein würde.« (Arbeitsgruppe Alternative Wirtschaftspolitik 1984, S. 245)

Die Forderungen der *Arbeitsgruppe Alternative Wirtschaftspolitik* zielten bewusst auf eine kurze bis mittlere Frist, auf eine schnelle und – wenn der politische Wille da wäre – problemlose Umsetzbarkeit. Langfristig sahen viele Mitglieder der Gruppe – zumindest in den frühen Jahren – eher weitergehende, gesellschaftsverändernde Ziele, die auf eine Vergesellschaftung von Produktion und Reproduktion abzielten. Alternative Wirtschaftspolitik basiert auf einer umfassenden Demokratisierung der Arbeitsgesellschaft: »Soll (…) ein neuer Aufschwung in Richtung einer ›sozialen Arbeitsgesellschaft‹ erwachsen, so sind die ökonomischen Prozesse dreifach wirtschaftsdemokratisch auszusteuern und umzusetzen (…) Sowohl die Mikro- als auch die Mesoebene müssen durch eine dritte globale (Makro-)Ebene flankiert werden. Man könnte auch sagen, durch ein makroökonomisches Verhältnis von Politik und Wirtschaft in Form einer beschäftigungsschaffenden, ökologieorientierten und sozialen Wirtschaftspolitik. Der Staat, der demokratisch legitimierte politische Überbau, muss diesen ›Dreiklang‹ herstellen.« (Bontrup 2009) Solche langfristigen Ziele wurden aber nicht ausführlich in den MEMORANDEN diskutiert oder näher ausgeführt. Sicherlich auch deshalb, weil eine Konsensfindung dabei deutlich schwieriger geworden wäre. Die Formulierungen blieben eher vage.

»Diese Politik muss jedoch in eine Strategie der Neugestaltung des gesellschaftlichen Produktions- und Verteilungsprozesses eingebettet werden. Die Ausrichtung dieser Umstrukturierung haben wir in den bisherigen Memoranden als Vergesellschaftung gekennzeichnet. Dies bedeutet die zunehmende Unterwerfung der ökonomischen Prozesse unter demokratische Planungen und Entscheidungen.« (Arbeitsgruppe Alternative Wirtschaftspolitik 1984, S. 27f.)

Gegen Sozialabbau

Sehr konkret waren dagegen die Positionen gegen den zunehmenden Sozialabbau. Das zieht sich vom ersten MEMORANDUM bis ins Jahr 2025. Schon in den achtziger und neunziger Jahren, in der Zeit der Regierung unter der Kanzlerschaft Helmut Kohls, war die Kürzung in praktisch allen sozialen Sicherungssystemen zu einem permanenten Prozess geworden. Die Dokumentation aller einzelnen Maßnahmen hätte den Umfang der MEMORANDEN gesprengt. Doch mit dem Regierungswechsel 1998 bekam dieser Prozess mit der Agenda 2010 noch einmal eine neue Dynamik.

Den größten Einschnitt bei den sozialen Sicherungsleistungen brachte Anfang der 2000er Jahre ausgerechnet eine rot-grüne Bundesregierung. Mit den Vorschlägen der sogenannten Hartz-Kommission sollte die Arbeitsmarktstrukturen völlig neu geregelt und die Arbeitslosigkeit wirksam abgebaut werden. Die *Arbeitsgruppe Alternative Wirtschaftspolitik* reagierte darauf im Herbst 2002 mit einer vernichtenden Kritik in einem SONDERMEMORANDUM. Der Abschlussbericht der Kommission zielte vor allem darauf ab, die Vermittlung in Arbeit zu verbessern. Dazu stand im Widerspruch, dass gerade die Leistungen der Arbeitsförderung in den Jahren davor drastisch gekürzt worden waren. Eine Erhöhung dieser Mittel, um eine effektivere Vermittlung und Qualifizierung organisieren zu können, war nicht Bestandteil des Hartz-Konzeptes. Aber schon das grundsätzliche Leitbild der Hartz-Kommission war falsch: Die Arbeitslosigkeit in Deutschland war nicht vorrangig ein Mismatch-Problem und damit mit einer besseren Vermittlung zu lösen. Es fehlten schlicht genügend Arbeitsplätze. »Das entscheidende Problem ist und bleibt die negative Arbeitsmarktbilanz, die einen Fehlbedarf von ca. sechs Millionen Stellen ausweist. Selbst wenn man dieser Arbeitsplatzlücke das geschätzte gesamtwirtschaftliche Stellenangebot (also nicht nur die dem Arbeitsamt gemeldeten Stellen) von 1,2 Millionen Arbeitsplätzen gegenüberstellt, fehlen objektiv

Erwerbsarbeitsplätze in mehrfacher Millionenhöhe.« (Arbeitsgruppe Alternative Wirtschaftspolitik 2002, S. 7)

Mit dem Konzept der Hartz-Kommission wurde das gesellschaftliche Problem der Arbeitslosigkeit (fehlende Arbeitsplätze) in ein individuelles Problem der Arbeitslosen (zu wenig flexibel und motiviert, zu undynamisch) umdefiniert. Die Vorschläge basierten auf dem Irrtum, Arbeitslose seien Täter, nicht Opfer. Vom »Fördern und Fordern« blieb in den Vorschlägen fast nur das Fordern übrig. Bei den Maßnahmen zur Förderung wurden Verdrängungs-, Substitutions- und Mitnahmeeffekte systematisch ausgeblendet, was an den Erfolgen dieser Maßnahmen zweifeln lassen sollte. Die Absenkung der Transferleistungen für Arbeitslose verschärfte die Lebensbedingungen für Arbeitslose massiv. Auch das wurde im SONDERMEMORANDUM kritisiert. Nicht nur aus sozialen, sondern auch aus gesamtwirtschaftlichen Gründen, weil damit die kaufkräftige Nachfrage durch Einkommensausfälle weiter geschwächt würde.

Zum Jahresende 2002 wurden die Vorschläge der Hartz-Kommission im Eiltempo durch das Gesetzgebungsverfahren getrieben. Das Ergebnis fiel noch ernüchternder aus, als es schon die Vorlage der Kommission war. Das wurde im regulären MEMORANDUM 2003 analysiert und kritisiert. »Wenn man sich das ursprüngliche Hartz-Konzept noch einmal genau ansieht, ist es interessant und beachtenswert für die Einschätzung des Gesamttenors der Reform, dass jene Module, die mit Verpflichtungen für Unternehmen und den Staat verbunden gewesen wären, in den Umsetzungsgesetzen nicht mehr zu finden sind.« (Arbeitsgruppe Alternative Wirtschaftspolitik 2003, S. 186) Vor allem das Fehlen eines regelgebunden Finanzzuschusses an die Bundesanstalt für Arbeit (ab 2004 Bundesagentur für Arbeit) für eine konjunkturunabhängige aktive Arbeitsmarktpolitik und von kommunalen Infrastrukturprogrammen wurde kritisiert. Beide Maßnahmen waren in den ursprünglichen Vorschlägen enthalten und wären sinnvolle Programmpunkte zur Bekämpfung der Arbeitslosigkeit gewesen. Schlimmer noch als befürchtet fiel auch der finanzielle Kahlschlag aus: die Mittel für aktive Arbeitsmarktpolitik wurden um zwei Milliarden Euro gekürzt und der Bundeszuschuss für die Bundesagentur von fünf Milliarden Euro komplett gestrichen. Im Rahmen des Gesetzgebungsverfahrens wurde auch die – im ursprünglichen Kommissionsentwurf nicht enthaltene – Absenkung der Leistungen für ALG II (bisher Arbeitslosenhilfe) auf das Grundsicherungsniveau beschlossen. Die *Arbeitsgruppe Alternative Wirtschaftspolitik* forderte die Rücknahme dieser Sozialkürzung und stattdessen eine regelmäßige Anpassung an die Inflation. Was in der katastrophalen Bilanz der Hartz-Reformen noch fehlte, war eine realistische Einschätzung für den gesamten Arbeitsmarkt. Es wurde zu diesem Zeitpunkt von der *Arbeitsgruppe Alternative Wirtschaftspolitik* noch nicht gesehen, dass die Reformen in den Folgejahren zum Entstehen eines riesigen Niedriglohnsektors beitragen würden.

Nicht nur für die Arbeitsmarktpolitik waren die Einschnitte verheerend. Zusammen mit anderen Regelungen betrafen die Kürzungen auch die Versorgung von Kranken und Rentner*innen. Eine Dokumentation sowie die Bewertung dieser Maßnahmen finden sich im MEMORANDUM 2004. Doch die *Arbeitsgruppe Alternative Wirtschaftspolitik* zeigte nicht nur den Sozialabbau auf, sondern formulierte auch Alternativen dazu. Ein wichtiges Instrument zur Sicherung der Finanzierung und zur Stärkung der Solidarität ist die Bürgerversicherung. »Die Einführung einer Bürgerversicherung bedeutet, dass die Versicherungspflichtgrenze aufgehoben und die Sonderregelungen für Beamte und Selbstständige beseitigt werden. Der Weg in die Private Krankenversicherung bliebe künftig versperrt. Auf diese Weise würde sich die GKV in eine obligatorische Bürgerversicherung verwandeln, die auch Selbstständige, Beamte und Arbeitnehmer*innen mit einem Einkommen oberhalb der Pflichtversicherungsgrenze umfasst. (...) Nicht mehr nur die Arbeitseinkommen, sondern auch Zins-, Kapital- und Mieteinnahmen sollen künftig berücksichtigt, die Verbreiterung der Versichertenbasis also um eine Verbreiterung der Bemessungsgrundlage erweitert werden.« (Arbeitsgruppe Alternative Wirtschaftspolitik 2004, S. 111ff.) Gleiches sollte auch für die Rentenversicherung gelten, auch wenn die finanziellen Vorteile hier langfristig deutlich geringer ausfallen würden. Denn den zusätzlichen Versicherten stünden ja auch zusätzliche Rentenansprüche gegenüber.

Arbeitszeitverkürzung

Neben der sozialen Sicherung ist auch immer die Forderung nach Arbeitszeitverkürzung in die DNA der *Arbeitsgruppe Alternative Wirtschaftspolitik* eingeschrieben. Die Debatte spitzte sich Mitte der achtziger Jahre zu. Die IG Metall und die IG Druck und Papier gingen 1984 mit der Forderung nach Einführung der 35 Stunden-Woche bei vollem Lohnausgleich in Tarifverhandlungen. Dazu hatte die *Arbeitsgruppe Alternative Wirtschaftspolitik* ein SONDERMEMORANDUM vorgelegt, das die Richtigkeit und Notwendigkeit dieser Forderung ausführlich begründete. Es war damit eine der wenigen Momente, in denen es der Arbeitsgruppe unmittelbar gelang, in soziale Kämpfe einzugreifen. Der Text fand eine große Verbreitung und wurde über mehrere Neuauflagen viele Jahre lang vertrieben.

Die Forderung nach, aber auch die Notwendigkeit von Arbeitszeitverkürzung bleibt bis heute die wichtigste Waffe im Kampf gegen die Massenarbeitslosigkeit. Im Jahr 1984 waren 2,3 Millionen Menschen offiziell als Arbeitslose registriert. Da nicht zu erwarten war, dass in absehbarer Zeit das Wirtschaftswachstum höher liegen würde als die Entwicklung der Arbeitsproduktivität, gab es außer der Arbeitszeitverkürzung keine Möglichkeit zum Abbau der Arbeitslosigkeit. »Soll das Ziel, die Arbeitslosigkeit abzubauen, nicht nur eine rhetorische Floskel bleiben, sondern *alles darangesetzt werden, um möglichst schnell möglichst vielen Arbeitssuchenden einen Arbeitsplatz zu verschaffen,* ergibt sich die zwingende Notwendigkeit, die Arbeitszeit zu verkürzen. Da in den nächsten Jahren das Angebot an Arbeitsplätzen allemal begrenzt sein wird, muss durch Arbeitszeitverkürzung das Arbeitsvolumen umverteilt werden, um *mehr* Menschen eine Beschäftigungsmöglichkeit zu verschaffen.« (Arbeitsgruppe Alternative Wirtschaftspolitik 1987c, S. 19) In verschiedenen Studien hatte sich zudem gezeigt, dass die Reduzierung der Wochenarbeitszeit stärkere Effekte hätte als andere Modelle der Arbeitszeitreduzierung, wie beispielsweise eine frühere Verrentung.

Doch die Arbeitsmarkteffekte waren nur ein Argument für die Arbeitszeitverkürzung. Gleichzeitig wurde darin auch eine deutliche Verbesserung der Lebensqualität gesehen. Arbeitszeitverkürzung stand für die Humanisierung der Arbeitswelt, weil belastende Arbeitsverhältnisse besser auszuhalten sind, wenn der Zeitraum der Belastung sich verkürzt. Es ermöglichte den Beschäftigten auch, die Lebensbedürfnisse außerhalb der Arbeit besser zu befriedigen, mehr Zeit für die Teilhabe am sozialen, kulturellen und politischen Leben zur Verfügung zu haben. Was heute breite Zustimmung findet, war die Begründung der Arbeitszeitverkürzung zur grundlegenden Verbesserung der Vereinbarung von Beruf und Familie. Insgesamt bekamen die Beschäftigten mehr Zeitsouveränität.

Diese Argumente aus dem Text von 1987 gelten im Prinzip auch heute noch uneingeschränkt. Die Forderung nach Arbeitszeitverkürzung zieht sich durch die gesamte MEMO-Historie. Lediglich die konkreten Forderungen wandelten sich im Zeitablauf. Kurze Vollzeit für alle, kürzere Arbeitszeiten für Vollzeitbeschäftigte und längere Arbeitszeit für Teilzeitbeschäftigte, möglichst in Richtung einer 30 Stunden-Woche, war lange Zeit die Forderung der *Arbeitsgruppe Alternative Wirtschaftspolitik*. In den letzten Jahren entwickelten sich immer mehr segmentierte Arbeitsmärkte, dort existieren hohe Arbeitslosenzahlen und Fachkräftemangel gleichzeitig. Das führte auch zu einer Ausdifferenzierung konkreter Arbeitszeitbedürfnisse. Insgesamt hat die allgemeine Forderung nach Arbeitszeitverkürzung, in welcher konkreten Form auch immer, ungebrochen ihre Berechtigung.

Ausgaben- und Investitionsprogramme

Der Dreiklang aus einem Ausbau Sicherungssysteme einschließlich verbesserter Regulierung vor allem des Arbeitsmarktes, Arbeitszeitverkürzung und einem Ausgaben- und Investitionsprogramm prägte schon das erste MEMORANDUM von 1975. Der erste Bereich sollte neben einer verbesserten Existenzsicherung auch eine konjunkturelle Stärkung der Nachfrageseite bewirken. Zudem dient Arbeitszeitverkürzung neben dem Abbau der Arbeitslosigkeit auch der Steigerung der allgemeinen Lebensqualität. Diese beiden Forderungen wurden schon seit den ersten MEMORANDEN ausführlich begründet. Der dritte Bereich, das Investitionsprogramm, gewann erst mit der Zeit immer mehr Kontur. Ein großer Schritt dazu war das im MEMORANDUM 84 ausgeführte »Sofortprogramm zur Schaffung von Arbeitsplätzen durch qualitatives Wachstum«. Aus heutiger Sicht fiel der Umfang noch relativ bescheiden aus. 30 Milliarden DM sollten dafür bereitgestellt werden. Allerdings war auch das nur als Einstieg in ein auf zehn Jahre angelegtes »Zukunftsprogramm zur Sicherung von Beschäftigung und qualitativem Wachstum« geplant. »Es bietet die Chance, Konjunktur-, Struktur- und Wachstumspolitik aus einem Guss zu gestalten.« (Arbeitsgruppe Alternative Wirtschaftspolitik 1984, S. 154) Beim Programmvolumen blieb aber unklar, ob die 30 Milliarden DM in jedem Jahr fließen sollen oder die Mittel über die Jahre aufgestockt oder gesenkt werden sollten.

Das Sofortprogramm bestand aus verschiedenen Elementen:

- Maßnahmen zur Erhaltung und Wiederherstellung einer befriedigenden Qualität der Umwelt.
- Förderung und Umsetzung neuer Technologien zur rationellen Verwendung von Energie und Rohstoffen sowie zur Anwendung alternativer Energie- und Rohstoffquellen.
- Maßnahmen zur Förderung des Wohnungs- und Städtebaus.
- Verbesserung der Verkehrsverhältnisse.
- Maßnahmen zur Behebung des Ausbildungsstellenmangels und zum Abbau der Jugendarbeitslosigkeit.
- Zusätzliche Plan- und ABM-Stellen im öffentlichen Dienst.

Bei den Umweltmaßnahmen wurden mit dem Ausbau von Kläranlagen und Müllheizwerken Anlagen gefordert, die in den Folgejahren tatsächlich in erheblichem Maße ausgebaut wurden. Die Verbesserung der Verkehrsverhältnisse sollte durch den Ausbau der Bahn (Nah- und Fernverkehr) bewerkstelligt werden. Insgesamt mutet die Relevanz des Programms aber auch heutiger Sicht beängstigend aktuell an. Maßnahmen zum Erhalt der Infrastruktur wurden damals noch nicht gefordert, da sich der riesige Investitionsstau erst viel später aufgebaut hatte.

Die Ausgabenprogramme waren Bestandteil in jedem MEMORANDUM und wurden immer wieder aktualisiert. Schon drei Jahre später wurden die Forderungen erheblich erweitert. Die vielfältigen Umweltschäden wurden analysiert, auch ihre erheblichen finanziellen Kosten bewertet und eine konsequente Politik zur Verbesserung der

Umweltqualität in das Sofortprogramm aufgenommen. Das Ergebnis ging über die wenigen Maßnahmen aus dem 1984 Programm hinaus und beschäftigte sich konkret mit den Belastungen durch die zentralen Schadstoffe für Luft, Wasser und Boden.

Das Programm hatte über die gesamte Laufzeit von 15 Jahren ein Volumen von insgesamt 658 Milliarden DM. »In allen vier Umweltschutzbereichen – Luftreinhaltung, Gewässerschutz, Bodenschutz und Lärmbekämpfung – ergibt sich dadurch ein jährliches staatliches Investitionsvolumen von rund 52 Milliarden DM über 5 Jahre (…) Die verkehrspolitischen Maßnahmen laufen über 15 Jahre.« (Arbeitsgruppe Alternative Wirtschaftspolitik 1987a, S. 190) Zu diesem Programm wurden auch die dazugehörigen Beschäftigungseffekte beziffert. Danach wären durch dieses jährlich fast 700.000 Arbeitsplätze neu entstanden, weil viele der aufgeführten Investitionen sehr beschäftigungsintensiv wären. Das Programm hätte damit nicht nur die Umwelt erheblich entlastet, sondern auch einen wichtigen Beitrag zum Abbau der Arbeitslosigkeit geleistet.

Nach weiteren jährlichen Anpassungen – und insbesondere Sonderprogrammen für den Aufbau Ost – erfolgte im MEMORANDUM 2001 eine grundsätzliche Neujustierung der Vorschläge für ein Investitionsprogramm. Von einem Sofortprogramm konnte inzwischen keine Rede mehr sein. Ein jahrelanger Kahlschlag bei den öffentlichen Investitionen hatte zu einem dramatischen Verfall der öffentlichen Infrastruktur geführt. »Die langfristige Betrachtung der Investitionsquote der öffentlichen Hand zeigt, dass der Staat sich Schritt für Schritt aus seiner Verantwortung zurückgezogen hat. Dementsprechend hat sich in den letzten Jahrzehnten ein großes Defizit bei der Erfüllung öffentlicher Aufgaben aufsummiert. Folge ist ein enormer Nachholbedarf, sowohl was die Schließung der Nachfragelücke betrifft als auch die Bereitstellung darüber hinausgehender Bedarfe an öffentlichen Gütern. Würde die Investitionsquote heute auf das Niveau von Mitte der sechziger Jahre angehoben, müssten die öffentlichen Investitionsausgaben jährlich um 90 Milliarden DM höher liegen als in den tatsächlichen Haushaltsansätzen.« (Arbeitsgruppe Alternative Wirtschaftspolitik 2001, S. 236)

Dies ist eine Einschätzung, die damals auch schon viele Forschungsinstitute (wie DIW und RWI) teilten und in entsprechen Gutachten auswiesen. Ein Investitionsprogramm musste also erhebliche Mittel für die Sanierung der klassischen Infrastruktur bereitstellen. Daneben wuchs aber auch die Notwendigkeit von höheren Ausgaben für soziale, kulturelle und bildungsbezogene Güter. Die Misere an den Schulen wie im gesamten, unterfinanzierten Bildungssystem wurden immer offensichtlicher. Für diese Investitionen wurden gemäß eines weiten Investitionsbegriffs auch Personalausgaben mit in das Programm aufgenommen. Die Bedarfe für den ökologischen Umbau waren ebenfalls nicht kleiner geworden. Auch der »Aufbau Ost« war längst noch nicht abgeschlossen und erforderte weitere Mittel.

Gefordert wurde ein Investitionsprogramm für mehr Beschäftigung im Volumen von 150 Milliarden DM jährlich zusätzlich. Davon entfielen 40 Milliarden DM auf ein Sonderprogramm Aufbau Ost, 30 Milliarden DM für ein Bildungs- und Kulturprogramm und der größte Teil, in einer Höhe von 80 Milliarden DM, auf ein ökologisches Investitionsprogramm.

Die Problemlagen waren bekannt und wurden – zumindest was klassische Investitionen in Infrastruktur betraf – auch zunehmend öffentlich anerkannt. Es passierte aber weiterhin nichts. Dementsprechend blieben diese Forderungen fester Bestandteil des Forderungskanons der *Arbeitsgruppe Alternative Wirtschaftspolitik*. Weitere notwendige Elemente kamen hinzu. Im MEMORANDUM 2014 wurden zusätzliche Elemente für die kommunale Infrastruktur aufgenommen. Die Kommunen sind ein wichtiger Träger von Investitionen. Diese betrafen zudem das unmittelbare Wohn- und Lebensumfeld. Weil die Finanzkraft nicht mehr ausreichte, konnten oft nur noch Pflichtaufgaben bewältigt werden. Ausgaben für Investitionen blieben auf der Strecke. »Nach dem KfW-Kommunalpanel 2012 besteht in den Kommunen eine Investitionslücke von 128 Milliarden Euro.« (Arbeitsgruppe Alternative Wirtschaftspolitik 2014, S. 149) Eine weitere Finanzspritze war dringend notwendig.

Der zweite Bereich betraf die Pflege. Hierbei ging es nicht nur um die ungenügende Finanzierung der Pflegeaufgaben. Mit den Mitteln aus dem Investitionsprogramm sollten vor allem Alternativen für die Heimunterbringung nach skandinavischem Modell geschaffen werden. »Verwendet werden sollen die Gelder für den Ausbau einer lokalen öffentlichen Infrastruktur, die integrative Leistungen der Beratung, Unterstützung, Gesundheitsförderung und sozialen Betreuung beinhalten.« (ebd., S. 151)

Insgesamt umfasste das Programm im Jahr 2014 jährliche Mehrausgaben von 100 Milliarden Euro. Sie verteilten sich auf die Bereiche Bildung (25 Milliarden Euro), Verkehrsinfrastruktur (10 Milliarden Euro), kommunale Ausgaben (10 Milliarden Euro), Energetische Gebäudesanierung (5 Milliarden Euro), lokale Pflegeinfrastruktur (20 Milliarden Euro) und Arbeitsmarkt (30 Milliarden Euro). Bis heute gehört ein Ausgaben- und Investitionsprogramm notwendigerweise zu den grundlegenden Forderungen alternativer Wirtschaftspolitik.

Strukturkrisen

Ein anderes Thema, welches zwar nicht in allen MEMORANDEN, aber doch relativ häufig in den letzten 50 Jahren bearbeitet werden musste, waren Krisen in strukturprägenden Industriebranchen der deutschen Wirtschaft. Krisen in nichtindustriellen Branchen waren dagegen nicht so stark im Fokus der Arbeitsgruppe. Die Krise des Einzelhandels – obwohl ebenfalls eine beschäftigungsstarke Branche – wurde beispielsweise nicht in einem ähnlichen Umfang wie solche in den großen Industriebranchen bearbeitet.

Ein Dauerbrenner, weil in den vergangenen 50 Jahren häufig in der Krise, war die Stahlindustrie. Bereits Mitte der achtziger Jahre befand sich die Stahlindustrie in einer schweren Krise. Zusammen mit der Strukturkrise des Ruhrgebiets wurde das im MEMORADUM 85 analysiert. 1987 gab es eine gesonderte Erklärung der Arbeitsgruppe zur Situation der Stahlindustrie. Was vor allem in den ersten Jahren der Arbeitsgruppe als weiterführende Perspektive für die Wirtschaftspolitik gedacht war, die Vergesellschaftung der Produktion, wurde für einzelne Krisenbranchen – und insbesondere die Stahlindustrie – als tagesaktuelle Aufgabe zur Krisenüberwindung gesehen. »Wir haben gezeigt, dass von einem langfristig dramatischen Rückgang der Nachfrage nach Stahl nicht die Rede sein kann. Es gibt nach wie vor großen Bedarf an Stahl, auch im Rahmen eines alternativen, auf qualitatives Wachstum ausgerichteten Typs der wirtschaftlichen Entwicklung, etwa in den Bereichen der Verkehrs- und Umweltpolitik. Um diese Möglichkeiten zu verwirklichen, muss die bislang betriebene, an individuellen Gewinn- und Konkurrenzinteressen der Stahlkonzerne ausgerichtete Investitions- und Produktionspolitik in der Stahlindustrie verändert werden. Die Perspektive einer solchen Alternative liegt in der Vergesellschaftung der Stahlindustrie.« (Arbeitsgruppe Alternative Wirtschaftspolitik 1987b, S. 3)

Grundlage für die Forderung nach einer Vergesellschaftung war die Analyse der Ursache der Krise: Der Niedergang der Produktion wurde als langfristig nicht so dramatisch eingeschätzt, die Stahlnachfrage in Deutschland sei im Prinzip stabil. Verschärft würde die Lage – insbesondere der Personalabbau – durch die Rationalisierungsstrategie der Stahlkonzerne. Damit konnte trotz der Absatzschwäche die Gewinnsituation verbessert werden. Eine solche Konzernstrategie musste im Interesse der Belegschaften und der Allgemeinheit durchkreuzt werden. Dazu gehörte der Entzug der Verfügungsgewalt der Kapitaleigner über das Kapital – also die Vergesellschaftung – als ein probates und erfolgversprechendes Mittel.

Über die notwendige Form einer solchen Vergesellschaftung gab es schon 1981 eine klare Linie: Es sollte nicht in der Form einer Verstaatlichung passieren. Zu schlecht waren die Erfahrungen mit Unternehmen, die sich im Staatsbesitz befanden. Die an sie gestellten Anforderungen, nicht im Sinne eines profitorientierten Unternehmens zu agieren, konnten sie meistens nicht erfüllen. Angestrebt wurde eine Fondslösung, bei der eine breite demokratische Debatte über die weitere Entwicklung der Unternehmen, vor allem unter Einbeziehung der Belegschaften, aber auch anderer sozialer Gruppen, am ehesten gewährleistet schien. »Als zweckmäßig erweist sich dagegen eine Überführung der Stahlkonzerne in das Eigentum öffentlicher Fonds, in denen der Staat nur gewisse eher formelle Kontrollrechte (bezüglich Rechnungslesung u. ä.) hat. Die öffentlichen Fonds verzichten zugleich auf die ihnen gemäß einschlägigen Rechtsbestimmungen zustehenden Entscheidungsrechte in Bezug auf die Stahlkonzerne zugunsten demokratisch legitimierter Entscheidungsorgane, in denen die Interessenvertretungen der Beschäftigten der Stahlindustrie, die Gewerkschaften und der Staat bzw. die Parlamente die hauptsächlichen Entscheidungskompetenzen haben. Das Eigentum wird auf diesem Wege zu einer weitgehend formellen Hülle und ermöglicht wirksame Entscheidungen über die vergesellschafteten Stahlkonzerne durch demokratisch legitimierte Organe.« (Arbeitsgruppe Alternative Wirtschaftspolitik 1981, S. 303)

Allerdings wies Jörg Huffschmid schon 1985 darauf hin, dass sich die erhofften Effekte von Vergesellschaftung in der Praxis häufig nicht einstellen würden. Innerhalb der derzeitigen Gesellschaft mit der prägenden profitorientierten kapitalistischen Produktion ließen sich die demokratischen und gemeinwohlorientierten Ansätze kaum realisieren. »Die Hauptfunktion staatlichen Eigentums wird es sein, dem privaten Eigentum zu dienen – als Vorleistungslieferant, Abnehmer, Financier, Sanierungsträger usw.« (Huffschmid 1985, S. 35) Die vergesellschafteten Bereiche seien zwar der kapitalistischen Verwertung entzogen, sie würden aber vor allem darauf zielen, diese Verwertung insgesamt sicherzustellen. Der Praxistest der Vorschläge der *Arbeitsgruppe Alternative Wirtschaftspolitik* bleibt aus, weil ihre Forderungen nicht einmal annäherungsweise umgesetzt werden. Die Stahlindustrie verbessert ihre Lage zwar von Zeit zu Zeit konjunkturell, kommt aber bis heute nicht dauerhaft aus der Krise. Im MEMORANDUM 93 stand die Strukturkrise der Stahlindustrie neuerlich im Fokus. Auch die Werftenkrise war Mitte der 1980er Jahre Thema in den MEMORANDEN.

Eine spezielle Strukturanalyse beschäftigte sich im MEMORANDUM 89 mit der Automobilindustrie. Diese war zu diesem Zeitpunkt keineswegs ein Krisenbranche. Ganz im Gegenteil waren die achtziger Jahre eine ausgesprochene Boom-Periode. Doch weil sich die Industrie in gravierenden Strukturbrüchen befand und von der Beschäftigung und der Wertschöpfung die mit Abstand wichtigste Industriebranche in Deutschland war, wurde die Situation ausgiebig analysiert. Aufgelaufene Überkapazitäten, Marktsättigung in Deutschland und eine besondere Abhängigkeit von den Exportmärkten standen auf der Risikoseite. Zudem wurde die ökologische Belastung durch den Autoverkehr immer deutlicher. Auf der anderen Seite zeigte sich die Autoindustrie in ihrer Strategie sehr flexibel und war Vorreiter im Einsatz neuer Rationalisierungstechnologien. Eine klare Einschätzung zur Zukunftsperspektive konnte die *Arbeitsgruppe Alternative Wirtschaftspolitik* nicht liefern. Jedoch wurde im MEMORANDUM 89 deutlich, dass ökologische Alternativen zum Autoverkehr gestärkt werden müssten.

Sozial-ökologische Transformation

In den letzten Jahren hat sich die Lage dramatisch verändert. Es geht nicht mehr um einzelne Branchen, sondern der Industriestandort Deutschland steht insgesamt unter Druck. Die Industrie ist gefordert, die ökologische Transformation zu meistern. Das Ganze in einem schwierigen konjunkturellen Umfeld und mit einem zunehmenden internationalen Wettbewerbsdruck, vor allem durch die wachsende Konkurrenz chinesischer Unternehmen. Von einer langfristig zunehmenden oder zumindest stabilen Nachfrage nach Industrieprodukten in Deutschland oder Europa ist auch nicht mehr zwangsläufig auszugehen. Eine sehr komplexe und herausfordernde Situation. Im MEMORANDUM 2022 wurden der Stand der Transformation und Voraussetzungen ihres Gelingens auf der Basis von drei großen Branchen, der Chemischen Industrie, der Stahlindustrie und der Automobilindustrie betrachtet. Eine Vergesellschaftung auf der Basis staatlichen Eigentums wurde nicht als Grundlage für die notwendigen Veränderungen gesehen. Allerdings wurde herausgearbeitet, wie stark ein breiter, demokratischer Prozess und damit die Einhegung von Profitinteressen notwendig ist. Auch dies kann man im Sinne der frühen MEMO-Debatten als Form der Vergesellschaftung betrachten.

Die Umstellung wird nicht als rein technischer, sondern als gesellschaftlicher Prozess gesehen. »Der ökologische Umbau der Industrie kann gesellschaftspolitisch nur gelingen als Teil einer sozial-ökologischen Transformation. Das Ökologische geht nur mit dem Sozialen, aber das Soziale geht nur mit dem Ökologischen.« (Arbeitsgruppe Alternative Wirtschaftspolitik 2022, S. 68) Dabei komme es auf alle gesellschaftlichen Akteure an. Man könne diese Aufgabe nicht an den

Staat delegieren. Das Kapital, die Gewerkschaften zusammen mit den Belegschaften, die Zivilgesellschaft und die lokalen Strukturen vor Ort müssten mitziehen, damit es funktionieren kann. Der Staat sei aber keineswegs aus seiner Verantwortung zu entlassen. Ohne einen starken Staat, der auch finanziell handlungsfähig ist, ginge es nicht. Seine Aufgaben im Prozess seien das Setzen entsprechender Regulierungen über Gesetze, das Gewähren finanzieller Förderungen und Anreize sowie eine Arbeitspolitik, die eine Umschulung und Umsteuerung von Beschäftigten aus verlierenden Branchen zu Branchen mit wachsendem Beschäftigungsbedarf möglichst friktionsfrei und ohne Einkommensverluste für die Betroffenen ermögliche.

Die deutsche Vereinigung

Eine große Rolle hat in vielen Publikationen (MEMORANDEN, SONDERMEMORANDEN, Aufsätzen im MEMO-Forum, aber auch eigenständigen Buchpublikationen) der Prozess der deutschen Vereinigung gespielt. Das MEMORANDUM 91 stand erstmals ganz im Lichte der wirtschaftlichen Probleme der Vereinigungsprozesses. Analysiert wurden die sozialen Herausforderungen, vor allem die schnell wachsende Arbeitslosigkeit und die zunehmende Armut und soziale Ausgrenzung im Ostteil des Landes. Ausführlich wurden die Privatisierungsstrategien und die Arbeit der Treuhand kritisiert. Um einen sozialen und ökonomischen Zusammenbruch in Ostdeutschland zu verhindern, wurde ein »Zukunftsprogramm deutsche Integration« gefordert. In diesem Rahmen sollten in einem Zeitraum von fünf Jahren zusätzlich 550 Milliarden DM aufgebracht werden. Die inhaltliche Ausgestaltung blieb allerdings noch recht vage. In den nachfolgenden MEMORANDEN wurde das Programm immer weiter ausgeführt und inhaltlich angepasst. Später wurde der Aufbau Ost in die Forderungen nach Investitionsprogrammen integriert. Zwanzig Jahre nach der Vereinigung wurde dann mit einer eigenständigen Buchveröffentlichung eine Bilanz der deutschen Einheit gezogen (vgl. Arbeitsgruppe Alternative Wirtschaftspolitik 2010).

Der Vereinigungsprozess brachte nicht nur neuen Forschungsbedarf und neue politische Herausforderungen, sondern er sorgte auch für personellen Zulauf bei der *Arbeitsgruppe Alternative Wirtschaftspolitik*. Schon im Frühjahr 1990 hatte sich in der DDR ein »Arbeitskreis: Perspektiven alternativer Wirtschafts- und Sozialpolitik« gebildet. Dies geschah noch eigenständig und unabhängig von der *Arbeitsgruppe Alternative Wirtschaftspolitik*. Doch der DDR-Arbeitskreis sah sich in seinem Selbstverständnis eng mit der BRD-Arbeitsgruppe verbunden und strebte eine enge Kooperation an. In den nachfolgenden Jahren stieß dann eine größere Gruppe ostdeutscher Ökonom*innen zur *Arbeitsgruppe Alternative Wirtschaftspolitik* dazu. Diese Kolleg*innen bereicherten die Arbeit für viele Jahre, und nicht nur bei ostdeutschen Themen.

Der öffentliche Beschäftigungssektor

Aus den Erfahrungen der dramatischen Strukturbrüche im ostdeutschen Arbeitsmarkt wurde von der *Arbeitsgruppe Alternative Wirtschaftspolitik* das Konzept des »öffentlichen Beschäftigungssektors (ÖBS)« konzipiert. Neben dem klassischen zweiten Arbeitsmarkt und dem normalen öffentlichen Dienst würde damit ein drittes Instrument zur Bekämpfung der Massenarbeitslosigkeit geschaffen. Im Gegensatz zu arbeitsmarktpolitischen Maßnahmen wäre ein ÖBS nicht nur kurzfristig angelegt. Außerdem hätte die Bezahlung auf üblichem Tarifniveau zu erfolgen. Im Gegensatz zum öffentlichen Dienst würden arbeitsmarktfernere Personen die Zielgruppe. »Auch hinsichtlich der Tätigkeitsfelder würde sich der ÖBS vom traditionellen öffentlichen Dienst unterscheiden, da neuartige Tätigkeitsfelder erschlossen werden sollen. Hier sei insbesondere auf neue Formen lokaler, etwa stadteilorientierter Sozial- und Gesundheitsdienste (Altenarbeit und -betreuung, Pflege, Familienarbeit, Konfliktvorbeugung) verwiesen, auf Tätigkeiten im Rahmen der Stadterneuerung und des Umweltschutzes (…).« (Arbeitsgruppe Alternative Wirtschaftspolitik 1996, S. 136)

Die Finanzierung der öffentlichen Haushalte

Die *Arbeitsgruppe Alternative Wirtschaftspolitik* hat in den 50 Jahren ihres Bestehens nicht nur viele Forderungen für sinnvolle öffentliche

Ausgaben gestellt, sondern auch immer Vorschläge für eine realistische Finanzierung dieser Maßnahmen gemacht. Eine wichtige Finanzquelle für öffentliche Ausgaben ist die Kreditaufnahme. Einerseits ist sie für eine antizyklische Konjunkturpolitik in der Rezession notwendig (deficit spending), andererseits für die Finanzierung öffentlicher Investitionen (»goldene Regel«). Diese Möglichkeit wurde in Deutschland eingeschränkt. Im Jahre 2007 hatte sich die Föderalismuskommission II, die eigentlich Vorschläge zur Neuregelung der föderalen Finanzbeziehungen machen sollte, überraschend auf die Einführung einer Schuldenbremse verständigt. 2009 erlangte diese Gesetzeskraft und wurde sogar in Art. 109 Grundgesetz aufgenommen. Seitdem ist für den Bund nur noch eine strukturelle Neuverschuldung von 0,35 Prozent des BIP erlaubt, für die Länder überhaupt keine strukturelle Neuverschuldung mehr. Die vorherige Bestimmung einer ›goldenen Regel‹, die eine Neuverschuldung im Umfang der öffentlichen Investitionen erlaubte, wurde aufgehoben. Die *Arbeitsgruppe Alternative Wirtschaftspolitik* hatte dieses Vorhaben schon im MEMORANDUM 2008, noch bevor die Schuldenbremse Gesetzkraft erlangte, heftig kritisiert.

»Gesamtwirtschaftlich überlegen ist demgegenüber eine Finanzpolitik, die das Instrument der öffentlichen Kreditnachfrage zur Finanzierung öffentlicher Investitionen einsetzt, die die binnenwirtschaftliche Nachfrage stärken. Diese antizyklische Konjunkturpolitik mit dem Instrument schuldenfinanzierter öffentlicher Ausgaben hat an Bedeutung nicht verloren. Gegen erkennbare Risiken der Konjunktur muss der Staat eine expansive Finanzpolitik mit einem Ausgabenprogramm durchsetzen.« (Arbeitsgruppe Alternative Wirtschaftspolitik 2008, S. 156) Die Kritik an der Schuldenbremse ist seither Teil eines jeden MEMORANDUM. Die Berechtigung der Kritik zeigte sich im Zeitverlauf immer deutlicher. Neben der deutschen Schuldenbremse gibt es noch eine europäische Schuldenregel, die Maastricht-Kriterien. Auch diese Regel wird von der *Arbeitsgruppe Alternative Wirtschaftspolitik* kritisiert.

Daneben fordert sie seit ihrem Bestehen eine andere Steuerpolitik. Diese muss zwei Aufgaben erfüllen:

- Einerseits gilt es, die Steuerlasten gerechter zu verteilen. Die Steuerpolitik der diversen Regierungen in den letzten Jahrzehnten hat häufig hohe Einkommen und Unternehmen entlastet und niedrige Einkommen belastet. Diese Entwicklung muss umgedreht werden, damit die Steuerpolitik einen Betrag in Richtung einer egalitären Einkommens- und Vermögensverteilung leistet. Eine solche angestrebte Reform hätte über Nachfrageeffekte auch eine stimulierende Wirkung für die ökonomische Entwicklung.
- Andererseits benötigt der Staat ein deutlich höheres Einnahmeniveau. Die Umsetzung der Forderungen der *Arbeitsgruppe Alternative Wirtschaftspolitik* erfordert sehr viel Geld. Neben einer gesteigerten Kreditvergabe und Selbstfinanzierungseffekten sind dafür auch dauerhaft höhere Steuereinnahmen notwendig. Das gilt insbesondere für die Finanzierung einer besseren sozialen Absicherung und die Einstellung öffentlich Beschäftigter (z. B. Lehrer*innen).

Schon in den achtziger und neunziger Jahren des vorigen Jahrhunderts gab es diverse Fehlentwicklungen in der Steuergesetzgebung. Einen besonders großen Einschnitt stellte aber dann die Steuerreform der rot-grünen Bundesregierung im Jahr 1999 dar. Im Zentrum stand die Förderung von Gewinn- und Kapitaleinkommen. Das wurde im MEMORANDUM 2000 stark kritisiert. »Die insgesamt geplanten Entlastungen für die Wirtschaft, insbesondere die Steuergeschenke an die Kapitalgesellschaften und Aktionäre, stehen zur finanzpolitischen Zielsetzung im Koalitionsvertrag und damit zum nachhaltigen Wechsel gegenüber der neoliberalen Politik im Widerspruch.« (Arbeitsgruppe Alternative Wirtschaftspolitik 2000, S. 80). Begründet wurde diese Politik damit, dass mit den Steuerentlastungen Investitionen der Unternehmen gefördert werden sollten. Es war ein Paradebeispiel dafür, dass die einfache Rechnung »Entlastung der Unternehmen = mehr Unternehmensinvestitionen« nicht aufgehen kann. In den Jahren danach brachen die Bruttoanlageinvestitionen sogar dramatisch ein. Beliefen sie sich im Jahr 2000 noch auf 487 Milliarden Euro, sanken sie 2003 auf 433 Milliarden Euro. Preisbereinigt erreichten sie im Jahre 2007 wieder das Niveau von vor der

Unternehmensteuerreform. Als Anteil am BIP haben sie diesen Wert bis heute nicht wieder erreicht.

Die steuerpolitischen Forderungen der *Arbeitsgruppe Alternative Wirtschaftspolitik* beinhalten dagegen einen gerechteren Einkommensteuertarif (Entlastung unten, Belastung oben), die Einführung (besser: Wiedererhebung) einer Vermögensteuer, die Erhöhung der Erbschaft- und Schenkungsteuer, eine Finanztransaktionssteuer, eine Erhöhung der Körperschaftsteuer, die Weiterentwicklung der Gewerbesteuer zu einer Gemeindewirtschaftsteuer und die wirksamere Bekämpfung von Steuerflucht und Steuerhinterziehung.

Weitere Themen in den MEMORANDEN

Neben diesen über viele MEMORANDEN hinweg bearbeiteten Themen wurden zahlreiche weitere Probleme aufgegriffen. Ein aktuelle Konjunktureinschätzung gehörte auch zu fast jedem MEMORANDUM. Alle großen wirtschafts- und sozialpolitischen Ereignisse finden sich in den Gutachten. Die deutsche Vereinigung mit allen Strukturbrüchen, das europäische Binnenmarktprojekt und später die Krise der Währungsunion. Die Ausweitung und Deregulierung der Finanzmärkte mit den großen Finanzkrisen, vor allem 2008. Die zunehmende Zentralisation und Konzentration des Kapitals mit ihren Folgen für den Wirtschaftsprozess und die Demokratie. Die Exportorientierung der deutschen Wirtschaft mit ihrer zunehmenden Abhängigkeit vom Weltmarkt, später die Krise der Globalisierung. Die immer ungleichere Verteilung von Einkommen und Vermögen. Die Geldpolitik zuerst der Bundesbank und später der Europäischen Zentralbank.

Darüber hinaus beschäftigten sich die MEMORANDEN in den letzten Jahren intensiver mit den für den Klimaschutz zu schaffenden Rahmenbedingungen sowie den konkreten Umsetzungsstrategien zur Dekarbonisierung von Wirtschaft und Gesellschaft. So etwa mit Anforderungen an eine energie- und ressourceneffiziente zirkuläre Wirtschaft, mit der Strom-, Wärme- und Verkehrswende, mit nachhaltigem Wohnen, mit der Rolle von Wasserstoff beim Industrieumbau oder mit der Analyse der Energiekrise in Folge des russischen Überfalls auf die Ukraine.

Die Liste ließe sich fast endlos fortführen. In 50 Jahren entstand in den diversen MEMORANDEN und SONDERMEMORANDEN ein umfangreiches analytisches Werk mit ausgefeilten politischen Forderungen. Sie sind natürlich auch ein Spiegel der ökonomischen Entwicklung und der sozialen Kämpfe dieser Zeit. In dieser Analyse konnte vieles naturgemäß nicht beachtet und beschrieben werden. Das hätte sonst den Rahmen gesprengt. Es musste für die Rückschau ausgesucht und priorisiert werden. Manche werden enttäuscht sein, dass gerade die ihnen wichtige Aspekte hier nicht aufgegriffen wurden. Das, was beschrieben wurde, konnte leider nur sehr kursorisch und schlaglichtartig erfolgen. Auch dabei gehen viele Aspekte unter. Doch ist – auch unter der Bedingung des beschränkten Platzes – hoffentlich klar geworden, was die Arbeit der *Arbeitsgruppe Alternative Wirtschaftspolitik* ausmacht.

1.4 Hat sich die Arbeit gelohnt? Bilanz der *Arbeitsgruppe Alternative Wirtschaftspolitik*

Die Ziele der sozialen und ökonomischen Aufklärung

- Einfluss auf die allgemeine Politik auf der Ebene des Bundes, der Länder und der Kommunen.
- Stärkung der gewerkschaftlichen Arbeit für bessere Lebens- und Produktionsverhältnisse.
- Unterstützung zivilgesellschaftlich engagierter Gruppen und Bewegungen für eine alternative Wirtschaftspolitik.
- Bereitstellung von Sichtweisen und Argumenten, um den teils stark neoliberal ausgerichteten Medien Alternativen aufzuzeigen.
- Einfluss auf die Wirtschaftswissenschaft in Lehre und Forschung an Hochschulen sowie auf die wirtschaftswissenschaftliche Beratung.

Die aktuelle Debatte um den Industriestandort Deutschland fühlt sich an wie eine Zeitreise: »Die Löhne sind zu hoch«, »Die Bürokratie erstickt alle Aktivitäten«, »Die viel zu hohen Steuern und Sozialabgaben sind unattraktiv« und »Die Energiepreise hemmen die Produktion in Deutschland«. »Argumente«, mit denen schon in den siebziger Jahren für die neoliberale Wende geworben wurde und die in den letzten 50 Jahren immer wieder präsentiert wurden. In solchen Debatten kann man den Eindruck bekommen, der Kampf für Alternativen in der Wirtschaftspolitik, weg von marktradikalen Konzepten, gleiche dem berühmten Kampf gegen Windmühlen. Doch es lohnt sich ein genauer Blick, er macht auch viele Veränderungen sichtbar(er).

Wenig Veränderungen hat es in den Debatten über die soziale Absicherung gegeben. Die aktuelle politische Diskussion über das Bürgergeld, mit dem sich Sozialschmarotzer ein schönes Leben auf Kosten der Allgemeinheit verschaffen würden, sind nur der deutlichste Ausdruck davon. Es wird dabei völlig ausgeblendet, dass große Gruppen der Bürgergeldempfänger*innen beispielsweise Beschäftigte sind, die Aufstocken müssen – oder Alleinerziehende. Auch die Pflege von Angehörigen spielt eine große Rolle. Es sind nur die engagierten Verfechter des Sozialstaats wie die Sozialverbände, die hier für eine andere Entwicklung streiten. Auch bei den zu geringen Renten und den Aufwendungen für die Krankenversicherung drehen sich die Diskussionen lediglich um die zu hohen Kosten und Beiträge. Konzepte wie die Bürgerversicherung spielen praktisch keine Rolle.

Etwas positiver sieht es auf dem Arbeitsmarkt aus. In den »Agenda-Jahren« war ein großer Bereich von Niedriglöhnen und prekärer Beschäftigung entstanden. Die Niedriglöhne konnten etwas zurückgedrängt werden. Vor allem die Einführung des gesetzlichen Mindestlohns war hier ein großer Fortschritt, der für viele eine Verbesserung ihrer Lebenssituation gebracht hat. Wie ein Blick auf die Lohnquote zeigt, hat sich generell die Lohnentwicklung verbessert. Auch hier hatte es in den »Agenda-Jahren« Anfang der 2000er einen brutalen Absturz gegeben. Seitdem zeigt der Trend aber wieder eindeutig nach oben. Das liegt auch an der wieder offensiveren Politik der Gewerkschaften und der gestiegenen Beschäftigung. Angesichts

Lohnquote und Quote der Gewinn- und Vermögenseinkommen

in Prozent vom Volkseinkommen

Quelle: Statistisches Bundesamt (Destatis), 2023

© ARBEITSGRUPPE ALTERNATIVE WIRTSCHAFTSPOLITIK MEMORANDUM 2025

des Fachkräftemangels in vielen Bereichen dürfte dieser Trend sich in den nächsten Jahren fortsetzen.

Fortschritte hat es bei der Frage von Investitionsprogrammen gegeben. In Zeiten, in denen im wahrsten Sinne die Brücken in Deutschland zusammenbrechen, lassen sich die riesigen Bedarfe auch kaum mehr verleugnen. Viele verlangen inzwischen ein umfangreiches Investitionsprogramm. Neben der verrotteten Infrastruktur sind es die enormen Anforderungen an die ökologische Transformation, die gewaltige Investitionen benötigen. Ein Beispiel für die veränderten Debatten ist die gemeinsame Studie von IMK (Institut für Makroökonomie und Konjunkturforschung) und IW (Institut der deutschen Wirtschaft), also dem gewerkschaftsnahen und dem unternehmernahen Institut (siehe hierzu Dullien et al. 2024). Hierin drückt sich gewissermaßen ein breiter gesellschaftlicher Konsens aus. Sie ermitteln eine Investitionslücke von 600 Milliarden Euro. Um diese Lücke zu schließen, sollten jedes Jahr zusätzlich 60 Milliarden an öffentlichen Investitionen erfolgen. Das erinnert schon sehr an die Forderungen in den MEMORANDEN.

Der Betrag ist zwar geringer als die von der *Arbeitsgruppe Alternative Wirtschaftspolitik* geforderten Summen, aber das ist kein Widerspruch. Von den Instituten wird nur der Erhalt und der ökologische Umbau der klassischen Infrastruktur betrachtet. Subventionen für den Unternehmenssektor für die Transformation sind darin ebenso wenig enthalten wie der Ausbau der Bildung (einschließlich Gehälter für Lehrer*innen) oder der Ausbau einer kommunalen Pflegeinfrastruktur. In den MEMORANDEN wird ein viel breiterer Ansatz vertreten. Solche großen Programme sind nicht zu finanzieren ohne eine erweiterte Kreditaufnahme.

Das hat auch dazu geführt, dass sich die Debatte um die Schuldenbremse komplett gedreht hat. Nur noch sehr wenige Ökonom*innen, wie ihr Erfinder und ehemalige Vorsitzende des SVR, Lars Feld, sind harte Verfechter der Schuldenbremse. Sie wollen sie trotz negativer Erfahrungen beibehalten. Viele Vorkämpfer der Schuldenbremse, wie der SVR und die Bundesbank (siehe hierzu SVR 2024 und Deutsche Bundesbank 2022) fordern heute ihre Reform. Sie sehen die Schuldenbremse heute als ein Hindernis für die inzwischen notwendigen Investitionsausgaben des Staates.

Breit wird eine Reform auch vom Institut der deutschen Wirtschaft (IW) diskutiert. Es beklagt die völlige Willkürlichkeit der Regelungen. »Die Regelung der Schuldenbremse mit einem maximalen konjunkturunabhängigen Verschuldungsspielraum von jährlich 0,35 Prozent des BIP kann weder ein wirtschaftshistorisches noch ein wirtschaftstheoretisches Argument für sich reklamieren.« (Beznoska/Hentze/Hüther/Kauder 2024, S. 11) In der Studie werden drei Möglichkeiten einer Reform aufgezeigt und in ihren Vor- und Nachteilen analysiert. Eine Variante ist eine goldene Regel bezogen auf Nettoinvestitionen, die zweite auf eine Neuregelung der Konjunkturkomponente und die dritte ist eine Ausgabenregelung. Mit allen drei Varianten würde der finanzielle Spielraum deutlich ausgeweitet. Das IW legt sich auf keine der drei Varianten fest und fordert auch die Beibehaltung einer Schuldenregelung. Es fordert aber auch vehement die Ausweitung staatlicher Verschuldungsmöglichkeiten.

Vermehrte Debatten hat es in den letzten Jahren auch um die Frage der Vermögensverteilung und der Vermögensbesteuerung gegeben. Angestoßen wurde die Debatte international vor allem von Thomas Piketty (2014). Sein Werk fand auch in Deutschland große Beachtung. Zuletzt gab es eine internationale Initiative aus Brasilien für die Einführung einer internationalen Vermögensteuer. Gleichwohl ist diese Debatte im deutschen politischen Raum erst in Nischen angekommen.

Bei der Bilanz der Arbeit der *Arbeitsgruppe Alternative Wirtschaftspolitik* lohnt sich auch ein Blick auf die Entwicklung des Sachverständigenrats. Positionsverschiebungen innerhalb des SVR waren schließlich ein Motiv zur Gründung der *Arbeitsgruppe Alternative Wirtschaftspolitik*. Die MEMORANDEN sind auch immer wieder als eine Art Gegengutachten zum SVR gesehen worden. In den letzten 50 Jahren stand der SVR fast durchgängig für eine harte neoliberale, marktradikale Ausrichtung. In jüngster Zeit hat es jedoch deutliche Veränderungen gegeben. Der alte SVR stand eindeutig für Strukturreformen, Deregulierung, Sozialabbau, Steuersenkungen und eine strikte Anwendung der Schuldenbremse. Er agierte mit einer aggressiven Rhetorik und klaren Ansagen.

Inzwischen herrschen eher unklare Mehrheitsverhältnisse. Industrie- und Klimapolitik finden sich in den Gutachten, auch eine Innovationspolitik wird gefordert. Die Verteilungswirkungen der politischen Forderungen werden diskutiert, genauso wie generell ihre jeweiligen Vor- und Nachteile, statt apodiktisch eine neoklassische Handlungsweise einzufordern. Im Jahresgutachten 2023/24 fand erstmals eine ausführliche Problematisierung von Armutsgefährdung und Ungleichheit statt, Verteilungswirkungen blieben weiter im Fokus. Ordoliberale Positionen finden sich inzwischen eher in Minderheitenvoten wieder. Die Positionsverschiebungen des SVR sind offenkundig. Sie haben sich ein Stück weit den Positionen des MEMORANDUM angenähert, auch wenn die Unterschiede weiterhin sehr deutlich auszumachen sind. Auch dies gehört zur ökonomischen Diskursverschiebung, zu der die *Arbeitsgruppe Alternative Wirtschaftspolitik* beigetragen hat.

Ihre Aufklärungsarbeit bettet sich in die Bewegung vieler ein, die Veränderungen in Richtung mehr Gerechtigkeit und mehr Demokratie wollen. Längst nicht alle wurden dabei von den MEMORANDEN inspiriert. Es lässt sich nicht feststellen, wer nun genau welchen Anteil welcher Veränderung hatte. Aber das seit 50 Jahren beharrliche Eintreten der *Arbeitsgruppe Alternative Wirtschaftspolitik* für einen Weg weg von der rein profitorientierten Wirtschaft ist ein Puzzlestein in der gesellschaftlichen Entwicklung.

1.5 Stehen wir am Beginn einer neuen ökonomischen Ära?

Die Gründung der *Arbeitsgruppe Alternative Wirtschaftspolitik* war eine Reaktion auf die ökonomische Wende in Theorie und Praxis, weg von der keynesianischen, hin zu einer neoklassischen, neoliberalen Welt. Diese Periode währt jetzt schon 50 Jahre. Geht diese Ära jetzt zu Ende? Vieles spricht dafür.

Ein prägendes Merkmal dieser Epoche ist die Globalisierung. Das Zeitalter der Globalisierung, so wie wir sie kennen, neigt sich dem Ende zu. Rein statistisch gesehen wächst seit der Finanzkrise 2008 der Außenhandel nicht mehr stärker als die Wirtschaftsleistung. Zumindest auf der Ebene des Warenaustauschs stagniert die weitere Globalisierung –bestenfalls. Doch die Veränderungen gehen viel weiter. Schon seit der ersten Präsidentschaft von Donald Trump ist statt Freihandel eine Abschottung mit Zöllen in den Mittelpunkt der wirtschaftlichen Außenpolitik getreten. Diese Politik wurde von Joe Biden nicht substanziell korrigiert. Mit den multiplen Krisen der letzten Jahre haben diese Prozesse massiv an Dynamik gewonnen. Schon 2022 stellte Dani Rodrik fest, die Hyperglobalisierung sei zusammengebrochen (vgl. Rodrik 2022).

»Die Strategien der USA und der Europäischen Union, mit welchen sie sich aus den Abhängigkeiten, insbesondere bei der Energie- und Rohstoffversorgung, befreien wollen, stehen für eine fundamentale Neu-Ausrichtung der Wirtschaftspolitik und brechen mit der neoliberalen Grundhaltung der vergangenen Jahrzehnte. Nicht der Markt, sondern die Politik gibt die Richtung vor und beschleunigt mit massiven Subventionen den Wandel.« (Kurtzke/Scheidt 2023, S. 24) Es geht nicht mehr nur um Zölle, und es geht auch nicht nur um die Energie- und Rohstoffversorgung. Zudem ist die Welt mittlerweile in einen massiven Subventionswettlauf getreten. China, die USA und die EU kämpfen um die industrielle und technologische Vorherrschaft. Dabei werden riesige Summen an Fördergeldern eingesetzt. Dies widerspricht fundamental allen marktradikalen Prinzipien. Natürlich gab es immer Subventionen und Einschränkungen des Freihandels. Die reine Lehre wurde selten praktiziert. Doch in diesem Umfang und in dieser Konsequenz ist es eine völlig neue Dimension. Dazu kommt, dass viele Länder sich aus einer Welt der Dollar-Dominanz befreien wollen.

Die Globalisierung ist nicht das einzige Feld, bei dem die alten, neoliberalen »Wahrheiten« im Museum der Ideologien, im Reich der Märchen landen. Das gilt auch für das Verdammen der Staatsverschuldung. Seit der Finanzkrise 2009 ist die weltweite Verschuldung der Staaten massiv angestiegen. Aus monetaristischer Sicht ist das ein schwerer finanzpolitischer Sündenfall. Es werden keine wirksamen Maßnahmen debattiert, diesen Trend umzudrehen. In den USA hat man diese Frage immer viel liberaler als in Deutschland betrachtet. Doch auch hier hat die Verschuldung weiter massiv zugenommen und stellt selbst für US-amerikanische Verhältnisse eine völlig neue Entwicklung dar. In Europa werden Schuldenbeschränkungen immer stärker in Frage gestellt, auch wenn die Reform der Maastricht-Regeln durch den Druck einiger Staaten (wie Deutschland) keine nennenswerten Veränderungen brachte. Die *Arbeitsgruppe Alternative Wirtschaftspolitik* hat sich immer, vor allem bei Staaten, die wie Deutschland eine relativ geringe Schuldenquote aufweisen, dafür eingesetzt, die Kreditaufnahme stärker für die Finanzierung öffentlicher Investitionen zu nutzen.

Auch die Geldpolitik hat sich gewandelt. Zwar zeigt die EZB derzeit, dass sie gegen Preissteigerungen (auch bei einer importierten Inflation) mit einer restriktiven Geldpolitik hart vorgeht. Aber dies ist nicht das vollständige Bild. Sie versteckt nicht, dass sie mit einer extrem expansiven Politik gegen Deflationsgefahren agiert. Im Fall großer, fundamentaler Krisen wie 2008 ist die Geldpolitik inzwischen bereit, jedes Korsett monetaristischer Denkansätze abzuschütteln und mit allen Mitteln gegen die Krise anzukämpfen.

In den nächsten Jahren erfordert die ökologische Transformation der gesamten Wirtschaft enorme staatliche Interventionen. Der Markt kann diese Umstellung aus eigener Kraft nicht bewerkstelligen. Er hat kein Sensorium für ökologische Belastungen. Auch halb-marktwirtschaftliche Instrumente wie der EU-Emissionshandel reichen dafür nicht aus. In Deutschland erfordert zudem der Wiederaufbau der Infrastruktur enorme Finanzmittel, die dem öffentlichen Sektor zufließen müssen (siehe oben).

Dabei deutet nicht alles in der öffentlichen Debatte auf eine Neuorientierung. Die in der Zeit des Bundestagswahlkampfes im Winter 2025 von Allianz-Chef Oliver Bäte erhobene Forderung nach der Einführung eines Karenztages bei Krankheit (keine Lohnfortzahlung am ersten Krankheitstag) weist in die altbekannte neoliberale Richtung (vgl. Frankfurter Rundschau vom 8.1.2025). Damit wurden lang erkämpfte Errungenschaften wieder in Frage gestellt. Die heute noch gültige gesetzliche Regelung, welche eine Lohnfortzahlung im Krankheitsfall für sechs Wochen vom ersten Tag an für alle abhängig Beschäftigten vorsieht, wurde in seinen Grundzügen mit dem »Gesetz über die Fortzahlung des Arbeitsentgeltes im Krankheitsfalle und über Änderungen des Rechts der gesetzlichen Krankenversicherung« im Jahr 1970 in Kraft gesetzt. Im Rahmen der zahlreichen Sozialkürzungen wurde Anfang bis Mitte der 1990er Jahre eine Änderung der Regelung mit der Einführung von Karenztagen diskutiert. Letztendlich konnte diese Änderung politisch nicht durchgesetzt werden. Das lag auch daran, dass die gesetzlichen Möglichkeiten dazu sehr begrenzt waren und sind, weil neben der Gesetzesform die Lohnfortzahlung auch in vielen Tarifverträgen festgeschrieben ist. Daher sollte man die Bedeutung dieser Debatte nicht zu hoch hängen. Doch es war nicht der einzige Vorstoß in Richtung sozialer Demontage.

Auch das »Scheidungspapier« des damaligen Finanzministers Christian Lindner »Wirtschaftswende Deutschland – Konzept für Wachstum und Generationengerechtigkeit« aus dem Herbst 2024 schlägt ganz in die Kerbe Sozialabbau (FDP 2024). Um die Stagnationskrise zu überwinden, brauche es Reformen und bessere Wettbewerbsbedingungen für den Wirtschaftsstandort Deutschland. Der Text stellte in drei Handlungsfeldern verschiedene wirtschaftspolitische Forderungen auf. Sofortiges Moratorium aller neuen und Abbau von bestehenden Regulierungen, Senkung von Steuern für Unternehmen und hohe Einkommen, Konzentration der Klimapolitik auf die CO_2-Bepreisung sowie die Abschaffung aller klimafreundlichen Subventionen waren zentrale Punkte. Dazu kamen die Verringerung des Bürgergeldes, Abschaffung der ›Kalten Progression‹ durch einen »Tarif auf Rädern« (Anpassung des Tarifverlaufs an die Inflationsrate) bei der Einkommensteuer und Ausweitung der Arbeitszeiten (beispielsweise durch die Abschaffung gesetzlicher täglicher Höchstarbeitszeiten) und die Eindämmung der Beiträge zu den Sozialversicherungen (was natürlich mit entsprechenden Leistungskürzungen verbunden wäre). Eine solche Agenda erinnert stark an das »Lambsdorff-Papier« von 1982, mit dem das Ende der sozialliberalen Koalition Anfang der achtziger Jahre eingeläutet wurde.

Neu war nur die Forderung nach Erhalt der Schuldenbremse in ihrer derzeitigen Form – da es diese damals noch nicht gab. Es handelte sich also um einen ideologischen Rollback, mit dem auch diesmal wieder das Ende einer Regierungskoalition herbeigeführt wurde. Zwar scheiterte die FDP bei der Bundestagswahl an der Fünf-Prozent-Hürde und kam nicht mehr in den Bundestag, doch im Wahlkampf spielten diese Konzepte auch bei der CDU/CSU eine große Rolle. Die geforderten kräftigen Steuersenkungen würden zu erheblichen Einnahmeausfällen führen und entsprechende Haushaltskürzungen notwendig machen. Denn der Schwerpunkt der Entlastung war bei den höheren Einkommen vorgesehen. Nur bei der Frage der strikten Beibehaltung der Schuldenbremse schien die Debatte innerhalb der CDU nicht mehr so fest gefügt zu sein.

Es ist davon auszugehen, dass vielen Anhängern der alten Ordnung gar nicht bewusst ist, auf welchem ideologischen Grat sie sich bewegen. Das zeigte die *Arbeitsgruppe Alternative Wirtschaftspolitik* schon 1984, und diese Einschätzung ist aktueller denn je. »Zu einer wirkungsvollen Ideologie gehört ja unter anderem, dass sie sich gerade nicht als ideologisch bekennt, sondern auf Sachzwänge, ökonomische und wirtschaftspolitisch Notwendigkeiten bezieht. Der kleine Unternehmer, dessen Firma in Konkurs geht, wird diesen Untergang in der Regel nicht als Folge einer krisenverschärfenden Wirtschaftspolitik begreifen, sondern auf zu hohe Löhne, drückende Steuerlast etc. zurückführen – so wie er es über Jahre hinweg in den Massenmedien gelesen hat.« (Arbeitsgruppe Alternative Wirtschaftspolitik 1984, S. 245f.) Es ist den jeweiligen Akteuren aber natürlich auch nicht bewusst, ob sich eine solche Ideologie bereits im Niedergang befindet.

Wir leben in einer hoch riskanten Übergangsphase. Wird sich die neoliberale Weltordnung noch einmal stabilisieren? Das ist derzeit schwer abzuschätzen, auch wenn offensichtlich alles dagegenspricht. Was sich aber bereits erkennen lässt, ist eine Richtung, in die es sich in Zukunft entwickeln könnte. Der Blick auf die USA, die immer noch die Leitgesellschaft des modernen Kapitalismus sind, liefert wertvolle Erkenntnisse. Schemenhaft ist das Bild eines nationalistischen und staatsinterventionistischen Oligarchenkapitalismus zu erkennen. Die Veränderungen bleiben derzeit noch sehr im Spekulativen, über Details lässt sich noch sehr wenig sagen. Was sich aber klar abzeichnet ist, dass die Überwindung des neoliberalen Weges nicht in eine solidarische und sozialere Gesellschaft der ökonomischen Vernunft führt, die sich nicht nur dem Profit von wenigen verpflichtet fühlt. Nach 50 Jahren *Arbeitsgruppe Alternative Wirtschaftspolitik* ist klar: Konzepte einer alternativen Wirtschaftspolitik werden auch in den nächsten Jahrzehnten in den gesellschaftlichen Debatten dringend benötigt.

Literatur/Quellen

Abelshauser, Werner (1983): Wirtschaftsgeschichte der Bundesrepublik Deutschland (1945-1980), Frankfurt am Main.

Arbeitsgruppe Alternative Wirtschaftspolitik (1975): Für eine wirksame und soziale Wirtschaftspolitik. Memorandum von Wirtschaftswissenschaftlern, in: Blätter für deutsche und internationale Politik, Heft 11/1975.

Arbeitsgruppe Alternative Wirtschaftspolitik (1984): MEMORANDUM 84. Gegen soziale Zerstörung durch Unternehmerherrschaft – Qualitatives Wachstum, 35 Stunden-Woche, Vergesellschaftung, Köln.

Arbeitsgruppe Alternative Wirtschaftspolitik (1987a): MEMORANDUM 87. Am Beginn des Abschwungs: Mit Arbeitszeitverkürzung und Umweltprogrammen gegen die Krise, Köln.

Arbeitsgruppe Alternative Wirtschaftspolitik (1987b): Gegen Massenentlassungen und regionale Zerstörung: Gesellschaftliche Steuerung der Stahlindustrie – Vorschläge zur Sicherung der Standorte, Stellungnahme der Arbeitsgruppe Alternative Wirtschaftspolitik, in: MEMO-Forum Nr. 11, Bremen, Juni 1987.

Arbeitsgruppe Alternative Wirtschaftspolitik (1987c): 35 Stunden sind genug, 5. Auflage, Köln.

Arbeitsgruppe Alternative Wirtschaftspolitik (1996): MEMORANDUM 96. Standortdebatte und Europäische Währungsunion, Köln.

Arbeitsgruppe Alternative Wirtschaftspolitik (2000): MEMORANDUM 2000. Den Aufschwung nutzen – Politik für Arbeitsplätze, soziale Gerechtigkeit und ökologischen Umbau, Köln.

Arbeitsgruppe Alternative Wirtschaftspolitik (2001): MEMORANDUM 2001. Modernisierung durch Investitions- und Beschäftigungsoffensive, Köln.

Arbeitsgruppe Alternative Wirtschaftspolitik (2002): Gegen weiteren Kahlschlag bei der Arbeitsförderung – Hartz-Konzepte lösen Misere auf dem Arbeitsmarkt nicht, SONDERMEMORANDUM, in: MEMO-FORUM Nr. 29, Bremen, Dezember 2002.

Arbeitsgruppe Alternative Wirtschaftspolitik (2003): MEMORANDUM 2003. Krise im Schatten des Krieges – Mehr Steuern für mehr Beschäftigung statt Abbruch des Sozialstaates, Köln.

Arbeitsgruppe Alternative Wirtschaftspolitik (2004): MEMORANDUM 2004. Beschäftigung, Solidarität und Gerechtigkeit – Reform statt Gegenreform, Köln.

Arbeitsgruppe Alternative Wirtschaftspolitik (2008): MEMORANDUM 2008. Neuverteilung von Einkommen, Arbeit und Macht – Alternativen zur Bedienung der Oberschicht, Köln.

Arbeitsgruppe Alternative Wirtschaftspolitik (2010): Deutsche Zweiheit – Oder: Wie viel Unterschied verträgt die Einheit?, Köln.

Arbeitsgruppe Alternative Wirtschaftspolitik (2014): MEMORANDUM 2014. Kein Aufbruch – Wirtschaftspolitik auf alten Pfaden, Köln.

Arbeitsgruppe Alternative Wirtschaftspolitik (2022): MEMORANDUM 2022. Raus aus dem Klimanotstand – Ideen für den Umbruch, Köln.

Beznoska, M. / Hentze, T. / Hüther, M. / Kauder, B. (2024): Schuldenbremse 2.0. Konzepte für tragfähige Fiskalregeln, in: IW-Policy Paper 4/2024.

Bontrup, Heinz-J. (2009): Die Wirtschaft braucht Demokratie, in: Bontrup/ Müller u. a.: Wirtschaftsdemokratie – Alternativen zum Shareholder-Kapitalismus, Hamburg.

Deutsche Bundesbank (2022): Die Schuldenbremse des Bundes: Möglichkeiten einer stabilitätsorientierten Weiterentwicklung, in: Monatsbericht April 2022, Frankfurt.

Dullien, S. / Iglesias, S. / Hüther, M. / Rietzler, K. (2024): Herausforderungen für die Schuldenbremse. Investitionsbedarfe in der Infrastruktur und für die Transformation, in: IMK Policy Brief Nr. 168, Mai 2024.

FDP (2024): Christian Lindner / Bundesministerium der Finanzen: Wirtschaftswende Deutschland – Konzept für Wachstum und Generationengerechtigkeit, www.fdp.de/sites/default/files/2024-11/wirtschaftswende-deutschland.pdf

Hickel, Rudolf (1986): 10 Jahre Memorandum – Kernaussagen und Weiterentwicklung der Positionen, in: MEMO-Forum Sonderheft Nr. 2, Februar 1986, Bremen.

Hickel, Rudolf (1993): Joan Robinson – Mit der Marktorthodoxie weit über Keynes hinaus, in: MEMO-Forum Nr. 20, Juni 1993, Bremen.

Huffschmid, Jörg (1985): Vergesellschaftung: Objektive Tendenzen, systematische Funktion, Kampfforderung der Arbeiterbewegung, oder was?, in: MEMO-Forum Nr. 6, Bremen, Juni 1985.

Krüger, Stephan (2024): Der deutsche Kapitalismus 1950-2023, Hamburg.

Kurtzke, W. / Scheidt, B. (2018): Globalisierung und Politikversagen. US-Protektionismus – Ursachen und Folgen, in: Wirtschaftspolitische Informationen der IG Metall, Nr. 2 vom Oktober 2018.

Kurtzke, W. / Scheidt, B. (2023): Krise der Globalisierung. Ursachen und Folgen für die deutsche Industrie, in: Wirtschaftspolitische Informationen der IG Metall, Nr. 1 vom Juni 2023.

Piketty, Thomas (2014): Das Kapital im 21. Jahrhundert, München.

Rodrik, Dani (2022): A Better Globalization Might Rise from Hyper-Globalization's Ashes by Dani Rodrik – Project Syndicate (project-syndicate.org).

Sachverständigenrat zur Begutachtung der gesamtwirtschaftlichen Entwicklung – SVR (2024): Die Schuldenbremse nach dem BVerfG-Urteil: Flexibilität erhöhen – Stabilität wahren, in: Policy Brief 1/2024.

Skidelsky, Robert (2010): Die Rückkehr des Meisters. Keynes für das 21. Jahrhundert, München.

Tooze, Adam (2018): Crashed. Wie zehn Jahre Finanzkrise die Welt verändert haben, München.

2 Finanzpolitische Wende zur Sicherung sozialer Stabilität und nachhaltigen Wirtschaftens durch ökologischen Umbau

Vorbemerkung zu diesem Kapitel

Dieses Kapitel ist vor der Entscheidung des Deutschen Bundestags zur Änderung des Grundgesetzes im Bereich der Schuldenbremse sowie der Einrichtung eines Sondervermögens für zusätzliche öffentliche Investitionen am 18.3.2025 abgeschlossen worden. Deshalb konnte auf diese einschneidenden Grundgesetzänderungen nicht mehr in der nachfolgenden Argumentation eingegangen werden.

Im Mittelpunkt dieses Kapitels stehen Kritik und Reformvorschläge zur Schuldenbremse bis hin zur Wiederherstellung der »goldenen Regel«, nach der öffentliche Investitionen grundsätzlich über Kredite finanziert werden. Diese Reformvorschläge schließen die Rückkehr der Länder zur Kreditfinanzierung mit ein. Darüber hinaus wird ein Sondervermögen »Klima und Transformation« mit einem Volumen von 600 Mrd. € über 10 Jahre gefordert.

Die mit Zweidrittelmehrheit des Bundestages der 20. Wahlperiode durchgesetzten Grundgesetzänderungen gehen, gemessen an den hier vorgeschlagenen Reformen, in die richtige Richtung.

1. In das Grundgesetz aufgenommen wird mit 500 Mrd. € über 12 Jahre das Sondervermögen »für zusätzliche Investitionen in die Infrastruktur zur Erreichung der Klimaneutralität bis 2045«. Davon werden 100 Mrd. € explizit für die Gesamtheit der Bundesländer sowie weitere 100 Mrd. € für Klimamaßnahmen reserviert. Damit ist im Prinzip eine wichtige Forderung der *Arbeitsgruppe Alternative Wirtschaftspolitik* auf den Weg gebracht worden.

2. Die Länder dürfen, wie der Bund, künftig in ihrer Gesamtheit 0,35 % des Bruttoinlandsprodukts Kredite für investive und konsumtive Ausgaben aufnehmen. Die Zuteilung auf die Länder erfolgt per Gesetz. Dieser Beschluss sichert den Einstieg in die Wiederaufnahme der öffentlichen Kreditfinanzierung für die Länder
3. Zur Finanzierung von Ausgaben für Verteidigung, den Bevölkerungsschutz und die Nachrichtendienste dürfen künftig nach Überschreiten von 1 %, bezogen auf das Bruttoinlandsprodukt, unbegrenzt Staatsschulden aufgenommen werden. Damit steht einer nach oben offenen Ausweitung der Militärausgaben nichts mehr im Wege. Dieser Vorrang der Kreditfinanzierung für Militärausgaben wird durch die *Arbeitsgruppe Alternative Wirtschaftspolitik* kritisiert.

2.1 Ausweg aus der Krise des Steuerstaats

Es gibt fundamentale Ursachen für das vorzeitige Ende der Ampel-Regierung. Von Anfang an war klar, dass die ordnungspolitischen Vorstellungen über die Rolle des Staates, genauer die daraus resultierenden Aufgaben unter dem Druck einer Mehrfachkrise mit tragfähigen Kompromissen nicht zu bewältigen waren. Allerdings wurde der andauernde Streit der Ampel-Regierung über die angemessene Finanzpolitik durch eine sich schon lange entfaltende systemische Krise überlagert: Das Dilemma des Steuerstaats, der bei der Finanzierung seiner Aufgaben vor allem auf die Abschöpfung der ökonomischen Wertschöpfung per Steuern angewiesen ist, hat zu einem Problemstau geführt. Der Zusammenhang zu der von J. A. Schumpeter am Ende des Ersten Weltkriegs beschriebenen systemischen Krise des Steuerstaats ist augenfällig: Während die zu finanzierenden Aufgaben rasant zunehmen, fehlt es aufgrund der stagnierenden Wirtschaft an einem Zuwachs von Steuereinnahmen. Der Ausgabenanstieg bei einer stagnierenden Wirtschaftsentwicklung hat unterschiedliche Ursachen. Entscheidenden Einfluss hat die Mehrfachkrise: Die Corona-Pandemie wirkt auch mit finanziellen Altlasten nach. Die offensichtliche Krise der Globalisierung schlägt auf die deutsche Wirtschaft durch. Ein Beispiel sind die Lieferkettenprobleme. Weltweit verschieben sich die Wettbewerbsverhältnisse, von denen Deutschland Jahrzehnte profitiert hat. China entwickelt sich durch eine Vertiefung der Fertigungsstrukturen und technologischer Vorteile zum Mega-Konkurrenten auf den Weltmärkten. Die Zeiten von China als bloße Werkbank finden ihr Ende. Gleichzeitig beschränkt der nationalstaatliche Protektionismus nicht nur in den USA (»Make America Great Again«) den für Deutschland wichtigen grenzübergreifenden Handel. Die Zollmaßnahmen der USA gegenüber wichtigen Handelspartnern führen zu einer Blockierung des Welthandels, der am Ende nur Verlierer kennt. Schließlich sind durch den Krieg Russlands gegen die Ukraine und die in der Folge verhängten Sanktionen im Bereich Gas und Öl die Energiepreise erst einmal explodiert. Hinzu kommen die zunehmende Alterung in der demografischen Entwicklung sowie die unvermeidbaren Kosten der Digitalisierung. Diese Trends belasten auch die öffentlichen Haushalte. Die Ausgaben steigen, während Einnahmen sich ungenügend entwickeln. Überlagert werden die Trendbrüche und Folgen der Mehrfachkrise durch die dringliche ökologische Transformation. Auf dem Pfad des alternativlosen Ausstiegs aus der fossilen Produktionsweise sind die Belastungen der Gesellschaft und des Staates besonders hoch: Investitionen in die ökologisch erforderliche Infrastruktur sowie zugleich die Förderung der Unternehmen beim Ausbau zukunftsfähiger, nachhaltiger Produktionsstrukturen (Beispiel Green Steel) können nur über die öffentlichen Haushalte finanziert werden. Aber auch die soziale Kompensation steigender Kosten infolge parallel ansteigender CO_2-Abgaben mit dem Schwerpunkt bei den unteren Einkommensgruppen verlangt vom Staat die Auszahlung eines angemessenen Klimageldes. Zu diesen finanziellen Belastungen des Staates durch die Mehrfachkrise sowie den unverzichtbaren ökologischen Umbau kommt die Finanzierung über Jahre vernachlässigter Infrastrukturausgaben hinzu. Es sind wegen der Schuldenbremse erhebliche Defizite bei den Ersatz-, Modernisierung- und Transformationsinvestition erzeugt worden. Diese Defizite müssen dringend und mit hohem finanziellem Einsatz abgebaut werden.

Mit diesen seriös begründeten alten und neuen Zusatzausgaben stößt der Staat auf massive Finanzierungsengpässe. So lange auf eine Reform zur Schaffung einer gerechten Steuerlastverteilung, die die Leistungsfähigkeit der Einkommensstarken und Vermögenden gezielt berücksichtigt, sind zwei, sich teils überlagernde Fehlentwicklungen zu erwarten: Der Druck in Richtung von Ausgabenkürzungen vor allem im sozialen Bereich nimmt zu. Zugleich wird auf Zukunftsinvestitionen mangels Finanzierbarkeit mit schweren Folgen für künftige Generationen verzichtet. Schließlich hat das Bundesverfassungsgericht (BVerfG) mit seinem Urteil vom 15.11.2023 klargestellt, dass durch die Schuldenbremse im Grundgesetz die Kreditfinanzierung für öffentliche Investitionsprogramme im Kern nicht nutzbar ist. Damit ist auch unter dem Druck der fiskalischen Krise für den Bund und die Länder die Flucht in die Staatsverschuldung untersagt worden. Darauf gibt es nur eine einzige verfassungskonforme Antwort: Die Schuldenbremse muss per Verfassungsänderung, allerdings mit einer 2/3-Mehrheit, eingeschränkt bzw. abgeschafft werden. Denn auch die marktfundamentale Hoffnung, mit Steuersenkungen vor allem für die Unternehmenswirtschaft die öffentlichen Finanzen zu stärken, schlägt fehl. Die Steuern sind heute nicht die entscheidende Bremse privatwirtschaftlicher Investitionen. Gebraucht wird ein Staat, der mit seinen öffentlichen Investitionen und seiner finanziellen Unterstützung der Mega-Umbauprojekte zum Ausstieg aus der fossilen und dem beschleunigten Ausbau erneuerbarer Energie die Investitionsbereitschaft der Unternehmenswirtschaft stärkt. Die Investitionsschwäche infolge der Mehrfachkrise lässt sich nicht durch sinkende Steuern bewältigen.

Die *Arbeitsgruppe Alternative Wirtschaftspolitik* hat bereits in den ersten MEMORANDEN nach 1975 immer wieder einen Weg aus der sich früh abzeichnenden systemischen Krise des Steuerstaates aufgezeigt. Die alternative Strategie zu den hilflosen Versuchen, die Krise durch Marktkräfte zu beherrschen, basiert auf zwei Einnahmesäulen des Steuerstaats:

1. Die Finanzierbarkeit des gegen Wirtschaftskrisen gerichteten Interventionsstaates muss mittelfristig planbar durch eine sozial gerechte Steuerreform gesichert werden. Dabei sind diejenigen mit starker ökonomischer Leistungskraft infolge hoher Einkommen und Vermögen angemessen in die staatliche Finanzierung einzubeziehen.
2. Die öffentliche Kreditaufnahme wird für die Finanzierung künftig produktiver Investitionen in die Infrastruktur und die ökologische Transformation als eigenständiges Instrument genutzt. Daraus folgt der Ausstieg aus der seit 2009 in der Verfassung geltenden Schuldenbremse und die Einführung einer nachhaltigen »goldenen Regel«, nach der öffentliche Investitionen in die Zukunft über die Kreditaufnahme finanziert werden dürfen.

In die Diskussion um die angemessene Finanzpolitik der Bundesregierung bringt die *Arbeitsgruppe Alternative Wirtschaftspolitik* ihre seit Anbeginn entwickelten Vorschläge zu den zwei Einnahmesäulen einer zukunftsfähigen Finanzpolitik ein:

- Zuerst wird erneut die Notwendigkeit, die Schuldenbremse durch die Regel kreditfinanzierter öffentlicher Investitionen abzulösen, in die Debatte um die Finanzpolitik Deutschlands eingebracht. Wegen der politisch geringen Chance, die qualifizierte Mehrheit für die Wiedereinführung der »goldenen Regel« zu sichern, wird vergleichbar zum »Sondervermögen Bundeswehr« (ab 2022) die Einrichtung eines »Sondervermögens Klima und Transformation« über zehn Jahre mit einem Gesamtvolumen von 600 Mrd. € begründet und gefordert.
- Über die Abschaffung der Schuldenbremse hinaus wird gefordert, die Finanzierungskraft von Bund, Ländern und Gemeinden durch eine sozial gerechte Steuerpolitik zu stärken. Dazu werden die durch hohes Einkommen und Vermögen ökonomisch Leistungsstarken angemessen in die Finanzierung einbezogen. Steuergerechtigkeit bezieht sich aber auch auf Ebenen der Gebietskörperschaften. Deshalb muss die fiskalische Ausstattung der derzeit stark unterfinanzierten Kommunen verbessert werden. Bei den aktuellen Reformvorschlägen zur Steuerpolitik wird auf die langjährige Arbeit der *Arbeitsgruppe Alternative Wirtschaftspolitik* zurückgegriffen.

2.2 Generationengerechte Kreditfinanzierung des Staats

Durch die massive Fokussierung auf Fehlallokationen infolge der Schuldenbremse konnte in den letzten Jahren fast der Eindruck entstehen, bei der *Arbeitsgruppe Alternative Wirtschaftspolitik* stünde eine grundlegend gerechte Steuerreform nicht mehr auf der Tagesordnung. Dies trifft nicht zu. Auch wegen des aktuellen Handlungsbedarfs aktualisieren wir in diesem MEMORANDUM 2025 die seit 50 Jahren begründeten Forderungen zur Steuerreform. Zuvor wird empirisch belegt und theoretisch begründet, dass es vernünftig ist, öffentliche Investitionen ausschließlich per Kreditaufnahme zu finanzieren. Im letztjährigen MEMORANDUM 2024 ist im ersten Kapitel »Sozial gerechte Zukunft finanzieren« die öffentliche Kreditaufnahme als Beitrag zur »generationengerechten Finanzpolitik« auch unter Berücksichtigung von Kritik ausführlich behandelt worden. Dort wird darauf hingewiesen, dass die Arbeitsgruppe seit der Durchsetzung der deutschen Variante der Schuldenbremse durch die »Föderalismuskommission II« dieses Konstrukt einer Finanzpolitik, die künftige Generationen durch unterlassene öffentliche Zukunftsinvestitionen belastet, kritisiert. Dabei bettet sich diese Kritik in eine bereits Jahre zuvor in den MEMORANDEN präsentierte Forderung nach einer Kreditfinanzierung öffentlicher Investitionen ein. Vor allem durch die belastenden Folgen der Schuldenbremse im Bereich einer funktionsfähigen Infrastruktur sowie die Ausbremsung von nachhaltigen Zukunftsinvestitionen ist der Ruf zumindest nach Teilreformen dieses prinzipiellen Verschuldungsverbots in der Politik, aber auch der Wirtschaftswissenschaft sowie von Seiten der Deutschen Bundesbank unüberhörbar.

Nur noch die FDP und AfD zeigen sich gegenüber der Kritik an der Schuldenbremse komplett uneinsichtig. Immer noch wird die Kreditaufnahme als Belastung künftiger Generationen mit Zinsen und Tilgung gebrandmarkt. Während in Bundesländern mit CDU-Regierungsbeteiligung der Ausstieg aus der Schuldenbremse gefordert wird, hielt die Bundes-CDU lange dagegen. Offensichtlich ist das Misstrauen gegenüber den eigenen Mitgliedern in den Parlamenten, kompetent mit der Kreditfinanzierung umzugehen, größer als die Bereitschaft zur Übernahme von Verantwortung für die Zukunft.

Da unter der Dominanz der neuen Bundesregierung und dem wachsenden Druck aus den Ländern die Schuldenbremse ein zentrales Thema der Finanzpolitik bleibt, werden hier die seit Jahrzehnten entwickelten Argumente der *Arbeitsgruppe Alternative Wirtschaftspolitik* nochmals für die laufende Debatte zusammengefasst. Dabei ist eine empirische Beobachtung zur längerfristigen Entwicklung der Staatsverschuldung in Deutschland wichtig: Seit Ende der 1980er Jahre sind die öffentlichen Schulden im Trend nicht kontinuierlich gestiegen. Vielmehr waren es exogene Schocks wie die deutsche Einigung 1990, die Finanzmarktkrise ab 2008/09 und die Explosion der Energiepreise infolge des Angriffs auf die Ukraine (2022), die die Neuverschuldung zwar nach oben getrieben haben, jedoch hat sich die Neuverschuldung in den Folgejahren immer wieder zurückgebildet.

2.2.1 Zur Erinnerung: Die drei fundamentalen Missverständnisse zur Rolle der Staatsverschuldung

Die drei fundamentalen Missverständnisse über die Rolle der Staatsschulden in der Gesamtwirtschaft und für nachfolgende Generationen lassen sich wie folgt zusammenfassen (ausführlich MEMORANDUM 2024, Kapitel 1).

Erstes Missverständnis:
Der Staat wird als einzelwirtschaftlicher Akteur behandelt
Ein prominentes Beispiel für das Fehlurteil über die *Rolle der Staatsschulden in der Gesamtwirtschaft* hat Angela Merkel mit der Aussage beigesteuert: »Man hätte einfach die schwäbische Hausfrau fragen sollen (…) Sie hätte uns eine Lebensweisheit gesagt: Man kann nicht auf Dauer über seine Verhältnisse leben.« (1.12.2008).

Mit dieser haushaltswirtschaftlichen Betrachtung wird die strategische Rolle des Staates in der Gesamtwirtschaft ausgeblendet. Vielmehr gilt das Sparparadoxon: Staatliche Einsparungen bei Ausgaben verschärfen durch sich multiplizierende Nachfrageausfälle die konjunkturelle Krise. Aus dieser Spirale kommen Unternehmen mit ihrer einzelwirtschaftlichen Erwartungsbildung aus eigener Kraft nicht heraus. Nur der Staat ist wegen seiner strategischen Position in der Lage, als »Lückenbüßer« die durch die Privatwirtschaft erzeugte »Kollektivillusion« über die Produktionsmöglichkeiten der Privatwirtschaft zu durchbrechen. Insgesamt steigt durch staatliche Ausgaben die kompensatorische Nachfrage, die einzelne Investoren nicht erzeugen können. Dazu gehört auch die Tatsache, dass die Privatwirtschaft auf die staatliche Sicherung der *Produktionsvoraussetzungen* angewiesen ist. Das sind die rechtliche Ordnung, die Sicherung des fairen Wettbewerbs sowie die Infrastruktur im Sinne des öffentlichen Kapitalstocks. Erst auf dieser Basis lässt sich das privatwirtschaftliche Investitionskalkül erfolgreich realisieren.

Zweites Missverständnis: Staat im Meer von überschüssigem Geldvermögen

Ausgangspunkt ist der unbestreitbare Trend zunehmenden Übersparens gegenüber privatwirtschaftlichen Investitionen. Die Rede ist vom Überschuss des »Sparwillens gegenüber dem Investitionswillen« (C. C. von Weizsäcker/ H. Krämer). Der ehemalige US-Notenbankpräsident Ben Bernanke sprach 2005 von »Saving Glut« (Ersparnisschwemme). Reife kapitalistische Ökonomien bewegen sich in einer Wachstumsfalle: Über die Produktion erzeugtes Einkommen fließt in viel zu geringem Ausmaß in die Nachfrage nach erzeugten Gütern und Dienstleistungen. Mit steigendem Wohlstandseinkommen steigt die Vermögensbildung auf den Finanzmärkten. Einfluss hat hier auch eine wachsende Bedeutung Altersvorsorge. Staatsschulden sind ein Instrument, die Geldvermögen in die Finanzierung öffentlicher Sachinvestitionen zu lenken.

Dieses Dilemma lässt sich an den inländischen Sektoren spezifizieren:

- Klassischer Überschusssektor »private Haushalte«: Die massiven Ersparnisse stehen den anderen Sektoren zur Kreditfinanzierung zur Verfügung.
- Auch Unternehmen der Produktionswirtschaft bilden mittlerweile

insgesamt Überschüsse. Sie verwenden die Gewinne nicht für die Finanzierung von Sachinvestitionen, sondern platzieren diese vorrangig auf den Finanzmärkten (vgl. zur Veränderung des Akkumulationstyps R. Hickel 1987).

Wenn der Staat diese Überschüsse per Kreditfinanzierung nicht abschöpft, wird die gesamtwirtschaftliche Entwicklung wegen Nachfrageausfall belastet.

Ziel des Staates muss es daher sein, die privatwirtschaftlichen Geldvermögensüberschüsse für öffentliche Investitionen in den Erhalt und die Modernisierung von Infrastruktur sowie die sozial-ökologische Transformation einzusetzen. Im Zuge der ökologischen Transformation setzt sich ein neues Geschäftsmodell zwischen Unternehmen und Staat durch. Der Staat übernimmt kreditfinanziert die Förderung der mehrjährigen Investitionsprojekte – jedoch ohne Einfluss auf die unmittelbaren Unternehmensentscheidungen. Dafür steht das Beispiel »Green Steel«: Der Staat sichert mittelfristig die spezifische Infrastruktur (etwa Wasserstoff-Pipelines) sowie die finanziellen Voraussetzungen des Unternehmens.

Drittes Missverständnis: Der Mythos von den Staatsschulden als Erblast für nachfolgende Generationen

Populistisch verbreitet wird die Behauptung: mit den heutigen Staatsschulden würden den kommenden Generationen Zinszahlungen und Schuldentilgung vererbt. Hierzu passt die allerdings zweifelhafte These von David Ricardo: Zur Finanzierung des Kapitaldienstes seien Steuererhöhungen für künftige Generationen vorprogrammiert. Wenn jedoch die öffentlichen Investitionen nur aus den jahresbezogenen Steuern finanziert werden, dann muss die heutige Generation die gesamte Finanzierungslast tragen, ohne dabei aber Nutznießer späterer Wohlstandsgewinne zu sein. Zwei Fehlentwicklungen wären die Folge:

Erstens setzt sich verständlicherweise die Gegenwartspräferenz durch, d. h. Investitionen, die erst künftig Vorteile bringen, werden heute eher unterlassen. Verschärft wird der Einwand dadurch, dass das heute aufzubringende Finanzvolumen mit geschätzten 600 Mrd.€ zur

Zukunftssicherung Deutschlands (nach dem Institut für Makroökonomie und Konjunkturforschung wie auch dem Institut der deutschen Wirtschaft, IMK und IW) in den kommenden zehn Jahren aus dem jährlichen Steuervolumen, selbst unter der Voraussetzung von Ausgabenkürzungen, nicht zu finanzieren ist. Die derzeit auch noch durch Mehrfachkrisen stark belastete heutige Transformationsgeneration wäre überfordert.

Zweitens bietet einzig und allein die Kreditfinanzierung die Möglichkeit der intergenerativen Verteilung der Finanzierungskosten im Ausmaß der späteren Wohlstandsgewinne aus öffentlichen Zukunftsinvestitionen. Durch heutiges Handeln wird eine nachhaltige Wohlstandsbasis für nachfolgende Generationen geschaffen. Diese werden dann per jährlichem Kapitaldienst (Zinsen und Tilgung) an den Finanzierungskosten der heute veranlassten Verschuldung beteiligt. Es geht im Unterschied zu den jährlich zu zahlenden Steuern um das Prinzip »Pay as you use« (R. A. Musgrave). Diese intertemporale Nutzen- und entsprechende Finanzierungsverteilung steht hinter dem berühmten Zitat von Lorenz vom Stein (1871): »Ein Staat ohne Staatsschuld tut entweder zu wenig für seine Zukunft oder er fordert zu viel von seiner Gegenwart«.

Mit kreditfinanzierten Zukunftsinvestitionen erfüllt der Staat die durch die Verfassung vorgeschriebene Generationengerechtigkeit. Im epochalen Urteil des BVerfG vom März 2021 zur erforderlichen aktiven Politik gegen Klimanotstand wird betont: Der heute eingeschlagene Weg, eine »mildere Reduktionslast« beim CO_2-Verbrauch durchzusetzen, belastet künftige Generationen durch die »Gefährdung künftiger Freiheitsrechte« infolge etwa von Dürren, Hitzeperioden, Flächenbränden und Unwettern. Werden heute, gemessen an der technologischen Machbarkeit, Investitionen gegen den Klimanotstand unterlassen, dann ist diese Finanzpolitik verfassungswidrig. Sie verstößt gegen die Verfassungsnorm Generationengerechtigkeit. Während das BVerfG mit seinem Urteil vom 15.11.2023 lediglich buchhalterische Tricks bei der Nutzung der geltenden Ausnahmetatbestände für die Verschuldung untersagt, steht aus der Sicht des BVerfG einer Reform der Schuldenbremse im Grundgesetz nichts im Wege.

2.2.2 Rückblick auf eine grundsätzliche Fehlentscheidung: Schuldenbremse

Der Rückblick auf die vor fünfzehn Jahren in Kraft getretene Schuldenbremse zeigt, dass die versprochenen positiven Auswirkungen auf die gesamtwirtschaftliche Entwicklung nicht eingetreten sind. Im Gegenteil, versäumt wurde die künftige Wohlstandssicherung.

Keine positiven Wirkungen der Schuldenbremse – Kaum Einfluss auf die gesamtwirtschaftliche Entwicklung

- Private Investitionen wurden durch das Abbremsen der öffentlichen Kreditfinanzierung nicht gestärkt. Im Gegenteil, fehlende öffentliche Investitionen haben die Attraktivität privater Investitionen gesenkt. Von einer Verdrängung privater Investitionen durch Staatsschulden (»Crowding out«) kann keine Rede sein. Durch öffentliche Investitionen werden auch privatwirtschaftliche Investitionen angeregt. Es findet also ein »cowding in« statt.
- Bei den für private Investitionen entscheidenden Zinssätzen hat die Schuldenbremse nicht die sich von ihr versprochene Reduktion gebracht. Übrigens gab es längere Phasen steigender Staatsschulden bei sinkenden Zinssätzen (Anleihen). Schließlich wird die Zinsentwicklung vor allem durch die Geldpolitik der EZB bestimmt, die auf die Inflationserwartungen und die internationalen Kapitalmärkte Rücksicht nehmen muss.
- Die Inflation wiederum hat sich relativ unabhängig; von der Schuldenbremse entwickelt. Entscheidend sind in der jüngsten Entwicklung die Preise importierter Energieträger ab 2022 (Ukraine-Krieg), der wachsende Protektionismus, die knappen Ressourcen sowie monopolistische Preisaufschläge (Greedflation).

Einspardruck (auch wegen Verzicht auf Steuererhöhungen) im Bereich der öffentlichen Investitionen

Die Schuldenbremse belastet den Erhalt des öffentlichen Kapitalstocks (Bestand): Defizitäre öffentliche Investitionen sind die Folge des Kreditfinanzierungsverbotes. Im Ergebnis kam es zu einem längerfristigen realen Rückstand öffentlicher Investitionen im Verhältnis zum Bruttoinlandsprodukt: 2022: 2,6 %; etwa 1 % unter dem Durchschnitt der OECD-Länder bzw. über 1 % unter dem EU-27-Durchschnitt.

Ersatzinvestitionen sind rückläufig: Investitionen reichen zur Bestandssicherung nicht aus (Kapitalstock sinkt im Trend seit 2013; viele Jahre; vor allem bis 2015 Nettoinvestitionen negativ).

Besonders betroffen sind die Gemeinden. Die Länder haben den durch die Schuldenbremse ausgelösten Einspardruck über Kürzungen von Finanzleistungen und Kostenverlagerungen an die Kommunen durchgereicht. Nach dem KfW-Kommunalpanel ist der Investitionsstau binnen eines Jahres um 12 % auf 186 Mrd. € in 2023 gestiegen. Die grundlegende Reform der Schuldenbremse muss daher durch einen Fonds zur Entlastung kommunaler Altschulden ergänzt werden (siehe den Vorschlag »Raus aus der Altschuldenfalle – Ein Modell für einen Altschuldenfonds zur Sicherung der finanziellen Handlungsfähigkeit von Ländern und Kommunen« von A. Bovenschulte/R. Hickel/C. Sieling (2013).

Schuldenbremse belastet erforderliche Zukunftsinvestitionen, weil

- Der massiv eingeschränkte Einsatz von Kreditmitteln öffentliche Investitionen in die sozial-ökologische Transformation blockiert;
- Die Finanzierbarkeit und damit Planbarkeit von Transformationsinvestitionen der Unternehmen ohne ausreichende Förderung durch den Staat über mehrere Jahre nicht möglich ist.

Fazit: Die bisherige Schuldenbremse blockiert kreditfinanzierte Investitionen des Staats und damit deren produktive Wirkung für heute und die zukünftigen Generationen. Durch das Nichthandeln sind künftige Wohlstandsverluste vorprogrammiert.

2.2.3 Nach dem Scheitern der Schuldenbremse: Auf der Suche nach Reformvorschlägen

Unter dem Eindruck der durch die Schuldenbremse ausgelösten Unterfinanzierung der Zukunft nehmen die Vorschläge zur Reform zu. Das Spektrum reicht von Kleinstkorrekturen bis zur Wiedereinführung der alten »goldenen Regel«.

In der wissenschaftlichen und politischen Diskussion gibt es eine klare Übereinstimmung: Die Finanzierung staatlicher Konsumausgaben wird wie bisher bei der Kreditfinanzierung komplett ausgeschlossen: Die meisten Vorschläge gehen von der Idee aus, die Höhe der Neuverschuldung bezogen auf das Bruttoinlandsprodukt von der Quote des gesamten Schuldenstandes abhängig machen.

Die Vorschläge im Überblick

Erstens: **Rückkehr** zur Regelung von vor 2009: Kreditfinanzierung nur bei öffentlichen Investitionen (auch durch mehrjährige Programme). Dies dient der nachhaltigen Wohlstandssicherung künftiger Generationen.

Zweitens: **Reformvorschläge** innerhalb der Struktur der Schuldenbremse:

- **Verstärkung der Konjunkturkomponente**, d.h. schuldenfinanzierter Ausgleich bei krisenbedingten Ausgabenzuwächsen und Steuerausfällen sowie Stärkung der Beschäftigungskomponente.
- Höherer Kreditspielraum: **strukturelle Verschuldungskomponente** beim Bund von derzeit 0,35 % des Bruttoinlandsprodukts (BIP) auf 1,5 % (2024: 64,5 Mrd.€) (Vorschlag IW-Köln).
- **Spielraum für Neuverschuldung** ohne Erhöhung der Staatsschuldenquote von 60 % (Vorschlag Peter Bofinger): Übertragung der generellen Kreditobergrenze des Bundes mit 1,5 % auf die Länder. Rechenbeispiel: Ausgehend von der Staatsschuldenquote 60 %: Bei 2,0 % Inflation und 0,5 % realem Wirtschaftswachstum steigt die Staatsschuldenquote nicht.
- **Deutsche Bundesbank – vergleichbar dem »Sachverständigenrat zur gesamtwirtschaftlichen Entwicklung« (SVR)**: Liegt die Schuldenstandsquote unter 60 Prozent des Bruttoinlandsprodukts (BIP), dann ist ein strukturelles Defizit von 1 % des BIP zulässig; zwischen 60 Prozent und 90 Prozent liegt das zulässige Defizit bei 0,5 Prozent; ab 90 Prozent nur die bisherigen 0,35 Prozent beim Bund.
- **Gekappte »goldene Regel«**: Höhere Schuldenquote nur abschöpfbar, wenn über 0,15 % Nettoinvestitionen am BIP pro Jahr realisiert werden.

- **Ergänzung der »außerordentlichen Notsituationen«**: etwa Belastungen durch Krieg, Programme zur Bewältigung der Megaaufgabe Klimakrise werden hier ebenfalls subsumiert.

Die hier unterbreiteten Vorschläge zur Reform der Schuldenbremse sind nur mit einer Zweidrittelmehrheit in Bundestag und Bundesrat durchsetzbar. Diese Mehrheit ist bei der Sitzverteilung im Parlament ab Ende März 2025 in Hinsicht auf eine komplette Streichung des Instruments nicht zu erwarten. Umso wichtiger ist es, für eine spürbare Reform zur Zukunftssicherung künftiger Generationen in allen Bereichen von Politik, Wissenschaft und Öffentlichkeit zu werben. Gewerkschaften sind ebenfalls gefordert. Die *Arbeitsgruppe Alternative Wirtschaftspolitik*

Wie viel Deutschland in den nächsten zehn Jahren investieren muss

in Milliarden Euro

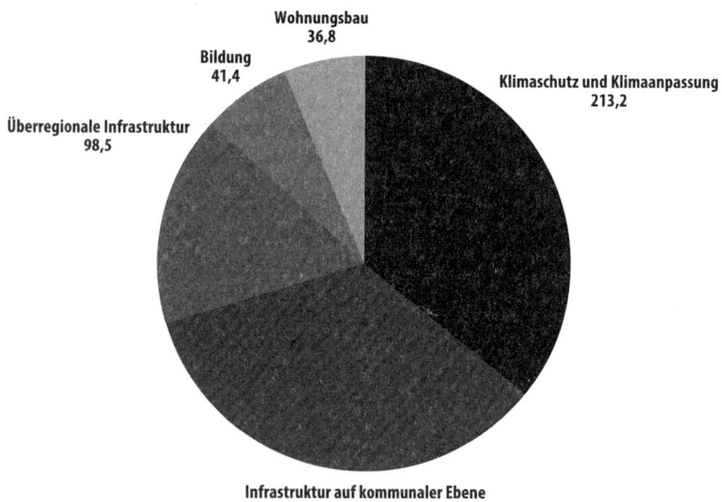

Quelle: Institut der deutschen Wirtschaft (IW) / Institut für Makroökonomie und Konjunkturforschung (IMK)

© ARBEITSGRUPPE ALTERNATIVE WIRTSCHAFTSPOLITIK MEMORANDUM 2025

Bereich	Mrd. €
Infrastruktur auf kommunaler Ebene	
Kommunale Infrastruktur	177,2
Ausbau des ÖPNV	28,5
Bildung	
Ausbau von Ganztagsschulen	6,7
Sanierungsbedarf der Hochschulen	34,7
Wohnungsbau	
Staatlicher Anteil	36,8
Überregionale Infrastruktur	
Ausbau des Schienennetzes	59,5
Bundesfernstraßen	39,0
Klimaschutz und Klimaanpassung	
Dekarbonisierung (staatlicher Anteil)	200,0
Kommunale Ausgaben für Klimaanpassung	13,2
Summe	**595,6**

setzt sich auf der Ebene des Bundes und der Länder für die Rückkehr zur »goldenen Regel« ein. Damit wird der Verfassungsgrundsatz der Generationengerechtigkeit, mit dem die Freiheitsrechte und der Wohlstand für künftige Generationen gesichert werden, umgesetzt.

Weil aber nicht mit einer grundlegenden Reform der Schuldenbremse zu rechnen ist, jedoch schnell und entschieden gehandelt werden muss, steht ersatzweise die Forderung nach Einrichtung eines Sondervermögens »Klima und Transformation« im Zentrum. Statt mit der »goldenen Regel« alle Investitionen per Kreditfinanzierung zuzulassen, geht es bei dem mehrjährigen Sondervermögen um klar definierte Investitionsschwerpunkte, deren Implementierung kontrolliert wird. Unter diesen Bedingungen wäre eine Zweidrittelmehrheit im Bundestag eher zu erwarten. Das hat sich bei der Einrichtung des 2022 eingeführten

»Sondervermögens Bundeswehr« mit 100 Mrd. € »zur Stärkung der Bündnis- und Verteidigungsfähigkeit« per Kreditermächtigung bis Ende 2027 gezeigt (Art. 87 a (1a) GG).

Die *Arbeitsgruppe Alternative Wirtschaftspolitik* fordert, das »Sondervermögen »Klimanotstand- und Transformation« über zehn Jahre mit einem Gesamtvolumen von 600 Mrd. €, das das arbeitgebernahe Institut der deutschen Wirtschaft zusammen mit dem Institut für Makroökonomie und Konjunkturforschung der Hans-Böckler-Stiftung vorgeschlagen hat (siehe Schaubild). Wichtig ist, dass für die derzeit besonders durch die Schuldenbremse in den Ländern belasteten Kommunen ein Investitionsprogramm über 177 Mrd. € vorgesehen ist.

Auf der Basis spezifisch definierter Investitionsprojekte ist eine mehrjährige Phase zur Realisierung von Ersatz-, Modernisierungs- und Zukunftsinvestitionen sinnvoll. Damit wird bei den Unternehmen Planbarkeit hergestellt. Das Kreditvolumen ist für das jeweilige Haushaltsjahr aus dem Sondervermögen abrufbar. Zinsen und Tilgung werden zusammen mit den für die Investitionen erforderlichen Betriebskosten aus dem laufenden Jahresbudget finanziert.

2.3 Die Finanzierbarkeit des Staates mit einem gerechten Steuersystem sichern

2.3.1 Erneute Kampagne für Steuerreform

Unter dem steigenden Druck wachsender öffentlicher Investitionsdefizite infolge der Schuldenbremse ist das Thema Kreditfinanzierung öffentlicher Investitionen in den letzten Jahren verständlicherweise in den Mittelpunkt gerückt. Dabei war und bleibt unbestritten: Der Einsatz von Staatsschulden ist ausschließlich auf öffentliche Investitionen reduziert und wird damit für konsumtive Staatsausgaben ausgeschlossen. Nur durch den Einsatz öffentlicher Kredite lassen sich nachfolgende Generationen als Nutznießer der heute veranlassten Investitionen in die Finanzierung des Kapitaldienstes aus der künftig nachhaltigen Wohlstandssteigerung einbeziehen. Die anderen, also die nicht-investiven Ausgaben des Staates werden vorwiegend aus allgemeinen Steuern sowie Beiträgen und Gebühren finanziert. Im Zentrum stehen die Steuern. Dabei handelt es sich im Gegensatz zur Kreditfinanzierung öffentlicher Investitionen prinzipiell um »Geldleistungen, die nicht eine Gegenleistung für besondere Leistung darstellen« (§ 3 Abgabenordnung). Hier gilt das sogenannte Nonaffektationsprinzip, d. h. grundsätzlich lassen sich Steuern nicht einzelwirtschaftlich für spezifische Ausgabenzwecke zurechnen. Die Dimension der Steuereinnahmen ist gegenüber der ökonomischen Wertschöpfung bedeutsam. 2023 sind schlussendlich knapp 916 Mrd. € an Steuereinnahmen dem Bund, den Ländern und den Gemeinden zugeflossen. Der Staat beanspruchte für seine gigantischen Aufgaben mit 23,1 % fast ein Viertel des Bruttoinlandsprodukts. Übrigens ist diese über Jahre konstante Steuerquote im internationalen Vergleich nicht auffällig hoch. Die Erhebung und Verwendung dieser Steuereinnahmen verlangen eine Antwort auf die beiden Fragen an das dahinterstehende Steuersystem: ***Erstens*** geht es um die Höhe der erforderlichen Steuereinnahmen, die zur Wahrnehmung allgemeiner Staatsaufgaben erforderlich sind. ***Zweitens*** stellt sich die Frage, wie unterschiedliche Einkommensarten, vor allem aber die nach Einkommen und Vermögen differenzierten Gruppen in welchem Ausmaß in die Steuerfinanzierung einbezogen werden.

In diesem MEMORANDUM 2025 wird gezeigt, in welchem Umfang Steuereinnahmen zur Erfüllung staatlicher Aufgaben finanziert werden müssen.

Zum einem wird der dringend erforderliche Zuwachs an Staatsausgaben unter dem Regime der demografischen, digitalen und ökologischen Transformation berücksichtigt. Schließlich steigen auch die Betriebskosten neuer Investitionsprojekte, die aus dem Normalhaushalt finanziert werden müssen. Es geht um die oft ziemlich ideologisch geführte Diskussion über Grenzen der Belastbarkeit durch Steuern. Am Ende sind Steuern immer Entzug privatwirtschaftlicher Wertschöpfung zur Finanzierung allerdings funktional notwendiger Staatsausgaben, die den Steuerbelasteten nutzen.

Zum anderen wird der Handlungsbedarf bei der sozial gerechten Abschöpfung von Einkommen durch Steuern berücksichtigt. Denn das

Prinzip der Leistungsfähigkeit, die durch die Höhe an verfügbarem Einkommen und Vermögen bestimmt wird, prägt durch politische Regelungen immer weniger die Verteilung der Steuerlast. Daher wird eine Reform der Steuern mit dem Ziel, die Steuerlast von der Höhe der Einkommen und Vermögen abhängig zu machen, gefordert. In diesem Buch listet die *Arbeitsgruppe Alternative Wirtschaftspolitik* die über Jahrzehnte entwickelten Vorschläge auf.

2.3.2 Steuerdebatte aus dem Umfeld der neuen Bundesregierung

Die Richtung der zu erwartenden Steuerpolitik der Großen Koalition ab 2025 wird durch die zum Bundestagswahlkampf vorgelegten Programme der regierenden Parteien geprägt. Die CDU/CSU ist mit der Forderung nach Nettosteuerentlastungen mit längerfristiger Erstrundenwirkung im Umfang von über 110 Mrd. € pro Jahr in den Wahlkampf gezogen (Bach 2025). Vom Versprechen einer »Einkommensteuererklärung auf dem Bierdeckel«, was Friedrich Merz früher propagiert hatte, ist auch im »Sofortprogramm« nichts mehr zu finden. An der Mehrwertsteuer solle nichts geändert werden. Auch wird auf eine Erhöhung der Besteuerung von Einkommens- und Vermögensstarken verzichtet. Der Solidaritätszuschlag soll ersatzlos gestrichen werden. Auch kommt die Wiedereinführung einer Vermögensteuer im Programm der Union nicht vor. Die Erbschaft- und Schenkungsteuer soll um 1 Mrd. € gekürzt werden. Eine Milliardärssteuer wird nicht einmal angesprochen. Vom Klimageld bzw. Klimabonus zur Kompensation sozialer Belastungen vor allem durch die ökologisch gewollten steigenden Energiepreise auch infolge der CO_2-Abgabe, die sich in diesem Jahr auf 55 € pro Tonne beläuft, ist nicht die Rede. Dabei weist auch der »Expertenrat für Klimafragen« in seinem jüngsten Klimareport darauf hin, dass durch die bisherigen ökologischen Maßnahmen die einkommensschwachen Privathaushalte besonders betroffen sind. Da insgesamt eine Gegenfinanzierung der geplanten Steuerentlastungen nicht ausgewiesen wird, ist die Gefahr groß, dass es zu einem erheblichen Druck auf die Sozialausgaben bei der gleichzeitig nicht ausgebremsten Schuldenbremse mit Einschränkung bei den Zukunftsinvestitionen kommt. Auffällig ist, dass in dem CDU-»Sofortprogramm« direkte Investitionsanreize etwa als Investitionsprämien – wie sie sie SPD vorschlägt – nicht genannt werden. Das wären staatliche Hilfen, die sich im Ausmaß der nachfolgenden Investitionsaktivitäten zum großen Teil wieder selbst finanzieren würden.

Die SPD will mit ihrem Programm zur Bundestagswahl 2025 95 Prozent der Steuerzahlerinnen und Steuerzahler entlasten. Geplant ist eine Steuerersparnis von durchschnittlich 240 € pro steuerpflichtiger Person im Jahr. Mit dem Ziel der Kaufkraftstärkung wird im unteren Lohnsteuerbereich die Erhöhung des Grundfreibetrags bei der Einkommensteuer angestrebt. Eine Anhebung des Grundfreibetrags um 1.200 € würde beim Fiskus nach Berechnungen des Bundesfinanzministeriums zu Mindereinnahmen von 11 Mrd. € führen. Die Idee der SPD zielt auf eine aufkommensneutrale Steuerreform im Dienste einer gerechten Lastverteilung: Die Ausfälle an öffentlichen Einnahmen durch Entlastungen für nahezu 95 Prozent werden durch das oberste Prozent der Einkommensreichen gegenfinanziert. Dazu vorgesehen ist, den Reichensteuersatz von derzeit 45 % auf 56 % zu erhöhen. Beim Solidaritätszuschlag von zur Zeit 5,5 % auf die Steuersumme aus dem zu versteuernden Einkommen ab einer Einkommensteuerlast von 19.950 Euro bzw. 39.900 Euro für zusammenveranlagte Ehepaare und eingetragene Lebenspartnerschaften sollen durch die Erhöhung des Grundfreibetrags mehr Menschen entlastet werden. Endlich ist die SPD bereit, die 2009 in Kraft getretene Abgeltungsteuer auf Kapitaleinkommen mit 25 % durch die Einordnung in den allgemeinen Einkommensteuertarif abzuschaffen. Dadurch werden Kapitaleinkünfte gegenüber den Arbeitseinkommen bei der Besteuerung nicht mehr privilegiert. Peer Steinbrücks 2012 eingebrachte Demontage der synthetischen Einkommensbesteuerung nach dem Motto »besser 25 Prozent von X als nix« soll zurückgenommen werden. Synthetische Einkommensbesteuerung heißt, dass alle Einkunftsarten demselben Steuertarif unterliegen. Darüber hinaus wird im Wahlprogramm der SPD die Einführung einer Vermögensteuer mit einem Gesamtvolumen von 2 Mrd. € und eine Erhöhung der Erbschaftsteuer um 3 Mrd. € versprochen. Die SPD strebt zur sozialen Sicherung bei der Mehrwertsteuer einen niedrigeren Satz für Lebensmittel an. Im Mittelpunkt des SPD-Programms steht mit dem Vorschlag einer Investitionsprämie von 10 %. Eine Maßnahme, die sich am Ende über steigende Investitionsaktivitäten, die die Steuererträge erhöhen, zumindest zum Teil selbst finanziert. Der längerfristige Erstrundeneffekt beläuft sich auf 11,4 Mrd. € an effektiven Steuerausfällen, der im Ausmaß steigender wirtschaftlicher Aktivität reduziert werden wird. Wegen dieses zu erwartenden Selbstfinanzierungseffektes ist diese gezielte Investitionsprämie den großteils versickernden allgemeinen Steuerentlastungen bei den Unternehmen vorzuziehen.

Das steuerpolitische Programm von Bündnis 90/Die Grünen führt zu einem Verlust an Steuereinnahmen im Erstrundeneffekt von knapp 40 Mrd. €. Es konzentriert sich, vergleichbar der SPD, auf folgende Schwerpunkte: Senkung der Steuerlast im unteren Einkommensbereich um insgesamt 11 Mrd. €, Erhöhung der gesamten Einnahmen aus der Erbschaftsteuer um 3 Mrd. € und eine Vermögensteuer mit 2 Mrd. € pro Jahr. Vergleichbar der SPD wird eine Investitionsprämie von 10 % mit dem Ziel gefordert, die Wirtschaft anzukurbeln und zusätzliche Steuereinnahmen zu generieren. Ebenfalls vorgesehen ist im Wahlprogramm die Abgeltungsteuer von 25 % auf Kapitalerträge im Rahmen der Einkommensbesteuerung abzuschaffen und damit diese Einkunftsart wie die Arbeitseinkommen dem allgemeinen Einkommensteuertarif unterzuordnen. Versprochen wird darüber hinaus der »aktive Einsatz für die Einführung der globalen Milliardärssteuer« mit einem Aufkommen von 6 Mrd. € pro Jahr.

Die FDP und die AfD haben im Wahlkampf insgesamt längerfristige pro Jahr wirksame Steuerentlastungen von jeweils über 188 Mrd. € bzw. 182 Mrd. € vorgeschlagen. Beide Parteien fordern, vergleichbar der CDU, die Streichung des Solidaritätszuschlags mit einem derzeitigen Volumen von 13 Mrd. € pro Jahr. Die FDP will den Einkommensteuertarif schrittweise abflachen. Versprochen wird ein »Tarif auf Rädern«, also eine Anpassung der Eckwerte an die allgemeine Preisentwicklung. Dadurch soll die »kalte Progression«, also die steuerliche Mehrbelastung infolge der per Inflation erhöhten Einkommen verhindert werden. Programmatisch wird an die künftige Regierungspolitik mitgeteilt: »Wir fordern die Absenkung der Unternehmensteuerbelastung auf unter 25

Prozent. Dazu schaffen wir den Solidaritätszuschlag vollständig ab und senken die Körperschaftsteuer« unter den derzeitigen Satz mit 15 %. Hinzu kommt die Streichung der Luftverkehrsteuer. Sowohl die FDP also auch die AfD lehnen wie CDU/CSU die Wiedereinführung der Vermögensteuer sowie weitere Maßnahmen der Reichenbesteuerung ab.

Für DIE LINKE liegt eine Schätzung der geplanten Entwicklung der Steuereinnahmen durch eine Steuerreform nicht vor. Bei ihrem Konzept zu einer gerechten Steuerreform gibt es grundlegende Überschneidungen mit den wissenschaftlich begründeten Vorschlägen zur Steuerreform durch die *Arbeitsgruppe Alternative Wirtschaftspolitik*. Eingebracht werden u. a. folgende Forderungen: Vermögen ab einer Million € sind mit 1 % und ab 50 Millionen € mit 5 % zu besteuern; auf große Erbschaften (einschließlich Betriebsvermögen) wird eine angemessene Abgabe erhoben; durch eine gerechte Einkommensteuer diejenigen entlasten, die viel leisten, aber wenig verdienen (höherer Grundfreibetrag und deutlich erhöhter Spitzensteuersatz); Anhebung der Körperschaftsteuer auf 25 % für Kapitalgesellschaften; Umbau der Gewerbesteuer zur Gemeindewirtschaftsteuer sowie die wirkungsvollere Bekämpfung der Steuerflucht.

Die grundlegenden Ziele und Instrumente der Steuerpolitik werden durch die programmatischen Aussagen der Regierungsparteien geprägt. Erkennbar sind folgende Tendenzen: Eine grundlegende Reform des Steuersystems in Richtung gerechter Lastverteilung und ausreichender Finanzierbarkeit des Staats wird durch die neue Bundesregierung nicht angestrebt. Die geplanten Steuersenkungen, die die wirtschaftliche Aktivität kaum anregen und kann damit nicht zu Zusatzeinnahmen führen, werden die fiskalische Not vertiefen. Mit einem gigantischen Druck auf die Sozialausgaben ist zu rechnen. Es droht der Ausstieg aus dem »Bürgergeld«, auch zu Lasten der Bewältigung der Folgen von Migration. Aber auch dringliche öffentliche Zukunftsinvestitionen zusammen mit Fördermaßnahmen für Unternehmen zur ökologischen Transformation wurden durch die grundsätzliche Beibehaltung der Schuldenbremse nicht ausreichend finanziert. Rückschritte beim Umstieg in den ökologisch fundierten Wohlstand sind zu erwarten. Vorprogrammiert ist die Enttäuschung der Hoffnung, über die zu erwartenden Maßnahmen der Steuerentlastung würden die Unternehmen diese Politik mit steigenden Investitionen in Arbeitsplätze belohnen.

Die Politik der neuen Bundesregierung ist gut beraten, die Erfahrungen mit der »großen Steuerreform« von 2000 der damaligen rot-grünen Regierung unter Bundeskanzler Gerhard Schröder (SPD) zu berücksichtigen. In drei Stufen sollten die Einkommensteuer und vor allem die Unternehmensteuern gesenkt werden. Gegenüber einer Erhöhung des Grundfreibetrags bei der Einkommensteuer ist der Spitzensteuersatz in mehreren Schritten von 53 % auf 42 % gesenkt worden. Die Körperschaftsteuer der Kapitalgesellschaften wurde von zuvor 40 % (bei Thesaurierung) und 30 % (bei Ausschüttung) im Jahr 2001 auf einen einheitlichen Satz von 25 % gesenkt. Empirische Untersuchungen zeigen, dass die dadurch erwartete wirtschaftliche Stärkung mit entsprechenden Steuermehreinnahmen nicht ausgelöst worden ist. Durch die Steuergeschenke vor allem an die Wirtschaft ist vielmehr eine fiskalische Lücke entstanden. Die Folge war wegen fehlender Steuereinnahmen der (ungewollte) Anstieg der Staatsverschuldung. Die relativ starke Benachteiligung der großen Masse der Steuerpflichtigen infolge der Unternehmensentlastung ist durch die im zeitlichen Umfeld erfolgende Erhöhung des Normalsteuersatzes bei der Mehrwertsteuer verstärkt werden. Er stieg von 15 % auf 16 % im Jahr 1998 und liegt seit 2009 bei 19 %. Unterdessen blieb der ermäßigte Steuersatz bei 7 %.

Trugschluss: Voodoo Economics à la Laffer-Kurve

Die derzeit wiederholt zu hörenden Forderungen nach einer Politik der Steuersenkungen zur Stärkung der Wirtschaft mit folgenden Steuermehreinnahmen verdrängt die negativen Erfahrungen mit der »großen Steuerreform« ab dem Jahr 2000 in Deutschland. Damals wie heute dominiert die Hoffnung auf die sogenannte Laffer-Kurve, benannt nach Arthur B. Laffer: Behauptet wird, die viel zu stark gestiegenen Steuersätze führten zu sinkenden Steuereinnahmen. Diese scheinbare Paradoxie wird mit der angeblich wegen zu hoher Steuersätze zurückgehenden wirtschaftlichen Aktivität erklärt. Die dagegen gerichtete Steuerpolitik setzt durch sinkende Steuersätze für Unternehmen auf steigende wirtschaftliche Aktivitäten, die am Ende in der Summe mehr an Steuereinnahmen bringen, als durch reduzierte Steuersätze verloren gehen. Studien widerlegen die den Steuersenkungen für Unternehmen nachgesagte Heilswirkung. Schließlich sind unternehmerische Investitionen maßgeblich von den Absatzerwartungen und anderen, eben nicht steuerlichen Einflussfaktoren abhängig. Joseph E. Stiglitz, ein äußerst kenntnisreicher Nobelpreisträger für Wirtschaftswissenschaft aus den USA, spricht von einer Art Voodoo Economics. Er hatte frühzeitig die von Ronald Reagan in den 1980er Jahren propagierte »Tax Revolution« dem Reich dieser Voodoo-Magie zugeordnet. Aber auch gegenüber der Steuerpolitik von Trump während seiner ersten Präsidentschaft (2017-2021) verwies Stiglitz auf die Aussichtslosigkeit eines Hoffens auf Wohlstandsgewinne durch Steuergeschenke an die Wirtschaft. Wie gesagt, auch Deutschland ist immer wieder dem Trugschluss der Laffer-Kurve erlegen. Eine Neuauflage der immer wieder versagenden neoklassischen Steuerreform, die die Lasten sozial ungerecht verteilt und die Finanzierbarkeit des Staates für die Gesellschaft samt Wirtschaft nicht sichert, muss verhindert werden.

2.3.3 Die vier Prinzipien einer alternativen Steuerpolitik

Aus der Sicht der *Arbeitsgruppe Alternative Wirtschaftspolitik* basiert die über Jahrzehnte geforderte Reform der Steuerpolitik auf vier Anforderungen:

Erstens muss das Steuersystem grundsätzlich die Finanzierbarkeit staatlicher Aufgaben sichern. Entlastend wirkt die oben ausführlich dargelegte »goldene Regel«, die für künftig produktive Investitionen die Aufnahme von Krediten auf den Finanzmärkten erlaubt. Weil Steuern auf privatwirtschaftliche Einnahmen aus der Wertschöpfung durch den Fiskus beansprucht werden, stehen Staat und Unternehmen durchaus in einer gewissen Konkurrenz. Allerdings ist zu beachten, dass die öffentliche Hand mit den steuerfinanzierten Ausgaben zur Sicherung der Produktionsvoraussetzungen, des sozialen Ausgleichs und der ökologischen Transformation für eine zukunftsfähige die Wirtschaft und damit wieder für fundierte Steuereinnahmen sorgt.

Zweitens stellt sich die Aufgabe, endlich die gesamte Steuerlast sozial gerecht zu verteilen. Im Mittelpunkt steht bei der Lastverteilung das Prinzip Leistungsfähigkeit (»ability to pay«). Je höher die Einkommen und je höher das Vermögen, umso stärker ist die wirtschaftliche Leistungskraft als Basis der Besteuerung. Dieses Prinzip wird durch die progressive Gestaltung des Steuersystems umgesetzt: Direkt gilt dieses Prinzip für die Steuern auf Einkommen sowie Vermögen (einschließlich der Erbschaftsteuer). Da die Mehrwertsteuer prinzipiell regressiv wirkt, also die relative Belastung mit steigendem Einkommen sinkt, muss auch diese sozial gerecht gestaltet werden. Dazu dienen der ermäßigte Steuersatz bzw. die Nullbesteuerung für lebensnotwendige Güter und Dienstleistungen des privaten Verbrauchs. Der Grad der Gerechtigkeit des gesamten Steuersystems wird durch die progressive Belastung auf der Basis steigender Leistungsfähigkeit bestimmt.

Drittens muss das System der Steuereinnahmen viel stärker auf das ökologische Ziel der Rettung des Klimas ausgerichtet werden. Dazu gehören Abgaben auf CO_2, die den Ausstieg aus der fossilen Produktionsweise beschleunigen. Bei dieser ökologischen Steuerreform stellt sich ein riesiger Nachholbedarf. Die derzeit erhobenen CO_2-Abgaben und die Preise für Zertifikate auf CO_2-Ausstoß werden sich längerfristig auf hohem Niveau bewegen. Wenn hier nicht gegengesteuert wird, sind die Belastungen für niedrige und mittlere Einkommensbezieher*innen viel zu hoch. Deshalb muss ein sozialer Ausgleich vorgenommen werden. Im Unterschied zu allgemeinen Steuern, die keine individuell zurechenbare Gegenleistung für staatliche Leistungen darstellen, sollten die Einnahmen aus den CO_2-Abgaben zur Finanzierung eines Klimagelds verwendet werden. Dabei geht es um die Einnahmen aus der nationalen CO_2-Besteuerung nach dem »Brennstoffemissionshandelsgesetz« (15,41 Mrd. € erwartet in 2025) und den Erlösen aus der EU-Versteigerung beim Treibhausgas-Emissionshandel (6,74 Mrd. €). Während CDU/CSU zu diesem Thema schweigen, fordern andere Parteien eine Art des bereits genannten Klimagelds: Die SPD fordert im Wahlprogramm »eine sozial gestaffelte Auszahlung«, zum Beispiel nach Einkommen. Bündnis 90/Die Grünen wollen ebenfalls per sozial differenziertem Klimageld eine Kompensation für die niedrigen und mittleren Einkommen schaffen. Die FDP spricht von einer »Klimadividende«, die pro Kopf ausbezahlt werden sollte. Stefan Bach vom Deutschen Institut für Wirtschaftsforschung (DIW) schätzt ein sozial undifferenziertes Klimageld für jede*n auf 136 € pro Kopf und Jahr (vgl. den Kasten: Der Klimabonus ist machbar: Das Beispiel Österreich).

Viertens: Das Versagen einer Steuerpolitik, die gemäß der Laffer-Kurve mit sinkenden Steuersätzen über dadurch gestärkte wirtschaftliche Aktivitäten netto Mehreinnahmen bei den Steuern auslösen soll, ist bereits kritisch unter die Lupe genommen worden (vgl. Trugschluss: Voodoo Economics à la Laffer-Kurve). Das angeführte Beispiel »große Steuerreform« Anfang dieses Jahrhunderts in Deutschland belegt, dass am Ende mangels Ankurbelung der wirtschaftlichen Aktivität infolge von Steuersatzsenkungen keine ausreichenden Zusatzeinnahmen erzeugt worden sind. Der Staat wurde ärmer. Es zeigt sich, dass die Steuersätze in der Unternehmenswirtschaft nicht die entscheidende Bremse für Investitionen sind. Vielmehr dominieren fehlende stabile Erwartungen und Risiken durch die Mehrfachkrise: Hieraus ist der Investitionsattentismus, also das Ausbleiben von Investitionsentscheidungen, zu erklären. Bei der durch CDU/CSU und FDP forcierten Senkung der Unternehmensteuern wäre am Ende netto mit Einnahmeausfällen beim Staat zu rechnen. Abgesehen von der Flucht in die Staatsverschuldung würden unter dem Druck der Steuerausfälle Kürzungen bei den Ausgaben im Staatshaushalt drohen und der Rückgang der gesamtwirtschaftlichen Nachfrage würde zusätzlich bremsend wirken. Vor allem die mangelnde Finanzierbarkeit von öffentlichen Investitionen und Fördermaßnahmen für Unternehmen zur ökologischen Transformation könnte die gesamtwirtschaftliche Entwicklung belasten und den Weg in eine nachhaltige Wirtschaft erschweren. Ein durch Steuersenkungen vorangetriebener Schrumpfstaat wäre auch mit Blick auf die künftigen Generationen unverantwortlich. Gegenüber dem aktuellen Investitionsattentismus helfen vorrangig solche Investitionsprämien, die direkt bei den Unternehmen ankommen und für die sich die SPD und Bündnis 90/Die Grünen im Bundestagswahlkampf 2025 eingesetzt hatten.

2.3.4 Eilprogramm und mittelfristige Maßnahmen

Die *Arbeitsgruppe Alternative Wirtschaftspolitik* präsentiert auf der Basis der seit vielen Jahren entwickelten Vorschläge zur sozial gerechten Reform der Steuern bei ausreichender Finanzierung des Staates folgend geschildertes Maßnahmenprogramm.

Eilprojekte der Steuerreform

Einkommensteuer (2023 mit 45,4 % wichtigste Steuerquelle)

- Reform des Einkommensteuertarifs in Anlehnung an den DGB-Vorschlag (Zahlenangaben für Steuer-Grundtabelle):
- (Steuerfreier) Grundfreibetrag auf 14.500 € (derzeit 12.084 €) / Lineare Progression, also Anstieg des Grenzsteuersatzes von 22 % auf 48 % mit zwei Zonen (bisher 14-24 % und 24-42 %) / Spitzensteuersatz 49 % bei ab 85.000 € / Reichensteuer mit 52 % ab 135.000 € (derzeit ab 277.826 € mit 45 %).
- Abschaffung des 2009 eingeführten Privilegs einer Abgeltungsteuer (pauschal 25 % auf Kapitaleinkünfte). Reintegration der Besteuerung der Kapitalerträge in den allgemeinen Einkommensteuertarif (synthetische Einkommensbesteuerung). Damit werden Kapitalerträge nicht mehr geringer als Arbeitseinkommen, die bei Gutverdienenden über einem Steuersatz von 25 % liegen, besteuert.
- Zügiger Abbau der Vorteile aus dem derzeitigen Ehegattensplitting in Folge der Anwendung des Steuersatzes beim halbierten Einkommen für Eheleute und ihnen steuerlich Gleichgestellte. Die Mehreinnahmen sollten zum Ausbau familiärer Leistungen eingesetzt werden.

Unternehmensbesteuerung

Der Körperschaftsteuersatz auf einbehaltene Gewinne von juristischen Personen (Kapitalgesellschaften, Vereine und Stiftungen etc.), der seit 1990 immer wieder reduziert wurde und seit 2009 mit 15 % festgeschrieben ist, wird künftig auf 25 % erhöht. Betroffen sind ca. 1,4 Millionen Steuerpflichtige. Die Mehreinnahmen aus der Neuregelung der Körperschaftsteuer liegen bei ca. 8 Mrd. €. Auch sollte im Zuge Reform der Unternehmensbesteuerung eine effektivere Besteuerung durch den Abbau nicht zu rechtfertigender Steuerprivilegien erreicht werden.

Ungeachtet der berechtigten Forderungen nach höheren Körperschaftsteuersätzen ist die Begünstigung von thesaurierten gegenüber ausgeschütteten Gewinnen gesellschaftlich nur insoweit legitimierbar, als sie die Spielräume der Unternehmen für Investitionen in die eigene Fortentwicklung erweitert. Die zeitlich und der Höhe nach unbegrenzte Ansammlung niedrig versteuerter Gewinne, vielfach auch in Holdinggesellschaften oder Stiftungen, hat damit wenig zu tun. Sie subventioniert diejenigen Unternehmen, Unternehmer und Anteilseigner mit besonders hohen Gewinnen, von denen allenfalls ein kleiner Teil für private Konsumzwecke benötigt wird. Neben echten Reinvestitionen dieser Gewinne geht aber ein großer Teil in Vermögensanlagen wie Wertpapiere oder Immobilien oder auch in den Erwerb anderer Unternehmen. Inbegriffen sind dabei Investitionen, die erhebliche unerwünschte Nebenwirkungen entfalten können, etwa wenn damit die Verlagerung von Produktion und Arbeitsplätzen ins (Nicht-EU-)Ausland betrieben wird. Auch auf die bedenkliche Entwicklung des Immobilienmarkts in den letzten Jahren wird diese Subventionierung verstärkend ausgewirkt haben, ebenso, wie sie insgesamt die gefährliche Konzentration großer Vermögen in den Händen weniger fördert. Es ist daher dringend notwendig, die Begünstigung thesaurierter Gewinne zielgenauer zu gestalten. Dazu müssen Tatbestände definiert werden, die als Ausschüttungsfiktion eine zusätzliche Besteuerung auslösen.

Mehrwertsteuer

Über strittige Mehrwertsteuersätze und Besteuerungstatbestände sollte in dieser Legislaturperiode entschieden werden. Derzeit gelten offiziell zwei Steuersätze: der Normalsteuersatz i. H. von 19 % sowie der ermäßigte Steuersatz mit 7 %, z. B. auf den Großteil der Lebensmittel, aber auch für Bücher und vieles mehr. Es gibt auch Waren und Dienstleistungen, die nicht der Umsatzsteuer unterliegen, beispielsweise ärztliche Dienstleistungen. Hier entfällt aber auch der Abzug der auf Vorleistungen lastenden Umsatzsteuer. Durch diesen Wegfall entsteht eine implizite Belastung mit Umsatzsteuer.

Bei der Unterscheidung zwischen 7 % und 19 % haben sich im Lauf der Zeit kuriose, ja ärgerliche Zuweisungen durchgesetzt. Ein Beispiel: Der Umsatz von Babynahrung wird mit 19 %, der Tierfutterumsatz jedoch nur 7 % besteuert. Vorrangig sollten die vielen, teils irrationalen Abweichungen vom Normalsteuersatz gestrichen und die Anwendung des ermäßigten Steuersatzes auf Waren und Dienstleistungen für die Grundbedürfnisse konzentriert werden. Zugleich wäre zu prüfen, ob – nach dem Vorschlag der SPD – Grundnahrungsmittel nicht mehr mit 7 %, sondern 5 % besteuert werden sollten. Damit würde die ungleiche Steuerlastverteilung für schwache Einkommenshaushalte mit vergleichsweise hoher Konsumquote und damit die regressive Verteilungswirkung entschärft. Da die Umsatzsteuer mit 32 % (2023) als zweitwichtigste Quelle der gesamten Steuereinnahmen für die Finanzierbarkeit des Staates gesichert werden muss, sollte die sozial gerechte Ausgestaltung der Steuersätze einnahmeneutral umgesetzt werden.

Erbschaft- und Schenkungsteuer und Vermögensteuer

Im internationalen Vergleich ist die Besteuerung von Vermögen in Deutschland auffällig niedrig. Dabei ist Deutschland durch eine hohe, seit Jahren steigende Vermögenskonzentration gekennzeichnet: Nach Angaben aus dem Jahr 2023 verfügten die obersten zehn Prozent der Vermögenden in Deutschland über 63 % des Gesamtvermögens. Dabei konnten die unteren 50 % nur 2,9 % des Vermögens ihr Eigen nennen. Ursachen unzureichender Besteuerung der Vermögenden sind eine löchrige Erbschafts- und Schenkungsteuer sowie die 1997 in Kraft getretene Aussetzung der Vermögensteuer. Diese steuerliche Privilegierung hat die wachsende Vermögenskonzentration erheblich vorangetrieben. Eine Steuerlastverteilung nach dem Prinzip Leistungsfähigkeit (»ability to pay«), die bei hohen Einkommen und Vermögen stärker ausfällt, verlangt eine viel stärkere Besteuerung der Vermögen. Dies gilt insbesondere für die Erbschaft- und Schenkungsteuer, die die Vermögenskonzentration in wenigen Händen durch den leistungslosen Zuwachs des Vermögens im Zuge des Erbens beschleunigt. Dazu bieten sich zwei Stellschrauben an: Vorhandenes Vermögen muss ebenso wie der Wechsel von Vermögen durch Erbschaften gemessen am Kriterium Leistungsfähigkeit besteuert werden.

Erbschaft- und Schenkungsteuer

Die durch die Schenkungsteuer ergänzte Erbschaftsteuer hat mit knapp 8 Mrd. € in den letzten drei Jahren deutlich weniger eingebracht, als auf der Basis der vollzogenen Erb- und Schenkungsanlässe zu erwarten war. Ursachen sind die je nach Familiennähe der Erwerber nach drei Steuerklassen differenzierten, vergleichsweise hohen Freibeträge sowie die vergleichsweise niedrigen zugeordneten Steuersätze (erst ab 26 Mio. € Vermögen greift für Ehegatten bzw. für Kinder der Höchststeuersatz von 30 %). Immerhin werden seit der Entscheidung des Bundesverfassungsgerichts vom 31.1.2007 alle Vermögensarten – vor allem die zuvor geringer besteuerten Immobilienvermögen – gleich behandelt. Maßgeblicher Grund für die derzeit geringe Ergiebigkeit dieser Steuer sind die beim Vererben von Betriebsvermögen vorgesehenen »Verschonungsregeln«. Abhängig von der Zahl der Beschäftigten und einer für mindestens 5 Jahre gesicherten Mindestlohnsumme kann die Besteuerung dieses Erbteils entfallen. Schwerpunkte der dringend erforderlichen Reform sind reduzierte Freibeträge und höhere Steuersätze. Die wichtigste Maßnahme ist die grundsätzliche Ablösung der steuerlichen »Verschonung« des vererbten Betriebsvermögens. Im Fall von finanziellen Problemen der Betriebsfortführung ist eine Regelung zur Stundung von Steuerforderungen vorzusehen. Die Erbschaftsteuer muss progressiv verlaufen und umso höher ausfallen, je entfernter der Verwandtschaftsgrad ist. Margit Schratzenstaller hat auf der Basis eines internationalen Vergleichs belegt, dass die Erbschaftsteuer kaum zur Umgehung, etwa durch einen Wegzug ins Ausland, geführt hat. Denn das Verbleiben im Land, in dem diese zu bezahlen ist, wird vor allem auch wegen der damit finanzierten Qualität der vielfältigen Infrastrukturleistungen geschätzt. Deshalb ist in den meisten Ländern die Steuerbasis aus Erbanfällen recht stabil.

Vermögensteuer

Eine wichtige Voraussetzung für die Wiederbelebung einer verfassungskonformen Vermögensteuer ist erfüllt worden. Durch die Reform der Grundsteuer werden mittlerweile die Immobilien nicht mehr zu den zuvor irreal niedrigen Einheitswerten, sondern marktnah bewertet. Übrigens ist mit dieser Reform die Behauptung, die Vermögensteuer sei wegen Bewertungs- und Erhebungsproblemen nicht machbar, widerlegt worden.

Vorgeschlagen wird eine Steuer auf große Vermögen, die den Bundesländern insgesamt bis zu 30 Mrd. € an Einnahmen verschafft. Berücksichtigt werden nach Abzug der Schulden die Nettovermögen. Es wird ein steuerfreier Grundbetrag von 1 Mio. € an Nettovermögen eingeführt. Das darunterliegende Vermögen – also in aller Regel auch das viel zitierte Haus – bleibt steuerfrei. Die Freistellung des Altersvermögens wird gewährleistet. Der geplante Steuertarif sollte progressiv wirken. Bis zum Vermögen von 20 Mio. € steigt der Steuersatz von 1 % auf 1,5 %. Ab 100 Mio. € erhöht er sich auf 1,75 %. Um beim Betriebsvermögen eine Substanzbesteuerung zu minimieren, sind Verschonungsregeln, etwa durch einen Freibetrag von mindestens 5 Mio. €, vorzusehen.

Klimageld

Für 2025 wird mit Einnahmen aus der deutschen CO_2-Abgabe für Wärme und Verkehr von 15,4 Mrd. € gerechnet. Dabei nehmen sie durch die von 45 € auf 55 € gestiegene CO_2-Abgabe zu. Aus den Einnahmen aus dem Europäischen Emissionshandelssystem für Treibhausgase (EU-ETS) für die energieintensive Industrie sowie beim innereuropäischen Flugverkehr werden für Deutschland 6,74 Mrd. €. hinzukommen.

Vielleicht mit der Ausnahme der Flugverkehrsabgabe belasten die Emissionsabgaben insbesondere die unteren, aber auch die mittleren Privathaushalte. Hier schlägt die Verteuerung fossiler Energien besonders durch. Der »Expertenrat für Klimafragen« hat in seinem jüngsten Gutachten vom Februar 2025 auch auf die Umverteilungswirkung durch die CO_2-Abgabe hingewiesen. Betont wird auch, dass die Fördermaßnahmen für Klimaschutzmaßnahmen sozial ungerecht wirken: »So wurden bisher primär einkommensstarke Haushalte gefördert.« Als ein Einstieg zum Abbau »sozialer Ungleichgewichte« durch die

Energietransformation müssen gezielte Unterstützungs- und Kompensationsmaßnahmen eingeleitet werden. Im Mittelpunkt steht das durch die Vorgängerregierung angekündigte, jedoch nicht einmal gestartete Klimageld als soziale Kompensation dieser ökologisch erforderlichen Mehrbelastung. SPD und Bündnis 90/Die Grünen haben in ihren Wahlprogrammen eine nach Einkommenshöhe sozial differenzierte Ausgleichszahlung – allerdings ohne genauere Angaben – vorgesehen. Vorgeschlagen wird auf der Basis der empirischen Untersuchung von Stefan Bach vom Deutschen Institut für Wirtschaftsforschung, wie gesagt, ein Klimageld in Höhe von 139 € pro Kopf im Jahr; andere fordern höhere Beträge, eine Greenpeace-Studie beispielsweise 317 € pro Jahr und Kopf. Nach dem DIW und nach Greenpeace könnte der Jahresbeitrag auch nach Einkommenshöhe sozial differenzierter ausgezahlt werden. Die Stiftung Klimaneutralität und auch Agora Energiewende regen weitergehend eine »einheitliche Sozialstaffel« an, die allen Bürger*innen anhand ihrer Einkommensteuererklärung eine Förderkategorie zuweist. Sie würde nicht nur die Höhe des Klimageldes mitbestimmen, sondern auch bei Fördermitteln zum Einsatz kommen können. Dass auch ein regional differenzierter Klimabonus funktioniert, belegt das Beispiel Österreich (siehe Kasten).

Der Klimabonus ist machbar: Das Beispiel Österreich

Die deutsche Ampel-Regierung hatte in ihrem Koalitionsvertrag die Umsetzung eines »Klimageldes« zur Dämpfung der Preissteigerungen infolge der steigenden CO_2-Abgaben vereinbart. Da die Steuerung über Marktpreise bzw. deren Abmilderung zum Zwecke der Sozialverträglichkeit im Mittelpunkt steht, geht es beim »Klimageld« auch darum, die »Akzeptanz des Marktsystems zu gewährleisten«. Mit der Behauptung, es müsse erst noch ein Auszahlungssystem eingerichtet werden, hat vor allem das Bundesfinanzministerium unter Christian Lindner (FDP) die Umsetzung blockiert.

Dagegen steht in Österreich der zusammen mit der ab Oktober 2022 gestarteten CO_2-Abgabe eingeführte »Klimabonus«. Bei der Höhe der CO_2-Bepreisung orientiert sich dieses Land übrigens an Deutschland. Pro Tonne an CO_2-Emissionen stieg der Preis von zunächst 30 € auf 45 € in 2024 und 55 € in 2025 an. Der CO_2-Preis ergibt zusammen mit der Menge an CO_2-Ausstoß die per Klimabonus zu verteilende Einnahmesumme. Die Hürden eines flächendeckenden Auszahlungssystems konnten schnell genommen werden. Gespeist aus den Einnahmen der CO_2-Abgabe erhalten alle mit Hauptwohnsitz in Österreich lebenden Menschen, unabhängig von Staatsbürgerschaft und Alter, einen Klimabonus. Technisch erfolgt dies, indem bei allen Personen, die von irgendeiner staatlichen Stelle Geldleistungen (Familienbeihilfe, Pension, Arbeitslosengeld, Pflegegeld usw.) beziehen oder deren Bankverbindung dem Staat über die Abgabe elektronischer Steuererklärungen bekannt ist, die damit vorliegenden Informationen zur Auszahlung des Klimabonus genutzt werden. Liegt eine Kontoverbindung nicht vor, wird der Klimabonus in Form von Gutscheinen verschickt. Diese können bei Bankfilialen und in mehr als tausend Geschäften eingelöst werden.

Der an die Privatpersonen auszuzahlende Klimabonus besteht aus zwei Komponenten: erstens dem »Sockelbetrag« für alle sowie zweitens einem regional gestaffelten Aufschlag. Dieser Regionalaufschlag ist dort höher, wo es derzeit noch schwierig ist, CO_2-Kosten durch ökologisch rationale Verhaltensänderungen einzusparen (etwa Unterversorgung mit öffentlichen Nahverkehrsmitteln). Die Höhe des jährlichen Klimabonus ist also nach dem Hauptwohnsitz und der dort vorfindlichen Infrastruktur gestaffelt. Zum Start im Oktober 2022 waren es 110 €, 150 €, 185 € und 220 €. Da der CO_2-Preis zwischenzeitlich angestiegen ist, wurde der Klimabonus erhöht. Die konkreten Summen und Regelungen finden sich in der folgenden Aufstellung:

Kategorie 1: Städtische Zentren mit sehr guter Ausstattung an öffentlichen Verkehrsmitteln (145 €).

Kategorie 2: Städtische Zentren mit guter Ausstattung an öffentlichen Verkehrsmitteln (195 €: 145 € Sockelbetrag + 50 € Regionalausgleich).

Kategorie 3: Regionale Zentren und Gemeinden im Umland von Zentren mit ausreichend guter Basisausstattung an öffentlichen Verkehrsmitteln (245 €: 145 € Sockelbetrag + 100 € Regionalausgleich).

Kategorie 4: Ländliche Gemeinden und Gemeinden, in denen es nur eine grundlegende Ausstattung mit öffentlichen Verkehrsmitteln gibt (290 €: 145 € Sockelbetrag + 145 € Regionalausgleich).

Kinder und Jugendliche bis zum 18. Lebensjahr bekommen die Hälfte und mobilitätseingeschränkte Personen erhalten immer den höchsten Regionalaufschlag.

Die soziale Treffsicherheit wird zusätzlich durch Besteuerung erhöht: Ab einem zu versteuernden Jahreseinkommen von mehr als 66.612 Euro wird der Klimabonus der Besteuerung unterzogen. Diese Regelung greift seit 2024.

2.3.5 Mittelfristige Projekte der Steuerreform

Finanztransaktionssteuer

Die bitteren Erfahrungen mit der Finanzkrise 2008/09, die zu einem Beinahe-Kollaps des globalen Finanzsystems geführt hatte, werden inzwischen wieder machtvoll durch eine Politik der Deregulierung verdrängt. Dabei wäre es wichtig, die Regulierungen der Finanzgeschäfte nicht abzubauen, sondern weiterzuentwickeln. Ein wichtiges Instrument ist die Finanztransaktionssteuer. Der börsenbezogene und der außerbörsliche Handel mit Wertpapieren und darauf basierenden Finanzderivaten wird mit 0,1 % des Marktwerts besteuert. Die Steuer ist durchaus auch für den Hochfrequenzhandel machbar. Geschätzt werden für die Bundesrepublik Steuereinnahmen von über 17 Mrd. € jährlich. Die EU-Regelungen sind dabei zu beachten.

Umbau der Gewerbesteuer zur kommunalen Wertschöpfungsteuer

Auch unter dem Druck der Schuldenbremse in Bund und Ländern hat sich die finanzielle Lage der Kommunen in Deutschland seit Jahren massiv verschlechtert. Nicht einmal mehr Ersatzinvestitionen in die Infrastruktur konnten finanziert werden. Neben der geforderten Übernahme von mindestens der Hälfte der kommunalen Altschulden durch den Bund müssen die eigenständigen kommunalen Steuereinnahmen verbessert werden. Seit vielen Jahren fordert die *Arbeitsgruppe Alternative Wirtschaftspolitik* die Ablösung der Gewerbesteuer durch eine kommunale Wertschöpfungsteuer. Derzeit unterliegen ca. 4,1 Millionen Betriebe der Gewerbesteuerpflicht. Unternehmen im Dienstleistungsbereich (etwa Freiberufler, Rechtsanwaltspraxen) sind derzeit von dieser Steuerart befreit. Mit der kommunalen Wertschöpfungsteuer sollen nicht nur die Gewerbetreibenden, sondern alle Unternehmen nach dem Äquivalenzprinzip in die Finanzierung der Ausgaben ihrer Kommunen einbezogen werden. Denn sie profitieren alle von den Leistungen der Kommunen.

Maßnahmen gegen Steuerhinterziehung und Verlagerung in Steueroasen

Auf die Agenda muss der Ausbau der weltweiten Mindestbesteuerung und damit der Abbau des derzeitigen Steuerdumpings durch Verlagerungen der Gewinnbesteuerung vor allem von global agierenden Konzernen. Die OECD hat dazu gute Vorarbeit geleistet. Erarbeitet wurde das Zwei-Säulen-Modell: Säule Eins (Pillar 1) konzentriert sich auf eine Ausweitung und Neuverteilung von Besteuerungsrechten zwischen Ansässigkeits- und Marktstaaten für alle Megakonzerne. Nach

Säule Zwei (Pillar 2) ist eine globale Mindestertragsteuer von 15 Prozent für alle Großkonzerne geschaffen worden. Das entsprechende Mindeststeuergesetz wurde am 27.12.2023 im Bundesgesetzblatt veröffentlicht und trat am 28.12.2023 in Kraft. Das zum 31.12.2024 geplante Mindeststeueranpassungsgesetz verzögerte sich hingegen bis in das Jahr 2025. Hier muss die Bundesregierung aktiv werden. Der Auftrag Deutschlands für die internationale Politik konzentriert sich auf die weltweit verbindliche Umsetzung dieser Mindestbesteuerung.

Um eine sozial gerechte Besteuerung ernsthaft zu realisieren, müssen nationale und internationale Steuerschlupflöcher geschlossen und Instrumente gegen die Steuerhinterziehung eingesetzt werden. Dazu gehört auch, wie die Cum-Ex-Kriminalität gezeigt hat, der Kampf gegen ausgefuchste Konstruktionen scheinbarer Steuergestaltungsmöglichkeiten. Für die kontrollierte Implementierung eines gerechten Steuersystems müssen die deutschen Finanzbehörden personell und technisch gestärkt werden, auch um in kürzeren Abständen Betriebsprüfungen durchführen zu können.

Literatur/Quellen

Arbeitsgruppe Alternative Wirtschaftspolitik (2024): MEMORANDUM 2024. Schuldenbremse lösen: Auftakt zu gerechtem Klimaschutz (Kapitel 1, »Sozial gerechte Zukunft finanzieren«), Köln 2024.

Bovenschulte, Andreas / Hickel, Rudolf / Sieling, Carsten (2013): Ein Fonds zur Tilgung der Altschulden der Länder und Kommunen – den Finanzföderalismus solidarisch und nachhaltig gestalten, in: https://rhickel.iaw.uni-bremen.de/ccm/homepages/hickel/aktuelles/altschuldenfonds-fuer-laender-und-kommunen.de.

Bach, Stefan (2025): Steuerreformvorschläge der Parteien: Ambitionierte Entlastungen für arbeitende Mitte und Unternehmen treiben Defizite, in: DIW aktuell 106 – Sonderausgaben zur Bundestagswahl 2025, in: www.diw.de.

Bach, Stefan / Buslei, Hermann / Felder, Lars / Haan, Peter (2023): Verkehrs- und Wärmewende: CO_2-Bepreisung stärken, Klimageld einführen, Anpassungskosten verringern, in: DIW Wochenbericht 23/2023.

Deutsche Bundesbank (2022): Die Schuldenbremse des Bundes – Möglichkeiten einer stabilitätsorientierten Weiterentwicklung, in: Monatsbericht April 2022

Dullien, Sebastian / Gerards Iglesias, Simon / Hüther, Michael / Rietzler, Katja (2024): Herausforderungen für die Schuldenbremse: Investitionsbedarfe in der Infrastruktur und für die Transformation, IMK Policy Brief Nr. 168, Mai 2024; www.imk-boeckler.de.

Heilmann, Felix / Schuster, Florian: Wie finanzieren wir eine sichere, lebenswerte und nachhaltige Zukunft?, in: Geldbrief »Dezernat Zukunft« vom 12.9.2024, dezernatzukunft.org.

Hickel, Rudolf (1987): Ein neuer Typ der Akkumulation? Anatomie des ökonomischen Strukturwandels – Kritik der Marktorthodoxie, Hamburg.

Hickel, Rudolf (2024): Schuldenbremse oder »goldene Regel« – Verantwortungsvolle Politik für die sozial-ökologische Zeitenwende, Hamburg.

Greenpeace (2025): Website Greenpeace Deutschland: Wann kommt das Klimageld?, www.greenpeace.de/klimaschutz/finanzwende/wann-klimageld.

Musgrave, Richard Abel (1974): Finanztheorie, 2. Auflage, Tübingen, (dt. Ausgabe von The Theory of Public Finance: A Study of Public Economy, 1959).

Thöne, Michael (2005): Wachstums- und nachhaltigkeitswirksame öffentliche Ausgaben (»WNA«) – Möglichkeiten der konzeptionellen Abgrenzung und quantitativen Erfassung. Forschungsauftrag 12/02 des Bundesministeriums für eine nachhaltige Finanzpolitik (FiFo-Berichte, 2, 2005).

Schratzenstaller, Margit (2025): Behavioral responses to inheritance taxation, in: Economic Analysis and Policy, www.wifo.ac.at.

Schuster, Florian/ Krahé, Max (2024): Die neuen EU-Fiskalregeln – Kurz erklärt, in: Geldbrief »Dezernat Zukunft«, dezernatzukunft.org.

Stiftung Klimaneutralität (2025): Politikinstrumente für ein klimaneutrales Deutschland. 55 Empfehlungen für die 21. Legislaturperiode (2025-2029), www.stiftung-klima.de.

Troost, Axel (1984): Staatsverschuldung und Kreditinstitute – Die öffentliche Kreditaufnahme im Rahmen des gesamten Kredit- und Dienstleistungsgeschäftes der Geschäftsbanken (Diss.), Frankfurt a. M.

Weizsäcker, Carl Christian von / Krämer, Hagen (2019): Sparen und Investieren im 21. Jahrhundert: Die Große Divergenz, Wiesbaden.

3 Soziale Ungleichheit in Deutschland

In den 2020er Jahren hat sich die ohnehin große soziale Ungleichheit in Deutschland weiter verstärkt. Die Covid-Pandemie 2020 bis 2022 war mit großen Belastungen, insbesondere für Personen mit erschwerten Lebensbedingungen, verbunden. Die erhöhte Inflation mit Raten von 6,9 Prozent in 2022 (nach dem alten Warenkorb sogar 7,9 Prozent) und 5,9 Prozent in 2023 traf Haushalte mit geringen Einkommen besonders stark. Seit der deutschen Vereinigung haben sich die sozialen Lagen und Lebensverhältnisse auseinanderentwickelt. Darauf wurde mit Fokus auf Niedriglöhne und Armutsrisiken sowie den Gender Pay Gap bereits im MEMORANDUM 2024 im Schwerpunktkapitel »Löhne stärken – Armut vermeiden« ausführlich eingegangen. Hier soll eine klassentheoretische Einordnung, also des Zusammenhangs von Eigentums-, Klassen- und Einkommensverhältnissen, und Darstellung der aktuellen Entwicklung erfolgen, und es werden Möglichkeiten zur Verringerung der Probleme aufgezeigt werden.

Die wachsende Ungleichheit hat die Ränder der Einkommens- und Vermögensverteilung vergrößert. Während die Mitte schrumpft, nehmen Reichtum und die Zahl der Armen zu. Wer zum Club der Reichen gehört, ist gesellschaftlich umstritten. Individueller Reichtum beschreibt einen Zustand der Überversorgung. Im Armuts- und Reichtumsbericht der Bundesregierung gilt als reich, wer mehr als das Zwei- bis Dreifache des mittleren Einkommens bezieht. Diese relativen Reichtumsmaße stoßen jedoch in der Bevölkerung auf großes Unverständnis. Im Alltagsverständnis gilt als reich, wer eine Villa, einen Ferrari, eine Motoryacht oder sogar einen Privatjet besitzt; und nicht ein höherer Angestellter oder Beamter mit einem Nettoeinkommen von 4.000 Euro netto im Monat. Was die Bundesregierung hier als vermeintlichen Reichtum messen lässt, ist lediglich materieller Wohlstand.

Populärer und gesellschaftlich breiter akzeptiert sind hingegen absolute Reichtumsgrenzen. In Deutschland lebten 2019 laut letzter Lohn- und Einkommensstatistik rund 27.400 Einkommensmillionäre (einschließlich Splittingfälle). In zwei Jahrzehnten hat dieser Millionärsclub seine Mitgliederzahl mehr als verdoppelt. In diesem Kreis verfügt man über ein durchschnittliches Jahreseinkommen von 2,7 Millionen Euro brutto. Diese Millioneneinkommen resultieren ganz überwiegend nicht aus extrem hohen Arbeitseinkommen, sondern aus Einkünften aus Unternehmertätigkeit und Vermögen.

3.1 Klassengesellschaft in Deutschland

Deutschland ist eine entwickelte kapitalistische Klassengesellschaft. Die sozialen Lagen der Bevölkerung sind wesentlich durch die Stellung der Personen und ihrer Haushaltsangehörigen im System der Eigentums-, Produktions- und Erwerbsverhältnisse bestimmt. Also dadurch, welche Art von Erwerbstätigkeit betreiben und Einkommen die Personen und ihre Familien beziehen, welche Tätigkeiten sie in welcher Stellung in der Wirtschaft verrichten, wie hoch ihre Einkommen sind usw. Diese Dynamik prägt die Entwicklung der gesellschaftlichen und politischen Verhältnisse und Probleme. Zentral für die soziale Ungleichheit ist dabei der Zusammenhang von Vermögensverteilung und Einkommensverteilung.

Die große Mehrheit der Bevölkerung ist auf Einkommen aus abhängiger Erwerbsarbeit angewiesen, eigener oder der von Partner oder Eltern. Dies gilt für etwa 60 Prozent der Haushalte. Auch der weit überwiegende Teil der Einkommen von Älteren, Erwerbsunfähigen und Arbeitslosen, zusammen etwa ein Drittel der Haushalte, beruht auf Ansprüchen, die sie in früherer Arbeitnehmertätigkeit, sozialversichert oder als Beamt*innen, erworben haben. Über 90 Prozent der 46 Millionen Erwerbstätigen in Deutschland sind abhängig Beschäftigte, seit 2010 ist diese Quote sogar wieder leicht gestiegen.

Von den etwa vier Millionen Selbstständigen sind über die Hälfte Solo-Selbstständige, haben also keine Angestellten. Nur wenige Prozent der Bevölkerung leben überwiegend von Vermögenseinkünften, wobei darunter auch einige hunderttausend Vermieter*innen oder Personen mit Ersparnissen und insgesamt nicht hohen Einkommen sind.

Auch die Mehrheit der Selbstständigen bzw. Unternehmer*innen mit Beschäftigten erzielt ihr Einkommen zum großen Teil aufgrund eigener Arbeit im zumeist kleineren Betrieb bzw. Unternehmen. Zur kapitalistischen Klasse kann man etwa ein Prozent der Bevölkerung zählen, die Eigentümer*innen von Unternehmen mit etlichen Beschäftigten oder großer Finanz- oder Immobilienvermögen. Sie erzielen hohe Einkommen überwiegend durch Aneignung der Wertschöpfung fremder Arbeit (in marxistischen Begriffen: durch Ausbeutung). Dabei ist zu beachten, dass sehr hohe Gehälter von Geschäftsführer*innen, Manager*innen oder Vorstandsmitgliedern zwar formal Lohn sind, vom sozialökonomischen Gehalt her sind es aber Teile des von den Beschäftigten erarbeiteten Mehrwerts, die ihnen in dieser Form übereignet werden.

Aus dieser sozialökonomischen Klassenstrukturierung darf aber nicht der Schluss gezogen werden, dass sich auch die lebensweltlichen Milieus und politischen Lager entsprechend sortieren. Zudem gibt es auch sozialökonomisch und von den Merkmalen der Tätigkeiten her große Differenzierungen innerhalb der lohnabhängigen bzw. arbeitenden Klasse. Die Zusammenhänge sind komplex und es gibt vielfältige andere Einflüsse, die hier wirken, etwa das formale Niveau und die fachliche Ausrichtung der Bildung, religiöse und regionale Traditionen usw. So wählen Teile der bürgerlichen Oberschichten links – wenn man dies traditionell mit dem Eintreten für soziale Gerechtigkeit und die Interessen der Arbeitenden und Benachteiligten verbindet – und große Teil der Arbeitnehmerschaft wählen konservativ oder rechts.

Insbesondere der Anteil von explizit rechts oder rechtsextrem Wählenden hat sich in den vergangenen zwei Jahrzehnten stark erhöht, obwohl diese Parteien nicht die sozial-ökonomischen Interessen der abhängig Beschäftigten und ihrer Familien vertreten. Sie schaffen es aber dennoch, Menschen aus der Arbeiterklasse bei ihrer kulturellen Identität und in ihrem Bewusstsein, »unten« zu sein in der Gesellschaft, anzusprechen. Dazu kommt, dass die linkeren Parteien, also in Deutschland vor allem Sozialdemokratie und Grüne, in den letzten Jahrzehnten die sozialen Interessen der Lohnabhängigen mehrfach eklatant verletzt (v. a. durch Sozial- und Rentenkürzungen, Entsicherung von Beschäftigungsverhältnissen und Privatisierungspolitik) oder anderen Anliegen untergeordnet haben (etwa in Teilen der Ökologiepolitik). Zudem positionieren sie sich kulturell zunehmend als Parteien der höher Qualifizierten. Dies führte zu zunehmender Wahlenthaltung und Umorientierung wachsender Teile der Arbeiterklasse nach rechts.[1]

Die herrschenden kapitalistischen Klasse und ihre Spitzengruppen können allerdings ihre Interessen in erheblichem Maße unabhängig davon durchsetzen, ob sie dafür mehrheitliche Unterstützung in der Gesellschaft haben. Ihre politische Macht beruht auf ihrer ökonomischen und finanziellen Macht, ihrer Verfügungsgewalt über Arbeitsplätze und Investitionsentscheidungen sowie der grundsätzlichen Abhängigkeit von und Bezogenheit des Staates auf die kapitalistische Ökonomie in der »marktkonformen Demokratie« (Angela Merkel). Die kapitalistischen Machteliten haben zudem Kontrolle über die privaten Massenmedien, starken Einfluss in Parteien, Kirchen und anderen Großorganisationen, Hochschulen und Stiftungen und Lobbyorganisationen. Um im Konfliktfall die Interessen der unteren Klassen durchzusetzen, reicht trotz formal verfasster demokratischer Teilhabe aller eine mehrheitliche Unterstützung der Bevölkerung oft nicht aus, wenn nicht durch große Mobilisierung für Nachdruck gesorgt wird.

Die kapitalistische Klasse und ihre Einkommen

Die verfügbaren Datenquellen bieten nur grobe Informationen über die Strukturmerkmale der Kapitalistenklasse. In den Haushalten, die in der Regel die Untersuchungsgrundlage darstellen, vermischen sich zumeist verschiedene Einkommensformen, die statistisch aber isoliert voneinander betrachtet werden. Die Einkommensteuerstatistik enthält noch am ehesten Daten auch über sehr reiche Personen. Je höher die Einkünfte werden, desto mehr dominieren solche aus Gewerbebetrieb. Dabei ist zu beachten, dass ein großer Teil der Kapitaleinkommen in der Einkommensteuer nicht auftaucht, weil Kapitalerträge wie Zinsen und Dividenden seit 2009 einer pauschalen Abgeltungsteuer i. H. von

1 Vgl. Linus Westheuser / Thomas Lux: Klassenbewusstsein und Wahlentscheidung, Friedrich-Ebert-Stiftung, FES Diskurs September 2024.

25 Prozent unterliegen. Sie werden ebenso wie nicht ausgeschüttete Gewinne von Kapitalgesellschaften nicht den Eigentümerpersonen zugeordnet.

Dazu kommen Wertsteigerungen von Immobilien und Unternehmensvermögen, die gar nicht als Einkommen gelten, solange sie nicht durch Verkauf realisiert werden. Dabei gelingt es den Eigentümer*innen hier häufig, auch eine spätere Realisierung dieser Wertsteigerungen durch Verkauf oder die Übertragung dieser Vermögen an die nächste Generation so zu gestalten, dass sie zum Großteil unversteuert bleiben.

Im Rahmen einer umfangreichen Studie zu den Verteilungswirkungen des deutschen Steuer- und Transfersystems hat das Deutsche Institut für Wirtschaftsforschung (DIW) 2016 Daten aus dem Sozio-ökonomischen Panel (SOEP), der Lohn- und Einkommensteuerstatistik und der Einkommens- und Verbrauchsstichprobe (EVS, Statistisches Bundesamt) von 2008 zusammengeführt und auf 2015 fortgeschrieben.[2] Es zeigt sich, dass bis ins dritte Dezil Sozialeinkommen, vor allem aus den früheren Löhnen abgeleitete Renten, die dominierende Ein-

2 Vgl. Wer trägt die Steuerlast in Deutschland? Verteilungswirkungen des deutschen Steuer- und Transfersystems, DIW Berlin: Politikberatung kompakt 114, 2016, insb. Abschnitt 4.2.2. Betrachtet wurden hier die Haushaltsbruttoäquivalenzeinkommen inkl. der Arbeitgeberbeiträge und der empfangenen Alters- und Sozialeinkommen. Wenn man das Bruttoeinkommen wie üblich, also ohne Arbeitgeberbeiträge und Kindergeld, betrachtet, läge es bei Arbeitnehmerhaushalten durchschnittlich etwa 20 Prozent niedriger als in dieser erweiterten Bruttobetrachtung. Das Gesamteinkommen der Haushalte wird dann bei zwei Erwachsenen durch 1,5 geteilt, jeder weitere Jugendliche ab 15 erhöht den Teiler um 0,5, Kinder unter 14 Jahren um 0,3. So werden die Einkommen auf den Bedarf einzelner Personen heruntergerechnet, um sie vergleichbar zu machen. Die zehn Prozent, so gerechnet, ärmsten Haushalte bilden das erste Dezil, die reichsten finden sich im zehnten Dezil. Es gibt durchschnittlich zwei Personen je Haushalt, und die Gesamteinkommen je Haushalt liegen im Durchschnitt knapp 1,5-mal so hoch. Die Zahlen beziehen sich auf 2015, im Jahr 2024 waren die Einkommen durchschnittlich etwa ein Drittel höher als 2015. Im gleichen Zeitraum sind die Verbraucherpreise um 26 Prozent gestiegen. Mittlere Arbeitnehmeräquivalenzeinkommen (also auf eine Person gerechnet) liegen bei monatlich etwa 3.500 Euro (das liegt im siebten Dezil). Davon gehen noch etwa 20 Prozent Sozialbeiträge und zehn Prozent Lohnsteuern ab, so dass knapp 2.500 Euro Nettoäquivalenzeinkommen (je Person) verbleiben.

Je reicher, desto höher der Anteil der Kapitaleinkommen

Das 1. Dezil ist das einkommensärmste Zehntel, das 10. das reichste Zehntel, die Top 1% das reichste Hundertstel der Haushalte. Bruttoäquivalenzeinkommen im Monat, also Einkommen je Person, gerechnet unter Berücksichtigung der Personenzahl je Haushalt.

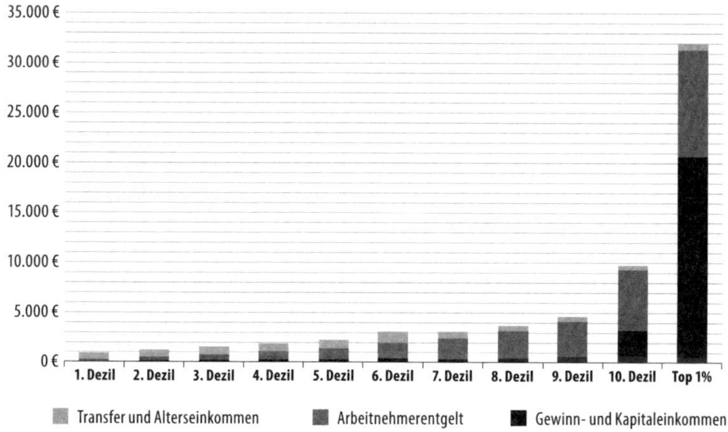

Quelle: DIW Politikberatung kompakt 114, 2016: Integrierte Datenbasis SOEP, EVS und Einkommensteuerstatistik, fortgeschrieben auf 2015, eigene Berechnungen

© ARBEITSGRUPPE ALTERNATIVE WIRTSCHAFTSPOLITIK MEMORANDUM 2025

kommensquelle der Haushalte sind, und dann bis zum 99. Perzentil Arbeitnehmerentgelte. Im einkommensreichsten Prozent der Haushalte dominieren Gewinn- und Vermögenseinkommen, bei den Top 0,1 Prozent machten sie über 80 Prozent der Einkommen aus. Die Klassenstruktur der Eigentums- und Erwerbsverhältnisse drückt sich so sehr klar in der Verteilung und Höhe der Einkommen aus. Daher ist eine kritische Diskussion über überhöhte Managergehälter zwar berechtigt, lenkt aber vom Hauptproblem ab.

Die Einkommen der Top 1 Prozent waren mehr als 13-mal so hoch wie die mittleren Einkommen (Median), die der Top 0,1 Prozent fast 60-mal so hoch. Diese Einkommen stammen ganz überwiegend aus Eigentum an Unternehmen oder anderen großen Kapitalvermögen (Aktien oder Fondsanteile, vermietete Immobilien usw.). Bei Zuschätzung der einbehaltenen Gewinne liegen die Einkommen der Top 1 Prozent noch mal um fast 50 Prozent höher, bei den Top 0,1 Prozent fast dop-

Die reichsten Haushalte gehören zur Kapitalistenklasse

Das 1. Dezil ist das einkommensärmste Zehntel, das 10. das reichste Zehntel, die Top 1% das reichste Hundertstel der Haushalte. Bruttoäquivalenzeinkommen im Monat, also Einkommen je Person, gerechnet unter Berücksichtigung der Personenzahl je Haushalt.

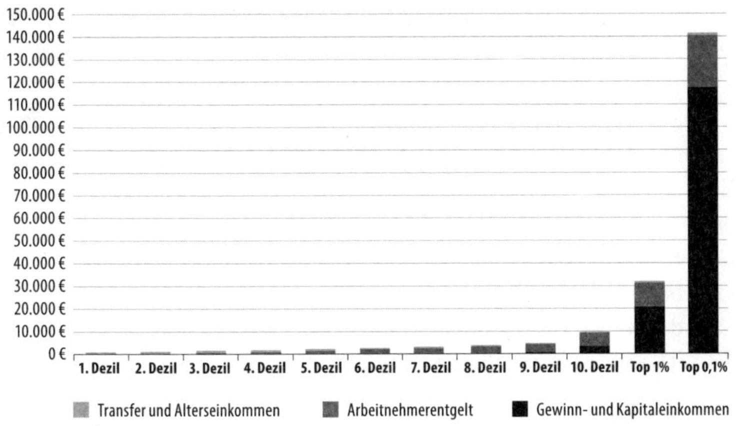

Quelle: DIW Politikberatung kompakt 114, 2016: Integrierte Datenbasis SOEP, EVS und Einkommensteuerstatistik, fortgeschrieben auf 2015, eigene Berechnungen

© ARBEITSGRUPPE ALTERNATIVE WIRTSCHAFTSPOLITIK MEMORANDUM 2025

pelt so hoch. Gleichzeitig sinkt die Steuerbelastung dieser Einkommen in Richtung 30 Prozent oder darunter.

Verteilung und Konzentration der Vermögen

Die Ungleichheit der Einkommensverteilung beruht also wesentlich auf den polarisierten Eigentumsverhältnissen, der Ungleichheit der Vermögensverteilung. Diese ist weitaus größer als die der Einkommen. Der Gini-Koeffizient liegt mit etwa 0,8 erheblich höher als der der Einkommensverteilung von knapp 0,3. Ein Gini-Wert von 1 würde eine vollständige Konzentration an der Spitze anzeigen, ein Wert von Null eine völlige Gleichverteilung. Seit der Jahrtausendwende verweilt das Ungleichheitsmaß auf diesem hohen Niveau.

Nirgendwo in der EU ist die Vermögensungleichheit so stark ausgeprägt wie in Deutschland. Die hohe Konzentration und das im internationalen Vergleich relativ niedrige mittlere Vermögen der

Haushalte von etwa 110.000 Euro hängt damit zusammen, dass in Deutschland der Medianhaushalt (die eine Hälfte hat ein größeres, die andere ein kleineres Vermögen) kein Wohneigentum hat. In den meisten Ländern der EU liegen die Wohneigentumsquoten bei 70 Prozent oder darüber. Vermögen sind hierzulande fast so ungleich verteilt wie in den USA, wo der Gini-Koeffizient über 0,85 liegt, für die Einkommen bei knapp 0,4.[3]

Die Konzentration der Nettovermögen bei den reichsten 1 Prozent und 0,1 Prozent der Haushalte führt bei diesen zu enorm hohen Einkommen, deren Konzentration in den üblichen Verteilungsmaßen kaum zum Ausdruck kommt. Und auch bei diesen reichen Familien, innerhalb der Kapitalistenklasse, gibt es wiederum eine Konzentration nach oben, zu den Hyperreichen mit Vermögen von über 100 Millionen oder sogar über einer Milliarde Euro. Dabei gehören nur etwa ein Drittel der großen Vermögen Frauen, bei den Betriebsvermögen ein Fünftel; und je größer die Vermögen sind, umso geringer ist ihr Anteil.

Selbstständigenhaushalte sind die einzige Statusgruppe, bei der das arithmetische Mittel der Nettovermögen bei etwa einer Million Euro liegt. Die großen Unterschiede innerhalb der Gruppe der Selbstständigen werden darin deutlich, dass das Medianvermögen (die Hälfte hat weniger, die Hälfte mehr) nur etwa ein Viertel davon beträgt. Die Mehrzahl der Selbstständigen verfügt also nur über durchschnittliche oder geringe Vermögen, eine bedeutende Minderheit – die Kapitalistenhaushalte – aber über Nettovermögen von jeweils etlichen oder vielen Millionen Euro.[4] Die Betriebsvermögen konzentrieren sich laut Bundesbank zu 94 Prozent beim reichsten Zehntel und etwa 85 Prozent beim reichsten Prozent der Bevölkerung.[5]

---

3 Vgl. Markus M. Grabka: Wie haben sich Einkommens- und Vermögensungleichheit verändert und warum? Vortrag auf der Tagung: Verteilung in der Krise?!, Forum Neue Politik der Arbeit, 8.11.2024, Berlin.

4 Vgl. Statistisches Bundesamt u. a. (Hg.): Sozialbericht 2024, v. a. Abschnitt 5.4.6.

5 Vgl. Eine verteilungsbasierte Vermögensbilanz der privaten Haushalte in Deutschland, Deutsche Bundesbank, Monatsbericht Juli 2022, aktuelle Statistiken auf bundesbank.de.

Die tatsächliche Konzentration der Vermögen ist höher als die üblicherweise aufgrund von Befragungen ausgewiesene, weil die sehr großen Vermögen dabei nur unvollständig erfasst werden. Deshalb werden Zuschätzungen auf der Grundlage von journalistisch erarbeiteten Reichenlisten vorgenommen.[6] Aber auch diese Listen sind lückenhaft. Wenn man sie mit Unternehmensdatenbanken abgleicht, zeigt sich, dass viele Großvermögen nicht erfasst und die Unternehmensvermögen oft unterbewertet sind.[7] Unternehmens- bzw. Betriebsvermögen (Alleineigentum oder größere Anteile) und vermietete Immobilien stellen (nur) bei Millionären bzw. Kapitalisten die dominierenden Vermögensformen dar.

Nach Schätzungen des DIW und anderer besitzt das reichste Prozent der Bevölkerung, sämtlich Millionär*innen, über ein Drittel der gesamten Nettovermögen, die reichsten 0,1 Prozent – etwas über 40.000 Haushalte bzw. 80.000 Personen – etwa ein Fünftel. Die Zahl der heimischen Millionär*innen ist auf fast 1,6 Millionen gewachsen. Nach Schätzungen des *manager magazins* leben im Land 249 Milliardär*innen. Im Jahr 2001 fanden die »Reichtumsforscher« lediglich 69 »Super«-Reiche. Damit hat Deutschland den größten Club der Hyperreichen in Europa. Die reichsten Deutschen waren Dieter Schwarz (Lidl) mit einem Vermögen von fast 44 Milliarden Euro, Susanne Klatten und Stefan Quandt (BMW-Erben) mit 34,4 Milliarden Euro, gefolgt von der Familie Merck mit fast 34 Milliarden Euro.

Die Ungleichheit reproduziert sich über Generationen hinweg. Wer ein hohes Einkommen hat, kann mehr sparen und somit Vermögen anhäufen. Umgekehrt erhöhen Vermögenserträge, also Zinsen, Dividenden oder Kursgewinne, das Einkommen. Ein großer Teil des Vermögens wird in den nächsten Jahren vererbt. Eine gigantische Welle großer Erbschaften und Schenkungen rollt über unser Land. Jedes Jahr werden nach Schätzungen über 400 Milliarden Euro weitergegeben, über zehn Prozent des Sozialprodukts. In den 1960er Jahren waren es lediglich zwei Prozent.

---

6 Vgl. Carsten Schröder u. a.: MillionärInnen unter dem Mikroskop, DIW-Wochenbericht 29/2020.

7 Vgl. Jirmann / Trautvetter: Milliardenvermögen in Deutschland, Hans-Böckler-Stiftung, HBS Working Paper Forschungsförderung Nr. 316, 2023.

Vererbt wird immer nach dem Matthäus-Prinzip: Wer hat, dem wird gegeben. Glückliche 0,1 Prozent erben im Schnitt stolze 17 Millionen[8]. Jede*r zwölfte Deutsche erwartet ein Erbe von mehr als 200.000 Euro. Die Hälfte der Bevölkerung wird hingegen überhaupt nichts erben. Folglich wird die Vermögenskonzentration weiter zunehmen. Mit jeder großen Erbschaft wächst die Vermögensungleichheit. Verschärft wird dies durch die geringe Besteuerung nicht ausgeschütteter Gewinne und die nur sehr geringe Belastung der Übertragung sehr großer Vermögen mit Erbschaft- bzw. Schenkungsteuer, weil es weitgehende Befreiungen für Betriebsvermögen gibt – dazu zählen auch große Aktienpakete. Wobei auch vermeintlich »selbst erarbeitete« Großvermögen immer auf Ausbeutung beruhen, auf gesellschaftlichen Verhältnissen, im denen einzelne sich die Arbeitsprodukte vieler anderer aneignen können.

Die ärmere Hälfte der Bevölkerung besitzt hauptsächlich Gebrauchsvermögen im Haushalt und ggf. ein Auto sowie kleinere Sparguthaben, insgesamt nur wenige Prozent aller Vermögen. Viele haben mehr Schulden als Vermögen. Im mittleren Vermögensbereich etwa vom fünften Dezil bis zum 98. Perzentil überwiegen Immobilienvermögen, zu einem Großteil selbstgenutzte Wohnungen bzw. Häuser. Für etwa 95 Prozent der Bevölkerung stellen die wichtigste Altersvorsorge aber nicht ihre Vermögen dar, sondern ihre Renten- oder Pensionsansprüche. Die ärmere Hälfte der Bevölkerung hat weitestgehend nur diese Absicherung.[9]

3.2 Die Verteilung der Einkommen

Lohnfragen sind immer Machtfragen. Die Lohn- und Gehaltsentwicklung hängt von der Verhandlungs- und Durchsetzungsmacht der abhängig Beschäftigten und ihrer Gewerkschaften ab. Ihre Verhand-

8 Vgl. Stefan Bach: Die Erbschaftsteuer ist die beste »Reichensteuer«, DIW-Wochenbericht 49/2018.

9 Vgl. Charlotte Bartel u. a.: Rentenvermögen macht Großteil des Vermögens der ärmeren Bevölkerungshälfte in Deutschland aus, DIW-Wochenbericht 45/2023.

lungsposition wird wiederum von der wirtschaftlichen Lage, der Lage auf dem Arbeitsmarkt und der Struktur der Beschäftigung, dem Arbeitsrecht sowie der Wirkung des Sozialstaats bestimmt. So verbessern beispielsweise Mindestlöhne, eine hohe Tarifbindung, viele reguläre Jobs und eine niedrige Arbeitslosenquote, ein guter Kündigungsschutz und hohe Lohnersatzleistungen die Möglichkeiten, gute Bedingungen und Löhne für die Ware Arbeitskraft durchzusetzen.

Nach der deutschen Einheit verloren die Gewerkschaften viele Mitglieder und die Tarifbindung schrumpfte. Die deutsche Gewerkschaftsfamilie im DGB hatte Anfang der 1990er Jahre noch 12 Millionen Mitglieder. Aktuell sind es nur noch knapp 5,7 Millionen. Der Organisationsgrad der DGB-Gewerkschaften– der Anteil der Gewerkschaftsmitglieder an den abhängig Beschäftigten – sank unter 15 Prozent. Wenn man nur die erwerbstätigen Mitglieder betrachtet, sind es unter zwölf Prozent. Dazu kommen noch etwa 1,3 Millionen Mitglieder des Beamtenbundes.

Das, was Gewerkschaften aushandeln, kommt heute nur noch bei 50 Prozent der Beschäftigten an. Die Tarifbindung erodiert. In Westdeutschland wurden vor der deutschen Einheit noch über 80 Prozent der Beschäftigten durch einen Tarifvertrag geschützt. Diese Schwächung gewerkschaftlicher Verhandlungsmacht ist ein Grund für die schlechte deutsche Lohnentwicklung vor der Finanzmarktkrise 2007ff.

Die Entwicklung der Einkommensverteilung ist zunächst funktional zu betrachten, das heißt zwischen den verschiedenen Einkommensformen, die für die sozialen Klassen und Gruppen kennzeichnend sind. Bei der Primärverteilung, den Erwerbseinkommen, steht die Entwicklung des Anteils der Löhne am Volkseinkommen und an der gesellschaftlichen Wertschöpfung im Mittelpunkt. Es zeigen sich unterschiedliche Tendenzen in den 2000er, 2010er und 2020er Jahren.[10]

---

10 Alle Daten im Folgenden beruhen auf den Inlandsproduktrechnungen in der Volkswirtschaftlichen Gesamtrechnung, die regelmäßig auf www.destatis.de/ veröffentlicht werden. Das Bruttonationaleinkommen (früher hieß dies Bruttosozialprodukt), das den Inländern in Deutschland zufließt, ist seit den 2000er Jahren um zuletzt mehr als drei Prozentpunkte größer als das im Inland erzeugte Bruttoinlandsprodukt (BIP), weil mittlerweile etwa 150

Verteilung des Bruttonationaleinkommens

in Prozent des BIP

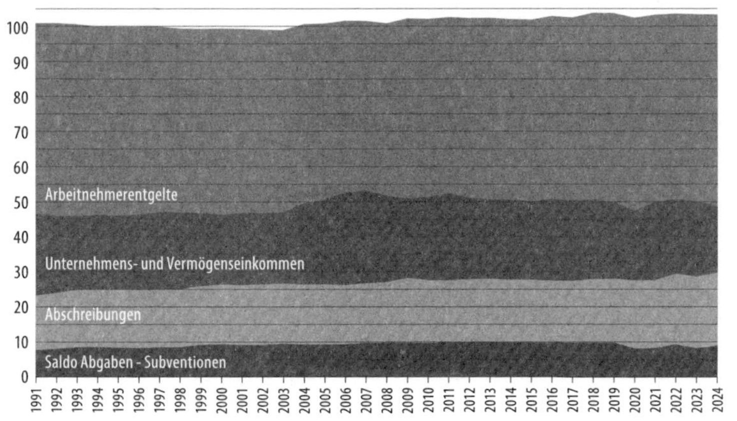

Quelle: Volkswirtschaftliche Gesamtrechnungen, eigene Berechnung Januar 2025

© ARBEITSGRUPPE ALTERNATIVE WIRTSCHAFTSPOLITIK MEMORANDUM 2025

Der Anteil der Arbeitnehmerentgelte am BIP, also der Löhne inklusive der sogenannten Arbeitgeberbeiträge, schwankte zwischen 48 und 55 Prozent mit einem Tiefststand 2007. Der Anteil der Unternehmens- und Vermögenseinkommen schwankte zwischen 20 Prozent und einem Höhepunkt 2007 mit 26,6 Prozent. Er umfasst überwiegend Gewinne von Kapitalgesellschaften und Personenunternehmen, aber auch Arbeitseinkommen von Selbstständigen und Kapitalerträge, Mieteinnahmen und einen kalkulierten Mietwert selbstgenutzten Wohneigentums. Er steigt normalerweise mit den Gewinnen in wirtschaftlichen Aufschwungsphasen und sinkt mit den Gewinneinbrüchen in Krisen.

Die Abschreibungen sind ein kalkulatorischer Anteil der Gesamteinkommen, die als Wertverlust des Anlagevermögens – von Infrastruktur über Gebäude bis zu Maschinen und Fahrzeugen – gebucht werden.

Mrd. Euro Vermögenseinkommen mehr aus dem Ausland zufließen als in das Ausland abfließen.

Tatsächlich fließen sie ganz überwiegend den Unternehmen zu, die sie für Investitionen oder auch andere Zwecke verwenden können. Sie sind in der Volkswirtschaftlichen Gesamtrechnung zu Wiederbeschaffungspreisen ausgewiesen und damit viel höher als in den Kostenrechnungen der Unternehmen, wo sie zu Anschaffungspreisen eingehen. Ihr Anteil stieg von unter 16 Prozent Anfang der 1990er auf zuletzt über 20 Prozent, zuletzt beschleunigt aufgrund der hohen Preissteigerungen.

Die Rückgänge des Aggregats Produktions- und Importabgaben minus Subventionen in den letzten Jahren resultieren aus politischen Entscheidungen. In der Pandemie wurden die Mehrwertsteuersätze im 2. Halbjahr 2020 gesenkt, und dann in der Energiepreiskrise die Umsatzsteuersätze für Gas und Fernwärme vom 1. Oktober 2022 bis zum 31. März 2024. Auf der Ausgabenseite wurden in der Pandemie und dann seit 2022 in der Energiepreiskrise erhöhte Subventionen gezahlt. Dies führte zu einem Anstieg des Anteils der Löhne und der Unternehmenseinkommen am BIP, zu Lasten des Staates, der dies durch erhöhte Kreditaufnahme ausglich.

Die Entwicklung der Lohnquote am Volkseinkommen

Die Entwicklung der Verteilungsverhältnisse zwischen Lohnarbeit und Kapital wird deutlicher, wenn sie in Lohnquoten dargestellt wird.[11] Dabei ist auch zu beachten, dass sich der Anteil der abhängig Beschäftigten und ihrer geleisteten Arbeitszeit an allen Erwerbstätigen und am gesamten Erwerbsarbeitsvolumen im Laufe der Zeit veränderte. Von 1991 bis 2005 sanken diese Anteile vor dem Hintergrund hoher Erwerbslosigkeit und eines Anstiegs prekärer Selbstständigkeit (»Ich-AGs«) um zwei Prozentpunkte. Danach stiegen sie bei sinkender Arbeitslosigkeit und günstiger werdenden Bedingungen auf dem Arbeitsmarkt bis 2024 wieder um zweieinhalb bzw. fünf Prozentpunkte an. Soweit eine Zu- oder Abnahme der Lohnquote nur auf eine

11 Betrachtet wird hier der Anteil der Arbeitnehmerentgelte am Volkseinkommen. Der andere Teil sind die Unternehmens- und Vermögenseinkommen, die Abschreibungen sind vorab abgezogen. Ebenfalls nicht enthalten sind die geleisteten Import- und Gütersteuern und Produktionsabgaben, enthalten sind die empfangenen Subventionen.

entsprechende Veränderung des Anteils der abhängig Beschäftigten zurückzuführen ist, drückt sie keine Umverteilung aus. Deshalb werden entsprechende Bereinigungen vorgenommen.

Lohnquoten in Deutschland

Anteile der Arbeitnehmerentgelte am Volkseinkommen

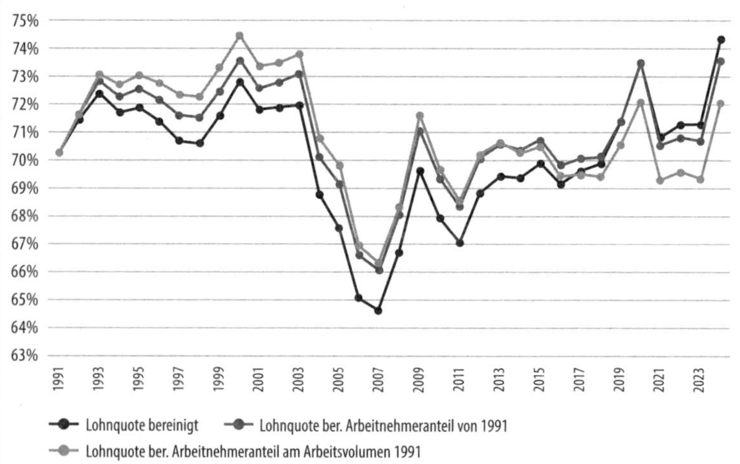

Quelle: Volkswirtschaftliche Gesamtrechnungen, eigene Berechnung Januar 2025

© ARBEITSGRUPPE ALTERNATIVE WIRTSCHAFTSPOLITIK MEMORANDUM 2025

Zu erkennen ist ein markanter Rückgang der Lohnquote von 2003 bis 2007 um mehr als sieben Prozentpunkte im Zuge des exportgetriebenen Aufschwungs bei stark steigenden Gewinnen und gleichzeitig um etwa vier Prozent sinkenden Reallöhnen. Der Druck der schlechten Arbeitsmarktlage wurde in dieser Phase verstärkt durch die Hartz-Gesetze und andere Reformen der Agenda 2010. Sie führten zu einer Ausweitung des Niedriglohnsektors und prekärer Beschäftigung und bauten soziale Sicherheiten ab (Hartz IV und verschärfte Zumutbarkeitsregeln statt Arbeitslosenhilfe, mehr Minijobs, Ich-AGs und Leiharbeit, Abbau Kündigungsschutz, Sozialabbau bei Rente und Krankenversicherung …).

In der Krise 2008/09 sanken die Gewinne stark, entsprechend stieg die Lohnquote. Danach stiegen die Gewinne wieder bis 2018, aber zugleich stiegen die Reallöhne von 2010 bis 2019 stetig um etwa eineinhalb Prozent pro Jahr und damit stärker als die preisbereinigten Gewinne. Der Hintergrund ist ein Rückgang der Arbeitslosigkeit und in geringerem Maße auch der prekären Beschäftigung sowie die Einführung des gesetzlichen Mindestlohns 2015 und eine offensivere Tarifpolitik der Gewerkschaften. Im Ergebnis stieg die Lohnquote an, bereinigt um den steigenden Anteil der abhängigen Beschäftigung allerdings nur wenig und verblieb weiter unter dem Niveau der 1990er Jahre.

2019 und verstärkt 2020 in der Pandemie sanken die Unternehmensgewinne, während die Löhne durch die Tarifverträge und die Ausweitung der Kurzarbeit stabilisiert wurden. Die Lohnquote stieg, sank dann aber 2021 wieder in Folge niedriger Tarifabschlüsse und einer raschen Erholung der Gewinne kräftig. In den Inflationsjahren 2022/23 in Folge erhöhter Importpreise durch Krieg und Sanktionen bzw. Wirtschaftskrieg stellen sich die Verteilungsverhältnisse in diesen Daten als halbwegs stabil dar. In 2024 stieg die Lohnquote aufgrund nachholender Lohnsteigerungen und in der ökonomischen Krise wieder sinkenden Gewinne an.

Die Lohnquote an der Bruttowertschöpfung

International üblich und für Betrachtungen der Anteile der Löhne an der Wertschöpfung geeigneter ist die Quote der im Inland gezahlten Arbeitnehmerentgelte am Bruttoinlandsprodukt (BIP) zu Faktorkosten. In den Bruttoprofiten (Bruttobetriebsüberschüssen) sind da die Abschreibungen noch enthalten. Diese Daten drücken die Verteilungsverhältnisse in der Produktion aus und können auch für einzelne Wirtschaftszweige ermittelt werden und nicht nur gesamtwirtschaftlich. Dabei zeigt sich eine sinkende Gesamttendenz der Lohnquote in den 35 Jahren seit der deutschen Einheit, wenn man diese um den gestiegenen Anteil der abhängig Beschäftigten an den Erwerbstätigen bereinigt. Nimmt man die wachsenden Einkommen hinzu, die inländischen Kapitaleigentümern aus dem Ausland zufließen und die hier nicht auftauchen, hat sich deren Anteil noch günstiger entwickelt.[12]

Auch in den Jahren der erhöhten Preissteigerungsraten 2022/23 haben nicht etwa die Löhne, sondern die Profite die Inflation höher getrieben. Im Jahr 2022 und der ersten Jahreshälfte 2023 stiegen die Gewinne deutlich stärker als die Löhne. Die Löhne blieben aufgrund der verzögerten Reaktion der Lohntarife auf die zunehmenden Preissteigerungen hinter diesen zurück, während die Unternehmen die erhöhten Vorleistungspreise umgehend in höhere Verkaufspreise umsetzten und vielfach darüber hinaus ihre Gewinnmargen erhöhten.

Seit Mitte 2023 allerdings steigen die Löhne stärker, gleichzeitig gingen die Stückgewinne 2024 durch die schwache Konjunktur deutlich zurück.[13] Das äußert sich in einem Anstieg der Lohnquote im Jahr 2024, so wie das in Krisen üblich ist. Bei den Löhnen spielten auch die Inflationsausgleichsprämien eine Rolle, die bis Ende 2024 über acht von zehn Tarifbeschäftigten bekommen haben. Insgesamt lagen jedoch die preisbereinigten Reallöhne 2024 im Durchschnitt immer noch unter dem Stand von 2020. Dabei entwickelten sich die Effektivlöhne im Durchschnitt sogar etwas besser als die Tariflöhne, weil der Mindestlohn 2022 von vorher 9,60 auf 12 Euro je Stunde erhöht wurde.

---

12 Der geringere und sinkende Anteil der Löhne im Vergleich zur vorher dargestellten Lohnquote am Volkseinkommen erklärt sich durch den steigenden Anteil der Abschreibungen am BIP. Das nahezu stagnierende, preisbereinigt in 2020 und 2023 sogar sinkende BIP und die hohen Preissteigerungen in 2022 und 2023 führten hier zum Ausweis überproportional steigender Abschreibungen (zu Wiederbeschaffungspreisen) und damit geringerer Unternehmensgewinne im Volkseinkommen. In den Bilanzen der Unternehmen ging der Anteil der Abschreibungen aber sogar zurück, weil der Umsatz inflationsbedingt stärker stieg, die Abschreibungen, dort zu Anschaffungspreisen ausgewiesen, aber nicht. In den Jahresabschlüssen der Unternehmen sank der Anteil der Abschreibungen (auf Sachanlagen) an der Bruttowertschöpfung (Gesamtleistung minus Materialaufwand) laut Statistik der Deutschen Bundesbank von zehn Prozent 1997 auf gut sieben Prozent 2023. In der Volkswirtschaftlichen Gesamtrechnung stiegen dagegen die Abschreibungen der Kapitalgesellschaften von 17 Prozent der Bruttowertschöpfung in den 1990ern auf über 18 Prozent in den 2020er Jahren.

13 Vgl. Arbeits- und Lohnstückkostenentwicklung 2023, IMK Report Nr. 190, Juli 2024.

Lohnquoten am BIP zu Faktorkosten in Deutschland

Anteile der Arbeitnehmerentgelte am Bruttoinlandsprodukt zu Faktorkosten

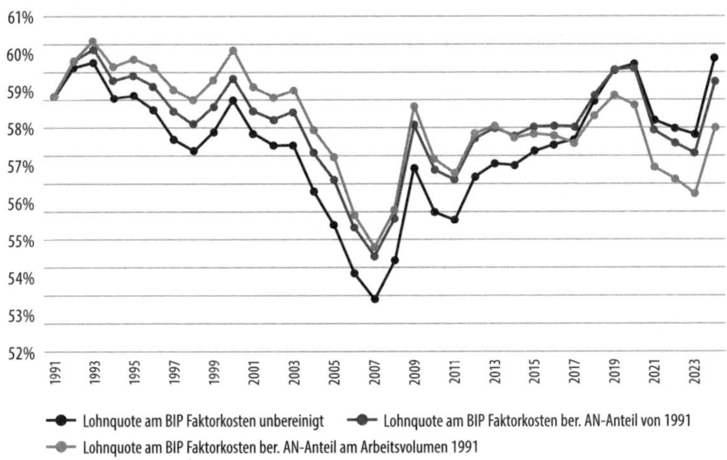

Quelle: Volkswirtschaftliche Gesamtrechnungen, eigene Berechnung Januar 2025

© ARBEITSGRUPPE ALTERNATIVE WIRTSCHAFTSPOLITIK MEMORANDUM 2025

Ungleichheiten der Löhne und ihre Entwicklung

Die schrumpfende Durchsetzungsmacht der Gewerkschaften verschärfte zunächst auch die Ungleichheit innerhalb der Arbeitnehmerschaft. Deutschland galt einmal als ein Land mit geringen Lohnunterschieden. Letztere haben jedoch in den letzten Jahrzehnten deutlich zugenommen. Nach der deutschen Einheit stieg die Lohnungleichheit stark an, um in den 2010er Jahren, trotz guter Konjunktur, auf hohem Niveau zu verharren. Allerdings ist seit der Einführung des gesetzlichen Mindestlohns eine deutliche Verbesserung der Löhne der am schlechtesten bezahlten Beschäftigten zu beobachten.

Zwischen 1995 und 2022 stieg der reale, also um die Preissteigerungen bereinigte, durchschnittliche Stundenlohn in Deutschland von 18,45 auf 21,13 Euro brutto (in Preisen von 2020). Dies entspricht einem Zuwachs von knapp 15 Prozent, durchschnittlich 0,5 Prozent

Niedrige Löhne seit Mindestlohn deutlich gestiegen

Entwicklung der realen Bruttostundenlöhne, verkettet, 2000=100

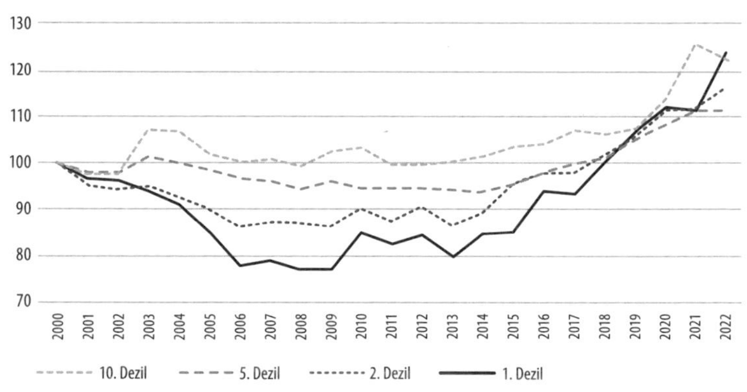

Quelle: DIW Wochenbericht 8-2025. Das 1. Dezil umfasst die niedrigsten 10 Prozent der realen (also inflationsbereinigten) Bruttostundenlöhne, das 10. Dezil die höchsten.

© ARBEITSGRUPPE ALTERNATIVE WIRTSCHAFTSPOLITIK MEMORANDUM 2025

pro Jahr. Die letzten Jahrzehnte sind jedoch durch sehr unterschiedliche Lohntrends geprägt.[14]

Zwischen 2003 und 2012 schrumpften in einem Umfeld hoher Arbeitslosigkeit und gewerkschaftsfeindlicher Politik die preisbereinigten Stundenlöhne. Agenda 2010 und Hartz-Gesetze hatten explizit zum Ziel, den Niedriglohnsektor auszuweiten. Die stärksten Reallohnverluste mussten Geringverdienende hinnehmen. Die Stundenverdienste der ärmsten 10 Prozent sanken preisbereinigt zwischen 1995 und 2012 um nicht weniger als 27 Prozent. Fast gleichzeitig (1992 bis 2010) schrumpften die Monatslöhne der unteren 30 Prozent. Währenddessen stiegen die monatlichen Einkommen der Spitzenverdienenden um ein Viertel. Im Jahr 2007 arbeitete fast jede*r

14 Vgl. Markus M. Grabka: Einkommensverteilung: Anzeichen für Trendbruch beim Armutsrisiko –Alleinerziehende seltener von Armut bedroht, DIW Wochenbericht Nr. 8/2025.

vierte Beschäftigte für einen Niedriglohn (weniger als zwei Drittel des mittleren Lohns). Damit hatte die Berliner Republik einen der größten Niedriglohnsektoren Europas.

Nach der Finanzmarktkrise wurde der Negativtrend bei den Löhnen durchbrochen und eine tarif- und lohnpolitische Trendwende eingeleitet.[15] In den 2010er Jahren sorgten die Einführung des gesetzlichen Mindestlohns (2015) und eine solidarische Tarifpolitik – Mindestbeträge für untere Lohngruppen – dafür, dass die Reallöhne um 20 Prozent anziehen konnten. Die monatlichen Bruttoarbeitseinkommen stiegen zwischen 2010 und 2020 sogar um 40 Prozent. Während die mittleren Monatslöhne um 25 Prozent zunahmen, wuchsen die Top-Gehälter lediglich um 19 Prozent.

Dabei verbesserte die gute Arbeitsmarktlage – sinkende Arbeitslosigkeit, partieller Fachkräftemangel – die strukturelle Macht der Gewerkschaften. Die Erhöhung des Mindestlohns auf 12 Euro im Jahr 2022 schob die unteren Löhne zusätzlich an. Folglich schrumpfte der Niedriglohnsektor. Heute arbeitet nur noch jede*r siebte Beschäftigte für einen Niedriglohn. Mitte der 1990er waren die hohen Stundenlöhne (Grenze des neunten zum obersten Zehntel) 3,2mal so hoch wie die der Geringverdienenden (Grenze des ersten zum zweiten Zehntel). Bis zum Jahr 2011 kletterte dieses Ungleichheitsverhältnis auf das 4-Fache, um bis 2020 wieder auf 3,4-Fache zu sinken. Im Jahr 2020 erhielten die Hoch-Verdienenden einen zehnmal so hohen Monatslohn wie Geringverdienende.[16] Nach der deutschen Einheit war er »nur« viermal so hoch.

Lohnungleichheit gibt es hierzulande auch weiterhin zwischen den Geschlechtern. Frauen bekommen aktuell im Durchschnitt einen um 16 Prozent geringeren Lohn pro Stunde als Männer. Es gab hier zwar gewisse Fortschritte, 2006 betrug dieser unbereinigte Gender Pay Gap noch 23 Prozent. Dazu trugen auch der Mindestlohn und tarifpoliti-

15 Hierbei handelt es sich um die gesamtwirtschaftliche Lohnentwicklung. Die Tariflohnentwicklung der Industriegewerkschaften war besser als der allgemeine Lohntrend.

16 Monatslöhne sind ungleicher verteilt als Stundenlöhne, da die Arbeitnehmer unterschiedlich lange arbeiten.

schen Aufwertungsbemühungen der Gewerkschaften in überwiegend von Frauen ausgeübten Berufen bei. Dennoch wird er in der EU nur noch von Estland, Österreich und Tschechien übertroffen. Die Löhne in Bereichen, in denen überwiegend Frauen arbeiten, sind niedriger als in Branchen, in denen überwiegend Männer arbeiten. Frauen arbeiten häufig auf einem niedrigeren Qualifikations- bzw. Anforderungsniveau und sie arbeiten seltener in Vollzeit. Wenn man den Gender Pay Gap um diese Faktoren bereinigt, verbleiben aber immer noch sechs Prozent.

Die Hälfte der Frauen arbeitet in Teilzeit, bei den Müttern sind es zwei Drittel – soweit sie nicht die Erwerbsarbeit ganz unterbrechen. Dies mindert zugleich die Karrierechancen erheblich. Die unbezahlte Care-Arbeit in der Familie wird immer noch überwiegend von Frauen geleistet. Die Folge ist, dass über den gesamten Lebensverlauf betrachtet der durchschnittliche Einkommensrückstand der Frauen gegenüber den Männern fast 50 Prozent beträgt – daraus resultieren auch weit geringere Rentenansprüche. Dies ist ganz überwiegend ein Problem der Mütter. Während die Einkommenslücke bei kinderlosen Frauen nur wenig über 10 Prozent beträgt, liegt sie bei Müttern bei fast 60 Prozent. In den ostdeutschen Ländern ist das Problem geringer als in Westdeutschland, der unbereinigte Pay Gap ist dort nur ein Drittel so hoch wie im Westen, der bereinigte unterscheidet sich kaum. Die »child penalty« auf dem Arbeitsmarkt ist eine »motherhood penalty«, bei Vätern gibt es diesen Rückstand nicht.[17]

Ungleichheit nach Umverteilung

Was in der ersten Runde der Einkommensverteilung schiefläuft, kann der Staat anschließend nur begrenzt mittels Steuern, Abgaben und Transfers korrigieren. Umgekehrt entlastet eine egalitäre Primärverteilung den Staat, da er dann weniger bedürftige Menschen unterstützen muss. Der soziale Ausgleich und somit die Wirksamkeit des Sozialstaats lässt jedoch nach. Dies zeigt die Einkommensverteilung nach staatlicher Umverteilung.

17 Vgl. Manuela Barišić / Valentina Sara Consiglio: Frauen auf dem deutschen Arbeitsmarkt, Bertelsmann-Stiftung Kurzexpertise, Juni 2020.

Ungleichheit der verfügbaren Haushaltseinkommen wächst

Entwicklung der preisbereinigten verfügbaren Haushaltseinkommen, 1995=100

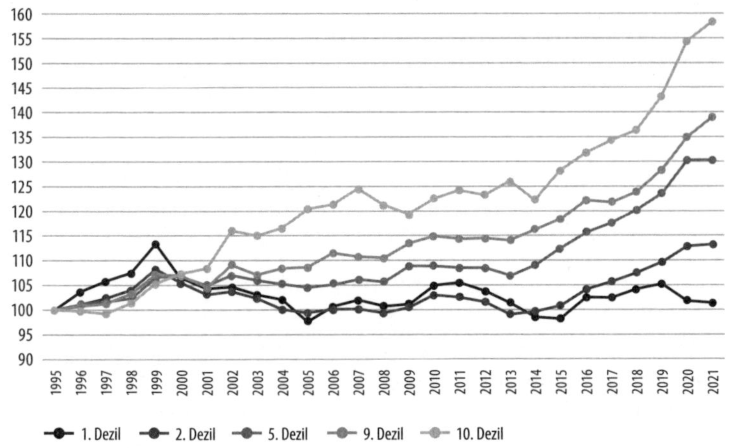

Quelle: DIW Wochenbericht Nr. 8/2025. Das 1. Dezil sind die 10% einkommensschwächsten Haushalte.

© ARBEITSGRUPPE ALTERNATIVE WIRTSCHAFTSPOLITIK MEMORANDUM 2025

Seit Mitte der 1990er Jahre verteilen sich die Nettoeinkommen immer ungleicher.[18] Nach der Jahrtausendwende sorgte der neoliberale Um- und Abbau des Sozialstaats – Kürzungen bei Rente und Gesundheit, Steuersenkungen für Unternehmen und Besserverdienende – dafür, dass die Steuer- und Transfersysteme die steigende Ungleichheit immer weniger korrigierten.[19] Doch damit nicht genug. Seit 2015 sind 4,3 Millionen Menschen neu zugewandert. Diejenigen, die nicht in den Arbeitsmarkt integriert werden konnten, tragen zum Anstieg der

18 Gemeint sind die verfügbaren Haushaltseinkommen. Sie bestehen nach Definition des DIW aus dem Markteinkommen aller Haushaltsmitglieder zuzüglich öffentlicher Renten und staatlicher monetärer Transfers abzüglich direkter Steuern und Sozialabgaben, aber inklusive des Mietwerts selbst genutzten Wohneigentums.

19 Vgl. dazu auch Dorothee Spannagel / Jan Brülle: Weniger Umverteilung, WSI Report Nr. 99, 2025.

Ungleichheit bei. Der Gini-Koeffizient stieg von 0,25 (1995) auf 0,31 (2021). Während das durchschnittliche Nettoeinkommen aller Haushalte zwischen 1995 und 2021 um real 35 Prozent wuchs, konnte das einkommensreichste Zehntel sein verfügbares Einkommen um 58 Prozent steigern. Die Einkommensschwächsten hatten hingegen nur ein Plus von einem Prozent.

Inflationsbetroffenheit von Haushalten

Haushalte mit geringeren Einkommen sind stärker von Preissteigerungen bei Grundbedarfsgütern wie Nahrungsmittel und Energie betroffen, denn sie müssen einen größeren Teil ihres Einkommens dafür aufwenden. Das Institut für Makroökonomie und Konjunkturforschung (IMK) der Hans-Böckler-Stiftung analysiert mit dem Inflations-Monitor seit Anfang 2022 jeden Monat die spezifischen Teuerungsraten für neun repräsentative Haushaltstypen, die sich nach Personenzahl und Einkommen und damit nach ihren Konsummustern unterscheiden.

Die Inflationsrate zum Vorjahresmonat hatte im Oktober 2022 mit 10,4 Prozent einen Höhepunkt erreicht. Dabei lieferte die Ausgabenkategorie Haushaltsenergie bei allen der betrachteten Haushaltsgruppen den größten Inflationsbeitrag. Am höchsten war die haushaltsspezifische Inflationsrate bei einkommensschwachen Paaren mit zwei Kindern mit 11,8 Prozent. Erst ein Jahr später, im Oktober 2023, lag die Inflationsrate unter 5 Prozent und zum ersten Mal waren Familien mit niedrigem Einkommen nicht mehr am oberen Rand der haushaltsspezifischen Inflationsraten zu verorten.

Ausschlaggebend für diese Entwicklung war das hohe Gewicht der Ausgaben für Energie und Nahrungsmittel bei einkommensschwächeren Haushalten. Hier stiegen die Preise besonders stark an und liegen bei Energie um etwa die Hälfte und bei Nahrungsmitteln um ein Drittel höher als 2020. Ab Mitte

2023 gingen die Preise für Energie aber im Vorjahresvergleich zurück. Die Preise für Dienstleistungen stiegen jedoch weiter an, deren Gewicht ist bei einkommensstarken Haushalten höher, so zum Beispiel für Restaurantbesuche, Flugreisen und Versicherungen.

Betrachtet man die Entwicklung im Gesamtzeitraum der Jahre 2020 bis 2024, lagen die haushaltsspezifischen Inflationsraten nur wenige Prozentpunkte auseinander. Die niedrigste Inflationsbetroffenheit wiesen Alleinlebende mit Einkommen oberhalb 5.000 Euro im Monat auf: 18,3 Prozent. Die höchsten Preissteigerungen mussten Paare mit Kindern und niedrigen bis mittlerem Einkommen in Kauf nehmen: 20,7 bis 20,8 Prozent.[a)]

a) IMK Inflationsmonitor, IMK Policy Brief Nr. 184, Januar 2025.

3.3 Wachsende Armut und Entbehrung

Die Kehrseite des Reichtums ist die Armut. Was genau unter Armut zu verstehen ist, ist gesellschaftlich umstritten und umkämpft. In modernen Gesellschaften kann die Armutsgrenze nicht allein durch das physische Existenzminimum bestimmt werden. Armut ist eine relative Größe. Als arm gelten Menschen, die nicht über die materiellen, sozialen und kulturellen Mittel verfügen, um am gesellschaftlichen Leben angemessen teilzuhaben. In der Europäischen Union setzte sich eine Armutsdefinition durch, welche die Armuts(risiko)grenze bei 60 Prozent des bedarfsgewichteten mittleren Nettohaushaltseinkommens sieht. Die Armutsrisikoquote in Deutschland stieg seit Mitte der 1990er Jahre von etwa 11 auf etwa 17 Prozent. Dies entspricht über 14 Millionen Menschen. In den letzten 30 Jahren ist die Zahl der Armutsgefährdeten damit um fünf Millionen gestiegen. Allerdings scheinen die Zahlen in letzter Zeit etwas zurückzugehen.

Vielfältige Armut

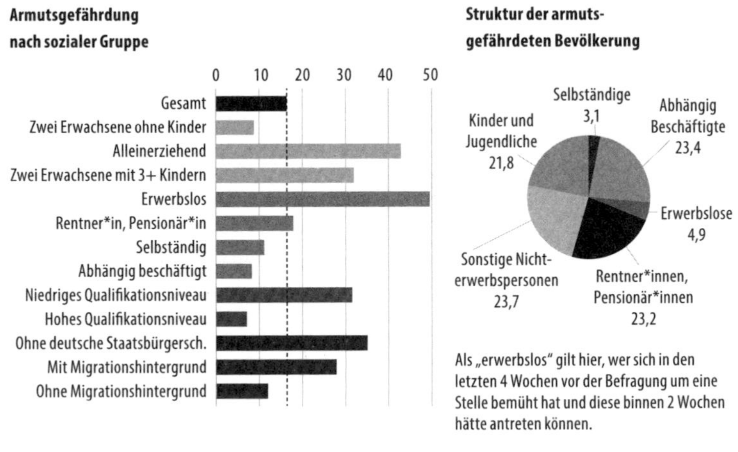

Quelle: Paritätischer Armutsbericht 2024. Daten aus 2022, in Prozent.

© ARBEITSGRUPPE ALTERNATIVE WIRTSCHAFTSPOLITIK MEMORANDUM 2025

Besonders von Armut betroffen sind Geringverdienende, Alleinerziehende, Arbeitslose, Migrant*innen, Kinder und zunehmend auch ältere Menschen. Mehr als ein Viertel der einkommensarmen Menschen ist erwerbstätig. Die Armutsquote für Frauen liegt gut einen Prozentpunkt über der der Männer. Jedes fünfte Kind (unter 18 Jahren) und jeder sechste ältere Mensch (ab 65 Jahren) sind hierzulande armutsgefährdet. Zudem ist jede*r zweite Erwerbslose arm.

Eine Studie des Paritätischen zeigt: wenn die Wohnkosten berücksichtigt und die tatsächlich frei verfügbaren Einkommen betrachtet werden, sind noch etwa fünf Millionen mehr Menschen von Armut betroffen als in der konventionellen Messung. Grund dafür ist die Belastung der Haushalte mit Wohnkosten, die in den letzten Jahren aufgrund steigender Mieten und Nebenkosten immer höher geworden ist und für viele längst eine Überlastung darstellt, also mehr als 40 Prozent des verfügbaren Einkommens auffrisst.

Ein armutsfester Sozialstaat muss die großen Lebensrisiken – Arbeitslosigkeit, Krankheit, Invalidität und Pflegebedürftigkeit – absichern. Die Schutzfunktion der Arbeitslosenversicherung war einst eine große Errungenschaft des Sozialstaats. Ein vergleichsweise hohes Arbeitslosengeld, eine lange Bezugsdauer und ein hoher Qualifikationsschutz sollten den Erwerbsarbeitszwang lindern. Dadurch sollte der strukturell schwächeren Verhandlungsposition der Beschäftigten auf dem Arbeitsmarkt sozialpolitisch entgegengewirkt werden. Die Hartz-Gesetze brachen mit dieser fortschrittlichen Tradition. Unter dem Hartz-Regime durften Erwerbslose keinen Job ablehnen, auch wenn dieser nicht ihrer Qualifikation entsprach oder unter Tarif bezahlt wurde. Wer bei diesem staatlich geförderten Lohndumping nicht mitspielte, riskierte massive Leistungskürzungen. So wurde Hartz IV zu einer entscheidenden institutionellen Stütze des heimischen Niedriglohnsektors. Die Hartz-Gesetze verschärften die Konkurrenz auf dem Arbeitsmarkt. Sie schwächten die Verhandlungsmacht der Beschäftigten und ihrer Gewerkschaften.

Die Ampel-Regierung hat Hartz IV durch das Bürgergeld ersetzt. Der Regelsatz wurde erhöht, die wurden Sanktionen abgeschwächt. Das neue Bürgergeld wurde von konservativ-liberalen Ökonom*innen und Politiker*innen scharf kritisiert. Im Mittelpunkt der Kritik stand dessen Höhe. Der angeblich zu geringe Lohnabstand reduziere die Arbeitsanreize, so die Behauptung. Deswegen erklärten CDU/CSU und FDP im Bundestagswahlkampf 2025, das Bürgergeld wieder abschaffen zu wollen.

Nach neoliberaler Auffassung sei dauerhafte Arbeitslosigkeit letztlich freiwillig und somit in aller Regel »individuell verschuldet«. Wer keine Arbeit hat, müsse nur bereit sein, für weniger Geld zu arbeiten, und finde dann auch einen Job. Das ist die Logik verschärfter Zumutbarkeitsregeln und niedriger Regelsätze. Arbeitslosigkeit ist aber kein Problem hoher Löhne, sondern zu geringer gesamtwirtschaftlicher Nachfrage. Spätestens seit John Maynard Keynes wissen wir, dass Arbeitslosigkeit nicht auf dem Arbeitsmarkt, sondern auf den Waren- und Gütermärkten entsteht. Arbeitslosigkeit ist eine Krisenerscheinung des kapitalistischen Wirtschaftssystems. Da helfen kein individuelles Fordern und Fördern, sondern nur wirtschaftspolitisches Krisenmanagement.

Steuer- und Arbeitspolitik der AfD

Im Herbst 2024 hat die AfD-Bundestagsfraktion ihren Vorschlag zur grundlegenden Reform des deutschen Steuersystems präsentiert. Ihre Kernforderungen bezüglich der Steuerreformen aus dem Antrag[a)] vom 15.10.2024 orientieren sich eng an den Reformvorschlägen des ehemaligen Verfassungsrichters Paul Kirchhof, dem sogenannten Kirchhof-Modell. Dieser gehörte zum Kompetenzteam der CDU-Kanzlerkandidatin Angela Merkel im Wahlkampfjahr 2005 und erregte mit seinen Äußerungen zur Besteuerung von Nachtzuschlägen von Krankenschwestern und Schichtarbeitenden Aufsehen. In einem ersten Schritt möchte die AfD das Ertragsteuerrecht neu regeln. Ein einheitlicher Ertragsteuersatz von 22 Prozent soll nicht überschritten werden. Bis zum Veranlagungsjahr 2030 soll nicht nur die Grundsteuer, sondern auch die Erbschaft- und Schenkungsteuer wegfallen. Das Steuermodell der AfD ist darauf angelegt, hohe Einkommen überproportional zu bevorzugen. Steuerpflichtige mit Jahreseinkommen über 150.000 Euro würden um fast acht Prozent entlastet, also um 10.000 Euro oder mehr im Jahr, während Geringverdienende nichts oder nur ein paar Euro mehr hätten.[b)] Vererbbares Vermögen, selbst im Wert von vielen Milliarden Euro, soll mit keiner gezielten Steuer zur Kasse gebeten werden.

Schon im Wahlprogramm zur Bundestagswahl 2021 forderte die AfD einen »Bürokratieabbau durch Entschlackung und Flexibilisierung des Arbeitsrechts«.[c)] Die antigewerkschaftliche Stoßrichtung dieser Position wird darin sichtbar, dass die Funktion der Sozialpartnerschaft konkret darin bestehen soll, die »betrieblichen Ziele zu erreichen«, und demnach nicht als Konfliktpartnerschaft gedacht wird. Die AfD sieht die betriebliche Mitbestimmung darin realisiert, dass Beschäftigte Unternehmensanteile erhalten, ansonsten drohe aus der sozialen Marktwirtschaft eine »asoziale Abwirtschaft« (Barthel 2024)[d)] zu werden. Gleichzeitig wirbt die AfD mit ihrer »aktivierenden Familienpolitik«[e)] für nach Kinderzahl gestaffelte Lohnsubventionen. Die Partei argumentiert, dass Eltern, die mehr Kinder großgezogen haben, früher in Rente gehen sollten, da sie einen größeren Beitrag zur Stabilisierung des Rentensystems geleistet hätten.

Die Einhaltung der Schuldenbremse wird von der AfD vehement verteidigt, obwohl ihre steuerpolitischen Vorschläge zu Mindereinnahmen von 100 Mrd. Euro (ZEW), nach Schätzungen von Stefan Bach vom DIW sogar 180 Mrd. Euro führen würden. Zudem befürwortet die Partei eine Reduzierung der weiblichen Erwerbsquote, welche den bestehenden Fachkräftemangel weiter verschärfen und zu Produktivitätseinbußen führen würde. Während die AfD in rassistischer Manier also Geflüchteten und Schutzsuchenden die Verantwortung für sämtliche gesellschaftliche Herausforderungen zuschreibt, sei es im Bildungswesen, auf dem Arbeitsmarkt, bei der Wohnungssuche oder im Gesundheitssystem, bieten ihre Reformvorschläge in Bezug auf Arbeits-, Sozial- und Steuerpolitik keine tragfähigen Alternativen.

a) Deutscher Bundestag (2024), BT-Drs. 20/13356: Antrag der Fraktion der AfD – Programm für Deutschland – Ein neuer Weg für die Ertragsteuern – Grundlegende Steuerreform zur Entlastung von Familien, Mittelstand und Unternehmen, 20. Wahlperiode, 15.10.2024.

b) ZEW-Gutachten – Reformvorschläge der Parteien zur Bundestagswahl 2025: Finanzielle Auswirkungen, Mannheim 2025.

c) Deutscher Bundestag (2024), BT-Drs. 20/13356: Antrag der Fraktion der AfD – Programm für Deutschland – Ein neuer Weg für die Ertragsteuern – Grundlegende Steuerreform zur Entlastung von Familien, Mittelstand und Unternehmen, 20. Wahlperiode, 15.10.2024.

d) Deutscher Bundestag (2024), Plenarprotokoll 20/179, Stenografischer Bericht der 179. Sitzung, 20. Wahlperiode, 28. Juni 2024.

e) Alternative für Deutschland (2020). Konzept zur Sozialpolitik. Alternative für Deutschland, 11. Bundesparteitag in Kalkar, 28./29. November 2020.

3.4 Was tun für eine gerechtere Verteilung?

Der Abbau von Ungleichheit und die Verbesserung der sozialen Lage benachteiligter Bevölkerungsgruppen müssen an den verschiedenen Ursachen und Ausprägungen der Ungleichheit zugleich ansetzen. Einkommen muss so weit wie möglich Gegenleistung für gesellschaftlich nützliche Arbeit oder Zuwendung aufgrund gesellschaftlich anerkannten Bedarfs sein, und Eigentum gegründet auf eigener Arbeit, nicht mehr wie jetzt in hohem Maße Resultat von ererbtem Reichtum und kapitalistischer Ausbeutung. Eigentlich wäre daher eine grundlegende, radikale Lösung des Problems der fortschreitenden Vermögenskonzentration als Grundlage der Einkommensungleichheit notwendig.

Dazu müsste das private Eigentum an großen Unternehmen, Immobilienbeständen und Landflächen aufgehoben und diese in Formen öffentlichen und gemeinwirtschaftlichen Eigentums unter demokratischer Kontrolle der Gesellschaft und insbesondere der dort Arbeitenden und Lebenden überführt werden. Die Entschädigung müsste unter den aktuellen Marktwerten liegen und sich weitgehend auf eine Kompensation der eingebrachten Vermögenswerte beschränken. Diese müssten dann im Folgenden durch eine Einschränkung der Verfügungsmöglichkeiten und eine entsprechende Besteuerung sehr großer Vermögen und ihrer Erträge sowie sehr großer Erbschaften (ohne die bisherigen Ausnahmen für Unternehmensvermögen) weiter auf ein sozial und demokratisch verträgliches Maß reduziert werden. So könnte auch die undemokratische politische Macht konzentrierten Kapitals zurückgedrängt werden. Allerdings sind solche grundlegenden Reformen absehbar nicht durchsetzbar.

Auf der Ebene der Eigentums- und Vermögensverhältnisse geht es daher darum, zumindest den weiteren Ausverkauf und die Privatisierung öffentlicher Infrastrukturen, Unternehmen und anderer Einrichtungen, Wohnungsbestände und Grundeigentums zu verhindern und das öffentliche und gemeinnützig gebundene Eigentum wieder auszubauen. Das muss verbunden werden mit staatlichen und kommunalen Regulierungen, Kontrollen und Begrenzungen gegen überhöhte Mieten, Gebühren und strategische Preise sowie mit einem Ausbau der Mitbestimmungsrechte der Beschäftigten und der Nutzer*innen. Das setzt Schranken gegen extreme Formen der kapitalistischen Ausbeutung und der Aneignung ökonomischer Renten (hier sind nicht Altersrenten, sondern hohe Gewinne aus monopolistischen Eigentumsrechten und Marktpositionen gemeint).

Notwendig sind Investitionsprogramme für die öffentlichen Schulen, Kitas und Hochschulen, für Krankenhäuser und Pflegeheime, bezahlbare Wohnungen, Bahn und öffentlichen Nahverkehr, öffentliche Gebäude und kommunale Infrastruktur, Stärkung der öffentlichen Daseinsvorsorge. Starke öffentliche und gemeinnützige und genossenschaftliche Anbieter sind ebenfalls wichtig, um zu verhindern, dass die Begrenzung privater Profite zu negativen Folgen aus Investitionsstreiks, Kapitalabzug usw. führt. Sie müssen bereit und in der Lage sein, bei Bedarf mit verstärktem eigenen Engagement zu reagieren, Angebote auszubauen, Wohnungen zu bauen usw. und so das kapitalistische Eigentum weiter zurückzudrängen, also den Trend etlicher zurückliegender Jahrzehnte wieder umzukehren.

Um die Stellung der arbeitenden Menschen in der Wirtschaft – das sind zu weit über 90 Prozent Arbeitnehmerinnen und Arbeitnehmer, aber es geht auch um ökonomisch faktisch abhängig arbeitende Selbstständige – zu stärken, sind ebenfalls politische Maßnahmen erforderlich. Dabei geht es zum einen um Schutzrechte und Mindeststandards. Der Erfolg des gesetzlichen Mindestlohns und seiner politisch durchgesetzten Erhöhung auf 12 Euro hat gezeigt, was hier möglich ist, ohne dass die von der Gegenseite an die Wand gemalten Beschäftigungseinbußen eingetreten wären. Notwendig ist eine umgehende Erhöhung auf 15 Euro, auch um Kaufkrafteinbußen durch Inflation auszugleichen. Dies entspräche dem Kriterium einer Höhe von 60 Prozent des Medianlohns der Vollzeitbeschäftigten, das in der EU-Mindestlohnrichtlinie verankert ist.

Kündigungsschutz, Arbeits- und Gesundheitsschutz, Schutz der Arbeitnehmerrechte beim Einsatz neuer digitaler Techniken, Mitbestimmung im Betrieb und im Unternehmen müssen gestärkt und geschützt werden – gegen deren Umgehung, etwa durch (europäische) Unternehmensrechtsformen. Die Rechte der Betriebs- und Personalräte müssen gestärkt und sie müssen besser gegen Aktivitäten geschützt werden, die ihre Arbeit behindern oder ihre Bildung verhindern sollen.

Zentral für die Verteilungsentwicklung und insbesondere für den Abbau von Ungleichheit und Benachteiligungen innerhalb der Klasse der abhängig Beschäftigten ist die Stärkung der Gewerkschaften und ihrer tariflichen Gestaltungsmacht. Die Tarifbindungsquote muss auch mit gesetzlichen Regelungen erhöht werden. Die Allgemeinverbindlicherklärung von Tarifverträgen muss erleichtert werden, auch ohne die Zustimmung der Arbeitgeberverbände, ihre Nachwirkung ausgeweitet werden. Ein Tariftreuegesetz muss auf Bundesebene sicherstellen, dass Aufträge des Staates und öffentlicher Einrichtungen nur noch an Unternehmen erfolgen, die die Tarifverträge beachten. Gewerkschaftsbeiträge sollten steuerlich besser berücksichtigt werden. Arbeitnehmerrechte und die Bedeutung von Gewerkschaften und Mitbestimmung müssen verpflichtender Lehrinhalt an allen Schulen sein.

Die Gewerkschaften selbst sollten ihre Anstrengungen zu einer solidarischen Lohnpolitik fortsetzen und weiterentwickeln. Das bedeutet weitere Anstrengungen zur überproportionalen Erhöhung geringer Löhne, etwa durch Sockelbeträge. Allerdings hat dies auch Grenzen, weil auch die Interessen der besser bezahlten Beschäftigtengruppen berücksichtigt werden müssen, deren Beteiligung zur erfolgreichen Durchsetzung der Forderungen notwendig ist. Auch weiterhin gibt es Bedarf zur Aufwertung bisher – relativ zur notwendigen Qualifikation und den Arbeitsanforderungen – unterbezahlter Tätigkeiten, die überwiegend von Frauen verrichtet werden. Die besonderen Bedürfnisse von Eltern und Pflegenden sollten stärker in Arbeitszeit-, Eingruppierungs- und Schutzregelungen berücksichtigt werden, um auch von dieser Seite die Vereinbarkeit von Familie und Berufstätigkeit, auch in Vollzeit oder vollzeitnah, zu erleichtern.

Wichtig sind verstärkte Bemühungen zur Qualifizierung bisher gering qualifizierter Gruppen und zu ihrer Eingliederung ins Erwerbsleben. Nur weitgehend kontinuierliche und sozialversicherungspflichtige und möglichst qualifizierte Erwerbstätigkeit bietet eine Perspektive, den Bereich des Armutsrisikos dauerhaft hinter sich zu lassen. Zugleich kann so der Bedarf an Fachkräften besser gedeckt werden. Dabei geht es einerseits um Weiterqualifizierung von Beschäftigten und von Erwerbslosen, andererseits um berufliche Ausbildung junger Menschen. Der Anteil junger Erwachsener ohne Berufsausbildungsabschluss ist in den letzten zwei Jahrzehnten, auch vor dem Hintergrund unzureichender Bewältigung der hohen Zuwanderung stark gestiegen und beträgt mittlerweile fast 20 Prozent. Ihre Arbeitslosenquote ist dreimal so hoch wie die die allgemeine, ihre Einkommen sind erheblich niedriger. Der DGB fordert eine Ausbildungsgarantie mit einer Umlagefinanzierung. Auch die Ausbildungsförderung für Menschen aus finanziell benachteiligten Familien muss verbessert werden.

Prekäre Beschäftigungsverhältnisse, die mit geringen Einkommen und wenig sozialer Absicherung verbunden sind, müssen durch reguläre Beschäftigungsverhältnisse ersetzt werden. Dazu müssen Befristungsmöglichkeiten eingeschränkt werden, Leihbeschäftigte mindestens den gleichen Lohn wie Stammbelegschaften bekommen, der Missbrauch von Werkverträgen stärker bekämpft werden. Die soziale Absicherung von Solo-Selbstständigen muss verbessert, ihre Einbeziehung in Tarifverträge erleichtert und Mindesthonorare durchgesetzt werden. Minijobs sind in sozialversicherungspflichtige Beschäftigung zu überführen, wobei die Arbeitgeber*innen möglichst die vollen Sozialbeiträge zahlen sollten.

Für eine bessere Vereinbarkeit von Kindererziehung oder Pflegetätigkeit mit Berufstätigkeit müssen Ganztags-Kitas und Ganztagsschulen bedarfsgerecht weiter ausgebaut und ihre Qualität und Personalausstattung verbessert werden. Angebote für ambulante Pflegedienstleistungen sowie sozial geregelte Haushaltsdienstleistungen sind auszuweiten.

Das Bürgergeld bzw. die Leistungen für Erwerbslose sowie die Grundsicherung im Alter dürfen nicht verschlechtert, sondern müssen verbessert werden und ein Existenzminimum sichern, das auch soziale Teilhabe ermöglicht. Um der zunehmenden Altersarmut entgegenzuwirken, darf das Niveau der gesetzlichen Rente nicht weiter sinken, sondern muss stabilisiert und erhöht werden. Das Arbeitslosengeld, das sich am vorherigen Nettolohn ausrichtet, muss wieder für längere Zeit gezahlt werden. Vorgelagerte Sozialleistungen wie Wohngeld (bei dem für eine zügigere Bearbeitung der Anträge gesorgt werden muss) und

Kindergeldzuschlag bzw. eine Kindergrundsicherung in hinreichender Höhe sollten dafür sorgen, dass möglichst wenige Erwerbstätige auf Grundsicherungsleistungen angewiesen sind.

Dass sich reguläre Erwerbstätigkeit auf jeden Fall lohnt, ist sicherzustellen durch höheren Mindestlohn, einen höheren Grundfreibetrag bei der Lohn- und Einkommensteuer. Als Ersatz für die bisherige Entfernungspauschale ist ein Mobilitätsgeld einzuführen, von dem alle Beschäftigten unabhängig von der Höhe ihres Lohns im gleichen Maße profitieren. Zur Gegenfinanzierung sind hohe Einkommen mit höheren Steuersätzen zu belegen. Der steuerliche Kinderfreibetrag, von dem Eltern mit hohen Einkommen profitieren, ist zugunsten eines erhöhten Kindergelds abzuschaffen. Die Einnahmen aus steigenden CO_2-Abgaben müssen mit einem sozial gestaffelten Klimageld zurückgegeben werden. Zusätzlich sind Hilfen für besonders betroffene Haushalte (mit geringen Einkommen, aber hohen Heiz- und Mobilitätskosten, insb. in ländlicheren Regionen) erforderlich.

4 Die deutsche Industrie hat Zukunft – wenn sie klimafreundlich wird

Vor wenigen Jahren war Klimafreundlichkeit noch Top-Thema, auch in der Wirtschaftspolitik. Zwar werden die Folgen des Klimawandels selbst in Europa immer spürbarer, doch politisch hat sich der Wind gedreht. Ob offen oder verdeckt, immer stärker wird in Teilen der Politik und Öffentlichkeit die Umwelt- und Klimapolitik zur Hauptursache für die aktuellen wirtschaftlichen Probleme erklärt. Für die gegenwärtige Schwäche des Industriestandorts Deutschland werden nicht nur – wie traditionell üblich – überdurchschnittlich starke Belastungen der Unternehmen durch Arbeitskosten und Unternehmensteuern zugunsten »sozialer Wohltaten« verantwortlich gemacht. In den immer bedrohlicheren Krisenszenarien wird jetzt vielfach mit demagogischen Schlagworten polemisiert, wie vermeintlich unrealistischen und kostentreibenden »Vorschriften aus Brüssel und Berlin«, einem dadurch entstandenen »Bürokratie-Monster«, einer »gescheiterten Subventionspolitik à la Habeck/Scholz« und einer »übereilten Energiewende«, die für hohe Strompreise verantwortlich gemacht wird. Zwar äußern sich Wirtschaftsverbände, Wirtschaftsforschungsinstitute und Führungskräfte großer Unternehmen teilweise differenzierter, doch in der Woge rechter Panikmache (die längst von Teilen der »politischen Mitte« aufgegriffen wurde) geht das unter.

Die deutsche Wirtschaftspolitik steht tatsächlich an einer historischen Wegmarke. Weitere Aufweichungen des Klimaschutzgesetzes und die Abschwächung umwelt- und klimapolitischer Maßnahmen Deutschlands und der EU würden die »Rettung des Industriestandorts Deutschland« dramatisch gefährden. Stattdessen ist eine radikale Wende erforderlich: Umwelt- und Klimaschutz sind keine Bedrohung für die deutsche Industrie, sondern die wichtigste Grundlage ihrer Revitalisierung, also sowohl Notwendigkeit als auch Chance. Die Industrie in Deutschland hat nur durch konsequente Hinwendung zu klimafreundlichen Produkten und Produktionsverfahren eine erfolgversprechende Zukunft, und dies funktioniert nur auf der Basis sicherer und guter Arbeitsplätze. Nur mit einer starken sozialen Flankierung bekommt Klimaschutz eine breitere gesellschaftliche Basis – dies ist die Schlüsselfrage für die bevorstehenden Umwälzungen. Denn die sozial-ökologische Transformation setzt voraus, das Ökologische und das Soziale als zwei Seiten derselben Medaille zu begreifen.

Dies ist der Grundgedanke des folgenden Kapitels. Zahlreiche Statements und Aktionen von Umweltverbänden und Gewerkschaften der letzten Jahre gehen in diese Richtung, und in den Memoranden der zurückliegenden Jahre wurden wesentliche Aspekte dieser Transformation analysiert.[1] Im Folgenden werden, gestützt auf diese Arbeiten, vor dem Hintergrund der aktuellen Trends einige »Großbaustellen« der Industrietransformation skizziert und besonders kontroverse politische Konfliktthemen hervorgehoben.

4.1 Zauderndes Umsteuern

Deutschland soll bis 2045 klimaneutral werden. Das Zwischenziel bis 2030 ist eine Reduzierung der Treibhausgasemissionen um rund zwei Drittel gegenüber dem Volumen von 1990. So sieht es das Klimaschutzgesetz vor, das im Juni 2021 unter dem Druck des Bundesverfassungsgerichts verschärft wurde. Drei Jahre danach wurde zwar die Verantwortung einzelner Ministerien für das Erreichen sektorspezifischer Ziele wieder abgeschafft, was (neben dem Bauministerium) vor allem für das Verkehrsministerium die gewünschte »Erleichterung« bietet. Doch die von der Bundesregierung zur Legitimierung dieser Entscheidung angeführte Erwartung, dass dies durch überdurchschnittliche CO_2-

1 In den MEMORANDEN der Jahre 2020 bis 2024 wurden Themen wie die Verkehrswende, die CO_2-Bepreisung, die Ressourceneinsparung, die Wasserstoffstrategie und die Wärmewende behandelt. Hinzu kamen acht im Auftrag der Memorandum-Gruppe und der Rosa-Luxemburg-Stiftung erstellte Studien eines Projekts zur sozial-ökologischen Transformation der Industrie, das von unserem 2023 leider viel zu früh verstorbenen Kollegen Axel Troost initiiert worden war (vgl. dazu das Literaturverzeichnis).

Reduzierungen anderer Sektoren kompensiert werden könne, ist bereits jetzt schon widerlegt, wie der Expertenrat der Bundesregierung für Klimafragen (2025) feststellt. Derartige Aufweichungen der Klimaschutzgesetzgebung schaden sowohl der Umwelt als auch der Wirtschaft.

Insgesamt sind die Treibhausgasemissionen in Deutschland in den zurückliegenden zehn Jahren deutlich zurückgegangen (vgl. Abbildung; zum Folgenden vgl. Expertenrat für Klimafragen 2025 und Agora Ener-

Entwicklung der Treibhausgasemissionen in Deutschland und Zielpfade der Emissionsreduzierung nach dem Klimaschutzgesetz in der Fassung von 2021

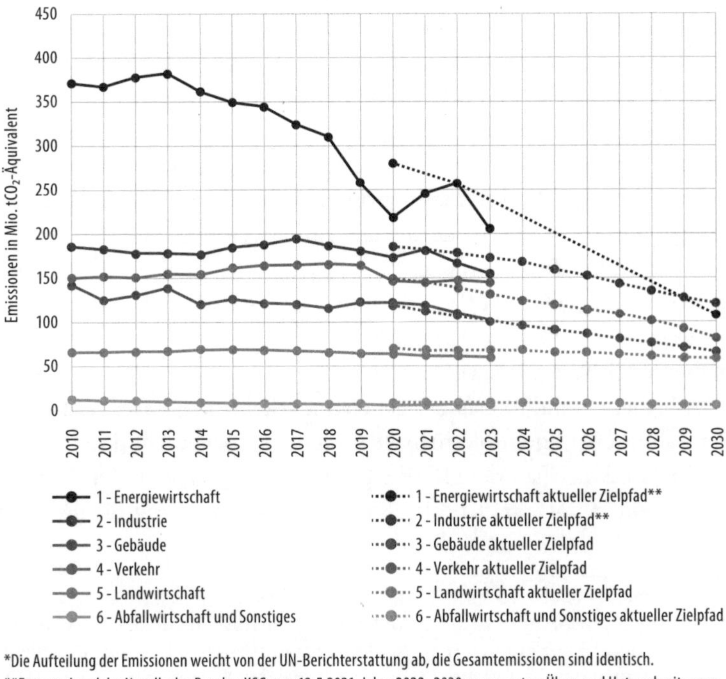

*Die Aufteilung der Emissionen weicht von der UN-Berichterstattung ab, die Gesamtemissionen sind identisch.
**Entsprechend der Novelle des Bundes-KSG vom 12.5.2021, Jahre 2022–2030 angepasst an Über- und Unterschreitungen.

Quelle: Umweltbundesamt (2024): Emissionsübersichten KSG-Sektoren 1990–2023, online: 2024_03_13_em_entwicklung_in_d_ksg-sektoren_thg_v1.0.xlsx

© ARBEITSGRUPPE ALTERNATIVE WIRTSCHAFTSPOLITIK MEMORANDUM 2025

giewende 2025). In allererster Linie ist dies der Energiewirtschaft auf Grund des – nach langen Verzögerungen – beschleunigten Ausbaus der erneuerbaren Energien zu verdanken, der den schrittweisen Ausstieg aus der Kohleverstromung ermöglicht.

Insgesamt gab es zwar auch in der Industrie – mit temporären Anstiegen wie zuletzt wieder 2024 – einen gewissen Rückgang, wozu in den Jahren 2021ff. die wirtschaftlichen Mehrfachkrisen nicht unerheblich beigetragen haben dürften. Doch der Anteil der Industrie an den gesamten Treibhausgasemissionen lag 2023 immerhin noch bei 23 Prozent. Und neben den geringen Emissionsreduzierungen des Gebäudesektors sticht der Verkehrssektor als drittstärkster Treibhausgasemittent hervor: 2023 stammten 21,1 % aller Emissionen vom Straßenverkehr. Die Automobilindustrie als einer der wichtigsten Industriesektoren Deutschlands trägt deshalb nicht allein oder primär durch den Produktionsprozess, sondern vor allem durch ihre Produkte und deren Einsatz massiv zu den Treibhausgasemissionen bei.

Die grundlegenden Strategien, die für das Erreichen der Pariser (und Brüsseler und Berliner) Klimaziele verfolgt werden müssen, wurden von den einschlägigen Forschungsinstituten mehrfach herausgearbeitet. Sie können vor allem drei Feldern zugeordnet werden: (1) Bereitstellung klimaneutraler Energieträger, (2) Steigerung der Energieeffizienz und (3) Minderung der Nachfrage nach Primärmaterialien, also Steigerung der Ressourceneffizienz (Samadi/Barthel 2020; zu weiteren Literaturangaben vgl. Witt 2022a).[2]

Alle diese Handlungsfelder gehen mit erheblichen wirtschaftlichen, technologischen, qualifikatorischen und räumlichen Umbrüchen einher und sind insbesondere für die Industrie hochrelevant. Der enorme Innovationsbedarf stellt zugleich eine Herausforderung für die deut-

2 Ein viertes Feld – Techniken der CO_2-Abscheidung und darunter insbesondere die sogenannte CCS-Technik zum unterirdischen Speichern von CO_2 – ist unter Fachleuten umstritten (Samadi/Barthel 2020, S. 34). In neueren Strategien einiger energieintensiver Unternehmen, aber v. a. in der politischen Debatte spielen sie jedoch eine zunehmend wichtige Rolle, und auf Bundesebene werden mittlerweile noch vorhandene rechtliche Hindernisse dafür abgebaut.

sche und europäische Industrie dar, auf diesen Gebieten mit China zumindest gleichzuziehen oder sogar eine internationale Avantgarderolle mit allen damit einhergehenden Konkurrenzvorteilen zu erringen. Ein entschlossenes Herangehen an die sozial-ökologische Transformation der Industrie bietet deshalb sowohl wirtschafts- als auch beschäftigungspolitisch große Chancen: »Die deutsche Industrie kann wesentlich dazu beitragen, das überlebenswichtige Ziel der Klimaneutralität zu erreichen« (IMK 2025, S. 3).

Vor diesem Hintergrund darf allerdings ein klimapolitisch ungewünschter Nebeneffekt von technologischen Innovationen und den dadurch ermöglichten Kosten- und Preissenkungen nicht aus dem Auge verloren werden: »Ungebremste Wachstums-, Lebensstil- und Reboundeffekte können einen Großteil des technisch erreichbaren Energiesparpotenzials wieder zunichtemachen« (Hennicke u. a. 2019, S. 115). Deshalb erfordert insbesondere die Steigerung der Ressourceneffizienz nicht allein die Förderung von Kreislaufwirtschaft und Recycling, die zunehmend wichtige Innovations- und Investitionsfelder werden. Mindestens ebenso wichtig ist die längere Nutzung von Konsumgütern, was nicht allein traditionellen Profitinteressen, sondern ebenso einem weit verbreiteten Lebensstil zuwiderläuft. Allein dieses Beispiel zeigt, dass »steuerungsbezogen absolutes Neuland« erkundet werden muss (ebd., S. 113).

Die klimapolitischen Ziele werden zwar von maßgeblichen Akteuren der Wirtschaft nicht mehr grundsätzlich in Frage gestellt, aber das Wie der Steuerung ist hochgradig umstritten. Erschwerend kommt hinzu, dass auf der politischen Bühne sowohl Deutschlands als auch der EU angesichts des Erstarkens der Rechtskräfte das Pendel in jüngster Zeit wieder teilweise zurückschlägt. Auf EU-Ebene ist dies umso bedenklicher, als es gerade die EU ist, die in den zurückliegenden Jahren besonders weitreichende Regulierungen beschlossen und Investitionsprogramme auf den Weg gebracht hat. Und der erneute Rückzug der USA aus dem Pariser Klimaabkommen macht ein Festhalten am Transformationskurs noch schwieriger. Der Trend, die Transformation der Wirtschaft als Belastung und nicht als Notwendigkeit und Chance darzustellen, dürfte sich deshalb absehbar weiter verstärken.

Vor dem Hintergrund dieses zunehmenden politischen Gegenwinds wird stärkerer Druck von Gewerkschaften, Umwelt- und Sozialverbänden und gesellschaftlichen Bewegungen für wirkungsvolle sozial-ökologische Weichenstellungen immer wichtiger. Dies zeigt der Blick auf drei Baustellen der sozial-ökologischen Transformation, die für das Zusammenspiel des Ökologischen mit dem Sozialen besonders relevant sind.

4.2 Großbaustellen der Transformation: Drei Konfliktfelder

Auffallend an den Transformationsprogrammen von Umweltverbänden, Gewerkschaften, aber auch Industrieverbänden sind zunächst breite Überschneidungen: so bei Forderungen nach staatlichen Investitionen in den Netzausbau und in die Versorgungssicherheit des zunehmend auf Erneuerbaren basierenden Energiesystems, nach der Schaffung einer Wasserstoffinfrastruktur, nach der Förderung neuer Schlüsseltechnologien und staatlichen Anreizen für Investitionen in sich erst mittelfristig rechnende Umwelttechnologien, nach massiven Investitionen in den Schienenverkehr und ÖPNV und nach der Schaffung stabiler EU-weiter Rahmenbedingungen für energieintensive Industrien wie »Carbon-Leakage«-Schutz und niedrigere Industriestrompreise (zu Letzterem vgl. das betreffende Kapitel in diesem Buch). Im Auftrag des Bundesverbands der Deutschen Industrie haben dazu die Boston Consulting Group und das Institut der Deutschen Wirtschaft eine breitgefächerte industriepolitische Agenda vorgelegt (Bundesverband der Deutschen Industrie 2024).

Wichtig ist aber zugleich, dass Gewerkschaften und andere gesellschaftliche Organisationen in zentralen politischen Fragen deutlich konsequentere Positionen als Regierungen oder Unternehmensverbände vertreten und diese auch angesichts des politischen Gegenwinds von rechts nicht aufgeben. Hervorzuheben sind hier auch gemeinsame Forderungsprogramme von Gewerkschaften und Umwelt- und Sozialverbänden, in denen die politischen Konsequenzen der Transformationsstrategien, also das *Wie* des Erreichens der Klimaziele, wesentlich klarer benannt werden.[3]

Die Bedeutung der Konfliktfelder, denen beim Herangehen an eine sowohl ökologische als auch soziale Transformation der Industrie nicht ausgewichen werden kann, wird im Folgenden an den Beispielen Infrastrukturpolitik, Industriepolitik und Arbeitspolitik skizziert.

Infrastrukturpolitik: Öffentliche Investitionen und öffentliche Haushalte

Die größte aktuelle Baustelle der Transformation ist die Infrastrukturpolitik. Sie ist das A und O sämtlicher Pläne zur Dekarbonisierung der Industrie und des Verkehrssektors.

Grundlegende Voraussetzung für alles ist eine weitere, massive Beschleunigung des Ausbaus der Stromerzeugung aus erneuerbaren Energien. Dabei ist zu bedenken, dass insbesondere in energieintensiven Branchen wie der Stahl-, Zement- und Chemieindustrie der Strombedarf erheblich steigen wird, da der Einsatz traditioneller Energiequellen wie Kohle und Erdgas weitgehend beendet werden muss (wobei der Kohleausstieg in Deutschland durch politische Entscheidungen und durch vorhersehbare Marktentwicklungen bislang weitgehend unstrittig ist, während die zukünftige Rolle von Erdgas noch von technologischen und politischen Unsicherheiten abhängt). Und da die Industrietransformation sowohl die Produktionsprozesse als auch die Produkte umfassen muss, ist daran zu erinnern, dass nicht zuletzt auch die Elektromobilität oder auch der Einsatz von Wärmepumpen zum erheblich steigenden Strombedarf beitragen werden.

Weitere Treiber des Strombedarfs sind rapide wachsende Rechnerkapazitäten sowie der Wasserstoff, dessen Einsatz in den energieintensiven Industrien eine Schlüsselrolle spielen wird – sowohl als

3 Zu den Forderungen der Bündnisse vgl. IG Metall und BUND (2020), AWO et al. (2021), ADFC et al. (2024). Zu gewerkschaftlichen Positionierungen vgl. u. a. IG Metall (2021), IG Metall (2024a), Stiftung Arbeit und Umwelt der IG BCE (2024), Deutscher Gewerkschaftsbund (2024a). Zum Konzept der IG Metall als »Treiberin der Transformation« vgl. Albrecht/Luz (2023).

Energieträger wie in der Stahlindustrie als auch als Rohstoff wie in der Chemieindustrie (Witt 2022b). Die Herstellung von Wasserstoff wie auch der Transport von importiertem Wasserstoff bzw. seinen Derivaten erfordern einen hohen Energieeinsatz, der die Notwendigkeit einer raschen Steigerung der emissionsfreien Energieversorgung noch dringlicher macht. Bei alledem ist zu berücksichtigen, dass die Produktionskapazitäten für grünen Wasserstoff im In- und Ausland erst noch geschaffen werden müssen (Witt 2024a).

Der Hochlauf von Wasserstoff erfordert also sowohl den Hochlauf erneuerbarer Energien als auch den Netzausbau für Strom *und* Wasserstoff. Der Netzausbau auf beiden Feldern erweist sich immer mehr als ein neuralgischer Punkt und muss in kürzester Frist vorangetrieben werden. Dasselbe gilt für die rasche Verfügbarkeit großer Speicheranlagen wegen der schwankenden Verfügbarkeit von grünem Strom einschließlich temporärer Überschüsse – ein zentrales Thema der Energiewende.

All dies setzt nicht allein erhebliche Investitionen in die dafür erforderliche Infrastruktur voraus, sondern geht in einer Übergangsphase, deren Dauer bislang schwer zu bestimmen ist, auch mit hohen zusätzlichen Kosten der Unternehmen vor allem in den am stärksten von der Energiewende betroffenen Branchen einher. Deshalb erlebt Industriepolitik eine Renaissance, auf die wir im folgenden Abschnitt zurückkommen. Zunächst zu der übergreifenden und besonders konfliktträchtigen Herausforderung beim Infrastrukturausbau, der dafür notwendigen öffentlichen Investitionen und deren Finanzierung.

Das im März 2025 per Grundgesetzänderung ermöglichte Sondervermögen von bis zu 500 Mrd. Euro für zwölf Jahre ist ein erster wichtiger Schritt zur Bewältigung dieser Herausforderung. Dennoch ist realistisch im Auge zu behalten, dass die verschiedenen Schätzungen des öffentlichen Investitionsbedarfs immer noch deutlich darüber hinausgehen. So wurden in der gemeinsam vorgelegten Analyse des Instituts für Makroökonomie und Konjunkturforschung (IMK) der Hans-Böckler-Stiftung und des Instituts der Deutschen Wirtschaft (IW) »als konservative Schätzung für die derzeit noch bestehenden zusätzlichen öffentlichen Investitionsbedarfe über die kommenden zehn Jahre«

knapp 600 Mrd. Euro angegeben (Dullien et al. 2024). Breiter gefasste Berechnungen, die das gesamte Ausgabenspektrum für Klimaschutz und sozial-ökologische Transformation einschließlich Industriepolitik oder auch Subventionen für den Netzausbau umfassen, kommen sogar auf 80 bis 90 Mrd. Euro *pro Jahr* (Dezernat Zukunft 2024a; Witt 2024b). Dass derart massive Neuinvestitionen nicht zuletzt mit Hilfe öffentlicher Kreditaufnahme finanziert werden müssen, hat auch Michael Hüther, Direktor des Instituts der deutschen Wirtschaft, hervorgehoben: »Investitionen in die Transformation der Wirtschaft werden vor allem den künftigen Generationen nutzen. Deshalb halte ich es für legitim, wenn die künftigen Generationen auch an der Finanzierung beteiligt werden« (Handelsblatt 28.11.2023).

Diese Problematik wird die öffentlichen Auseinandersetzungen auch nach den Grundgesetzänderungen vom März 2025 weiterhin dominieren. Denn trotz des neuen Sondervermögens bleibt die »Schuldenbremse« das größte Hindernis für das Schultern der finanziellen Anforderungen im Zuge der sozial-ökologischen Transformation auf Bundes-, Länder- und kommunaler Ebene. Grundsätzlich erforderlich wäre die Einführung der »goldenen Regel« zwecks Erleichterung der dringend benötigten Nettoinvestitionen in die klimapolitisch relevante Infrastruktur (vgl. dazu das Finanzpolitik-Kapitel in diesem Buch sowie Hickel 2024). Durch den neu eingeführten Ausnahmestatus von Rüstungsausgaben droht dagegen die Gefahr, dass Aufrüstung de facto der Vorrang vor der sozial-ökologischen Transformation eingeräumt wird. Die unterschiedliche Gewichtung – Herausnahme des größten Teils der Rüstungsausgaben aus der Schuldenberechnung einerseits, ein auf zwölf Jahre begrenztes Sondervermögen andererseits – widerspiegelt eine nicht akzeptable politische Prioritätensetzung.

Hinzu kommen die reaktivierten Fiskalregeln der EU, die nicht zuletzt auf Druck deutscher Regierungen immer noch deutlich restriktiver sind als es für eine Fortführung des »Green Deal« sinnvoll gewesen wäre: »Europas fiskalische Zwangsjacke ist das Haupthindernis für das Erreichen der Dekarbonisierungsziele für 2030 des European Green Deal« (Galgóczi 2024, S. 6). Dullien et al. (2024, S. 11) betonen deshalb: »Es reicht daher nicht aus, allein die Schuldenbremse zu reformieren. Es sollten auch bei den europäischen Regeln die Möglichkeiten der Kreditfinanzierung von öffentlichen Investitionen ausgeweitet werden«.[4]

Vor diesem Hintergrund wird deutlich, dass auch nach den Grundgesetzänderungen die zahlreichen Vorschläge zur Reform oder zumindest Abschwächung der Schuldenbremse auf der Tagesordnung bleiben müssen. Dies gilt nicht zuletzt für die gewerkschaftlichen Forderungen nach kreditbasierten Klimafonds (Deutscher Gewerkschaftsbund 2024a; IG Metall 2024a; vgl. dazu auch den folgenden Abschnitt).

Derartige Fonds werden auch auf der Ebene der Bundesländer und der Kommunen eine immer größere Bedeutung erlangen. Denn selbst wirtschaftlich erfolgreiche Regionen – von hochgradig gefährdeten ganz zu schweigen – benötigen wesentlich stärkere regionale und kommunale Finanzen. Dies wird z. B. an einem im Auftrag des DGB-Bezirks Baden-Württemberg erstellten Überblick über den Umfang der Investitionsdefizite in diesem industriell geprägten Bundesland deutlich.[5] Nur im Saarland ist es bisher gelungen, einen regionalen Transformationsfonds zu installieren und vor Klagen zu schützen.[6] Die im März 2025 beschlossenen Grundgesetzänderungen erweitern jetzt zwar in gewissem Umfang den finanziellen Spielraum der Bundesländer, bleiben aber immer noch weit hinter deren Bedarfen zurück.

4 An der Dringlichkeit dieser Forderungen ändert auch die Tatsache nichts, dass die EU-Fiskalregeln sehr komplex sind. So zitieren Dullien et al. (2024, S. 11) die Einschätzung der Deutschen Bundesbank zu den Verschuldungsgrenzen (»Selbst mit hohem Aufwand können Dritte kaum nachvollziehen, wie die letztlich vereinbarten Grenzen zustande kamen und ob sie eingehalten wurden.«). Relevant ist vor allem der politische Druck, der mit ihrer Hilfe ausgeübt werden kann.

5 DGB Baden-Württemberg: Exzellenz kommt nicht von alleine. Öffentliche Investitionsbedarfe und deren Finanzierung in Baden-Württemberg, 18.10.2024, https://bw.dgb.de.

6 Im Oktober 2024 gelang ein Kompromiss zwischen Landesregierung und CDU, den saarländischen Transformationsfonds insbesondere zur Förderung von grünem Stahl und Wasserstoff bis mindestens Ende 2027 fortzuführen (Staatskanzlei Saarland: Einigung zum Transformationsfonds, 28.10.2024, www.saarland.de/stk/DE/home).

Insgesamt ist festzuhalten, dass die Grundgesetzänderungen vom März 2025 nach langen Jahren der politischen Blockade einerseits die Tür zu einer aktiveren staatlichen Transformations-Investitionspolitik ein Stück weit geöffnet haben. Doch andererseits droht ein verfassungsrechtlich gestützter Sonderstatus der Aufrüstung, dem sich alle öffentlichen Investitions- und Sozialausgaben unterzuordnen haben. Dies gilt es zu verhindern. Die Tür zu öffentlichen Investitionen in die klimapolitisch relevante Infrastruktur darf nicht wieder zugeschlagen, sondern muss noch weiter geöffnet werden, damit die sozial-ökologische Transformation gelingen kann.

Zu bedenken ist aber darüber hinaus, dass der Ausbau der öffentlichen Infrastruktur – z. B. für die Verkehrswende, aber noch mehr für den Bildungssektor, und zwar angefangen bei den Kitas, in denen die Weichen für die qualifizierten Arbeitskräfte von morgen gestellt werden – nicht allein Sachinvestitionen voraussetzt, sondern auch wesentlich höhere permanente Personalausgaben nach sich zieht. Dies bedeutet, dass – anders als im vorherrschenden öffentlichen Diskurs – die sozial-ökologische Transformation der Industrie keineswegs ein reines »Industriethema« ist, sondern ganz wesentlich mit der Entwicklung des (v. a. öffentlichen) Dienstleistungssektors zusammenhängt und durch dessen Expansion und Verbesserung sogar erst ermöglicht wird. Hinzu kommen jene Staatsausgaben, die für die soziale Abfederung von mit der Transformation einhergehenden Kosten für viele Privathaushalte mit niedrigen und mittleren Einkommen nötig sind. Um all dies zu schultern, sind umverteilungsbasierte Steuerreformen notwendig, wie sie nicht zuletzt von den Gewerkschaften gefordert werden (vgl. dazu das Finanzpolitik-Kapitel in diesem Buch).

Zusammenfassend lässt sich festhalten, dass die Transformation im Allgemeinen und die der Industrie im Besonderen mit einer Wende in der staatlichen Haushaltspolitik steht und fällt. Je länger die notwendige Finanzierung hinausgezögert wird, desto höher werden in Zukunft die menschlichen und wirtschaftlichen Kosten. Dies betrifft nicht zuletzt die Lebens- und Beschäftigungsperspektiven der Beschäftigten (und ihrer Kinder!), für deren soziale Sicherheit im Wandel sich die Gewerkschaften heute einsetzen. Auch hier gilt: Entschlossene öffentliche Finanzierung des Kurswechsels in Richtung Transformation ist keine Belastung, sondern sowohl eine Notwendigkeit als auch eine Chance.

Eng damit verknüpft ist das zweite große Konfliktthema: die Industriepolitik.

Industriepolitik: Marktregulierung und bedingungsgebundene Subventionen

Neben den öffentlichen Finanzen ist die Industriepolitik das am stärksten in der deutschen Öffentlichkeit diskutierte wirtschaftspolitische Thema. Von großer medialer und lobbypolitischer Bedeutung ist die unermüdlich vorgetragene Forderung nach der Schaffung langfristig verlässlicher regulatorischer Rahmenbedingungen durch EU und Bundesregierung. So heben deutsche Industrieverbände nicht zu Unrecht immer wieder die notwendige »Planungssicherheit« hervor, die für mittel- bis längerfristige Investitionsentscheidungen erforderlich ist. Allerdings versuchen sie gleichzeitig, in wichtigen Bereichen verbindliche Marktregulierungen zu blockieren, die allein eine solche Planungssicherheit ermöglichen können.

Ein markantes Beispiel ist die Kampagne gegen das für 2035 vorgesehene Ende der Zulassung von Verbrennerfahrzeugen in der EU. Unter dem Schlagwort »Technologieoffenheit« soll diese Richtlinie aufgeweicht oder auf unbestimmte Zeit verschoben werden. In ihrem »11 Punkte«-Forderungspapier »für ein modernes, innovatives und gerechtes Industrieland« hat die IG Metall (2024a) demgegenüber festgestellt: »Immer neue Debatten über Ausstiegsdaten und Grenzwerte helfen uns nicht weiter. (…) Ein Zick-Zack-Kurs gefährdet die Arbeitsplätze der Branche – und im Übrigen auch die Zukunft weiterer Branchen wie dem Maschinenbau. Stattdessen fordern wir vom Staat und von den Unternehmen: endlich die notwendigen Rahmenbedingungen und Voraussetzungen für den Hochlauf der Elektromobilität schaffen! (…) Wir brauchen eine mutige Modellpolitik. Bezahlbare E-Autos sind gefragt.«

Die wirtschaftliche Quittung für diesen Zick-Zack-Kurs und das Fehlen einer mutigen Modellpolitik mit bezahlbaren E-Autos kommt aus China mit seinem rasanten Hochlauf der Elektromobilität, bei dem europäische und v. a. deutsche Hersteller dramatisch abgehängt werden (Boewe/Schulten 2024; Lawitzke/Roßmann 2024). Als »Elektro-Debakel in China« bezeichnet das Handelsblatt (5.2.2025) die anhaltenden Absatzrückgänge insbesondere der Premiummarken »auf dem boomenden chinesischen Elektroautomarkt«. Dabei erweist sich die Fokussierung deutscher Hersteller auf große, schwere und teure Pkw nicht allein immer mehr als Konkurrenznachteil gegenüber chinesischen Anbietern, sondern verringert auch die potenzielle CO_2-Reduktion durch Elektromobilität (Expertenrat für Klimafragen 2025, S. 68). Und da es bei der Verkehrswende »um mehr als den Antrieb geht« (Blöcker 2022b), heben Krull/Candeias (2024) hervor, dass »viel Arbeitskraft für den Ausbau des öffentlichen Verkehrs mit Straßenbahnen, Zügen, E-Bussen etc.« benötigt werde, doch »die Produktionskapazitäten dafür fehlen in Deutschland.« Die IG Metall (2024a) bringt das so auf den Punkt: »Mobilität bedeutet für uns die bestmögliche Kombination von Auto, Bus, Bahn und anderen Verkehrsmitteln – in der Stadt wie auf dem Land. Von zentraler Bedeutung: deutlich höhere Investitionen in den Ausbau des öffentlichen Nahverkehrs und in das Schienennetz.«

Das Beispiel Mobilitätswende unterstreicht die Bedeutung einer Kombination von auf Nachhaltigkeit zielenden öffentlichen Investitionen mit starken ordnungsrechtlichen Regulierungen für die Lenkung und Beschleunigung privatwirtschaftlicher Investitionen und Innovationen. Eine derartige transformative Industriepolitik schafft jene Planungssicherheit, die Unternehmen für die Entwicklung wettbewerbsfähiger Produkte auf den Märkten der Zukunft brauchen. Auch die höhere CO_2-Bepreisung per Mengensteuerung im EU-Emissionshandel, die zunächst gegen jahrelangen Lobbydruck durchgesetzt werden musste und dann schrittweise verschärft wurde, ist eine solche Marktregulierung (Fritz 2022; Witt 2022a). Jetzt, wo sie etabliert ist, wird von neoliberaler Seite der Eindruck erweckt, mit Hilfe steigender CO_2-Preise könnte die gesamte Klimapolitik über den Markt gesteuert werden, und Ordnungsrecht sei dabei nur hinderlich. Einen eindrucksvollen Gegenbeweis bietet das zur Bekämpfung des sogenannten Ozonlochs eingeführte FCKW-Verbot (Max-Planck-Gesellschaft 2024). Es wurde auf der Grundlage des 1989 vereinbarten internationalen

Protokolls von Montreal von etlichen Staaten in den 1990er Jahren gesetzlich verankert und erzwang damit technologische Innovationen der Industrie.

Ähnlich gilt auch heute: Ohne die bei vielen verhassten »staatlichen Vorgaben« oder »Bevormundungen« werden die für das Erreichen der Klimaziele von Paris, Brüssel und Berlin erforderlichen technologischen Innovationen nicht rechtzeitig und nicht im notwendigen Tempo entwickelt. Zugleich sollten Unternehmen in Regionen mit schärferen Regulierungen möglichst wenig internationale Wettbewerbsnachteile erleiden – nicht zuletzt aus klimapolitischen Gründen. Ein noch unvollkommener Versuch, diesem Problem zu begegnen, ist der schrittweise eingeführte Grenzausgleichsmechanismus (CBAM) auf EU-Ebene, der Einfuhrzölle an den CO_2-Fußabdruck importierter Waren knüpft (Fritz 2022).

Nicht Markt *statt* Ordnungsrecht, sondern Markt *und* Ordnungsrecht ist also die Devise. Eines von vielen Beispielen einer innovationsfördernden, Planungssicherheit gebenden Marktregulierung ist die Schaffung »grüner Leitmärkte« z. B. durch verbindliche Quoten für »grünen Stahl« in der Automobilindustrie, und generell für ein breites Produktspektrum in der öffentlichen Beschaffungspolitik. So weist das IMK (2025, S. 13) darauf hin, dass durch eine »ordnungsrechtliche Verpflichtung grüner Produkte« zwar anfangs die Kosten für Grundstoffe steigen würden, aber klimafreundlicher Stahl z. B. Neuwagen lediglich um wenige hundert Euro teurer machen würde (zu Berechnungen für den Gebäude- und Kfz-Sektor vgl. Agora Industrie 2024).

Die Lenkung privatwirtschaftlicher Investitionen muss jedoch durch gezielte Fördermaßnahmen ergänzt werden. In wichtigen Industriesektoren entstehen erhebliche zusätzliche Investitions- und Betriebskosten, die in vielen Fällen erst nach mehreren Jahren mit steigenden Einnahmen gedeckt werden können. Diese Markthochlaufkosten sind häufig vor allem für kleine und mittlere Unternehmen, in einzelnen Fällen aber selbst für große Konzerne ohne staatliche Unterstützung nicht zu bewältigen. Äußerst relevant ist dies u. a. für die Stahlindustrie, für die Förderung von Produkt- und Technologieinnovationen in der Kfz-Zulieferindustrie oder von regionalen Wasserstoffnetzen in energieintensiven Industrieclustern, und nicht zuletzt für das Voranbringen der Kreislaufwirtschaft. Um sozial belastende Preissteigerungen zu begrenzen und die internationale technologische Wettbewerbsfähigkeit von Unternehmen auf Transformationskurs zu stärken, können gezielte und temporäre Kostenentlastungen eine wichtige Rolle spielen (zu der hier prominenten Debatte über »Industriestrompreise« vgl. das betreffende Kapitel in diesem Buch sowie den nachfolgenden Kasten zur Stahlindustrie).

Der voraussetzungsreiche Weg zu grünem Stahl

Der Stahlstandort Deutschland steht am Scheideweg. Zur Dekarbonisierung der Stahlproduktion gibt es keine Alternative. Die Stahlproduktion trägt rund ein Drittel zu allen deutschen Industrieemissionen bei. Die bisherige kohlebasierte Primärerzeugung von Rohstahl (die Hochofenroute, in der Koks zur Reduktion des Sauerstoffs im Eisenerz eingesetzt wird) hat daran den größten Anteil und steht im Umbauprozess im Vordergrund. Auch die Sekundär-route der Stahlproduktion trägt mit ihren sehr stromintensiven Elektrolichtbogenöfen zu den hohen Treibhausgasemissionen der Stahlbranche bei, da diese bisher noch nicht ausreichend mit grünem Strom betrieben werden. Die Umstellung der Primärroute auf Direktreduktionsanlagen setzt (nach einer noch nicht bestimmbaren Übergangsphase mit großen Mengen an Gas) die ausreichende Verfügbarkeit von grünem Wasserstoff voraus, der in neuen Elektroanalyse-anlagen mit sehr hohem Energieaufwand erzeugt oder importiert werden muss. Die Stahlwende steht und fällt also mit der Energiewende.

Die Stahlbranche ist mit ca. 80.000 Beschäftigten an 25 Standorten in Deutschland (davon mit acht Primärproduktion- und 17 Sekundärproduktion-Werken) sowohl beschäftigungs- als auch regionalpolitisch relevant, da sie räumlich auf NRW (elf), das Saarland (vier) und Niedersachsen/Bremen/Hamburg (sechs Standorte) konzentriert ist. Als Grundstoffindustrie ist sie eine wichtige Basis für sehr viele industrielle Wertschöpfungsketten, die gemeinsam mit stahlintensiven Abnehmern und Vorleistern für 23 % des Produktionswertes, 17 % der Wertschöpfung und 12 % der Arbeitsplätze der Gesamtwirtschaft in Deutschland stehen. Zudem wird in roheisenerz- und schrottbasierten Stahlöfen ein nahezu völlig recycelbarer Rohstoff hergestellt, was ihn für den Eintritt in eine umfangreiche Kreislaufwirtschaft (im Gegensatz zu Kunststoffen etc.) besonders prädestiniert und neue Beschäftigungsfelder eröffnet. Wichtig ist auch das Positivsummenspiel zwischen dem weiteren Ausbau von regenerativer Energie, den dafür erforderlichen Übertragungsnetzen, dem Aufbau von Wasserstoffnetzen und den für all dies benötigten Stahlprodukten. Nicht zu vergessen ist schließlich die arbeitspolitische Seite: Die Stahlbranche ist die einzige mit paritätischer Mitbestimmung (teilweise auch mit Landesbeteiligungen wie in Salzgitter und im Saarland), und sie verfügt über ein hohes Qualifikationsniveau ihrer Belegschaften – ein nicht zu unterschätzender Standortvorteil nicht nur im internationalen Wettbewerb, sondern auch für die Vorreiterrolle beim Aufbau einer »grünen« Stahlproduktion.

Die industriepolitische Herausforderung liegt zum einen in der Beschleunigung der an beschäftigungspolitische Bedingungen geknüpften staatlichen Unterstützung. Obwohl bereits sieben Milliarden Euro Förderung durch Bund und Länder von der EU genehmigt wurden, fehlen noch viele konkrete Zusagen, um mit dem Umbau schnell voranzukommen. Zum anderen hängt vieles an den staatlich beeinflussbaren Rahmenbedingungen: Netzausbau, Energiekosten, EU-Grenzausgleichsmechanismus (CBAM), weitere Carbon-Leakage-Regulierungen, grüne Leitmärkte (über Mindestabnahmequoten für Stahlabnehmer) und, vor dem Hintergrund der weltweiten Überkapazitäten, mehr und mehr auch an der Welthandelspolitik.

An dem zuletzt genannten Beispiel zeigt sich zugleich, wie sehr die Renaissance der Industriepolitik mit der Frage verknüpft – und teilweise schon auf diese Frage reduziert – wird, wie die deutsche Wirtschaft in der internationalen Konkurrenz gestärkt werden kann. Ähnliches ist auf EU-Ebene zu beobachten, wo mit dem Draghi-Bericht eine breit angelegte industriepolitische Strategie zur Stärkung der Wettbewerbsfähigkeit entwickelt wurde (European Commission 2024). Hervorzuheben ist jedoch, dass Wettbewerbsfähigkeit und Dekarbonisierung im Draghi-Bericht ausdrücklich als eng miteinander verknüpft betrachtet werden, und dass zur Finanzierung – unter Verweis auf das 2026 auslaufende Next Generation EU-Programm – die Verstetigung gemeinsamer Staatsanleihen auf EU-Ebene vorgeschlagen wird. Vor diesem Hintergrund ist es deshalb besonders wichtig, dass auch in der deutschen Diskussion der Kern der Herausforderungen – Wettbewerbsfähigkeit *durch* Nachhaltigkeit – nicht aus dem Fokus gerät. Nur dann sind präzise angelegte öffentliche Subventionen möglich und sinnvoll.

Hier stellt sich zunächst die Frage, wo Subventionen unter umweltpolitischen Gesichtspunkten gekürzt werden können und müssen. Wegweisend ist hier das Konzept des Umweltbundesamts (2021), umweltschädliche Subventionen sozial flankiert abzubauen. Diese werden – Stand 2018 – auf ca. 65 Mrd. Euro pro Jahr beziffert, so dass als sinnvoller Nebeneffekt zugleich erheblicher finanzieller Spielraum für umweltförderliche Subventionen entstünde.

Die zweite und mindestens ebenso konfliktträchtige Frage ist, an welche Bedingungen die öffentliche Subventionierung von Unternehmen geknüpft werden soll (zu verschiedenen internationalen Beispielen für die Umsetzung des Konzepts der »Konditionalität« vgl. Mazzucato/Rodrik 2023). Ein wichtiger Schritt in diese Richtung waren die Klimaschutzverträge, die das Bundeswirtschaftsministerium im Herbst 2024 in einer ersten Ausschreibungsrunde vergeben hat. Die Förderrichtlinie sah vor, dass Antragsteller »ein tragfähiges Konzept zum Standorterhalt und zur Beschäftigungsentwicklung in Bezug auf das transformative Produktionsverfahren« vorlegen müssen, und zwar sofern möglich auf der Basis einer Vereinbarung mit dem Betriebsrat oder der Tarifvertragspartei oder mit deren Stellungnahme (BMWK 2024). Genau wegen dieser Konditionalität dürfte das weitere Schicksal dieses Vorgehens einstweilen offenbleiben.

Umso wichtiger ist das öffentliche Insistieren gesellschaftlicher Akteure auf verbindlichen sowohl ökologischen als auch sozialen Bedingungen der Mittelvergabe. Dass die Gewerkschaften v. a. die soziale Seite hervorheben, liegt nahe. So fordert die IG Metall (2024a) »klare Regeln: Förderung nur gegen Tarifbindung, Standort- und Beschäftigungssicherung, Weiterbildung und Ausbildungsplätze!« In dieselbe Richtung zielen die Forderungen der europäischen Gewerkschaften nach einer Reform des – dringend weiterzuführenden – Investitionsprogramms »Next Generation EU«, in dem die Einhaltung sozialer Standards und die Einbeziehung der Gewerkschaften verpflichtend gemacht werden müsse (ETUC 2024). Das – hochgradig gefährdete – Inflation Reduction Act (IRA)-Programm in den USA, das die Steuererleichterungen bei klimapolitisch wichtigen Investitionen an soziale Bedingungen wie Ausbildung, faire Löhne und Gewerkschaftsrechte geknüpft hat, bietet hier wertvolle Anregungen. Das massive Wachstum z. B. der Batterieproduktion in den USA zeigt, welche Wirkungen mit derart gezielten und bedingungsgebundenen Steuererleichterungen erreicht werden können (Bauermann et al. 2024). Der Leitgedanke ist immer ähnlich: Gute Arbeit als Grundlage für internationale Wettbewerbsfähigkeit *durch* klimafreundliche Produktion und Produkte.

Die oben erwähnten Klimafonds bieten Möglichkeiten der institutionellen Verankerung derartiger bedingungsgebundener Subventionen. So schlagen das Institut für Makroökonomie und Konjunkturforschung (IMK) und die Stiftung Arbeit und Umwelt der IG BCE (Stiftung Arbeit und Umwelt u. a. 2021) in ihrem Konzept eines kreditfinanzierten Transformationsfonds vor, der Beteiligungen des Bundes mit Blick auf klimafreundliche Technologien, Produktionsprozesse und Produkte bündelt und Großinvestitionen in ausgewählten Industriesektoren fördern soll. Durch die Beteiligung könne der Bund zukünftig an Renditen partizipieren und ein Beteiligungsvermögen aufbauen.[7]

7 In dieselbe Richtung argumentierte vor 45 Jahren (und auch danach immer wieder) die *Arbeitsgruppe Alternative Wirtschaftspolitik* (1980, S. 240f.):

Ein wichtiges, aktuell brennendes Beispiel für den Nutzen dieses Herangehens ist der Ausbau des Stromübertragungsnetzes. So zeigt das Dezernat Zukunft (2024b), wie sehr dabei durch eine Ausdehnung der staatlichen Beteiligung die Finanzierungskosten und die zukünftigen Netzentgelte gesenkt werden können. Das IMK (2024, S. 13) plädiert ebenfalls für eine solche Lösung und weist darauf hin, dass damit auch »den Anbietern in kommunalem Besitz der Ausbau erleichtert« würde und zudem »das öffentliche Vermögen zukünftiger Generationen« wachse.

Diese Überlegungen sind von grundsätzlicher und strategischer Bedeutung: »Eine direkte Beteiligung oder Finanzierung des Bundes in Schlüsselindustrien hat (…) den Vorteil, dass ein direkter Einfluss auf die Umsetzung von Klima- und Nachhaltigkeitszielen genommen werden und beispielsweise eine aktive Beteiligung der Gewerkschaften unterstützt werden kann« (Stiftung Arbeit und Umwelt u. a. 2021, S. 5).

Dies verweist zugleich auf die Bedeutung des dritten großen Konfliktfeldes, der Arbeitspolitik.

Arbeitspolitik:
Transformation durch Gute Arbeit

Die soeben genannten Beispiele für Konditionalitäten in der Subventionsvergabe zeigen, wie Industriepolitik und Arbeitspolitik miteinander verzahnt werden können. Die soziale Bedeutung einer solchen Verzahnung ist offensichtlich, denn die Transformation geht mit Strukturbrüchen auf dem Arbeitsmarkt einher, die je nach Branche, Tätigkeit, Region und Zeitraum sehr unterschiedliche Beschäftigungswirkungen haben. Diese Unübersichtlichkeit löst bei vielen Beschäftigten Zukunftssorgen aus. Die Spaltung des Arbeitsmarkts in Deutschland seit

---

»Eine Subventionspolitik, die auf eine effektive, am Bedarf orientierte, die Qualität der Arbeitsplätze sichernde und sozialstaatlichen Erfordernissen entsprechende Strukturpolitik nicht verzichten will, muss in vielen Punkten ihre Praxis radikal ändern. (…) Zur Sicherung der Einhaltung der Auflagen (…) ist der Weg staatlicher Beteiligung zu beschreiten. (…) Die öffentliche/staatliche Beteiligung erleichtert auch die Frage der möglichen Gewinnbeteiligung bei rentabler Entwicklung der öffentlich geförderten Produktion.«

den 1990er und den 2000er Jahren in den kleiner werdenden Teil tarifvertraglich geschützter und den größer werdenden Teil ungeschützter oder gar prekärer Beschäftigungsverhältnisse hat objektiv unsichere und subjektiv verunsichernde Ausgangsbedingungen für die Durchsetzung der erforderlichen Klimaschutzmaßnahmen in Industrie und Verkehr geschaffen. Am offensichtlichsten ist dies bei der Sorge von Fachkräften in tarifgebundenen Betrieben vor dem Abrutschen in deutlich schlechter entlohnte Tätigkeiten in Betrieben ohne Tarifbindung.

Die sozial-ökologische Transformation der Industrie erfordert deshalb sowohl ein Sofort- als auch ein Generationenprogramm. Letzteres auch deshalb, weil die Zeiträume, in denen positive oder negative Beschäftigungseffekte zu erwarten sind, sehr verschieden sein können (OECD 2023, S. 119; zu den zu erwartenden starken Umbrüchen der beruflichen Strukturen in der Automobilindustrie vgl. Prognos 2024). Dabei ist die Vielfalt der Umbrüche auf dem Arbeitsmarkt zu berücksichtigen – sowohl neue qualifikatorische Anforderungen als auch eine Reduzierung der Arbeitskräftenachfrage in bestimmten Industriebereichen, während zugleich die öffentliche Daseinsvorsorge massiv ausgebaut werden muss (Wiethold 2025, S. 459). Dies ist, wie bereits oben erwähnt, insbesondere in stark industriell geprägten Regionen relevant. Neue Ansätze in der Regionalpolitik unter aktiver Mitwirkung der Betroffenen sind deshalb dringend erforderlich. Die von der IG Metall initiierten Netzwerke in Automobilindustrie-Regionen sind wichtige erste Schritte in diese Richtung. Hier werden Initiativen für die wirtschaftliche Neuorientierung der Region unter Einbeziehung zahlreicher Akteure organisiert, wobei Angebote für kleine und mittelgroße Unternehmen (KMU) zu Fragen technologischer Innovationen für nachhaltige Produktion und Produkte eine große Rolle spielen.[8]

Vor diesem Hintergrund muss eine arbeitspolitische Strategie alle staatlichen, tariflichen und betrieblichen Instrumente umfassen, mit denen die Sicherheit von Arbeitsplätzen, die Mobilitätsprozesse auf

8 Vgl. z. B. die Netzwerke in Süd-Westfalen (https://atlas-swf.de), im Saarland (https://trasaar.saarland) und in Südost-Niedersachsen (https://www.allianz-fuer-die-region.de/mobilitaet/regionales-transformationsnetzwerk-suedostniedersachsen-retrason).

dem Arbeitsmarkt und die Qualität von Arbeit beeinflusst werden können (zum Folgenden vgl. Bosch 2022; Lehndorff 2024).

Angesichts der hohen Qualifikationsanforderungen im Prozess der Transformation ist die zentrale Bedeutung von Aus- und Weiterbildung unstrittig. Beides ist unabdingbar für die Vorbereitung sowohl auf innerbetriebliche Umbrüche in betroffenen Branchen und Unternehmen als auch auf zwischenbetriebliche Übergänge im Fall drohender Entlassungen. Auch hier ist die regionale Zusammenarbeit v. a. von KMU bei der Aus- und Weiterbildung von großer Bedeutung. In diese Richtung muss – und kann – auch regionale Strukturpolitik wirksam werden. So wird im Rahmen der Strukturförderung des Landes Brandenburg für die Lausitz u. a. ein Leistungszentrum für die Berufsvorbereitung und Weiterbildung entwickelt, das Beschäftigten und Unternehmen dieser Region gezielte Qualifizierungsunterstützung anbietet.[9]

Bezüglich der Weiterbildung wurden mit dem Weiterbildungsgesetz von 2023 die Möglichkeiten der Betriebsräte verbessert, mehr Einfluss auf eine vorausschauende betriebliche Personalpolitik auszuüben (Räder/Pusch 2024), und auch mit betrieblichen Zukunftsvereinbarungen können Betriebsräte die Personalplanung und die Feststellung des Weiterbildungsbedarfs besser beeinflussen (vgl. Bosch 2023; Geiger/Schaumburg 2023).

Allererste Ansätze gibt es auch in Richtung einer investiven Arbeitsmarktpolitik, bei der Beratung und Qualifizierung, die zu einer gleich- oder höherwertigen Tätigkeit befähigen, Vorrang haben vor schneller Vermittlung, dem Dogma der Agenda 2010. Zusätzlich bedarf es jedoch weiterer Förderinstrumente, die zum freiwilligen Wechsel von schrumpfenden in wachsende Tätigkeitsbereiche ermutigen, z. B. Fachkräftestipendien in Verbindung mit temporärer Arbeitszeitverkürzung.

Temporäre betriebliche oder branchenspezifische Verkürzungen der Regelarbeitszeit können maßgeblich zur Beschäftigungssicherung beitragen. Mittlerweile ermöglichen verschiedene aktuelle Tarifverträge

9 Aufbruch in der Lausitz. Zwei Jahre Strukturstärkungsgesetz. Bericht der Staatskanzlei, 9.12.2022, https://lausitz-brandenburg.de/2022/12/09/aufbruch-in-der-lausitz/

derartige Übergangslösungen (zumeist – wie z. B. in der Stahlindustrie – mit Teillohnausgleich; vgl. IG Metall 2024b). Ob sich daraus Anstöße für längerfristige Arbeitszeitverkürzungen ergeben, ist noch offen (vgl. das Arbeitszeit-Kapitel in diesem Buch). Sicher ist aber, dass eine aktive – an Stelle einer reaktiven – Personalstrategie weit im Vorfeld derartiger Umbrüche entwickelt werden muss.

Im Prinzip bietet das deutsche System der beruflichen Bildung günstige Voraussetzungen für die ganze Palette von Weiterbildungsmaßnahmen. Und es bietet zugleich die Qualifikationsbasis, die für das Gelingen der sozial-ökologischen Transformation von Industrie und Gesellschaft benötigt wird. Anders formuliert: Anstelle eines defensiven Ansatzes im Sinne von »Gute Arbeit trotz Transformation« bietet sie die Chance eines offensiven Herangehens: »Transformation *durch* Gute Arbeit«.

Doch auch hier gibt es wichtigen Reformbedarf (vgl. zum Folgenden Bosch 2024). Die größte Herausforderung dabei sind nicht die Ausbildungsinhalte, sondern die sinkenden Ausbildungsquoten. Dafür gibt es verschiedene Ursachen. Eine wichtige Rolle spielt z. B. die Sandwich-Position, in die die Berufsausbildung vom Trend zum Hochschulstudium einerseits und dem ungenügenden Bildungsniveau einer wachsenden Zahl von Schulabgängern andererseits gedrängt wird, so dass der Anteil junger Erwachsener ohne berufsbildenden Abschluss stetig zunimmt. Dies unterstreicht die Bedeutung grundlegender bildungspolitischer Reformen für die Zukunft von Guter Arbeit in der Transformation. Zugleich sinkt auch die Ausbildungsbereitschaft v. a. vieler kleiner und mittelgroßer Betriebe. Gefördert werden kann diese durch die seit langem geforderte Umlagefinanzierung der betrieblichen Berufsbildung, die die ausbildenden Betriebe entlastet. Ein sehr wichtiges praktisches Vorbild ist hier der Ausbildungsunterstützungsfonds des Landes Bremen, dessen Verfassungskonformität Ende 2024 vom Staatsgerichtshof Bremen bestätigt wurde.

Zugleich ist zu beobachten, wie die Löhne und Gehälter von Fachkräften in Bereichen ohne Tarifbindung erodieren. Eine Aufwertung dieser Entgelte wäre aber wesentlich für die gesellschaftliche Wertschätzung von Facharbeit und eine Steigerung der Attraktivität von beruflicher Ausbildung. Dies führt zu der umstrittensten Frage auf dem Feld der Arbeitspolitik: Wie kann die seit 30 Jahren kontinuierlich abnehmende Tarifbindung wieder erhöht werden, um die Spaltung des deutschen Arbeitsmarkts besser überwinden zu können und mehr soziale Sicherheit in den sich abzeichnenden strukturellen Umbrüchen zu ermöglichen?

Um dies zu erreichen, müssen die gewerkschaftlichen Bemühungen um eine Stärkung der Tarifbindung politisch flankiert werden. Ein sehr wichtiger Schritt wäre hier, alle öffentlichen Aufträge nur an Unternehmen zu vergeben, die die Tarifstandards der jeweiligen Branche einhalten. Einige wenige Bundesländer wie Bremen gehen bei einer derartigen »Sozialpolitisierung der Auftragsvergabe« voran (Jaehrling/Stiehm 2022). Innerhalb der Ampel-Regierung war der Entwurf für ein Bundestariftreuegesetz an der Blockade der FDP gescheitert. Im Sondierungspapier zur Vorbereitung der Koalitionsverhandlungen von CDU/CSU und SPD wird nun eine erneute Initiative für ein Bundestariftreuegesetz angekündigt, denn: »Tariflöhne müssen wieder die Regel werden und dürfen nicht die Ausnahme bleiben.«[10] Für die Verwirklichung dieser erklärten Absicht wird zweifellos starker öffentlicher Druck erforderlich sein.

Letztlich bedarf es einer grundsätzlichen Reform zur Erleichterung der Allgemeinverbindlicherklärung von Tarifverträgen (zu Reformkonzepten vgl. Deutscher Gewerkschaftsbund 2021, Schulten 2021 und Rödl et al. 2024). Doch dies trifft auf noch massiveren Widerstand der Arbeitgeberverbände und der liberal-konservativen Parteien. Eine wichtige Unterstützung böte hier im Prinzip die Mindestlohnrichtlinie der EU, die nationale Aktionspläne zum Erreichen einer Tarifbindung von 80 % fordert (Deutscher Gewerkschaftsbund 2024b). Aber selbst für den Fall, dass sie vom Europäischen Gerichtshof für EU-Rechtskonform erklärt wird, dürfte sie in absehbarer Zeit als politischer Rückenwind für eine Stärkung der Tarifbindung in Deutschland nicht ausreichen. Auf dem Gebiet der Arbeitspolitik wird bis auf weiteres

10 Ergebnisse der Sondierungen von CDU, CSU und SPD, Berlin, 8. März 2025, www.spd.de/fileadmin/Dokumente/Sonstiges/20250308_Sondierungspapier_CDU_CSU_SPD.pdf.

die politische Überwindung der Blockade von Allgemeinverbindlicherklärungen der kontroverseste Eckpfeiler der sozial-ökologischen Transformation bleiben.

4.3 Ausblick: Transformation *durch* Gute Arbeit als Chance

Wenn gegenwärtig die Klagen über den drohenden Niedergang des »Industriestandorts Deutschland« in den Medien grassieren, ist dies nicht völlig unbegründet. Allerdings lenken Hypes wie der um das »Bürokratiemonster« vom eigentlichen Problem ab: Eine radikale Wende hin zu Umwelt- und Klimaschutz – sowohl in der Produktion als auch bei den Produkten – ist nicht allein überlebensnotwendig, sondern bietet zugleich die größte Chance für eine Stärkung der deutschen und europäischen Industrie. Qualifizierte Arbeitskräfte und gute Arbeitsbedingungen sind Grundlage einer innovationsbasierten Vorreiterrolle, und die von den absehbaren strukturellen Umbrüchen ausgelösten Sorgen vieler Beschäftigter können nur mit festen sozialen Garantien eingedämmt werden. Mehr noch: Eine vorausschauende Stärkung der öffentlichen Infrastruktur ebenso wie beteiligungsbasierte regionale Umbau-Initiativen schaffen Vertrauen in staatliche und privatwirtschaftliche Transformationskonzepte, weil sie neue Beschäftigungsperspektiven aufzeigen und bessere zukünftige Lebensbedingungen konkret machen.

Für diese Weichenstellung sind klare politische Entscheidungen zu treffen:

- Die Schaffung der öffentlichen Infrastruktur für die Transformation erfordert entschlossene Reformen der staatlichen Haushaltspolitik (siehe dazu das Finanzpolitik-Kapitel in diesem Buch);
- die Übergangsförderung von klimafreundlichen unternehmerischen Innovationen muss an klare soziale und ökologische Bedingungen geknüpft werden und hat sicherzustellen, dass der Staat nicht nur Risiken übernimmt, sondern auch an zukünftigen Gewinnen partizipiert;

- die soziale Absicherung des strukturellen Wandels umfasst ein breites Spektrum arbeitspolitischer Strategien – von der Erhöhung der Ausbildungsquote bis hin zur Durchsetzung der Allgemeinverbindlichkeit von Tarifverträgen.

Transformation funktioniert nur auf der Basis von Guter Arbeit – sowohl technologisch als auch gesellschaftspolitisch. Das Ökologische und das Soziale als zwei Seiten derselben Medaille zu begreifen, ist Voraussetzung für die Schaffung einer breiten gesellschaftlichen Basis für die bevorstehenden Umwälzungen – und auch für eine klimafreundliche Revitalisierung der deutschen und europäischen Industrie.

Literatur/Quellen

Die Studien des Projekts »Sozial-ökologische Transformation der deutschen Industrie«

Bendel, Alexander und Thomas Haipeter (2022): Die chemische Industrie zwischen Globalisierung und Industriepolitik.

Blöcker, Antje (2022a): »Grüner Stahl« – wie geht das?

Blöcker, Antje (2022b): Die Autoindustrie: Es geht um mehr als den Antrieb.

Bosch, Gerhard (2022): Arbeitspolitik in der Transformation: Soziale Härten vermeiden.

Fritz, Thomas (2022): Wettbewerb im Treibhaus: EU-Emissionshandel und CO_2-Grenzausgleich.

Lehndorff, Steffen (2022): Auf dem Weg zur klimaneutralen Industrie? Was läuft, wo es hakt, worauf es jetzt ankommt: Ein Überblick über die Studien des Projekts »Sozial-ökologische Transformation der deutschen Industrie«.

Witt, Uwe (2022a): Klimapolitischer Rahmen für den Industrieumbau.

Witt, Uwe (2022b): Wasserstoff: Zentrales Element für den Industrieumbau.

(Alle Studien sind abrufbar unter www.alternative-wirtschaftspolitik.de/de/topic/10627459.studien-zur-sozial-ökologische-transformation-der-industrie.html)

Weitere Literatur

ADFC / Allianz pro Schiene / Eisenbahn- und Verkehrsgewerkschaft (EVG) / IG Metall / Zukunft Fahrrad (2024): Gemeinsames Positionspapier: Die Verkehrswende starten – ökologisch, ökonomisch, sozial. www.adfc.de/fileadmin/BV/RFS/user_upload/240110_Positionspapier-Verkehrswende_Aktualisierung_Strassenverkehrsrecht.pdf

Agora Energiewende (2025): Die Energiewende in Deutschland: Stand der Dinge 2024. www.agora-energiewende.de/publikationen/die-energiewende-in-deutschland-stand-der-dinge-2024#key-findings

Agora Industrie (2024): Leitmärkte für klimafreundliche Grundstoffe. Potenziale und Politikoptionen. www.agora-industrie.de/publikationen/leitmaerkte-fuer-klimafreundliche-grundstoffe#key-findings

Albrecht, Thorben und Rudolf Luz (2023): Transformation als gewerkschaftliches Gestaltungsprojekt, in: Blum-Geenen et al. (Hg.), S. 35-45.

Arbeitsgruppe Alternative Wirtschaftspolitik (1980): Gegen konservative Formierung – Alternativen der Wirtschaftspolitik, Köln.

AWO, BUND, DGB, EKD, IG Metall, NABU, SoVD, VdK, ver.di, VCD (2021): Bündnis Sozialverträgliche Mobilitätswende. Wie wir das Klima schützen und eine sozial gerechte Mobilitätswende umsetzen können. www.nabu.de/imperia/md/content/nabude/verkehr/210428-broschuere-sozialvertraegliche-mobilitaetswende.pdf

Bauermann, Tom, Sabine Stephan und Andrew Watt (2024): Inflation Reduction Act: Gut fürs Klima, schlecht für Europa? IMK Report Nr. 191, Juli 2024. Düsseldorf. www.imk-boeckler.de/fpdf/HBS-008909/p_imk_report_191_2024.pdf

Blum-Geenen, Sabine, Rudolf Luz, Stefan Schaumburg und Tanja Smolenski (Hg.) (2023): Aufbruch. Die IG Metall in der Transformation, Frankfurt am Main.

BMWK (Bundesministerium für Wirtschaft und Klimaschutz) (2024): Richtlinie zur Förderung von klimaneutralen Produktionsverfahren in der Industrie durch Klimaschutzverträge, 11. März 2024. www.bmwk.de/Redaktion/DE/Downloads/F/foerderrichtlinie-klimaschutzvertraege-frl-ksv.pdf?__blob=publicationFile&v=6

Boewe, Jörn und Johannes Schulten (2024): Planlos ins sozial-ökologische Desaster: Das Versagen der europäischen Autoindustrie, Blätter für deutsche und internationale Politik 9/2024, S. 101-107.

Bosch, Gerhard (2023): Revitalisierung der Sozialpartnerschaft in der Transformation. DIW Vierteljahrshefte zur Wirtschaftsforschung 4/2023, S. 49-62.

Bosch, Gerhard (2024): Die duale Berufsausbildung – Eine gute Basis für die Transformation. DENK-doch-MAL.de, https://denk-doch-mal.de/gerhard-bosch-die-duale-berufsausbildung-eine-gute-basis-fuer-die-transformation/?utm_source=mailpoet&utm_medium=email&utm_campaign=jetzt-neu-testmail-von-denk-dochmal_1

Bundesverband der Deutschen Industrie (Hg.) (2024): Transformationspfade für das Industrieland Deutschland. Eckpunkte für eine neue industriepolitische Agenda. BCG und IW im Auftrag des BDI. www.transformationspfade.com/home/

Deutscher Gewerkschaftsbund (2021): Allgemeinverbindlicherklärung: Tarifschutz für alle! www.dgb.de/fileadmin/download_center/Uploads/Faktenblatt_Allgemeinverbindlicherklärung__3_.pdf

Deutscher Gewerkschaftsbund (2024a): Positionspapier DGB-Strategie: Starke Wirtschaft, starker Sozialstaat. www.dgb.de/fileadmin/download_center/Positionen_und_Thesen/DGB-Strategie_Starke_Wirtschaft_Starker_Sozialstaat.pdf

Deutscher Gewerkschaftsbund (2024b): Positionspapier zur Aufstellung eines nationalen Aktionsplans im Rahmen der Umsetzung der EU-Mindestlohnrichtlinie. www.dgb.de/fileadmin/download_center/Positionen_und_Thesen/2024_05_27_Positionspapier_Aktionsplan_final.pdf

Dezernat Zukunft (2024a): Was kostet eine sichere, lebenswerte und nachhaltige Zukunft? dezernatzukunft.org/was-kostet-eine-sichere-lebenswerte-und-nachhaltige-zukunft/

Dezernat Zukunft (2024b): Kapitalengpässe lösen, Netzkosten reduzieren – Effekte staatlicher Beteiligungen auf den Stromübertragungsnetzausbau. dezernatzukunft.org/wp-content/uploads/2024/11/20241202_Stromnetzfinanzierung_FINAL.pdf

Dullien, Sebastian, Simon Gerards Iglesias, Michael Hüther und Katja Rietzler (2024): Herausforderungen für die Schuldenbremse. Investitionsbedarfe in der Infrastruktur und für die Transformation. IW-Policy Paper 2/2024, Köln. Und: IMK Policy Brief Nr. 168, Düsseldorf. www.imk-boeckler.de/fpdf/HBS-008864/p_imk_pb_168_2024.pdf

ETUC (European Trade Union Confederation) (2024): A European Industrial Policy for Quality Jobs. https://etuc.org/en/document/european-industrial-policy-quality-jobs

European Commission (2024): The future of European competitiveness – A competitiveness strategy for Europe. https://commission.europa.eu/topics/strengthening-european-competitiveness/eu-competitiveness-looking-ahead_en

Expertenrat für Klimafragen (2025): Zweijahresgutachten 2024, 5. Februar 2025. https://bscw.bund.de/pub/bscw.cgi/d315529602/ERK2025_Zweijahresgutachten-2024.pdf

Galgóczi, Béla (2024): Industrial policy for quality jobs and a just transition. ETUI Policy Brief 2024.04, Brüssel. www.etui.org/sites/default/files/2024-06/Industrial%20policy%20for%20quality%20jobs%20and%20a%20just%20transition-2024.pdf

Geiger, Mirko, und Stefan Schaumburg (2023): Vom Pforzheimer Abkommen bis zu den heutigen Zukunftstarifverträgen, in: Blum-Geenen et al. (Hg.), S. 131-145.

Hennicke, Peter, Jana Rasch, Judith Schröder und Daniel Lorberg (2019): Die Energiewende in Europa. Eine Fortschrittsvision, München.

Hickel, Rudolf (2024): Schuldenbremse oder »goldene Regel«? Verantwortungsvolle Finanzpolitik für die sozial-ökologische Zeitenwende, Hamburg

IG Metall (2021): #Fairwandel – Deutschland muss Industrieland bleiben. www.igmetall.de/politik-und-gesellschaft/bundestagswahl/fairwandel-deutschland-muss-industrieland-bleiben

IG Metall (2024a): Die Zeit drängt. 11 Punkte für ein modernes, innovatives und gerechtes Industrieland. www.igmetall.de/politik-und-gesellschaft/wirtschaftspolitik/fuer-modernes-innovatives-und-gerechtes-industrieland

IG Metall (2024b): Mehr Geld und Sicherheit in der Stahlindustrie. www.igmetall.de/tarif/tarifrunden/eisen-und-stahl/abschluss-ergebnis-tarifrunde-eisen-und-stahl-2023

IG Metall und BUND (2020): Soziale Schieflage verhindern, Wirtschaft #Fairwandeln. www.igmetall.de/presse/pressemitteilungen/ig-metall-und-bund-gegen-soziale-schieflage

IMK (2025): Modell Deutschland neu justieren – Nachfrage und Innovationen stärken. Düsseldorf: Institut für Makroökonomie und Konjunkturforschung, IMK-Report 194.

IMU Institut (2024): Betriebsrätenetzwerke. www.imu-institut.de/aktuelles/detail/betriebsraetenetzwerke/

Jaehrling, Karen und Christin Stiehm (2022): Der Staat als Guter Auftraggeber? Öffentliche Auftragsvergabe zwischen Vermarktlichung und Sozialpolitisierung, Wiesbaden.

Krull, Stephan und Mario Candeias (2024): Volkswagen: Das System Automobilindustrie in der Krise. www.rosalux.de/news/id/52713/volkswagen-das-system-auto-in-der-krise; und https://stephankrull.info/category/automobilindustrie/

Lawitzke, Hans und Witich Roßmann (2024): Mobilitätswende in der Krise – E-Mobilität in der Sackgasse? spw Heft 260-3/24, 35-42. www.spw.de/spw-260-03-24/

Lehndorff, Steffen (2024): Sozial-ökologische Transformation der Industrie und die Rolle der Gewerkschaften: Politikfelder und Praxis-Ansätze. Vierteljahreshefte zur Arbeits- und Wirtschaftsforschung, 1(4), S. 501-522.

Max-Planck-Gesellschaft (2024): Wie geht es dem Ozonloch? Rettung vor der UV-Katastrophe, 10. September 2024. www.mpg.de/ozonloch?c=153015

Mazzucato, Mariana und Dani Rodrik (2023): Industrial Policy with Conditionalities: A Taxonomy and Sample Cases. UCL Institute for Innovation and Public Purpose, Working Paper Series (IIPP WP 2023-07). www.ucl.ac.uk/bartlett/public-purpose/wp2023-07

OECD (2023): OECD Economic Surveys: Germany 2023, Paris. https://doi.org/10.1787/9642a3f5-en

Prognos (2024): Studie: Beschäftigungsperspektiven in der Automobilindustrie. Im Auftrag des Verbandes der Automobilindustrie (VDA). München. www.vda.de/dam/jcr:ab6e46dd-1088-4d06-b36b-058b44d6198e/241029_Studie%20Beschaeftigungsperspektiven%20in%20der%20Automobilindustrie.pdf

Räder, Evelyn und Toralf Pusch (2024): Fachkräfte fördern und Arbeitsplätze sichern – Handlungsmöglichkeiten von Betriebsräten bei der Umsetzung des Weiterbildungsgesetzes. Arbeit und Recht 6/2024, Düsseldorf. www.boeckler.de/pdf/raeder_pusch_arbeit_und_recht_2024_6.pdf

Rödl, Florian, Felix Syrovatka und Johanna Wolff (2024): Zukunft der Tarifautonomie. Aktionsplan für eine Rückkehr zu flächendecken der Tarifbindung. Zeitschrift für Rechtspolitik 1/2024, S. 5-8.

Schulten, Thorsten (2021): Reform der AVE – Schlüssel zur Stärkung der Tarifbindung. www.wsi.de/de/blog-17857-reform-der-ave-schluessel-zur-staerkung-der-tarifbindung-33324.htm

Stiftung Arbeit und Umwelt der IG BCE (2024): Diskussionspapier: Transformation der Industrie. www.arbeit-umwelt.de/wp-content/uploads/20240318_Diskussionspapier-Transformation_Was-ist-Transformation.pdf

Stiftung Arbeit und Umwelt der IG BCE, Institut für Makroökonomie und Konjunkturforschung und Hans-Böckler-Stiftung (2021): Ein Transformationsfonds für Deutschland, Berlin. www.arbeit-umwelt.de/wp-content/uploads/Gutachen_Transformationsfonds_StiftungIGBCE_IMK.pdf

Umweltbundesamt (2021): Umweltschädliche Subventionen in Deutschland. www.umweltbundesamt.de/sites/default/files/medien/479/publikationen/texte_143-2021_umweltschaedliche_subventionen.pdf

Wiethold, Franziska (2025): Sozialökologische Transformation – ein Einstiegsprojekt in Wirtschaftsdemokratie?, in: Bartelheimer, Peter, und Silke Ötsch (Hg.): Konversion – Wirtschaftsdemokratie für den sozialökologischen Umbau. Ökonomie und Gesellschaft, Jahrbuch 36, Marburg, S. 449-468.

Witt, Uwe (2024a): Grüner Stahl unter Druck. Rosa-Luxemburg Stiftung, 10.4.2024. www.rosalux.de/news/id/51875/gruener-stahl-unter-druck

Witt, Uwe (2024b): Wer bezahlt den Klimaschutz? Rosa Luxemburg Stiftung, 25.6.2024. www.rosalux.de/news/id/51478/wer-bezahlt-den-klimaschutz

5 Energie- und Wasserstoffpreise verstärken Transformationsdruck

Stark erhöhte Energiepreise führten in Deutschland mit Beginn des Ukrainekriegs ab Februar 2022 zu einem Rückgang der Industrieproduktion, die sich gerade wieder vom Corona-Einbruch erholt hatte. Besonders betroffen war und ist die energieintensive Industrie. Ihr Produktionsindex lag Ende 2024 im Vergleich zu 2015 oder zu 2021 um fast ein Fünftel niedriger (siehe die folgende Abbildung). Dazu beigetragen haben weitere Faktoren, wie internationaler Wettbewerbsdruck, schwache Weltwirtschaft und Handelskonflikte.

Im Fokus der öffentlichen Debatte standen in den letzten zwei Jahren aber vor allem die Energiepreise und, damit einhergehend Forderungen nach einem (stärker subventionierten) Industriestrompreis. Mit der Energiepreisdebatte verbunden sind in jüngster Zeit auch Diskussionen über künftige Wasserstoffpreise und damit zusammenhängende Her-

Produktionsentwicklung in energieintensiven Industriezweigen

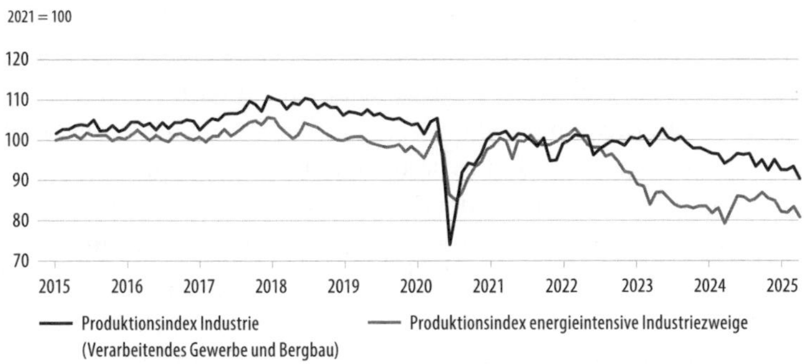

Saisonbereinigt nach dem Verfahren X13JDemetra+. Indizes der Produktion für das Produzierende Gewerbe (EVAS-Nr. 42153).

Quelle: Statistisches Bundesamt (Destatis, 2025)

© ARBEITSGRUPPE ALTERNATIVE WIRTSCHAFTSPOLITIK MEMORANDUM 2025

ausforderungen für die Klimaschutz-Transformation im Industriesektor. Dieses Kapitel will die Debatten aus Sicht linker Wirtschafts- und Klimapolitik einordnen. Zunächst wendet es sich dazu der Frage zu, inwieweit die Energiepreise tatsächlich für den Rückgang der Industrieproduktion verantwortlich sind.

Auswirkungen der Energiepreise auf die Industrie uneinheitlich

Schon seit über einem Jahr liegen an den Großhandelsmärkten sowohl die Preise für Erdgas als auch für Strom deutlich unter dem Niveau der Energiekrise 2022. Gleichzeitig notieren sie jedoch über dem Vorkriegsniveau. Erdgas wird laut einer Analyse des Bundesverbands der Energie- und Wasserwirtschaft (BDEW) im Jahr 2024 im Spotmarkt (Daily Reference Prices) im Schnitt mit 34,14 Euro je Megawattstunde (€/MWh) gehandelt (BDEW 2024). Dieser Wert liegt etwa 50 Prozent höher als der Durchschnitt der Jahre 2017 bis 2020 (BDEW 2022) – wo Erdgas allerdings aufgrund des US-amerikanischen Fracking-Booms extrem billig war.

Strom kostete am Spotmarkt (EPEX SPOT Base load) im Jahr 2024 an den Großhandelsmärkten durchschnittlich knapp 7,8 Cent pro Kilowattstunde (ct/kWh) (Fraunhofer 2005). Das sind rund 1,5 Cent weniger als im Jahr davor, aber gut doppelt so viel wie im Durchschnitt der Jahre 2017 bis 2020 (FfE 2021).

Preise, die Unternehmen für den Fremdbezug von Strom bezahlen, beinhalten (wie bei anderen Endverbrauchern) neben den Großhandelspreisen auch Netzentgelte sowie staatlich induzierte Umlagen und Abgaben. Vergleicht man die Entwicklung der Stromkosten, sind diese zu berücksichtigen. Eine Industriestrompreis-Analyse von Agora Energiewende, die entsprechend detailliert Strombeschaffungsstrategien, Industrieprivilegien sowie regional unterschiedliche Netzentgelte berücksichtigt und auf verschiedene Verbrauchsgruppen projiziert (nach Menge der Stromabnahme), kommt zu dem Ergebnis, dass auch die Endkundenstrompreise für Industrie und Gewerbe im letzten Jahr relevant über den Preisen von 2019 bis 2020 gelegen haben (siehe nachfolgende Abbildung). Je nach Verbrauchsgruppe bewegt sich danach der Durchschnitt der Preise 2024 zwischen etwa 3 und 8 ct/kWh über

Endkundenstrompreisentwicklung für Industrie und Gewerbe, 2019 bis 2024 (in ct/kWh)

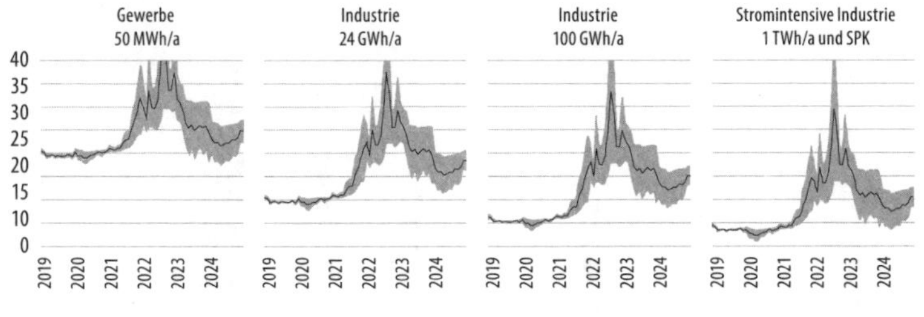

Quelle: Agora Energiewende (AgoraEW, 2025)

© ARBEITSGRUPPE ALTERNATIVE WIRTSCHAFTSPOLITIK MEMORANDUM 2025

den damaligen Preisen. Dabei haben Unternehmen mit einem modellhaften Stromverbrauch von 100 Gigawattstunden im Jahr (GWh/a) den höchsten Anstieg zu verkraften, und Gewerbefirmen mit einem vergleichsweise kleinen Stromverbrauch (hier 50 MWh/a) den geringsten. Bei letzteren Unternehmen schlägt stark mildernd die Abschaffung der EEG-Umlage im Juli 2022 und die für das produzierende Gewerbe 2024 um 2 ct/kWh reduzierte Stromsteuer zu Buche. Ein Effekt, der bei den anderen Gruppen mit höheren Verbräuchen weniger zum Tragen kommt, weil beide Preisbestandteile bei ihnen schon seit vielen Jahren anteilig reduziert waren. Generell liegen die Strompreisniveaus aufgrund der Architektur der vielfältigen Strompreisprivilegien für die Industrie umso niedriger, je höher die Stromabnahme ist.

Die gestiegenen Industriestrompreise waren nach Einschätzungen des Expertenrates für Klimafragen von Februar 2025 eine der Ursachen für Produktionseinschränkungen, und somit für sinkende Treibhausgasemissionen des Industriesektors (Expertenkommission 2025). Eine Zuordnung der Betroffenheit durch hohe Energiepreise zu bestimmten Unternehmensgruppen könne aufgrund der bisher unzureichender Datenlage allerdings nicht vorgenommen werden. Denn Daten zur Entwicklung der sektoralen Energiestückkosten (Energiekos-

Vergleich der sektoralen Energiestückkosten im deutschen Verarbeitenden Gewerbe der Jahre 2008 und 2020 (in %)

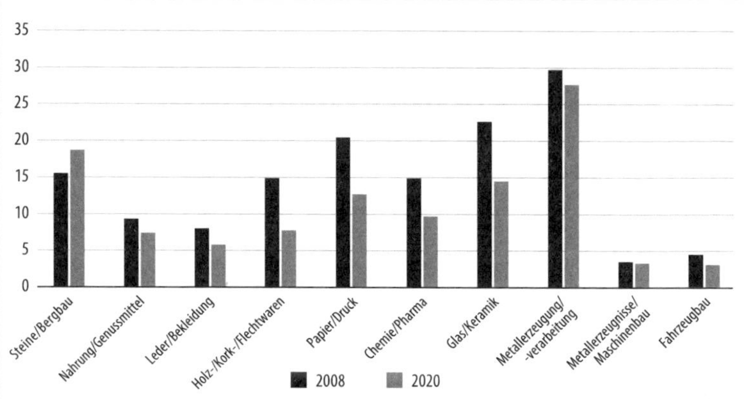

Quelle: Expertenkommission zum Energiewende-Monitoring (Expertenkommission, 2025)

© ARBEITSGRUPPE ALTERNATIVE WIRTSCHAFTSPOLITIK MEMORANDUM 2025

ten bezogen auf die Bruttowertschöpfung oder den Bruttoproduktionswert) stünden bislang nur für die Jahre 2008 bis 2020 zur Verfügung (siehe Abbildung oben).

Eine branchenscharfe Auswertung der nach 2020 gestiegenen Energiekosten auf die Energiestückkosten lässt sich also (noch) nicht vornehmen. Es spricht aber einiges dafür, dass stark steigende Energiekosten besonders jene Branchen empfindlich treffen, die traditionell hohe Energiestückkosten haben (Metall, Steine/Bergbau, Glas/Keramik).

Stromintensive Firmen profitierten schon lange vor der Energiekrise überdurchschnittlich stark von zahlreichen Ausnahmen bei der Zahlung von Netzentgelten sowie Umlagen und Abgaben. So wurde nicht nur die Zahlung der EEG-Umlage (bis zu ihrer Abschaffung) auf beinah null reduziert. Auch bei den Netzentgelten gibt es Rabatte zu Lasten der übrigen nichtprivilegierten Endkunden. Überdies profitieren die meisten dieser Unternehmen von Ausgleichszahlungen im Rahmen der sogenannten Strompreiskompensation des Europäischen Emissionshandels für Energiewirtschaft und Industrie (ETS-1). Angesichts dieser – nach manchen Einschätzungen überbordenden – Privilegien kann formuliert werden, dass die stromintensive Industrie de facto seit Jahren bereits einen zusätzlich geförderten Industriestrompreis hatte, der deutlich unter dem klassischen Industriestrompreis lag.

Energiebezugspreise im internationalen Wettbewerb

In Zusammenhang mit der Forderung nach stärker subventionierten Industriestrompreisen ist die Frage bedeutsam, wie sich die deutschen Industriestrompreise im internationalen Wettbewerb bewegen. Sie ist nicht leicht zu beantworten. Bereits am 29. August 2023 stellte etwa der Energieanalyst Jacob Schlandt in einem Artikel für Tagesspiegel Background Klima & Energie fest: »Eine verlässliche internationale Datenbank für einen umfassenden Vergleich gibt es nicht« (TSB KE 2023). Auf eine entsprechende Anfrage an das Bundesministerium für Wirtschaft und Klimaschutz (BMWK) habe dieses bekräftigt, dass sich die tatsächliche Lage nur schwer abschätzen lasse. In anderen Ländern seien die »Rahmenbedingungen für die Industriestrompreise komplex und sind die tatsächlichen Strompreise bei den besonders stromintensiven Unternehmen nicht bekannt beziehungsweise werden in einschlägigen Statistiken nicht abgebildet«, zitiert der Artikel. Dort würden typisierte Abnahmefälle unterstellt, durch die aber gerade die stromintensivsten Unternehmen nicht abgedeckt seien. »Man kann aber sagen, dass diese Unternehmen in der Regel Strompreise zahlen, die in der Nähe der Börsenstrompreise liegen«, so das BMWK.

Skeptisch bezüglich der Frage, ob die Strompreise überhaupt einen starken Einfluss auf die Industrie haben, was Grundannahme der Forderung nach einem Industriestrompreis ist, wird in dem Artikel die stellvertretende Leiterin des Bereichs Umwelt- und Klimaökonomik am Zentrum für Europäische Wirtschaftsforschung (ZEW), Kathrine von Graevenitz, wiedergegeben. »Die bisherigen Forschungsergebnisse deuten darauf hin, dass es durch relative Änderungen beim Strompreis keine signifikanten Wettbewerbseffekte gegeben hat«. Dass die Produktion in den energieintensiven Branchen in Deutschland zuletzt zurückgehe, sei zwar »eine Tatsache«, trotzdem sei aber unsicher, »ob und in welchem Ausmaß dies an den Strompreisen liegt«. Sie seien auch in anderen Ländern und Regionen gestiegen. »Wichtige Faktoren sind auch die Gaspreise, die konjunkturelle Nachfrage in Deutschland und viele weitere Elemente«, habe von Graevenitz gemeint.

Eine Studie im Auftrag des Verbandes der Bayerischen Wirtschaft (vbd) aus dem Jahr 2023 verweist darauf, dass in Frankreich Teile des Industriestrombedarfs für energieintensive Unternehmen bis Ende 2025 durch das Tarifsystem ARENH bei 4,2 ct/kWh gedeckelt seien. Im weiteren internationalen Vergleich hätten die USA, China, Kanada, Südkorea, Türkei und Mexiko Industriestrompreise von durchschnittlich 8 bis 9 ct/kWh (VBW 2023). Zum Vergleich: In Deutschland musste nach der oben zitierten Agora-Studie die stromintensive Industrie mit einem Verbrauch von 1 GWh im letzten Jahr Endkundenstrompreise zwischen 4 und 12 ct/kWh zahlen, der Durchschnitt lag in der Verbrauchsgruppe bei etwa 8 ct/kWh (siehe Abbildung auf S. 215).

Hier deutet sich – bei einer vorsichtigen Interpretation der nur teilweise vergleichbaren Daten – an, dass nur ein Teil der deutschen stromintensiven Industrie im internationalen Vergleich relevant höhere Stromkosten hatte bzw. dies nur im Vergleich zu ausgewählten Märkten. Folgt man dem, sollten neben dem Strompreisdruck für einen Teil der Industrie weitere Faktoren für den massiven Produktionsrückgang in dem Fokus genommen werden.

»Wir sehen einen kritischen Mix aus konjunktureller Flaute und strukturellen Problemen«, stellte etwa die DIW-Konjunkturchefin Geraldine Dany-Knedlik im Dezember letzten Jahres fest (DIW 2024). Vom Institut der Deutschen Wirtschaft diskutiert werden als Ursachen neben der Energiepreisproblematik die schwache Weltwirtschaft, auch aufgrund von Handelskonflikten und Kriegen der jüngsten Zeit. Sie schwächten sowohl die internationale Investitionstätigkeit als auch – vermittelt über weltweit gestiegene Energiepreise und resultierende Inflationseffekte – den weltweiten Konsum. Die exportorientierte deutsche Industrie sei davon betroffen. Zugleich herrsche eine Nachfrageflaute im Inland. Die Industrie selbst investiere weniger, die Baubranche benötige krisenbedingt weniger Vorleistungs- und Investitionsgüter. Überdies seien neben den Energiekosten auch Material- und Logistikkosten gestiegen. Die Aufwertung des Euro, welche deutsche Produkte auf den außereuropäischen Märkten verteuert, schwäche die hiesige Industrieproduktion zusätzlich (IWD 2024). Die von den Automobilkonzernen verschlafene Transformation hin zur E-Mobilität und alternativen Verkehrsträgern tut ihr Übriges, wäre hinzuzufügen.

Gestiegene Gaspreise spielen in zweierlei Hinsicht eine Rolle. Zum einen für Unternehmen, die Gas einsetzen zur Erzeugung von Industriewärme, etwa bei Dampf- oder Hochtemperaturanwendungen. Zum anderen bei Unternehmen, die ihren benötigten Strom bislang zu einem erheblichen Teil in eigenen Gaskraftwerken selbst erzeugt haben. In der Stahlindustrie beispielsweise ist das bei circa der Hälfte des Strombedarfs der Fall (WV Stahl 2022). Höhere Gaspreise als vor dem Ukrainekrieg (wie derzeit weiten Teilen Europas) führen in beiden Fällen zu höheren Kosten. Im Jahr 2024 waren die Gaspreise insbesondere in den USA, Kanada und Mexiko mit unter 2 ct/kWh nur halb so hoch wie in Deutschland (AgoraEW 2025).

In der politischen Debatte um einen subventionierten Industriestrompreis werden jene Faktoren für den industriellen Produktionsrückgang häufig nicht oder nur am Rande betrachtet, so sie jenseits von Energiepreisen liegen. Vielleicht auch deshalb, weil Unternehmen und Gewerkschaften insbesondere Strompreise als jenen Faktor ansehen, auf den – im Gegensatz zu den übrigen – in überschaubarer Zeit beispielsweise unter Aufwendung von Haushaltsmitteln des Bundes eingewirkt werden könne.

Die Debatte um einen Industrie- oder Brückenstrompreis

Im Frühjahr 2023 nahm die Debatte um einen Industriestrompreis bzw. um einen sogenannten »Brückenstrompreis« Fahrt auf. So veröffentlichte Bundesminister Robert Habeck (BMWK) am 5. Mai 2023 ein Arbeitspapier mit dem Titel »Wettbewerbsfähige Strompreise für die energieintensiven Unternehmen in Deutschland und Europa sicherstellen« (BMWK 2023). Neben langfristig wirkenden Maßnahmen, um Strom aus neuen Ökostromanlagen zu Preisen nahe an den Gestehungskosten an die Industrie weiterzureichen, sei kurzfristig ein sogenannter Brückenstrompreis notwendig, bis die Langfristmaßnahmen greifen.

Das Ministerium schlug dafür für den Zeitraum bis 2030 einen Brückenstrompreis von 6 ct/kWh für einen definierten Empfängerkreis vor. Konkret sollen Unternehmen bei Börsenstrompreisen über 6 ct/kWh die Differenz erstattet bekommen. Dabei sind die 6 ct/kWh Nettostromkosten. Aufzuaddieren für den industriellen Endkunden wären also die Stromnebenkosten (Steuern, Netzentgelte, Abgaben und Umlagen). Ein tatsächlicher Brückenstrompreis würde daher deutlich höher liegen als 6 ct/kWh.

Gedeckelt würden nach dem Vorschlag nur 80 Prozent des Verbrauchs, was Effizienzanreize schaffen sollte. Der Kreis der Berechtigten hätte sich an der Besonderen Ausgleichsregelung (BesAr) des EEG[1] bzw. des Energiefinanzierungsgesetzes (EnFG) orientiert. Bedingungen, an die die Gewährung des Industriestrompreises geknüpft werden sollten, waren: Tariftreue, Transformationsverpflichtung und Standortgarantie. Die genaue Ausgestaltung dieser Bedingungen blieb allerdings bis zuletzt unklar. Der gesamte Vorschlag konnte sich im Kabinett bis zum Ampel-Ende nicht gegen den Widerstand des Bundeskanzlers Olaf Scholz sowie der FDP durchsetzen, auch mit dem Urteil des Bundesverfassungsgerichtes zum Energie- und Klimafonds war er vorerst chancenlos. Gleichwohl ist die Debatte um ein solches Instrument nie verstummt. Im Gegenteil, sie wird in einigen Variationen weitergeführt.

Bereits im Sommer 2023 wurde von Gewerkschaften, Teilen der SPD und im Umkreis der LINKEN der Vorschlag im Grundsatz unterstützt, dessen Unbestimmtheit bezüglich der vom BMWK skizzierten Bedingungen aber kritisiert. Darüber hinaus gab es Bedenken gegen den vorgesehenen Empfängerkreis. Denn die Gruppe der voraussichtlichen Anspruchsberechtigten wurde als deutlich zu groß eingeschätzt, auch Unternehmen ohne Verlagerungsrisiko profitierten davon. Der Empfängerkreis eines subventionierten Industriestrompreises müsse deshalb klar definiert und eingegrenzt sein, so etwa ein Papier der Rosa-Luxemburg-Stiftung. Er muss sich auf Unternehmen und Pro-

1 Bei der Orientierung an der BesAR des EEG wären »Berechtigte« solche Unternehmen, die einen Stromkostenanteil von mindestens 14 Prozent an der Bruttowertschöpfung und einem Stromverbrauch von mehr als einer Gigawattstunde pro Jahr haben.

duktionszweige mit hohem Verlagerungsrisiko und Transformationspotenzial beschränken (Berlepsch/Witt 2023). Darüber hinaus gab es Alternativvorschläge bzw. Vorschläge zur Weiterentwicklung des Habeck-Modells, die hier nicht weiter ausgeführt werden können. So etwa von der Hans-Böckler-Stiftung (Krebs 2023), aus der damaligen Bundestagsfraktion der LINKEN (Lenkert/Berlepsch 2023) oder von Germanwatch (Wolf 2023).

Der Präsident des Deutschen Instituts für Wirtschaftsforschung (DIW), Marcel Fratzscher, wandte sich hingegen mit zehn Thesen gegen einen Brückenstrompreis. Seine Argumente waren unter anderem: Industriepolitik sei gerechtfertigt, sie sollte jedoch selektiv auf einige wenige Schlüsselindustrien begrenzt bleiben und nicht auf Subventionen für gesamte Wertschöpfungsketten beruhen. Innovation, Forschung und Entwicklung sollten gefördert werden und nicht Energie subventioniert. Ein Industriestrompreis konterkariere dringend notwendige Energieeinsparungen und Investitionen in Energieeffizienz. Dadurch würden Energiekosten mittelfristig eher höher sein und die Nachteile für die zunehmen, die keine Subventionen erhalten, so Fratzscher (Fratzscher 2023). Auch die Deutsche Unternehmensinitiative Energieeffizienz (DENEFF) wies in einer Stellungnahme darauf hin, dass mit einer Vergünstigung von Strom die Wirtschaftlichkeit von Energieeffizienzmaßnahmen und damit Energieeffizienzanreize sinken – es sei denn, sie würden anderweitig gesetzt. Vergünstigungen von Energiepreisen sollten daher generell smart und möglichst einheitlich an Bedingungen geknüpft werden, um Investitionsanreize in Energieeffizienz möglichst vollständig zu erhalten (DENEFF 2023).

Trotz der formalen Gegenposition Fratzschers zu Habecks Vorschlag könnte ersterer mit seiner Forderung, Industriepolitik selektiv auf einige wenige Schlüsselindustrien zu begrenzen, eine Schnittmenge zu jenen bilden, die eine strikte Begrenzung solcherart Subventionen auf jene Unternehmen fordern, welche tatsächlich einem strompreisbedingten Verlagerungsrisiko ausgesetzt sind, siehe oben. Ein solcher Ansatz – quasi ein selektiver Industriestrompreis nur für jene Unternehmen, die ihn zeitweise und unabweislich für eine gelingende Transformation brauchen – würde auch die Kosten solcherart Instrumente reduzieren.

Eine Variante der Industriestrompreisdebatte sind Vorschläge, die auf absehbar steigende Netzentgelte reagieren. Der Thinktank Dezernat Zukunft schlug beispielsweise im Dezember 2024 eine Beteiligung des Bundes an den vier Übertragungsnetzgesellschaften vor, um deren Finanzierungskosten zu senken. So solle nicht nur der künftige Stromnetzausbau bezahlbar gemacht werden, sondern sollen auch die Netzentgelte um etwa 10 Prozent sinken (Dezernat Z 2024). Zu ähnlichen Empfehlungen kommt im Januar 2025 eine Studie der Hans-Böckler-Stiftung (Böckler 2025).

Perspektivisch: Importe von grünem Eisen statt grünem Wasserstoff?

Parallel zur Debatte um subventionierte Industriestrompreise entwickelte sich in den letzten beiden Jahren eine mit diesem Thema verbundene Diskussion um neue Verlagerungsrisiken im Zuge der Dekarbonisierung der energieintensiven Industrie. Verbunden sind die Diskussionen deshalb, weil die Verlagerungsrisiken mit (auch perspektivisch) vergleichsweise hohen deutschen Erzeugungskosten für Ökostrom zur Produktion von grünem Wasserstoff und dessen Folgeprodukten begründet werden. Länder und Regionen mit naturbedingt besseren Voraussetzungen könnten diese künftig benötigten »grünen Gase« oder synthetische Kraftstoffe deutlich preiswerter herstellen, etwa im wind- und sonnenreichen globalen Süden oder in Nordeuropa, mit seinem großem Wind- und Wasserkraftdargebot.

Bei der Ablösung von klimaschädlichem Kohlekoks bei der Eisenherstellung durch grünen Wasserstoff beispielsweise wird daher befürchtet: Perspektivisch könnte der Import von mit grünem Wasserstoff produziertem Roheisen (in Form von H_2-DRI-Briketts, hergestellt im globalen Süden mit ungleich günstigeren Ökostrompreisen) in der Regel deutlich wirtschaftlicher sein als eine heimische Roheisenproduktion mit importiertem grünem Wasserstoff. Nach einer Studie im Auftrag von Dezernat Zukunft etwa wäre die vollständige Auslagerung der Rohstahlerzeugung in diese Regionen die kosteneffizienteste Route (Bähr et al. 2023). Eine Studie des Ariadne-Projekts erkennt einen »substanzielle(n) Anreiz für grüne Industrieverlagerung«, nicht nur für die Roheisenproduktion, sondern auch bei der Produktion von Grundchemikalien, wie Ammoniak oder Methanol (Verpoort et al. 2024). Agora Industry kommt ebenfalls zu dem Ergebnis: »Für Länder mit hohen Kosten für erneuerbares H_2 können Importe von grünem Eisen die Wettbewerbsfähigkeit der kohlenstoffarmen Stahlerzeugung erhöhen und so dazu beitragen, lokale Arbeitsplätze in der Stahlindustrie zu sichern« (Agora Ind 2024). Gemeint ist die komplexere Weiterverarbeitung zu Spezialstählen, während die Roheisenproduktion innerhalb der Stahl-Wertschöpfungskette ein Glied mit vergleichsweise geringer Wertschöpfung und Beschäftigung ist.

Die Studien sind nicht allein akademische Denkmodelle. So kündigte der CEO von ArcelorMittal Europe, Geert van Poelvoorde, im März 2024 an, der Konzern könne trotz hoher Fördermittel zur Produktion von grünem Stahl diesen in Europa sowohl mit Erdgas als auch mit importiertem DRI-Eisenbriketts herstellen. Das jedenfalls so lange, bis Wasserstoff aus Strom aus erneuerbaren Energien irgendwann »bezahlbar« sei (hydrogeninsight 2024)[2].

Inwieweit die Roheisenerzeugung tatsächlich abwandert, wird nicht nur von Wasserstoffpreisen abhängen, sondern auch von der Qualität weiterer Standortfaktoren, etwa von der Zuverlässigkeit von Lieferketten, der Qualifikation der Beschäftigten, der Innovationsfähigkeit oder der Kampfkraft der IG Metall. Darüber hinaus ist die seit Jahren zu verzeichnende weltweite Überproduktion von Stahl eine Herausforderung, die jenseits der Klimapolitik liegt.

Der Industrieumbau wird ohnehin nur mit Unterstützung der öffentlichen Hand zu stemmen sein. Im Gespräch und teilweise auch bereits vereinbart sind Investitionskostenzuschüsse und Klimaschutzverträge in Form von Betriebs-Differenzkostenverträgen für grünen Stahl in Milliardenhöhe. Der Staat sollte sich hier aber – wie auch bei einem selektiven Industriestrompreis – gemeinsam mit den Gewerkschaften im Gegenzug Einfluss und Beteiligungen an den Unternehmen genauso sichern, wie Vereinbarungen über Beschäftigungssicherung, Qualifi-

2 ›Green hydrogen is too expensive to use in our EU steel mills, even though we've secured billions in subsidies‹ | Hydrogen Insight.

zierung und Gute Arbeit. Zu verhindern ist, dass leistungslose Übergewinne in die Taschen von Aktionären fließen, während die öffentliche Hand stets bedingungslos für drohende Verluste eintritt.

Literatur/Quellen

Agora Ind. (15.6.2024): Agora Industry: 15 insights on the global steel transformation. www.agora-industry.org

AgoraEW. (2025): Agora Energiewende: Die Energiewende in Deutschland. Stand der Dinge 2024, S. 28. www.agora-energiewende.de

Bähr et al. (2023): Bähr et al.: Die Zukunft energieintensiver Industrien in Deutschland. Eine Studie von IW Consult und Frontier Economics im Auftrag des Dezernat Zukunft. www.dezernatzukunft.org/

BDEW (01/2022): BDEW: BDEW-Gaspreisanlalyse. www.sw-lindau.de

BDEW (2024): BDEW: BDEW-Gaspreisanalyse Dezember 2024. www.bdew.de

Berlepsch/Witt (04/2023): Berlepsch, Tilman von / Witt, Uwe: Ein Industriestrompreis für Beschäftigung und Transformation statt Unternehmensprivilegien, Rosa-Luxemburg-Stiftung, Standpunkte 04/2023. www.rosalux.de

BMWK (5.5.2023): Bundesministerium für Wirtschaft und Klimaschutz: Wettbewerbsfähige Strompreise für die energieintensiven Unternehmen in Deutschland und Europa sicherstellen. www.bmwk.de

Böckler (25.1.2025): Hans-Böckler-Stiftung: Ausbau der Stromnetze: Finanzierung durch Privatinvestoren kommt Stromkund*innen fast doppelt so teuer wie durch den Staat, Studie. www.boeckler.de

DENEFF (7.6.2023): Deutsche Unternehmensinitiative Energieeffizienz (DENEFF): Industriestrompreis, Stellungnahme zum Arbeitspapier des BMWK »Wettbewerbsfähige Strompreise für die energieintensiven Unternehmen in Deutschland und Europa sicherstellen« vom 5. Mai 2023. deneff.org

Destatis (Januar 2025): Statistisches Bundesamt: Bedeutung der energieintensiven Industriezweige in Deutschland. www.destatis.de

Dezernat Z (12/2024): Dezernat Zukunft: Kapitalengpässe lösen, Netzkosten reduzieren – Effekte staatlicher Beteiligungen auf den Stromübertragungsnetzausbau. dezernatzukunft.org

DIW (12.12.2024): DIW: Deutsche Wirtschaft dümpelt vor sich hin – Belebung wird zur Zitterpartie, Pressemeldung. www.diw.de

Expertenkommission (2025): Expertenkommission zum Energiewende-Monitoring: Monitoring-Bericht 2024, S. 274. www.bmwk.de

FfE (11.1.2021): FfE: Deutsche Strompreise an der Börse EPEX Spot in 2020. www.ffe.de

Fratzscher (29.4.2023): Fratzscher, Marcel: 10 Thesen gegen einen Industriestrompreis, Thread auf X. https://x.com/MFratzscher/status/1652326174960353286

Fraunhofer (2005): Fraunhofer ISE: Jährliche Börsenstrompreise in Deutschland. www.energy-charts.info

hydrogeninsight (24.2.2024): Parkes/Rachel auf hydrogeninsight: Green hydrogen is too expensive to use in our EU steel mills, even though we've secured billions in subsidies. www.hydrogeninsight.com

IWD (30.9.2024): Der Informationsdienst des Instituts der deutschen Wirtschaft: Produktion in der deutschen Industrie erneut rückläufig. www.iwd.de

Krebs (2023): Krebs, Tom: Ökonomische Analyse einer Verlängerung und Modifizierung der Strompreisbremse. www.boeckler.de

Lenkert/Berlepsch (28.9.2023): Lenkert, Ralph / Berlepsch, Tilman von: Wie ein atmender Industriestrompreis einen echten Beitrag für Beschäftigung und Klimaschutz leisten kann, Makronom. makronom.de

Stiftung KN (2025): Stiftung Klimaneutralität: Politikinstrumente für ein klimaneutrales Deutschland. 55 Empfehlungen für die 21. Legislaturperiode (2025-2029). www.stiftung-klima.de

TSB KE (24.8.2023): Tagesspiegel Background Klima & Energie: Höhe eines »wettbewerbsfähigen« Strompreises bleibt ungewiss. https://background.tagesspiegel.de

VBW (08/2023): Verband der bayerischen Wirtschaft (VBW): Internationaler Energiepreisvergleich für die Industrie. www.vbw-bayern.de

Verpoort et al. (12/2024): Verpoort, Philipp C. et al.: Transformation der energieintensiven Industrie. Wettbewerbsfähigkeit durch strukturelle Anpassung und grüne Importe. Kopernikus-Projekt Ariadne, Potsdam. https://publications.pik-potsdam.de

Wolf (10.7.2023): Wolf, Simon (Germanwatch): Der richtige Rahmen für einen transformativen Industriestrompreis, in: Tagespiegel Background Klima & Energie. https://background.tagesspiegel.de/energie-und-klima

WV Stahl (11/2022): Wirtschaftsvereinigung Stahl, Fakten zur Stahlindustrie in Deutschland 2022. www.wvstahl.de

6 Ein Zukunftsentwurf in Zeiten von Polykrisen: Earth4All Deutschland

Vor dem Hintergrund der sich zuspitzenden Klimakrise, des russischen Angriffskrieges gegen die Ukraine, des Krieges im Nahen Osten, der unsicheren Perspektive in Syrien und Anrainerländern nach dem Sturz des Assad-Regimes, der Wahl von Donald Trump zum US-Präsidenten und des Scheiterns der deutschen Ampel-Koalition erschien Ende 2024 ein Buch von Club of Rome[1] und Wuppertal Institut namens »Earth4All Deutschland«, das mit einer durchaus positiven Zukunftsvision für Deutschland in die Spiegel-Bestsellerliste aufstieg.

6.1 Rahmenbedingungen und Ansatz

Eine positive Zukunftsvision in diesen Krisenzeiten? Verfällt das wissenschaftliche Autorenteam von Wuppertal Institut und Club of Rome schlicht in Zweckoptimismus und klammert sich eine offensichtlich interessierte Leserschaft angesichts der aktuellen Krisenhäufung nur an einen hoffnungsvollen Strohhalm? Das mögen letztlich die Leser*innen des Buches entscheiden, welches wir folgend vorstellen. Tatsache ist, dass es positive globale ökonomische und geopolitische Basistrends gibt, die Autokraten wie Trump vorübergehend abbremsen, aber nicht aufhalten können. Dazu gehören z. B. die globalen Leitmärkte für GreenTech (insbesondere Energie- und

1 Der Club of Rome ist einer der bekanntesten Thinktanks der Welt. Er wurde 1968 gegründet und setzt sich für eine nachhaltige Zukunft ein. Dem Zusammenschluss von heute etwa 150 Expert*innen verschiedener Disziplinen aus mehr als 30 Ländern gehören in Deutschland u. a. Ernst Ulrich von Weizsäcker und Hans Joachim Schellnhuber an. Bekannt wurde die gemeinnützige Organisation durch den Bericht »Die Grenzen des Wachstums«, der 1972 erstmals vor den Folgen der Übernutzung der Erde warnte (Club of Rome 1972).

Ressourceneffizienz, erneuerbare Energien, Batterien, Elektrolyseure, E-Mobilität), die in China und Europa längst unaufhaltsam Fahrt aufgenommen haben. Tatsache ist aber auch, dass illiberale Demokratien, Plutokratien[2] und Autokraten ihre derzeitige Stärke vor allem auch aus der Schwäche, Visionslosigkeit und dem mangelnden Kampf gegen Ungleichheit der demokratischen Parteien gewinnen können.

Die Position des Autor*innen-Teams von Earth4All Deutschland in Hinblick auf Zukunftsorientierung ist jedenfalls eindeutig: Zukünftige Möglichkeitsräume gerade auch in Krisenzeiten mit wissenschaftlichen Methoden zu eröffnen, ist Aufgabe von Wissenschaft. Das Mögliche tatsächlich umsetzen, müssen wir alle. Earth4All macht zahlreiche Vorschläge, wie dieser Wandel auf systemischer Ebene gelingen kann – und wie damit 150 Jahre Industriegeschichte und Kapitalismus, basierend auf exponentiell wachsendem Ressourcenverbrauch, innerhalb der nächsten 25 Jahre im Rahmen eines radikalen und umfassenden sozial-ökologischen Wandels in eine klimaneutrale, gerechtere und weit stärker auf Kreislaufwirtschaft fußende Gesellschaft überführt werden kann.

Ohne sich alle Aussagen und Maßnahmenvorschläge von Earth-4All Deutschland zu eigen zu machen, bietet die *Arbeitsgruppe Alternative Wirtschaftspolitik* in diesem Kapitel aus drei Gründen eine Zusammenfassung an: Erstens liefert Earth4All in methodischer und inhaltlicher Hinsicht interessante systemische Anknüpfungspunkte zur fokussierten, kurz- und mittelfristig orientierten wirtschafts- und fiskalpolitischen Analyse der Memoranden. Zweitens haben sich personelle und inhaltliche Kooperationen schon seit Jahren in den »Ökologie-Kapiteln« der Memoranden als fruchtbar erwiesen, um Beiträge

2 Jeffrey Sachs sagt z. B. in einem bemerkenswerten Interview in der *Frankfurter Rundschau*: »Die USA brauchen eine Wirtschaftspolitik, die direkt auf die Bedürfnisse der Arbeiterklasse eingeht. Ich bezweifle, dass die Trump-Regierung dies leisten wird (...) Die USA sind (...) eine Plutokratie: Das große Geld spricht. Die Trump-Regierung ist eine Regierung der Milliardäre, von Milliardären und für Milliardäre (Iyengar 2024). Wir brauchen in der Tat eine Regierung des Volkes, durch das Volk und für das Volk« (Hesse 2025).

für gemeinsame Lösungen der sozialen und ökologischen Frage zu entwickeln; zum Beispiel wurden Fragen der Kreislaufwirtschaft und der Mobilitäts- und Gebäudewende in früheren Memoranden schon intensiv diskutiert. Earth4All enthält darüber hinaus eine Fülle von ambitionierten und grundlegenden Maßnahmenvorschlägen auf sechs gesellschaftlichen Bedarfsfeldern und begründet die Vorteile einer gemeinsamen Umsetzung.[3] Drittens halten wir es für einen bedeutsamen Perspektivwechsel, dass und wie ein weltweiter Thinktank wie der Club of Rome heute den Kampf gegen multiple Krisen der Ökologie mit dem Kampf gegen soziale Ungleichheit und Ungerechtigkeit verbindet. Das eröffnet auch Möglichkeiten für neue und breitere Allianzen von Gewerkschafts- und Ökologiebewegung.

In diesem Zusammenhang sind die Ergebnisse einer weltweiten Befragung über Zukunftserwartungen interessant, die im Rahmen der globalen Earth4All Initiative durchgeführt wurde: Eine von Earth4All und der Global Commons Alliance[4] in Auftrag gegebene und vom Institut Ipsos durchgeführte Umfrage (Ipsos 2024) bei 22.000 Menschen in den G20-Staaten zeigt überraschenderweise eine überwältigende öffentliche Unterstützung für progressive Steuerreformen und für umfassendere politische und wirtschaftliche Veränderungen zur Verringerung der Ungleichheit und Steigerung des Wohlergehens.

Zum Beispiel: Die Bekämpfung des Klimawandels und globaler Umweltschäden wird – so viel ist sicher – tatsächlich allen Menschen lebenswichtige Vorteile bringen, wenn diese Vorteile nicht erneut ungleich verteilt werden. So sehen es viele Menschen in Deutschland und mehrheitlich auf der ganzen Welt, wie die Umfrageergebnisse zeigen (siehe die folgende Abbildung).

---

3 Die Autoren dieses Kapitels haben im Rahmen eines Autor*innen-Teams das Buch und die Zusammenfassung von Earth4All Deutschland maßgeblich mitgestaltet. Insofern basiert dieses Kapitel teilweise textlich und konzeptionell auf den Publikationen von Earth4All Deutschland des Wuppertal Instituts und des Club of Rome.

4 Die Global Commons Alliance ist ein Zusammenschluss von Wissenschaftler*innen, Philanthrop*innen, zivilgesellschaftlichen Gruppen, Unternehmen und Innovator*innen.

Auszug aus der Umfrage „Earth4All 2024“

Die Bekämpfung des Klimawandels und der Umweltschäden kann den Menschen in (Land) viele Vorteile bringen.

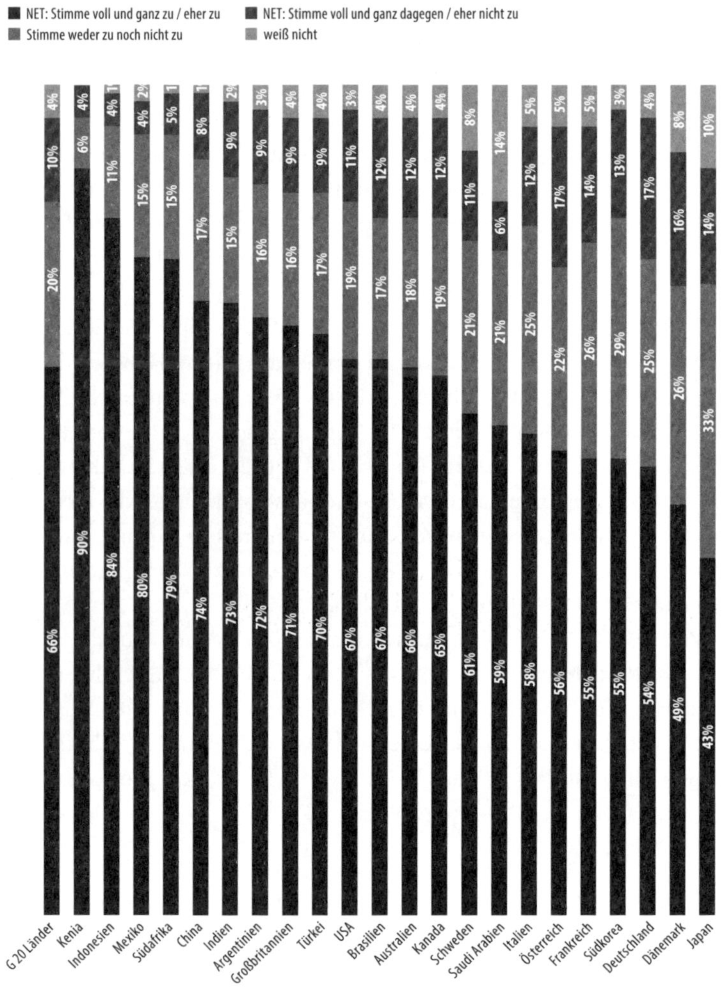

Quelle: Auszug aus der Umfrage „Earth4All 2024“, eigene Darstellung

© ARBEITSGRUPPE
ALTERNATIVE WIRTSCHAFTSPOLITIK
MEMORANDUM 2025

Interessant ist dabei die länderspezifische Verteilung der Zustimmungswerte, denn die »vielen Vorteile« können sehr unterschiedlich sein: Ambitionierterer globaler Klimaschutz wird z. B. in Indien tausendfaches Massensterben durch Hitzetod verhindern, weil bei unveränderten Trends mit einer weltweiten Heißzeit mit Werten über 50 Grad Außentemperatur zu rechnen ist; ab 42 Grad droht ungeschützt akute Lebensgefahr. Das erklärt die hohen Zustimmungswerte von 73 Prozent. In Deutschland kann ein umfassender Klimaschutz zwar auch dafür sorgen, dass tödliche Starkregenereignisse wie im Ahrtal im Juli 2021 nicht zur Regel werden. Aber im Vergleich zu den Tragödien, die bei ungebremstem Klimawandel in Afrika, Asien und Südamerika auf die Menschen zukommen, sind das relativ weniger katastrophale Auswirkungen. Dies mag für die erstaunlich geringe Zustimmungsrate von 54 Prozent in Deutschland gesorgt haben und damit für den drittletzten Rang innerhalb der G20-Länder. Es gibt aber noch eine andere, möglicherweise höchst relevante Erklärung für die relativ geringen Zustimmungswerte in Deutschland trotz oder sogar wegen der – im internationalen Vergleich – beachtlichen Reduktion der Treibhausgase (THG) (Umweltbundesamt 2024). Könnte es sein, dass den meisten Bürger*innen die enormen wirtschaftlichen und sozialen Vorteile des Klimaschutzes gerade für Deutschland noch viel zu wenig vermittelt wurden, so dass viele die notwendigen Klimaschutzmaßnahmen noch eher als Bedrohung empfinden und deshalb zu einer ambivalenten Bewertung kommen? Kann es sein, dass die ökologischen und (auch) kreditfinanzierten Klimaschutzprogramme deswegen skeptisch gesehen werden, weil nicht erklärt wurde, dass es natürlich hinsichtlich der Kosten nicht beim Status quo bleibt, sondern dass es künftig zu höheren ökonomischen Schäden und noch höheren Anpassungskosten führt, wenn wir heute nicht massiv in den Klimaschutz investieren? (Kotz et al. 2024) Viel spricht für diese Hypothese, aber es steckt ein noch komplexeres Kommunikationsdefizit dahinter, wie die folgenden Studienergebnisse zeigen:

Das Potsdam-Institut für Klimafolgenforschung hat errechnet, dass selbst wenn die Treibhausgasemissionen ab heute drastisch reduziert würden, die Weltwirtschaft bis 2050 aufgrund des bereits unumkehrbar verursachten Klimawandels mit einem Einkommensverlust von 19 Prozent rechnen muss. Diese nicht mehr vermeidbaren Schadenskosten, verursacht durch die historischen Emissionen der letzten 40 Jahre, übersteigen die Vermeidungskosten einer Strategie zur Einhaltung des 2°C-Ziels um das 6-Fache. Die historische Verursachung und die Schadensbelastung offenbart zudem ein massives Gerechtigkeitsdefizit. Denn die verursachten Schäden sind in Ländern mit geringeren Emissionen und mit einem niedrigeren aktuellen Pro-Kopf-Einkommen deutlich höher. Mit anderen Worten: Länder, die am meisten unter den bereits verursachten Schäden leiden und am wenigsten für den Klimawandel verantwortlich sind, verfügen auch über die geringsten Ressourcen, um sich daran anzupassen. Was für die global ungleiche Verursachung und Schadensbelastung zutrifft, gilt sinngemäß auch für das Verhältnis von Arm und Reich innerhalb der nationalen Grenzen.

Wenn der unvermeidliche weltwirtschaftliche Schaden bis 2050 schon jetzt so groß ist, lohnt es dann überhaupt noch, für das Ziel »möglichst unter 2°C« zu kämpfen? Allerdings, sagt die Studie: Wenn das nicht geschieht, steigt der monetäre Schaden bis zum Jahr 2100 in einer Größenordnung, die die Weltwirtschaft schon aus ökonomischen Gründen zum Kollaps bringen könnte.

Der blanke Irrsinn, die gesellschaftlich gewachsene Bereitschaft zu ambitionierterem Klimaschutz wieder abzubremsen (wie Teile der CDU das betreiben) oder wie die AfD, sogar für eine Refossilisierung der Wirtschaft zu plädieren, zeigt sich nicht nur an globalen Folgen. Mindestens so fatal für die öffentliche Akzeptanz ist, wenn vollständig ignoriert wird, dass für Deutschland vorliegende Studien *einen gesamtwirtschaftlichen Zugewinn durch forcierten Klimaschutz nachweisen*[5] – also nicht nur in Bezug auf die vermiedenen hohen Schadenskosten, sondern in Bezug auf den volkswirtschaftlichen Zugewinn durch grünen Strukturwandel und wachsende GreenTech-Branchen.

5 So zeigt z. B. eine Studie im Auftrag von Agora Verkehrswende, warum es sich volkswirtschaftlich in Deutschland lohnt, die Verkehrswende rasch umzusetzen, d. h. schnell in die Reduzierung von Treibhausgasen im Verkehrssektor zu investieren (Agora Verkehrswende 2024).

Da dies aber im Rahmen eines massiven ökonomischen und sozialen Strukturwandels von Gewinner*innen, aber auch potenziellen Verlierer*innen innerhalb ungleicher Gesellschaften stattfindet, wird eine *bessere politische und gesellschaftliche Kommunikation* zu einer besonderen Herausforderung. Zugespitzt formuliert: Erfolgsmeldungen über eine Reduktion von Klimagasen überzeugen gut die Hälfte der Bevölkerung überhaupt nicht, die weder besonders zum Klimaproblem beiträgt noch über die Ressourcen zum aktiven Klimaschutz verfügt. Für sie klingt »Mehr Klimaschutz« eher wie eine Drohung, sich noch mehr einschränken zu müssen.

Diese Einschätzung wird gestützt durch eine aufwendige, globale Studie (Furuta und Bromley 2025), die im Ergebnis Folgendes feststellt: »Auf der Grundlage von Panel-Logistik-Regressionsmodellen für über 160 Länder von 1990 bis 2018 kommen wir zu dem Schluss, dass sich »›Gegen Klimaschutz-Organisationen‹ (›counter-climate change organizations‹) am wahrscheinlichsten in Ländern entwickeln, die eine umfassende staatliche Politik und Strukturen zum Schutz der natürlichen Umwelt aufweisen, abzüglich einer Vielzahl von Faktoren, die die wirtschaftlichen Interessen betreffen« (Furuta und Bromley 2025, S. 1; eigene Übersetzung). Die Studie folgert daraus, dass es nicht nur die bekannten Lobby-Organisationen des fossil-industriellen Komplexes (mit der Speerspitze in den USA) sind, die durch Zweifel säen und Desinformation eine aktive Klimaschutzpolitik zu hintertreiben versuchen, sondern dass dies verbunden wird mit einem regelrechten Kulturkampf populistischer und reaktionärer politischer Agitation und Angstmache gegen jedwede Form einer ökologischen Transformation: »Top-down-Regulierungen können die Kosten für einige Interessengruppen erhöhen oder langjährige Praktiken oder Lebensweisen anderer stören und so Beschwerden und Widerstand bei den Betroffenen auslösen. Schließlich bieten staatliche Maßnahmen ein gezieltes Angriffsziel für oppositionelle Bewegungen. Unser Argument legt nahe, dass Organisationen zur Bekämpfung des Klimaschutzes als Reaktion auf diese Art staatlicher Umweltpolitik entstehen, die zur Bildung oppositioneller Identitäten, Ziele und kollektiver Mobilisierung führt« (ebd., S. 2). Es reicht nicht aus, ja es kann sogar kontraproduktiv wirken, solchen geschürten Stimmungen nur mit einem Hinweis auf erfolgreichen Klimaschutz zu begegnen. Ein für Mehrheiten überzeugendes positives Transformationsnarrativ ist überfällig.

Denn Tatsache ist: Das positive Gegen-Narrativ, sozialer Gewinn, mehr Sicherheit und mehr Gerechtigkeit durch Klimaschutz, im Gegensatz zu exorbitanten Schäden, wachsender Ungleichheit und Ungerechtigkeit durch unterlassenen Klimaschutz, wurde bisher in Deutschland viel zu wenig öffentlich verbreitet: Nicht nur im globalen Maßstab, sondern auch in generationen- und länderübergreifender Perspektive offenbaren sich gerade auch in monetären Dimensionen gewaltige Ungleichheiten und Ungerechtigkeiten. Insofern ist der Ruf des globalen Südens nach Kompensation von »loss and damages« (dt. Verluste und Schäden) mehr als gerechtfertigt. Genauso berechtigt ist die ultimative Forderung der Jugendbewegung »Fridays for Future« nach maximal beschleunigtem Klimaschutz, weil jedes Zögern die Bürde für kommende Generationen und den globalen Süden weiter steigern wird und sogar verhindert, dass die heute noch möglichen Nettogewinne für Deutschland durch forcierten Klimaschutz realisiert werden. Politiker, die immer noch ihr reduziertes Verständnis von »Freiheit« für vermeidbare Klimasünden propagieren – etwa für fossile Autoraser*innen oder für steuerfreie Inlandsflüge oder für neue erdgasabhängige Heizsysteme –, verursachen nicht nur einen klimapolitischen, sondern auch einen ökonomischen und sozialen Flurschaden für uns alle, der in Wahlen entsprechend geahndet werden müsste.

Dies veranschaulicht am Beispiel Energie und Klimaschutz die Hauptthese von Earth4All Deutschland: Radikale und gemeinsame Kehrtwenden in Deutschland können zu einem enormen Gewinn an Lebensqualität für alle führen – zu einer Wohlergehensgesellschaft (siehe unten). Allerdings nur, wenn ein Giant Leap erfolgt, also ein großer gesellschaftspolitischer Wurf gelingt. Es ist nach der Analyse von Earth4All Deutschland viel besser, die Gesellschaft gemeinsam zu verändern und eine Vision davon zu entwickeln, wie wir in Zukunft leben wollen, als dass die Verhältnisse uns allen katastrophale Veränderungen aufzwingen. Aber der Reihe nach.

6.2 Die globale Initiative: Earth4All

Earth4All ist eine internationale Initiative, die untersucht, wie Wohlergehen für alle innerhalb der planetaren Grenzen in diesem Jahrhundert erreicht werden kann. Sie wurde 2020 vom Club of Rome, der Norwegian Business School, dem Stockholm Resilience Centre und dem Potsdam-Institut für Klimafolgenforschung ins Leben gerufen.

Das langfristige Ziel von Earth4All ist ein neues Wirtschaftsparadigma, das Wohlstand für alle Menschen – eine Wohlergehensgesellschaft – innerhalb der planetaren Grenzen ermöglicht. Earth4All identifiziert dafür politische Maßnahmen, die das Potenzial haben, die Polykrisen unserer Zeit gleichzeitig zu adressieren und durch integrative Ansätze Synergien zu erschließen. Um sicherzustellen, dass diese Erkenntnisse partizipativ erstellt und genutzt werden, ist das Earth4All-Team international aufgebaut und arbeitet weltweit mit Bürgerbeteiligung, Kampagnen und einer breiten Kommunikation. Earth4All stützt sich auf systemdynamische Modelle und eine »Transformational Economics Commission«, die sich aus Wirtschaftsexpert*innen aus der ganzen Welt zusammensetzt.

Im September 2022, 50 Jahre nach der Veröffentlichung von »Die Grenzen des Wachstums«, veröffentlichte der Club of Rome nach zweijähriger Forschung das Buch »Earth4All: Ein Survivalguide für unseren Planeten«(Dixson-Declève et al. 2022), das zentrale Forschungsergebnisse für die breite Öffentlichkeit zugänglich macht. Das Buch präsentiert einen Weg für einen Systemwandel, indem es fünf globale Kehrtwenden und entsprechende politische Maßnahmen vorstellt:

- Die Armuts-,
- die Ungleichheits-,
- die Ermutigungs- bzw. Empowerment-,
- die Ernährungs- und
- die Energiewende

Das Buch wurde bisher in zehn Sprachen übersetzt und weltweit rund 80.000-mal verkauft. Die globale Earth4All-Initiative setzt sich aktiv für die Umsetzung der identifizierten politischen Lösungen in einzelnen Ländern ein. Neben Deutschland ist sie momentan in Österreich, Kenia und Argentinien engagiert; weitere Länder sind geplant.

6.3 Earth4All Deutschland

Das Wuppertal Institut ist wissenschaftlicher Partner und Koordinator der Umsetzungsstrategie von Earth4All in Deutschland (Dixson-Declève et al. 2022). Earth4All Deutschland übernimmt die grundlegende Logik und Struktur der globalen Earth4All-Initiative und wendet sie auf die spezifischen Herausforderungen hierzulande an. Dies schließt die Diskussion von Deutschlands Verantwortung in der Welt ebenso ein wie die Analyse der Folgen eines Transformationsprozesses in Deutschland.

Entsprechend geht es zunächst um fünf Kehrtwenden, die beschreiben, wie eine tiefgreifende gesellschaftliche Transformation gelingen kann. Aufgrund der besonderen Rahmenbedingungen in einem ressourcenintensiven Industrieland werden diese mit einer Ressourcenwende verbunden. Denn Strategien einer Kreislaufwirtschaft erleichtern auch das Erreichen ambitionierter Klimaschutzziele.

Eine zentrale Erkenntnis ist, dass ein »großer Wurf« nur im Zusammenspiel aller Wenden möglich ist, die durch ambitionierte politische und wirtschaftliche Rahmenbedingungen unterstützt werden müssen. Die Ungleichheitskehrtwende spielt dabei eine Schlüsselrolle.

Ebenso wie in der globalen Analyse werden dabei auch für Deutschland zwei Hauptszenarien unterschieden (siehe den folgenden Kasten).

Too Little Too Late (»Zu wenig, zu spät«)
In diesem Szenario wird der derzeit eingeschlagene Weg der wirtschaftlichen Entwicklung, der auf nicht nachhaltigen Produktionsstrukturen und Konsummustern beruht, fortgesetzt. Die Auswertung der Modellrechnungen zeigt, dass ein derartiges »Weiter so« Armut und Ungleichheiten verstärkt und der Klimakrise nicht genug entgegensetzen kann, um deren dramatischen Folgen zu verhindern.

Giant Leap (»Großer Sprung«)
In diesem Szenario treffen Gesellschaft, Politik und Wirtschaft mutige Entscheidungen, bekämpfen die Ungleichheit durch progressive Besteuerung von Hyperreichen und forcieren damit Investitionsprogramme, die den sozialen Zusammenhalt stärken, Vertrauen aufbauen, Armut national wie global verringern, Ernährungs- und Energiesysteme nachhaltig umgestalten. Gesellschafts- und wirtschaftspolitisches Ziel ist es, ein Wirtschaftssystem zu etablieren, das das Wohlergehen aller auf einem begrenzten Planeten zum Ziel hat. Earth4All nennt dies eine »Well-Being Society« – Wohlergehensgesellschaft. Um die positive Vision eines »großen Sprungs« zur Wohlergehensgesellschaft umzusetzen, müssen die politischen Strategien der Kehrtwenden gut aufeinander abgestimmt und gleichzeitig implementiert werden. Das ist hoch ambitioniert, aber es ist prinzipiell möglich – und es lohnt sich.

Die zentralen Aussagen des Buches können wie folgt zusammengefasst werden:

a) **Ein schneller Wandel zum Positiven ist möglich**: Die im Zuge der Industrialisierung etablierten fossilen und ressourcenverbrauchenden Strukturen lassen sich in den nächsten 25 Jahre in eine klimaneutrale und deutlich stärker auf Kreislaufwirtschaft fußende Gesellschaft überführen.
b) **Grenzenloses Wirtschaftswachstum auf einem begrenzten Planeten ist unmöglich – und schon deshalb kein Maßstab für Lebensqualität und Gutes Leben.** Das Ziel ist: Wohlergehen für alle innerhalb der planetaren Grenzen.[6]

6 Neben den ökologischen Faktoren gibt es dafür auch soziale Gründe: Fred Hirsch beispielsweise argumentierte bereits in den 1970er Jahren, dass »positional goods« – Güter, deren Wert durch den Vergleich mit anderen bestimmt wird – soziale Grenzen für das Wachstum darstellen, da es um relationalen Status geht, der nie absolut erfüllt werden kann. Diese begrenzte

c) **Alle Bereiche gleichzeitig zu transformieren, ist einfacher als jeden einzeln:** Es ist effektiver, kostengünstiger und erfolgversprechender, wenn die Kehrtwenden gemeinsam und zügig umgesetzt werden. Durch Politikintegration statt Silodenken lassen sich große Synergieeffekte heben.

d) **Eine ökologische Transformation ohne Abbau der sozialen Ungleichheit wird scheitern.** Der Schutz des Klimas und der Ökosysteme findet nur dann gesellschaftliche Akzeptanz, wenn gleichzeitig eine deutliche Reduzierung von Ungleichheit und Armutsbekämpfung angegangen wird. Eine gerechte Steuer- und Sozialpolitik ist Voraussetzung für einen Giant Leap.

e) **Technik allein ist nicht die Lösung für alle Herausforderungen:** Effizienzsteigerung und der Ausbau erneuerbarer Energien sind zentrale Strategien. Es bedarf aber ergänzend auch maßvoller Lebensstile (Suffizienz) mit weniger Luxuskonsum und eines sparsameren Umgangs mit Ressourcen und Flächen. Solche Veränderungen brauchen eine Ermöglichungskultur, die suffizientes Verhalten fördert, aber gegen Maßlosigkeit und Überkonsum angeht.

f) **Transformationsprozesse gelingen am besten durch ein kraftvolles Gemeinschaftswerk.** Eine starke Demokratie und faire Aushandlungsprozesse sowie Selbstwirksamkeit (Empowerment), insbesondere von Frauen und Jugendlichen, deren Rechte und Bedürfnisse noch zu wenig Gehör finden, stellen die Basis erfolgreicher Veränderungsprozesse dar. Partizipative Elemente wie Bürger*innenräte und eine demokratisierte Wirtschaft helfen, gesellschaftliche Gräben zu schließen.

g) **Es braucht mutige Zukunftsinvestitionen:** Ein konsequenter Abbau umwelt- und klimaschädlicher Subventionen, ein angemessener Beitrag der Reichen und eine Anpassung der Schuldenbremse schaffen dafür die Basis, verbessern soziale Gerechtigkeit und reduzieren zukünftige Schadens- und Anpassungskosten.

Bedeutung von Wachstum wird durch das sogenannte »Easterlin Paradox« gestützt, das zeigt, dass mehr Einkommen und Konsum nicht unbedingt zu einem höheren Lebensglück führen, sobald die grundlegenden Bedürfnisse erfüllt sind (Hirsch 1976).

h) **Deutschland hat mehr Verantwortung:** Als eine führende Industrienation kann Deutschland mutige Schritte vorangehen, bereits bestehende Ansatzpunkte für global positive Veränderungen verstärken. Wenn Deutschland erfolgreich dieser globalen Vor- und Leitbildfunktion gerecht wird, schafft es die Grundlage für eine globale Wohlergehensgesellschaft.

6.4 Die sechs Wenden für Deutschland – Traut Euch!

Die derzeitige Art zu wirtschaften hat zu einem erhöhten durchschnittlichen Wohlstandsniveau in Deutschland geführt. Der Preis dafür drückt sich allerdings neben einem enormen Natur- und Ressourcenverbrauch auch in einer zunehmend ungleichen Verteilung von Vermögen und gesellschaftlicher Teilhabe aus. Die öffentlichen Infrastrukturen wurden vernachlässigt und der soziale Zusammenhalt löst sich in rasender Geschwindigkeit auf. Die erzielten ökologischen Erfolge (z. B. beim Ausbau erneuerbarer Stromerzeugung) dürfen nicht darüber hinwegtäuschen, dass Deutschland, gemessen am ökologischen Fußabdruck, deutlich über seine Verhältnisse lebt. Nach wie vor überwiegen nicht nachhaltige Produktions- und Konsumweisen.

Ziel guter Politik und guten Wirtschaftens muss es sein, für alle Menschen sicherzustellen, dass sie Zugang haben zu sauberem Wasser zum Trinken, sauberer Luft zum Atmen sowie gesunden Lebensmittel für eine ausgewogene Ernährung und das Klima ausreichend zu schützen. Werden die natürlichen Lebensgrundlagen erhalten, profitieren alle davon. Von der derzeitigen Ausbeutung hingegen wenige und das auch nur kurzfristig. Der Nexus zwischen ökologischen Fragen und den sozialen Auswirkungen muss stärker in den Blick genommen werden. Es darf nicht sein, dass vom Geldbeutel der Haushalte der Zugang zu menschlichen Grundbedürfnissen abhängig ist. Und es geht um einen Aufbruch zur Sicherung des sozialen Miteinanders. Mit einem mutigen Giant Leap lässt sich eine weitere Zuspitzung der aktuellen Polykrise begrenzen. Es ist möglich, Deutschland zukunftsfest und lebenswert für alle zu gestalten – und wie die Umfragen von Earth4All zeigen, treffen die vorgeschlagenen Maßnahmen prinzipiell auf Zustimmung in der Gesellschaft: 66 % der Deutschen sind der Meinung, dass die Welt in den nächsten zehn Jahren in allen Wirtschaftssektoren (Stromerzeugung, Verkehr, Gebäude, Industrie, Ernährung) drastische Maßnahmen ergreifen muss. Die Mehrheit ist der Meinung, dass wohlhabende Menschen höhere Steuern zahlen sollten (71 %). 75 % sind der Auffassung, dass die Regierung eine kostenlose Gesundheitsversorgung sicherstellen sollte. 71 % halten die Stärkung von Arbeitnehmerrechten für wichtig (Ipsos 2024).

Ein solcher »Sprung« ist eine große Chance, wenn nicht sogar Pflichtaufgabe, denn er sichert Wohlergehen, Gesundheit, Sicherheit und Demokratie. Er festigt und stärkt Zivilgesellschaft, mit Gewerkschaften, die die Rechte von Arbeitnehmer*innen kraftvoll vertreten können, mit Unternehmer*innen, die gesellschaftliche Verantwortung übernehmen, und mit Politiker*innen, die mutig eine gute Zukunft gestalten wollen. »Traut Euch!« oder – um es mit den Worten von Bertolt Brecht zu sagen: Es ist Zeit, »endlich unserer Kraft zu trauen und ein schöneres Leben aufzubauen«.

6.4.1 Armutswende

Gleich das erste der 17 globalen Nachhaltigkeitsziele (Sustainable Development Goals) lautet: »Armut in jeder Form und überall beenden«. Die Abwesenheit von Armut ist die grundlegende Voraussetzung, um andere zentrale Nachhaltigkeitsziele zu erreichen. Derzeit leben weltweit rund 700 Millionen Menschen in extremer Armut, das heißt, sie verfügen über weniger als 2,15 US-Dollar pro Tag. Und entgegen des langfristigen Trends, nimmt diese Zahl momentan wieder zu.

Um dies zu überwinden, ist in armen Ländern zweifellos nachhaltiges und verteilungsgerechtes Wirtschaftswachstum notwendig – ohne die destruktiven Entwicklungsmuster der Industrieländer zu kopieren. Dazu sind ein neues Wirtschaftsmodell und andere Formen der internationalen Zusammenarbeit, insbesondere förderliche Finanzierungsmechanismen, nötig.

Armut und Abstiegsängste gibt es genauso in Deutschland. Zwar sind diese weniger existenziell, aber um eine gerechtere Gesellschaft zu erreichen, ist deren Überwindung essenziell. Rund jede*r Fünfte ist in Deutschland von Armut und sozialer Ausgrenzung betroffen – mit steigender Tendenz. Diesen Zustand darf ein reiches Industrieland wie Deutschland nicht hinnehmen. Denn Armut gefährdet die gesellschaftliche Akzeptanz von notwendigen Transformationsprozessen erheblich.

Für alle Kehrtwenden schlagen die Autor*innen von Earth4All Deutschland drei Lösungswege vor. Zur Überwindung der Armut sind dies:

1) global gerechte Verteilung von Wohlstand: Deutschland sollte sich für politische Veränderungen der internationalen Finanz- und Handelsregelungen einsetzen, die den finanziellen Spielraum für Länder des globalen Südens erweitern, beispielsweise durch Schuldenerlasse und eine Ausweitung von Sonderziehungsrechten
2) Teilhabe für alle ermöglichen: Eine bedarfsorientierte und sozial differenzierte Förderung sowie eine Streichung klimaschädlicher Subventionen für Reiche bilden die Grundlage, um Zugang zu bezahlbaren klimafreundlichen Strom-, Wärme- und Mobilitätsangeboten sowie zu gesunden Lebensmitteln zum Markenkern der Armutsbekämpfung zu machen.
3) Kommunale Infrastrukturen stärken: Eine bessere finanzielle Ausstattung erlaubt es den Kommunen, Aufgaben der Daseinsvorsorge besser wahrzunehmen und die öffentliche Infrastruktur zu sanieren, damit der Staat mit seinen öffentlichen Einrichtungen von den Menschen als Vor- und Leitbild des gesellschaftlichen Transformationsprozesses wahrgenommen wird.

6.4.2 Ungleichheitswende

Die Ungleichheit in Deutschland darf nicht länger tatenlos hingenommen werden. Die reichsten 10 Prozent besitzen über 60 Prozent des Vermögens, wohingegen die unteren 40 Prozent quasi gar kein Vermögen haben. Mit dem Vermögen steigt in der Regel auch die Möglichkeit der Einflussnahme auf Politik, Wirtschaft und Gesellschaft. Ohne

Vermögen und ohne Rücklagen für Krisen steigt die Angst vor Abstieg und Kontrollverlust (Vulnerabilität / fehlende Resilienz). Daraus erwächst die Gefahr, dass populistische Bewegungen nach dem Motto »die da oben machen ohnehin, was sie wollen«, politisches Kapital schlagen. Da die besonders Wohlhabenden durch hohen Konsum und Kapitalanlagen in »braunen« Risikobranchen auch einen überdurchschnittlichen Anteil am Treibhausgasausstoß und am Verbrauch von Ressourcen haben, ist ein gutes Leben für alle innerhalb der planetaren Grenzen nur dann möglich, wenn die Ressourcen, die Einkommen und die Vermögen gerechter verteilt werden.

Dabei profitieren nicht nur die Armen von mehr Gleichheit, sondern auch die Wirtschaft und die Reichen selbst. Denn wesentliche Fundamente nachhaltigen Reichtums sind stabile Gesellschaftsformationen, gut ausgebildete und motivierte Fachkräfte, ein funktionierendes Gesundheitswesen und gut ausgebaute sowie zuverlässige öffentliche Verkehrs- und Energieinfrastrukturen.

Deutschland wird immer wieder aus neoliberaler Sicht im internationalen Vergleich als Hochsteuerland charakterisiert. Die Wahrheit ist: Bei der Besteuerung der Einkünfte aus Arbeit ist Deutschland ein Hochsteuerland. Was dagegen die Besteuerung von Einkünften aus Vermögen vor allem die Vermögen- und Erbschaftsteuer betrifft, ist Deutschland im internationalen Vergleich ein Niedrigsteuerland, ja auch eine Steueroase. Eine Vermögensteuer wird nicht mehr erhoben; Kapitaleinkünfte werden mit nur 25 Prozent besteuert; zahlreiche Ausnahmen bei der Erbschaftsteuer ermöglichen es, dass Reiche immer mehr Vermögen anhäufen. Fast eine Millionen Menschen in Deutschland leben überwiegend von ihrem eigenen Vermögen – wovon über 60 % vererbt, und nicht durch eigene Leistung erarbeitet sind (Fratzscher 2023; Statistisches Bundesamt 2025).

Damit die Wenden zum Erhalt unserer natürlichen Lebensgrundlagen finanziert werden können, und gleichzeitig die schädlichen Wirkungen steigender Ungleichheit eingedämmt werden, müssen sich die Reichen mit ihren großen Vermögen angemessen an den notwendigen Investitionen in die Zukunft beteiligen. Zur Überwindung der Ungleichheit bedeutet dies, dass

1) Reiche stärker besteuert werden müssen: Dazu müssen zumindest Steuerschlupflöcher gestopft und die Vermögensteuer wieder eingeführt. Ausnahmeregelungen bei der Erbschaftsteuer müssen reduziert und eine Finanztransaktionssteuer eingeführt werden. Eine einmalige substanzielle Vermögensabgabe als schnell wirkender Lastenausgleich könnte die Dringlichkeit der Lage verdeutlichen. Eine gerechte Einkommensteuer mit deutlich erhöhtem Spitzensteuersatz und höherem Grundfreibetrag ist notwendig, damit diejenigen entlastet werden, die viel leisten, aber wenig verdienen (siehe hierzu auch den Beitrag zur finanzpolitischen Wende von Rudolf Hickel).
2) ein Klimageld Plus eingeführt werden muss: Ärmere Haushalte haben wenig Möglichkeiten, sich aus eigener Kraft, z. B. durch Kauf eines E-Autos oder energetische Sanierung von Gebäuden, an steigende Energiepreise anzupassen. Die pauschale Pro-Kopf-Ausschüttung von Klimageld ist daher wenig zielführend. Es sind vielmehr neue (disruptive) Politik- und Förderansätze erforderlich, die gezielt ärmere Haushalte im Transformationsprozess unterstützen.
3) gleichheitsfördernde Wirtschaftsformen gefördert werden müssen: Der in einigen Staaten aufkommende Paläolibertarismus[7] ist kein Vorbild. Ganz im Gegenteil: Es bedarf für ein sozialverantwortlicheres Wirtschaften einer stärkeren Regulierung des Kapitalismus und starker Interessenvertretungen der abhängig beschäftigten Arbeitnehmer*innen zur Vertretung ihrer wirtschaftlichen, sozialen und kulturellen Interessen.

6.4.3 Empowerment-Wende

Empowerment bedeutet die generelle Stärkung der Selbstwirksamkeit für alle Menschen einer Gesellschaft – vor allem eine Stärkung von Frauen. Geschlechtergerechtigkeit ist in Deutschland trotz aller

7 Paläolibertarismus verbindet libertäre Prinzipien wie Minimalstaat und individuelle Freiheit mit konservativen sozialen Werten. Der Begriff wurde von Murray Rothbard und Lew Rockwell in den späten 1980er Jahren geprägt. Javier Milei, Präsident von Argentinien, kann als ein typischer Repräsentant bezeichnet werden.

unbestreitbaren Fortschritte noch nicht erreicht. Frauen in ihrer Rolle als Motor sozialer Veränderungen zu stärken, eröffnet das Potenzial für Transformationen hin zu einer sicheren und gerechten Welt.

Dazu müssen Rahmenbedingungen geschaffen werden, die dies erleichtern. Das Ende von Gewalt und Sexismus muss unter anderem durch die Überwindung von sich über Jahrzehnte verfestigten Strukturen überwunden werden, damit die gleichberechtigte Entfaltung von Frauen nicht eingeschränkt wird. Es ist nicht hinzunehmen, dass die Entgelte in Berufen mit einem hohen Frauenanteil oft geringer ausfallen als in traditionellen Männerdomänen; und selbst bei gleicher Berufsausübung Frauen im Durchschnitt weniger als ihre männlichen Kollegen verdienen. Nach wie vor sind Frauen ungenügend in politischen Ämtern und Führungspositionen vertreten und haben weniger Möglichkeiten der individuellen Zeiteinteilung, weil es an einer fairen Verteilung von Sorgearbeit sowie entsprechender öffentlicher Infrastruktur mangelt. Strukturelle Ungleichheiten bedingen und verstärken sich gegenseitig. Eine umfassende Empowerment-Wende bedeutet, dass

1) weibliche Selbstwirksamkeit gestärkt werden muss: Rahmenbedingungen für Frauen werden in allen gesellschaftlichen Bereichen verbessert. Frauen werden bestärkt, in politischen Ämtern und in Führungspositionen von Unternehmen und Verwaltungen Verantwortung zu übernehmen.
2) Sorgesysteme verbessert werden müssen: Verlässliche und lückenlose Betreuungsangebote sowie eine stärkere Übernahme von Sorgearbeit durch Männer und flexiblere Arbeitsmodelle werden zum gesellschaftlichen Gewinn.
3) eine Transformation des Bildungssystems erforderlich ist: didaktisches Know-how bildet den Grundstein für ein neues Verständnis von Inklusion, Vielfalt, Selbstwirksamkeit, Demokratie, Verantwortung und Respekt. Es ermöglicht die gezielte Förderung von Talenten und Kreativität in neuen Lernformaten, bindet Schüler*innen partizipativ ein und ermöglicht einen fächerübergreifenden Zugang zu Nachhaltigkeitsthemen.

6.4.4 Ernährungswende

Die derzeitige Form der Ernährung ist nicht nur Treiber des Klimawandels, sie ist auch besonders von dessen Folgen betroffen: Extremwetterereignisse wie Stürme, Überschwemmungen und anhaltende Dürren verringern bereits jetzt die Ernteerträge und gefährden die Ernährungssicherheit. Unser Ernährungssystem ist weder gut für den Planeten noch für unsere Gesundheit.

Der vorherrschende sogenannte westliche Ernährungsstil ist geprägt durch viel Fett und Zucker, hochverarbeitete Lebensmittel und viel Fleisch. Die Folge ist, dass es zu immer mehr ernährungsbedingten Krankheiten kommt. Gerade für Armutsbetroffene ist es weitaus schwieriger, sich gesund zu ernähren. Die Folge davon ist, dass etwa drei Millionen Menschen hierzulande von Ernährungsarmut betroffen sind.

Die Ernährungswende zeichnet sich dadurch aus, dass

1) nachhaltige Anbausysteme zur Norm werden. Der Anteil regenerativer Landwirtschaft, die Böden und Wasser schonen sowie Biodiversität erhält, erhöht sich, während intensivere Formen der Landwirtschaft nachhaltiger werden. Eine Verringerung von Düngemittel- und Pestizideinsatz sind Kennzeichen einer schonenden Bewirtschaftung der Felder.
2) Flächen effizienter genutzt werden: Anbauflächen für den Anbau von Futtermitteln werden reduziert, weil weniger Fleisch konsumiert wird; technologische Maßnahmen wie »Vertical Farming« tragen zu einer effizienteren Nutzung der knapper werdenden Flächen bei, Lebensmittelverschwendung und Lebensmittelabfälle werden entlang der gesamten Wertschöpfungskette reduziert.
3) eine nachhaltige Ernährungskultur gefördert wird: Rahmenbedingungen werden so gestaltet, dass sie automatisch einen nachhaltigen Ernährungsstil unterstützen. Dazu ist eine Überarbeitung des Mehrwertsteuersystems durch eine geringere Besteuerung von pflanzlichen Produkten und eine bessere Visualisierung von nachhaltigen Produkten erforderlich. Die Außer-Haus-Verpflegung und Gemeinschaftsverpflegung in Kantinen und Mensen sind zu för-

dern, beispielsweise durch beitragsfreie, hochwertige Schulverpflegung ein entsprechendes Angebot nachhaltiger Ernährungsmuster.

6.4.5 Energiewende

Eine Zukunft, in der es Energie risikofreier, generationengerecht, versorgungssicher, bezahlbar und nahezu vollständig CO_2-frei für alle gibt, ist möglich. Davon profitieren Haushalte, und auch für die Industrie wird die ausreichende Verfügbarkeit erneuerbarer Energien zu einem positiven Wirtschaftsfaktor. Wenn die Energiewende allerdings scheitert, droht Deutschland seine Rolle als eine der führenden Industrienationen zu verlieren. Denn Produktionsstätten werden dorthin verlagert, wo Energie krisensicher, klimafreundlich und kostengünstig ist.

Doch der Prozess der Transformation des Energiesystems zur Klimaneutralität wird durch hartnäckige Mythen aufgehalten. Ein besonders kontraproduktiver Mythos besagt zum Beispiel, dass für Versorgungssicherheit das Stromangebot durch große zentrale Kraftwerke bereitgestellt werden muss. Nationale wie weltweite Analysen zeigen das Gegenteil. In zahlreichen Kommunen und Regionen ist ein hoher Anteil stark dezentralisierter Energieversorgung längst etablierte Praxis. Entscheidend dafür ist der Ausbau erneuerbarer Energien, die intelligente informationstechnische Verknüpfung der Erzeugungspunkte sowie die Bereitstellung von Flexibilitätsoptionen wie Speicher und Lastmanagement. Auch der Ausbau der Bürgerenergie vor Ort kann zur Stärkung der Akzeptanz, zur örtlichen Versorgungssicherheit, zur Finanzierung und zum beschleunigten Kapazitätsausbau erheblich beitragen. Es zeigt sich beispielsweise, dass der sehr starke Anstieg des jährlichen Zubaus von Photovoltaik in den vergangenen Jahren zu einem Ausbautempo geführt hat, das in den nächsten Jahren nur noch moderat erhöht und dann gehalten werden müsste, um die erforderliche Photovoltaik-Leistung des Jahres 2030 in allen relevanten Szenarien erreichen zu können. Demnach liegt die erforderliche Photovoltaik-Leistung in 2030 bei etwa 215 GW, um in Einklang mit dem Ausbauziel

Jährlicher Brutto-Zubau der Photovoltaik und notwendiger Zubau zwischen 2025 und 2030 nach aktuellen Szenarien

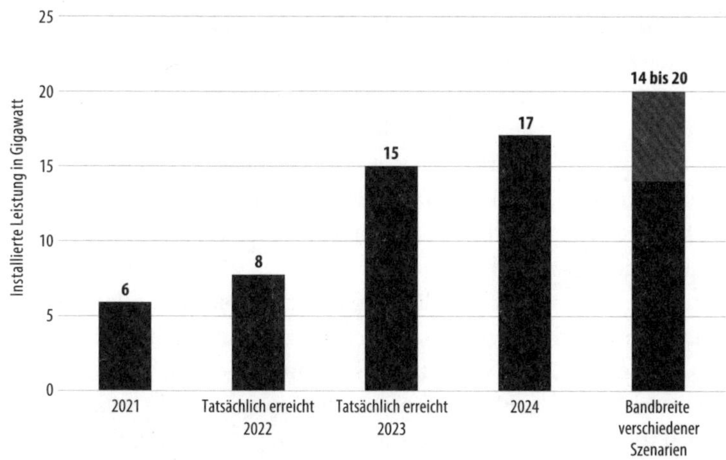

Quelle: eigene Darstellung basierend auf Samadi 2024

© ARBEITSGRUPPE ALTERNATIVE WIRTSCHAFTSPOLITIK MEMORANDUM 2025

nach EEG 2023 zu stehen. So belegt der sich für 2024 abzeichnende Zubau, der nahezu einer Verdreifachung des Zubaus im Jahr 2021 und einer Verdoppelung gegenüber 2022 entspricht (siehe folgende Abbildung), dass einerseits die Wirtschaftlichkeit der Photovoltaik stark zugenommen hat und die eingeleiteten Lenkungsmaßnahmen die erhoffte Wirkung entfalten.

Durch konsequentes Vermeiden unnötigen Energieverbrauchs wie auch durch Effizienz- und Suffizienzmaßnahmen gelingt der Umbau leichter und kostengünstiger.

Die Basis für ein derartiges Energiesystem wurde bereits gelegt: Kohle- und Atomausstieg und das im Klimaschutzgesetz verankerte Ziel der Treibhausgasneutralität bis 2045 sind zentrale Meilensteine für die Energiewende. Deutschland kann im Jahr 2045 ohne Kernenergie, ohne Kohle, ohne Öl und auch weitgehend ohne Erdgas auskommen, das zunehmend durch grünen Wasserstoff ersetzt wird.

Doch zur Zielerreichung braucht es einen mutigen Politikmix mit Lenkungswirkung und sozialer Flankierung, damit der Strukturwandel hin zur Klimaneutralität im Energiesystem auf die erforderliche Akzeptanz stößt. Der gesamte Politik- und Klimaschutzmix muss auf den Prüfstand, damit bestehende Ungleichheit nicht noch weiter – etwa durch die regressive Wirkung einer CO_2-Steuer oder von Subventionen für Reiche – verschärft wird und Förderprogramme müssen nach einer Sozialstaffel so gestaltet werden, dass hohe Förderquoten nur denen zugutekommen, die es wirklich brauchen (Hennicke et al. 2025; Stiftung Klimaneutralität 2025). Strukturkonservierende Widerstände müssen durch konsequente Politik überwunden werden, indem vor allem Privilegien und umweltschädliche Subventionen abgebaut werden. Eine Politik, die Kontinuität und Planungssicherheit schafft, setzt die erforderlichen Investitionssignale im Energiebereich und verhindert dadurch auch Fehlinvestitionen in rückwärtsgewandte Technik.

Das bedeutet auch, dass erneuerbare Energien nicht verschwendet werden dürfen und technische Zukunftsversprechen in Bezug auf ihre reale Zukunftsfähigkeit kritisch hinterfragt werden müssen. So kann beispielsweise eine Debatte über die Einsatzmöglichkeiten von Wasserstoff für Gebäudeheizungen eine strukturkonservierende Wirkung haben, wenn sie unter dem Begriff der Technologieoffenheit suggeriert, dass fossile Erdgaslösungen eine Zukunft haben. Vergleicht man beispielsweise die Prozesskette »Produktion von synthetischem Erdgas« mit der einer Lösung durch Wärmepumpen, zeigt sich, dass die Wärmepumpe mindestens um den Faktor 8 effizienter ist (siehe folgende Abbildung).

Notwendig für eine erfolgreiche Energiewende ist ein Strategiemix aus Effizienz, Suffizienz und Konsistenz (erneuerbare Energien), der sich dadurch auszeichnet, dass

1) Energieeffizienz höchste Priorität eingeräumt wird: Das international anerkannte Prinzip »Energy Efficiency First«[8] bedeutet, der Vermeidung von Energieverbrauch Vorrang vor mehr Energieangebot einzuräumen – wo immer das möglich und vorteilhaft ist. Dies ist

8 Das Prinzip »Energy Efficiency First« hat – entgegen ihrer früheren angebotlastigen Analysen – die Internationale Energieagentur (IEA) eingeführt.

Wasserstoff im Wärmemarkt – Prozessketten im Vergleich

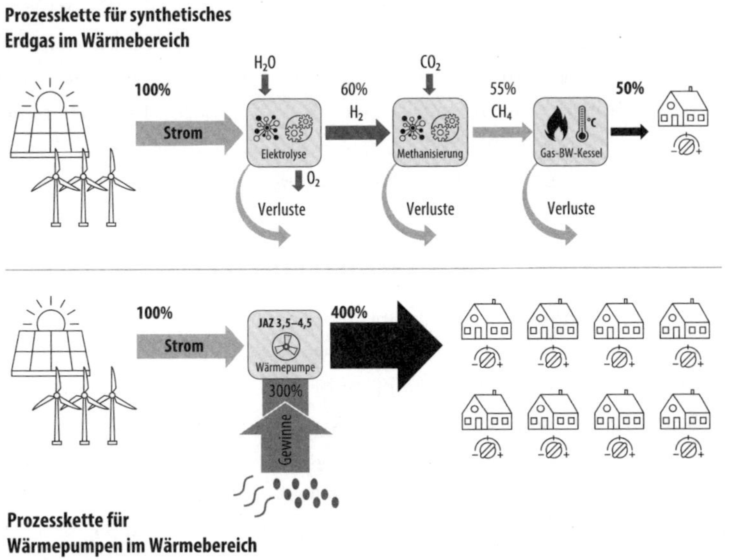

Quelle: eigene Darstellung

© ARBEITSGRUPPE
ALTERNATIVE WIRTSCHAFTSPOLITIK
MEMORANDUM 2025

eine Grundlage für eine Entkopplung von Wirtschaftswachstum und Energienachfrage. Je mehr Energie und Material ohne Einbuße von Lebensqualität eingespart wird, desto schneller, kostengünstiger, umweltverträglicher und gesellschaftlich akzeptierter lässt sich eine hundertprozentige Versorgung mit erneuerbaren Energien erreichen. Die EU (siehe Artikel 3 und 27 der EED) (Amtsblatt der Europäischen Union 2023) und die weltweite COP28-Verpflichtung (COP 28 2023) legt daher besonderen Wert darauf, das Prinzip »Energy Efficiency First« oder »Energy Efficiency First Fuel« tatsächlich »in den Mittelpunkt der Politikgestaltung, Planung und wichtiger Investitionsentscheidungen zu stellen« (ebd.).[9]

9 Dabei wird auf Prinzipien und Methoden des Least-Cost Planning (LCP), der Integrierten Ressourcenplanung (IRP) oder des Demand Side Manage-

2) Erneuerbare Energien natur- und sozialverträglich sowie beschleunigt ausgebaut werden: Die jährlich neu installierte Kapazität an erneuerbarer Stromerzeugung muss sich gegenüber den Zubauraten zu Beginn des Jahrzehnts mindestens verdreifachen und der Ausbau auf diesem Niveau bis 2045 fortgesetzt werden. Investitionen in die Infrastruktur von Netzen, Speichern und anderen Flexibilitätsoptionen sind nötig, um das hohe Niveau der Versorgungssicherheit zu halten. Dieser Ausbau bedeutet eine enorme finanzielle Kraftanstrengung, und der Transformationsprozess erfordert, dass sich die Menschen in der Entwicklung mitgenommen fühlen. Kommunikationskampagnen und Transparenz darüber, warum bestimmte Maßnahmen unvermeidbar und langfristig vorteilhaft sind, sind vor allem bei der Wärme- und Verkehrswende nötig, weil sie Millionen von Haushalten viel unmittelbarer betreffen als bei der Stromwende.
3) Suffiziente Lebensstile gefördert werden: Reboundeffekte, also die Kompensation der möglichen Einsparung von Effizienzsteigerung durch Mehrverbrauch, können Effizienzsteigerungen wieder zunichtemachen, wenn nicht gegengesteuert wird. Daher muss Politik mit entsprechenden Instrumenten energiesparende Verhaltensweisen fördern und Energieverschwendung begrenzen. Bei der Verkehrswende bedeutet dies beispielsweise, dass Verkehrsvermeidung und -verlagerung zentrale Bedeutung haben. Um Verhaltensänderungen zu ermöglichen, bedarf es keiner wohlfeilen individuellen Verhaltensappelle, sondern einer Änderung der Verhältnisse. Notwendig ist eine Ermöglichungskultur und eine Diskreditierung von Maßlosigkeit. Dies geht beispielsweise, indem Politik das Parken in den Innenstädten weniger attraktiv macht, dafür aber für den Ausbau eines attraktiven ÖPNV sorgt und den Menschen so die Möglichkeit gibt, ihr Auto stehenzulassen. Der ungebremste Anstieg der Pro-Kopf-Wohnfläche muss gestoppt werden, denn er ist in der Regel Ausdruck einer ungerechten Verteilung von Wohnraum bei knapper

---

ment (DSM) zurückgriffen, die vor allem in der amerikanischen Regulierungspraxis eine lange und erfolgreiche Tradition aufweisen. Anwendungen in Deutschland waren vor der Liberalisierung des Strommarkts im Aufschwung (Hennicke und Seifried 1996).

Fläche, wodurch zudem Effizienzgewinne zunichte gemacht werden (Hennicke 2025). Hierzu muss aber ein Wohnungstausch hin zu einer kleineren Wohnfläche attraktiver gemacht werden. Ein solcher Tausch darf insbesondere nicht zu höheren Mieten führen, wie es derzeit in angespannten Wohnmärkten oft der Fall.

6.4.6 Ressourcen- und Systemwende

Produktions- und Konsumstrukturen müssen so gestaltet sein, dass genug für alle da ist – ohne die planetaren Grenzen zu missachten. Strukturwandel bedeutet dann: grüne Branchen können und müssen wachsen, braune und risikoreiche Branchen müssen rascher schrumpfen und, wenn möglich, in neue nachhaltige Geschäftsfelder diversifizieren.

Ohne natürliche Ressourcen und Dienstleistungen der Natur lässt sich kein menschliches Leben, keine moderne Wirtschaft, keine gesellschaftliche Aktivität denken. Rohstoffe sind dabei eine zentrale Grundlage. Die Förderung der effizienten Nutzung von Rohstoffen war und ist ein zentraler Ansatz, um deren Verbrauch und damit verbundene Umweltbelastungen nicht grenzenlos steigen zu lassen und gleichzeitig die internationale Wettbewerbsfähigkeit zu stärken. Doch zusätzlich bedarf es eines stärkeren systemischen und zirkulären Managements der Materialströme.

Die Einweg- und Wegwerfgesellschaft als Zeichen einer »linearen Ökonomie« muss überwunden und so rasch wie möglich in eine Kreislaufwirtschaft, auch zirkuläre Wirtschaft (Circular Economy) genannt, überführt werden. Das bedeutet, möglichst wenige Rohstoffe aus der Natur zu entnehmen und diese Rohstoffe möglichst lange in der Nutzung zu halten (»im Kreis zu führen«), um der Naturzerstörung durch ständig neue Ressourcenentnahmen einen Riegel vorzuschieben.

Um dies zu erreichen, müssen wir uns vor allem von der besonders destruktiven Form des »Rentenkapitalismus« abwenden. Denn ein Wirtschaftssystem, in dem besonders ressourcenreiche und mächtige Akteur*innen auf Kosten anderer und der Allgemeinheit ihre Privilegien verteidigen, sich privat natürliche Ressourcen aneignen und Nutzen daraus ziehen, während die Allgemeinheit einen Großteil der Lasten trägt, ist weder gerecht noch nachhaltig. Für rohstoffreiche Länder des Südens, wie z. B. Kongo, wird dies oft genug zum »Ressourcenfluch« (Bundeszentrale für politische Bildung 2012).

Umweltkosten müssen daher internalisiert und sozial flankiert werden, um die Trennung zwischen Nutzen und Lasten aufzuheben. Höhere Abgaben auf Primärrohstoffe, Vorrang und höhere Standards für Umweltschutz könnten mit einer Begrenzung der Entnahme kombiniert werden, wodurch Sekundärrohstoffe und -produkte konkurrenzfähiger werden. Produkte müssen bereits auf der Stufe des Designs so gestaltet werden, dass sie reparier- und rezyklierbar werden und möglichst viele (besonders knappe) Rohstoffe durch mechanisches bzw. chemisches Recycling wiedergewonnen und weiterverarbeitet werden können. Eine derart mehr gemeinwohlorientierte Wirtschaft ist ökologisch geboten und unter entsprechend gestalteten Rahmenbedingungen auch ökonomisch attraktiv. Zudem schützt sie Verbraucher*innen vor dem Kauf minderwertiger Produkte.

Ein Ziel wie die Halbierung des Primärrohstoffverbrauchs/pro Kopf in Deutschland bis 2050 (Presse- und Informationsamt der Bundesregierung 2024) ohne Einbuße von Lebensqualität könnte eine Orientierung dafür geben, welcher Verbrauch für Umwelt und Gesellschaft auch langfristig tolerabel wäre. Dies bedeutet nicht, dass alle Menschen ihren Verbrauch halbieren müssen, sondern dass eine reiche Minderheit der Menschheit ihre übermäßig hohen Verbräuche reduziert, damit für die große Mehrheit der Menschen ein Leben in Würde gesichert werden kann. Die Ermöglichung von suffizienten bzw. maßvollen Lebensstilen ist dafür ebenso zentral wie eine gerechte Verteilung von Lasten und Nutzen der notwendigen Transformationsprozesse.

6.5 Methodologie und Modellierung

Die vorliegende große Vielzahl von Klimaschutzszenarien für den Zeitraum bis 2045/2050 mit einer differenzierten Untergliederung von Teilsektoren und technologischen Strategien zeigt weitgehend übereinstimmend, dass Deutschland seine Klimaschutzziele in technischer Hinsicht erreichen kann. Szenarien haben den Zweck, die Bundesregierung zur klimapolitischen Zielsetzung in Bezug auf verfügbare und korrespondierende Technologieoptionen sowie prinzipiell auch zum notwendigen energiepolitischen Politikmix zur Zielerreichung zu beraten. Nur wenige dieser Szenarien enthalten allerdings differenzierte wirtschaftliche Kosten-Nutzen-Analysen. Sie konzentrieren sich zudem auf Klimaschutz und Energiewende. Wechselwirkungen in Bezug auf Ungleichheit, Armut, Ernährung, Empowerment und Ressourcen können mit den meisten dieser Modellansätze nicht erfasst werden. Lediglich die sogenannten RESCUE-Szenarien des Umweltbundesamtes (Umweltbundesamt 2020, 2022) untersuchen zumindest die Wechselwirkungen zwischen der Energiewende und Ressourcenfragen.

Als Ergänzung zu diesen Szenarien setzt sich die Studie »Earth4All Deutschland« intensiv mit Trade-offs (also Austauschbeziehungen), Zielkonflikten sowie Wechselwirkungen und Synergien auseinander. Eingesetzt wird das iSDG-Modell[10], das eine ganzheitliche Abbildung der fünf Wenden, mit Ausnahme der Ressourcenwende, ermöglicht. Das iSDG-Modell ist in Bezug auf den Energiesektor zwar nicht so detailscharf gegliedert wie die deutschen Energie- und Klimaschutzszenarien. Auch mit Blick auf jede der anderen Wenden geht das Modell nicht in alle Details. Dafür liefert es einen umfassenden Überblick zu den Auswirkungen und Wechselwirkungen einer sozialökologischen Transformation durch die Modellierung der kombinierten Umsetzung aller fünf Wenden. Auch wenn noch zahlreiche Fragen beim Abgleich von iSDG und deutschen Modellierungen offen sind, belegen die Ergebnisse spannend und richtungssicher, dass Trade-offs und Synergien zwischen den Wenden ein Schlüssel zum Erfolg nachhaltiger Politik sind.

10 Das Kürzel iSDG-Modell steht für das »integrated Sustainable Development Goals Model« (integriertes Modell für nachhaltige Entwicklungsziele). Es wurde vom Millennium Institute entwickelt und dient als Simulationswerkzeug zur Analyse von komplexen Wechselwirkungen zwischen verschiedenen nachhaltigen Entwicklungszielen (SDGs) der Vereinten Nationen auf nationaler und globaler Ebene.

Das iSDG-Modell des Millennium Institute integriert 30 Sektoren: zehn im ökologischen, zehn im sozialen und zehn im wirtschaftlichen Bereich. Diese umfassen die Dynamik innerhalb jedes Sektors und zwischen den Sektoren. Sie sind in über 3.000 Variablen und Gleichungen erfasst. Dadurch deckt das Modell eine Vielzahl an Indikatoren ab, die für die Bewertung nachhaltiger Zukunftsszenarien relevant sind.

Wie dargestellt beschreibt das Szenario »Too Little Too Late« (TLTL), wie sich Deutschland verändert, wenn keine ambitionierten Maßnahmen in der Umwelt- und Sozialpolitik vorgenommen werden, sondern nur zögerliche und unambitionierte Schritte gegangen werden. Im Rahmen von Earth4All Deutschland wurden zwei weitere Szenarien mit dem iSDG-Modell gerechnet. Ein Szenario, das im Kapitel zur Energiewende zum Tragen kommt, berücksichtigt explizit Maßnahmen der aktuellen Klimapolitik und rechnet weitestmöglich die existierenden Pläne mit ein (»Existing Plans«). Das Szenario des »Giant Leap« untersucht die Auswirkungen, wenn gleichzeitig weitere ambitionierte Maßnahmen im Bereich Armut, Ungleichheit, Empowerment, Ernährung sowie Ressourcen unternommen werden. Daraus ergibt sich das Gesamtbild einer hochambitionierten Klima- und Nachhaltigkeitspolitik in Deutschland.

Zusätzlich wurden die Wenden mit dem Modell auch jeweils einzeln durchgerechnet, so dass beobachtet werden kann, was bei isolierter Umsetzung in einzelnen Sektoren geschieht, während andere Sektoren nicht bearbeitet werden.

Als ein Beispiel zeigt die nachfolgende Abbildung, wie sich die Rückzahlfähigkeit von zum ökologischen Umbau gemachten Schulden aus dem laufenden Bruttosozialprodukt entwickelt. Die öffentliche Ko-Finanzierung des gewaltigen Investitionsbedarfs erhöht zunächst die Schuldenquote des Staatshaushalts erwartungsgemäß. Bis 2050 kann die Kurve aber wieder auf den Stand etwa von 2010 absinken – je nachdem, ob das Modell die Wenden jeweils einzeln berücksichtigt oder ob es den kombinierten Gesamteffekt im Giant-Leap-Szenario berechnet. Deutlich wird auch, dass durch die Ungleichheitskehrtwende die Schuldenquote deutlich abgesenkt werden kann, weil die Steuereinnahmen beträchtlich steigen.

Die Entwicklung der gesamtstaatlichen Schuldenquote bei isolierter Umsetzung einzelner Kehrtwenden und beim Giant Leap

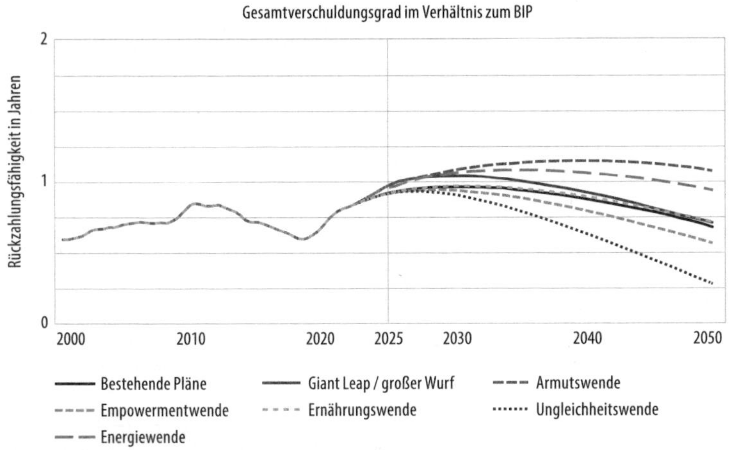

Anmerkung: Die y-Achse zeigt die prinzipielle Rückzahlungsfähigkeit in Jahren. Bei 1 entsprechen die Schulden dem BSP dieses Jahres.
Quelle: Simulation mit dem Modell iSDG für Earth4All Deutschland, eigene Darstellung

© ARBEITSGRUPPE ALTERNATIVE WIRTSCHAFTSPOLITIK MEMORANDUM 2025

Essenziell ist, dass Maßnahmen zur Minderung des Klimawandels von Anfang an zumindest mit Finanz- und Sozialpolitik verzahnt werden. In der Realität passiert dies bisher zu wenig. Sehr oft werden Klima- und Sozialpolitik sogar gegeneinander ausgespielt – das Team der Autor*innen wollte stattdessen wissen, inwiefern sich beide Politikfelder wechselseitig begünstigen oder gegebenenfalls auch hemmen. Die Ergebnisse sind eindeutig und zeigen, wie unerlässlich eine Verbindung von ökologischen und sozialen Maßnahmen ist.

Die Abbildung zur Entwicklung der Energiekosten in Relation zum verfügbaren Einkommen auf der folgenden Seite zeigt, dass die Energiekostenbelastung der Haushalte vorübergehend zwar ansteigt, dann aber in allen Szenarien bis 2050 wieder deutlich sinkt. Ein Grund dafür ist, dass der Marktanteil der kostengünstigeren Stromerzeugung aus erneuerbaren Energien bis zum Jahr 2050 auf 100 Prozent ansteigt.

Anteil der durchschnittlichen Energiekosten am verfügbaren Einkommen (in %)

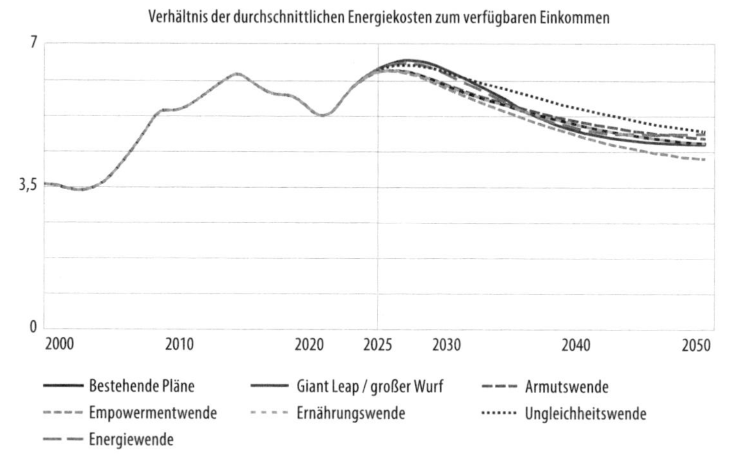

Quelle: Simulation mit dem Modell iSDG für Earth4All Deutschland, unveröffentlichtes Manuskript 2024

© ARBEITSGRUPPE ALTERNATIVE WIRTSCHAFTSPOLITIK MEMORANDUM 2025

Ein anderer ist, dass die Energiekosten auch durch kontinuierliche Energieeffizienzsteigerung sinken. Es sind die Energierechnungen, die Haushalte und Unternehmen belasten – und die können selbst bei steigenden Preisen sinken, wenn die vorhandenen und ohne großen Aufwand erreichbaren Einsparpotenziale realisiert werden.

Ein energiepolitisches TLTL-Szenario hätte hingegen enormen *sozialen Sprengstoff*. Die Lasten und die Auswirkungen würden vor allem die Bevölkerungsmehrheit tragen, die von einer Energiekostenbelastung und von den Folgen des Klimawandels schon heute überproportional betroffen ist – eine Ungleichheitswende gäbe es im TLTL-Szenario ja ebenfalls nicht. Viele Reiche könnten sich anpassen und weitgehend gegen Klimafolgen absichern, indem sie ihre Gebäude klimatisieren oder notfalls in weniger risikoreiche Gegenden umziehen. Proteste wie die der Gelbwesten in Frankreich oder der Landwirt*innen mit ihrem Traktorenaufmarsch in Deutschland wären erst der Anfang, wenn es nicht gelingt, konsequent auf erneuerbare Energien und Energieeffizienz zu setzen und damit Energiekostenrisiken zu vermeiden.

Wo Zweifel an der politischen Handlungsfähigkeit grassiert, wo Demokratieverdrossenheit wächst und die Resignation und Verzweiflung von Menschen zunimmt, da müssen positive Narrative etwas entgegenstellen. Und das ist realistisch. Eine Vielzahl von Langfristszenarien zeigt, dass die Energiewende zur Dekarbonisierung in Deutschland bis 2045 technisch und wirtschaftlich machbar ist.

6.6 Synergien und Wechselwirkungen

Die Modellierungsergebnisse zeigen deutlich, dass eine gemeinsame Umsetzung aller Wenden mit dem Ziel einer klimaneutralen Transformation – sehr vereinfacht gesagt – »alles leichter macht«. Die Plausibilität dieser starken Behauptung lässt sich durch folgende Beispiele für positive Synergien und Co-Benefits zwischen den Wenden verdeutlichen:

- Die Energiewende trägt mit dem Ausstieg aus der Nutzung fossiler Energieträger direkt zur Einhaltung der planetaren Belastungsgrenzen, zur Ressourcenschonung und damit zur Ressourcenwende bei. Energieeffizienz, Energiesuffizienz und die Verhinderung von Rebound-Effekten sind Kernstrategien, um die knappen Rohstoffe, die für den enormen Zuwachs von Anlagen mit erneuerbaren Energien weltweit in großem Umfang gebraucht werden, zu schonen und es auch (aber nicht nur) der Weltbevölkerungsmehrheit im globalen Süden zu ermöglichen, einen Zugang zu klimafreundlicher und preiswerter Energie zu bekommen.
- Umgekehrt reduziert ein sparsamer Einsatz von Primärressourcen den Energieaufwand. Aluminium oder Kupfer sind zum Beispiel als Rezyklate weit weniger energieintensiv herstellbar als durch die Gewinnung aus Erzen. Ähnliches gilt auch für die Herstellung von Glas. Daher sind Strategien einer zirkulären Wirtschaft auch ein entscheidender Beitrag dafür, ambitionierten Klimaschutz leichter, wirtschaftlicher und schneller zu erreichen.

- Die Ungleichheitswende entfaltet in vielerlei Hinsicht große Synergieeffekte: Viele Reiche und Hyperreiche schaden mit ihren Konsummustern in einem Ausmaß der Umwelt, dass inzwischen alle darunter leiden. Überreichtum im Interesse des Gemeinwohls durch progressive Besteuerung abzuschöpfen, ist daher verursachergerecht und auch mit dem Grundgesetz verein- und begründbar, weil in diesen Fällen Eigentum nicht zum Wohle, sondern zum erheblichen Schaden aller gebraucht wird. Mit einer stärker progressiv ausgestalteten Besteuerung steigen die Staatseinnahmen.
- Nachhaltigeres Wirtschaften ist eine Ökonomie, die nicht einigen wenigen einen privilegierten Zugang zu natürlichen Ressourcen (Gemeingüter/Allmende) ermöglicht, sondern sicherstellt, dass alle daran teilhaben können. So kann bestehende Armut minimiert werden und langfristig keine neue Armut entstehen. Das gilt auch im Sinne der relativen Armutsdefinition in reichen Industrieländern wie Deutschland. Die Einnahmen aus der Ungleichheitskehrtwende eröffnen zudem neue Finanzierungsspielräume zur strukturellen Armutsbekämpfung. So ergeben sich beispielsweise Möglichkeiten für Investitionen in nachhaltigere Verkehrssysteme (zuvorderst den ÖPNV), die für alle Bevölkerungsgruppen zugänglich und bezahlbar sind, für bezahlbaren Wohnraum oder für mehr Bildungsgerechtigkeit.
- Eine Ernährungswende kann zur Schonung der natürlichen Ressourcen direkt und signifikant beitragen. Pflanzliche statt tierische Produkte können sehr viel ressourceneffizienter und klimaschonender produziert werden. Wichtig ist auch hier das Maßhalten, die planetary health diet bzw. die Empfehlungen der Deutschen Gesellschaft für Ernährung (DGE) sind gute Orientierungspunkte – für mehr Klimaschutz, aber auch für ein gesünderes Leben. Die Artenvielfalt und der Klimaschutz werden durch eine regenerative Landwirtschaft unterstützt und insofern wird auch für die Energiekehrtwende technischer Aufwand für die Dekarbonisierung reduziert.

6.7 Weiterdenken

Jede Szenarien-Modellierung der gesellschaftlichen und wirtschaftlichen Zukunft hat ihre Grenzen. Das gilt auch für die Frage, ob und wie ein großer Wurf in Deutschland tatsächlich umsetzbar ist. Sicher ist nur: Mehrheits- und Konsensbildung sind in einer Demokratie für eine erfolgreiche Umsetzung entscheidende Faktoren. Es ist daher interessant, sich die abschließenden Fragenkomplexe anzuschauen, die vom Autor*innen-Team des Wuppertal Instituts und des Club of Rome für einen »großen organisierten gesellschaftlichen Dialog« vorgeschlagen werden.

Die Sozialpflichtigkeit des Eigentums diskutieren
Eigentum bedeutet ökonomische und politische Macht. Laut Grundgesetz soll es auch dem Wohle der Allgemeinheit dienen. Die Konzentration von privatem Eigentum an Produktionsmitteln, an Wohnungsbeständen, an natürlichen Reichtümern oder an Finanzkapital nimmt zu. *Wem dient dieses Eigentum, und wem ist es verpflichtet?*

Das transformative Potential der Kreislaufwirtschaft heben
Kreislaufwirtschaft hat eine starke transformative Hebelwirkung. Es bedarf neuer kooperativer Wirtschaftsformen innerhalb und über Branchen und Wertschöpfungsketten hinweg. *Welche Rahmenbedingung für ein zirkuläres Wirtschaften können individuelles Gewinnstreben und Konkurrenz in Richtung einer Wohlergehensgesellschaft innerhalb planetarer Grenzen steuern?*

Die Finanzierung der Transformation sichern
Eine sozial-ökologische Transformation ist das größte Zukunftsinvestitionsprojekt aller Zeiten zur Krisenbekämpfung und Wohlstandssicherung. *Kann durch öffentliche kreditfinanzierte Anschubfinanzierung das notwendige Privatkapital mobilisiert und gleichzeitig mehr Generationsgerechtigkeit gefördert werden?*

Die Freiheit mit Verantwortung verbinden
Eine Rückbesinnung auf den Freiheitsbegriff des Grundgesetzes ist notwendig. Die Freiheit anderer Menschen – heute, zukünftig und weltweit – setzt der eigenen Freiheit Grenzen. *Wie kann die Würde aller in Deutschland lebenden Menschen gesichert werden und wie muss ökonomische Freiheit gestaltet werden, damit sie zum Nutzen aller wirkt?*

Die Demokratisierung der Wirtschaft voranbringen
Ein großer Wurf zur dekarbonisierten Wirtschaft erfordert einen an gesellschaftlichen Zielen orientierten Strukturwandel der Wirtschaft. Seine Erfolgschancen wachsen durch breite, demokratische Mitbestimmung in der Wirtschaft. *Wie kann dadurch nachhaltigeres Wirtschaften und mehr Innovationskraft im Interesse aller gefördert werden?*

Die Ökonomie des Vermeidens praktizieren
Bei jedem Neueinsatz von natürlichen Ressourcen und von Energie ist zu überprüfen, ob und in welchem Ausmaß dies für das Ziel des Wohlergehens für alle notwendig ist. »Vermeiden« jedes unnötigen Naturverbrauchs hat auch in ökonomischer Hinsicht höchste Priorität. *Wie kann dies bei Großinvestitionen im Energie- und Verkehrssektor umgesetzt werden?*

Den transformativen Politikstil prägen
Ein Politikstil des sich Durchwurstelns, des abwartenden Aussitzens sowie der Perspektiv- und scheinbaren Alternativlosigkeit ist gegen Polykrisen wirkungslos. Die Demokratie braucht eine Stärkungskur. *Wie können zum Beispiel Bürger*innenräte auf allen politischen Ebenen mit erweiterten Kompetenzen und in verschiedenen Themenfeldern dieser Erneuerung Nachdruck verleihen?*

Die Balance polyzentrischer Dezentralität und Zentralität entwickeln
Eine sozial-ökologische Transformation zur Treibhausgasneutralität verlangt bei Techniken, Infrastrukturen und Eigentumsformen eine neue Balance von Dezentralität und Zentralität auf Basis erneuerbarer Ressourcen. *Wie kann zum Beispiel dezentrale Bürger*innenenergie die Akzeptanz für die notwendige Zentralität und Versorgungssicherheit erhöhen?*

Dieser Katalog von Themen zum Weiterdenken ist bei weitem nicht abschließend. Aber vielleicht gibt er einen Impuls, der in Politik, Wirtschaft, Zivilgesellschaft und Wissenschaft aufgenommen, weiterentwickelt und in konkrete Umsetzungsschritte übersetzt wird. Die *Arbeitsgruppe Alternative Wirtschaftspolitik* wird dazu weiter beitragen.

Literatur/Quellen

Agora Verkehrswende (2024): Verkehrswende als Mehrwert. Warum es sich volkswirtschaftlich lohnt, schnell in die Reduzierung von Treibhausgasemissionen in Deutschlands Verkehrssektor zu investieren. www.agora-verkehrswende.de/fileadmin/Projekte/2024/Kosten_der_Verkehrswende/110_Kosten-der-Verkehrswende.pdf, abgerufen am 27.6.2024.

Amtsblatt der Europäischen Union (Hg.) (2023): RICHTLINIE (EU) 2023/1791 DES EUROPÄISCHEN PARLAMENTS UND DES RATES vom 13. September 2023 zur Energieeffizienz und zur Änderung der Verordnung (EU) 2023/955 (Neufassung). https://eur-lex.europa.eu/legal-content/DE/TXT/PDF/?uri=CELEX:32023L1791, abgerufen am 7.10.2024.

Bundeszentrale für politische Bildung (2012): Fallstudie Demokratische Republik Kongo: Rohstoffreichtum, Armut und Konflikte | Krieg und Frieden. Rohstoffe und Konflikte. https://sicherheitspolitik.bpb.de/de/m4/articles/case-study-democratic-republic-of-the-congo, abgerufen am 21.2.2025.

Club of Rome (1972): Die Grenzen des Wachstums: Bericht des Club of Rome zur Lage der Menschheit. Hg. v. D. L. Meadows, 17. Aufl., Stuttgart.

COP 28 (2023): Global renewables and energy efficiency pledge. www.cop28.com/en/global-renewables-and-energy-efficiency-pledge, abgerufen am 27.6.2024.

Dixson-Declève, S. / Gaffney, O. / Ghosh, J. / Randers, J. / Rockström, J. / Stoknes, P.E. (2022): Earth4All: ein Survivalguide für unseren Planeten: der neue Bericht an den Club of Rome, 50 Jahre nach »Die Grenzen des Wachstums«. Hg. v. Club of Rome, 4. Auflage, München.

Fratzscher, M. (2023): DIW Berlin: Auf dem Weg in die Gesellschaft der Privatiers. Text, DIW Berlin. www.diw.de/de/diw_01.c.865761.de/nachrichten/auf_dem_weg_in_die_gesellschaft_der_privatiers.html, abgerufen am 21.2.2025.

Furuta, J. / Bromley, P. (2025): Globalizing opposition to pro-environmental institutions: The growth of counter climate change organizations around the world, 1990 to 2018. Hg. v. J.-A. Lamberg, PLOS ONE 20(1)e0315012. doi: 10.1371/journal.pone.0315012.

Hennicke, P. (2025): Die Energiekehrtwende in Earth4All Deutschland 1705 KB, 48 Seiten. Wuppertal Institut für Klima, Umwelt, Energie. doi: 10.48506/OPUS-8751.

Hennicke, P. / Best, B. / Bierwirth, A. / Seifried, D. (2025): KlimaGerecht: Warum wir die ökologische und soziale Fragen radikal verbinden müssen, München.

Hennicke, P. / Seifried, D. (1996): Das Einsparkraftwerk: eingesparte Energie neu nutzen, Berlin.

Hesse, M. (2025): US-Ökonom Jeffrey Sachs: »Trump wird den Krieg in der Ukraine beenden«. Frankfurter Rundschau, 30.1.2025, www.fr.de/kultur/gesellschaft/lage-us-oekonom-jeffrey-sachs-europa-ist-in-einer-schlechten-93540494.html, abgerufen am 21.2.2025.

Hirsch, F. (1976): Social Limits to Growth: Harvard University Press. doi: 10.4159/harvard.9780674497900.

Ipsos (2024): Global Survey 2024 – Earth4All. https://earth4all.life/global-survey-2024/, abgerufen am 21.2.2025.

Iyengar, R. (2024): US-Milliardäre jubeln über Trumps Wahlsieg – mit wenigen Ausnahmen. Frankfurter Rundschau, 11.11.2024. www.fr.de/politik/us-wahl-milliardaere-donald-trump-wahlsieg-elon-musk-jeff-bezos-mark-cuban-tim-cook-zr-93404320.html, abgerufen am 21.2.2025.

Kotz, M. / Levermann, A. / Wenz, L. (2024): The economic commitment of climate change. Nature 628(8008)551-557. doi: 10.1038/s41586-024-07219-0.

Presse- und Informationsamt der Bundesregierung (2024): Nationale Kreislaufwirtschaftsstrategie – Rahmenbedingungen für eine zirkuläre Wirtschaft. Die Bundesregierung informiert | Startseite. www.bundesregierung.de/breg-de/aktuelles/kreislaufwirtschaftsstrategie-2323390, abgerufen am 21.2.2025.

Samadi, S. (2024): Minus 65 Prozent bis 2030 – sind wir beim Klimaschutz auf Kurs? Energiewirtschaftliche Tagesfragen 74(12)31-34.

Statistisches Bundesamt (2025): Bevölkerung, Erwerbstätige, Erwerbslose, Erwerbspersonen, Nichterwerbspersonen aus Hauptwohnsitzhaushalten: Deutschland, Jahre, Überwiegender Lebensunterhalt, Altersgruppen. https://www-genesis.destatis.de/datenbank/online, abgerufen am 21.2.2025.

Stiftung Klimaneutralität (2025): Politikinstrumente für ein klimaneutrales Deutschland. 55 Empfehlungen für die 21. Legislaturperiode (2025-2029), Berlin. www.stiftung-klima.de/app/uploads/2025/01/Politikempfehlungen_2025.pdf, abgerufen am 20.2.2025.

Umweltbundesamt (2020): RESCUE – Wege in eine ressourcenschonende Treibhausgasneutralität. www.umweltbundesamt.de/themen/klima-energie/klimaschutz-energiepolitik-in-deutschland/szenarien-konzepte-fuer-die-klimaschutz/rescue-wege-in-eine-ressourcenschonende#hintergrund, abgerufen am 11.7.2024.

Umweltbundesamt (2022): Die Nutzung natürlicher Ressourcen Ressourcenbericht für Deutschland 2022 Spezial: Rohstoffnutzung der Zukunft, Dessau-Roßlau. www.umweltbundesamt.de/ressourcenbericht2022

Umweltbundesamt (2024): Treibhausgas-Emissionen in Deutschland. Umweltbundesamt. Text, Umweltbundesamt. www.umweltbundesamt.de/daten/klima/treibhausgas-emissionen-in-deutschland, abgerufen am 21.2.2025.

7 Der Kampf um Arbeitszeitverkürzung

7.1 Rückblick und Fragestellung

Die Kämpfe um Arbeitszeit hatten für die Arbeiterbewegung immer eine herausragende Bedeutung. Durch kürzere Arbeitszeiten wollten die Gewerkschaften schon früh die Verfügungsgewalt des Kapitals über die abhängig Beschäftigten einschränken und ihnen ein, wenn auch begrenztes, eigenständiges Leben außerhalb der betrieblichen Ausbeutungsverhältnisse verschaffen. Der 8-Stunden-Tag stand auch international als Symbol dafür. Nach dem Zweiten Weltkrieg konnten die Gewerkschaften in Westdeutschland in den 1950er Jahren zunächst die 45-Stunden-Woche und dann 1965 mit der 40-Stunden-Woche durchsetzen. Unter dem Slogan »Samstags gehört Vati mir« kämpfte man erfolgreich für ein freies Wochenende. Hinzu kamen erste Schritte einer Urlaubsverlängerung. All das konnten die Gewerkschaften ohne große Streikbewegungen durchsetzen (Lang/Schaumburg 2022, S. 106f.).

Damit war es ab Ende der 1970er Jahre vorbei. Die bisher so hochgelobte »Sozialpartnerschaft« wurde brüchiger. Die Arbeitslosigkeit wuchs. Die Gewerkschaften forderten daraufhin die 35-Stunden-Woche bei vollem Lohnausgleich. Sie wollten damit nicht nur die hohe Arbeitslosigkeit bekämpfen und die abhängig Beschäftigten am Produktivitätswachstum beteiligen. Sie griffen auch Forderungen der Frauenbewegung nach einer geschlechtergerechten Aufteilung von Arbeitszeit und Sorgearbeit auf. Die Begründung für die 35-Stunden-Woche, etwa mit dem IG-Metall-Motto »Mehr Zeit zum Leben, Lieben, Lachen«, ging über traditionelle gewerkschaftliche Ziele hinaus.

Wirtschaftsverbände und Bundesregierung lehnten nicht nur diese Forderung als »dumm und töricht« (Bundeskanzler Helmut Kohl, CDU) ab. Sie verbanden dies mit einem Generalangriff gegen das bisherige »Wohlstandsversprechen«, dass abhängig Beschäftigte bei entsprechender Leistung ein stabiles Einkommen und soziale Absicherung erreichen könnten. Dieses sogenannte Normalarbeitsverhältnis war zwar bisher bestenfalls Vollzeit arbeitenden männlichen Beschäftigten in Großindustrie und öffentlicher Verwaltung zugestanden worden; es galt aber als erstrebenswerte Norm. Auch dies Versprechen revidierten Wirtschaftsverbände und Bundesregierung. Sie wollten durch Sozialabbau, Deregulierung und Abbau kollektiver Schutznormen Lohnkosten senken, die Verfügbarkeit über die Arbeitskraft zulasten von Arbeitsplatzsicherheit vergrößern und die Gewerkschaften schwächen (siehe Lambsdorff-Papier von 1982). Sie nutzten das Mantra vom vorherigen SPD-Bundeskanzler Helmut Schmidt »Die Gewinne von gestern sind die Investitionen von heute und die Arbeitsplätze von morgen« für ihre Forderung nach Senkung der Lohnkosten und behaupteten, dass eine Arbeitszeitverkürzung mit Lohnausgleich die Lohnkosten und damit die Arbeitslosigkeit erhöhen würde. Gleichzeitig griffen sie das Bedürfnis vieler junger, qualifizierter Beschäftigter nach flexibleren Arbeitszeiten auf und versprachen anstelle »starrer, bevormundender Tarifregeln« mehr Flexibilität. Sie versteckten damit ihr Interesse nach Unterordnung der Arbeitszeit unter ihre Profitinteressen hinter der Vision einer neuen flexiblen Arbeitswelt.

Die Arbeitskämpfe um die 35-Stunden-Woche

Die Tarifauseinandersetzungen und Streiks um die 35-Stunden-Woche begannen Ende der 70er Jahre in der Stahlindustrie und erstreckten sich ab 1984 zudem auf die Metall- und Elektroindustrie und die Druckindustrie. Sie wurden begleitet von einer breiten Mobilisierung auf DGB-Ebene, bei der die innergewerkschaftlichen Differenzen, ob die Arbeitszeit eher über eine Vorruhestandsregelung oder über die Wochenarbeitszeit verkürzt werden sollte, beigelegt wurden. Sie waren eingebettet in größere gesellschaftliche Bündnisse, auch mit Teilen der »Alternativbewegung« (z. B. Oskar Negt), die der Erwerbsarbeit generell kritisch gegenüberstand und deshalb Arbeitszeitverkürzung als Emanzipationsprojekt verstand (Andresen u. a. 2025, S. 10). Diese breite Mobilisierung war auch die Antwort auf die Kampfansage von Kapital und Bundesregierung gegen Gewerkschaften und gegen kollektive Schutznormen. Die Arbeitgeberverbände erklärten eine

Verkürzung der Wochenarbeitszeit zum Tabu und schreckten in der Metall- und Elektroindustrie auch vor Aussperrungen nicht zurück, um die IG Metall finanziell zu schwächen. Die Bundesregierung unter Kohl flankierte dies mit einer faktischen Einschränkung des Streikrechts per Gesetz (§ 116 AFG, jetzt § 160 SGB III): wenn in Betrieben/Abteilungen der gleichen Branche nicht weiter gearbeitet werden konnte, weil durch Streiks Material nicht zugeliefert wurde (»Fernwirkung«), hatten die Beschäftigten dort bisher Kurzarbeitergeld erhalten. Das wurde durch den neuen Gesetzesparagrafen aufgehoben. Die Beschäftigten sollten nun kein Kurzarbeitergeld mehr erhalten. Die Gewerkschaften sollten, wie gesagt, dadurch finanziell in einem stärkeren Maße belastet werden, da sie ihren davon betroffenen Mitgliedern auch außerhalb der geplanten Arbeitsniederlegungen Streikgeld zahlen müssten. Die Gewerkschaften änderten daraufhin ihre Taktik: Kürzere Streiks bei Endproduzenten sollten sofort die Produktion stören, aber ohne Fernwirkung (Lang/Schaumburg 2022, S. 212).

Die Streiks zeitigten dennoch Erfolge: Die Metall-Arbeitgeber mussten noch 1984 nach 6 Wochen Arbeitskampf und Aussperrung in einem ersten Schritt die Arbeitszeit auf 38,5 Stunden durch ein Schlichtungsergebnis (»Leber-Kompromiss«) verkürzen. In der Druckindustrie folgte eine ähnliche Regelung nach noch längeren Auseinandersetzungen. Beide Gewerkschaften mussten aber den Arbeitgebern größere Spielräume für eine flexiblere Arbeitszeit, je nach Arbeitsanfall, einräumen: in der Metall- und Elektroindustrie musste die Wochenarbeitszeit zwar im Durchschnitt 38,5 Stunden betragen; die Arbeitgeber konnten aber unter bestimmten Bedingungen Beschäftigte, je nach ihrem Bedarf, zwischen 37 und 40 Stunden arbeiten lassen (Lang/Schaumburg 2022, S. 115). Trotzdem konnten vor allem im industriellen Produktionsbereich Arbeitsplätze gesichert oder geschaffen werden. Denn hier waren Produktionsabläufe häufig sehr genau durchgetaktet. Wird Leistungslohn gezahlt, unterliegen die Personalbemessungssysteme – also das Verhältnis von Arbeitszeit und Arbeitsleistung – außerdem der Mitbestimmung von Betriebsräten. Die Unternehmen konnten die bisherige Arbeitsleistung nicht einfach in kürzere Arbeitszeiten »pressen«. Nach weiteren Tarifauseinandersetzungen wurde ab 1995 in der westdeutschen Metall- und Elektroindustrie wie in der Druckindustrie endlich die 35-Stunden-Woche verbindlich.

In den meisten anderen Branchen konnte die Wochenarbeitszeit ebenfalls verkürzt werden, aber fast nirgendwo auf 35 Stunden. Die Verkürzung stockte meist bei 37,5 bis 39 Stunden (Bispinck 2024). Vor allem im privaten und öffentlichen Dienstleistungsbereich konnten Betriebs- und Personalräte (so vorhanden) häufig nicht verhindern, dass Unternehmen die verkürzte Arbeitszeit zu einer weiteren Arbeitsintensivierung und Flexibilisierung nutzten. Denn dort existierten kaum mitbestimmte Personalbemessungssysteme. Beschäftigte brachten deshalb die sowieso laufende Arbeitsintensivierung und Flexibilisierung der Arbeitszeiten häufig in eine ungute Verbindung zur Arbeitszeitverkürzung. Beamte und Beamtinnen, für die Tarifverträge generell nicht gelten, müssen sogar noch heute zwischen 40 und 41 Stunden arbeiten.

Auch in den Neuen Bundesländern erlahmten die Kämpfe ab den 1990er Jahren, obwohl die Angleichung der Arbeitszeiten an das Westniveau hohe Bedeutung hatte. Aber die Tarifbindung und die Durchsetzungskraft waren geringer. Die IG Metall brach 2003 die Tarifauseinandersetzungen in der Metall- und Elektroindustrie um die 35-Stunden-Woche in den Neuen Bundesländern sogar ab. Die Hintergründe dafür blieben umstritten, vielerorts wurde die Entwicklung als Niederlage empfunden.

Die Auseinandersetzung um eine Arbeitszeitverkürzung ohne vollen Lohnausgleich

Die erkämpfte Arbeitszeitverkürzung reichte nicht aus, um die Arbeitslosigkeit spürbar abzubauen. Deshalb diskutierte die gesellschaftliche Linke ab den 80er Jahren kontrovers, ob man die Forderung nach vollem Lohnausgleich in Frage stellen müsse, um die Arbeitszeit schneller verkürzen und damit die Arbeitslosigkeit abbauen zu können. Oskar Lafontaine (damals SPD) z. B. schlug vor, zumindest bei den oberen Entgeltgruppen auf einen vollen Lohnausgleich zu verzichten (Lafontaine 1989). War das Ausdruck der Solidarität zwischen den

Beschäftigten, um Entlassungen zu vermeiden? Oder verzichtete man mit dieser »Umverteilung in der Klasse« auf eine Auseinandersetzung mit dem Kapital?

In vielen Branchen wurde eine Arbeitszeitverkürzung ohne vollen Lohnausgleich aber bereits praktiziert, um Entlassungen zu verhindern. Das war z. T. von Unternehmen aufgenötigt, z. T. aber auch Ausdruck einer »fremdbestimmten« Solidarität der Beschäftigten untereinander und sozial unterschiedlich abgesichert. In den Neuen Bundesländern z. B. wurden ab Mitte der 1990er Jahre Tausende von Planstellen in den Schulen gestrichen. Im Rahmen von Vereinbarungen (in der GEW umstritten) gingen Tausende von Lehrer*innen in Teilzeit, um Entlassungen zu verhindern. Im Einzelhandel nötigten dagegen viele Unternehmen ohne jede Absicherung Vollzeit beschäftigte Frauen in Teilzeit, um Personal außerhalb von Sozialplänen abzubauen und den Personaleinsatz zu flexibilisieren. Auf der anderen Seite konnten Gewerkschaften und Betriebsräte in von Arbeitsplatzabbau bedrohten Unternehmen häufig Entlassungen durch eine befristete Arbeitszeitverkürzung mit Teillohnausgleich verhindern, wenn sie dort kampffähig waren. Prominentestes Beispiel war VW mit der Einführung der 28-Stunden-Woche im Jahr 1994 – eine erste Verwirklichung der 4-Tage-Woche. In der oben beschriebenen Kontroverse um diese verschiedenen Formen einer Arbeitszeitverkürzung wurde zu wenig das jeweilige Kräfteverhältnis beachtet. Wenn Beschäftigte eine Arbeitszeitverkürzung mit Lohnausgleich nicht durchsetzen konnten, standen sie vor der unguten Wahl, Entlassungen durch eigene Opfer zu verhindern oder auf ihren Rechten zu bestehen.

Ursprüngliche Ziele der 35-Stunden-Woche nur teilweise erreicht

Die ursprünglich hohen Erwartungen an die 35-Stunden-Woche konnten angesichts des politischen und ökonomischen Gegenwinds nur zum Teil erfüllt werden. Die Gewerkschaften mussten gleichzeitig Abwehrkämpfe gegen eine Deregulierung von Arbeitszeiten und gegen Lohnabbau führen. Häufig mussten sie Unternehmen, als Preis für die Verkürzung der Wochenarbeitszeit mit Lohnausgleich, mehr betriebliche Spielräume bei der Verteilung der durchschnittlichen Wochenarbeitszeit zugestehen. So können bis heute in der Metall- und Elektroindustrie Arbeitgeber mit Zustimmung der Beschäftigten die Wochenarbeitszeit auf 40 Stunden erhöhen, solange davon nur 13 bzw. 18 Prozent der Beschäftigten betroffen sind oder wenn die durchschnittliche Arbeitszeit für alle Beschäftigten bei ca. 36 bis 37 Stunden (unterschiedlich nach Tarifgebiet) liegt (Lang/Schaumburg, S. 302). Dies war ein Einstieg in die »Verbetrieblichung« tariflicher Regelungen – also der Möglichkeit, dass Betriebe unter bestimmten Bedingungen von Tarifnormen abweichen können. Die Gewerkschaften konnten außerdem nur begrenzt die Interessen von Beschäftigten außerhalb des traditionellen »Normalarbeitsverhältnisses« aufgreifen (z. B. Teilzeitbeschäftigte, qualifizierte Beschäftigte in Projektarbeit), auch weil diese Gruppen nicht zu ihrer »Kernklientel« gehörten. Die Gewerkschaften taten sich mit einer Arbeitszeitflexibilität im Sinne der Beschäftigten zunächst schwer, weil sie einen Kontrollverlust befürchteten. So war Gleitzeit bis in die 80er Jahre in den Gewerkschaften hoch umstritten (Lang/Schaumburg 2022, S. 114). Auch dass immer mehr Frauen eine Teilzeitbeschäftigung aufnahmen, sahen die Gewerkschaften eher als Gefährdung von Vollzeitarbeitsstellen und kritisierten gleichermaßen Teilzeit, Jobsharing, kapazitätsorientierte Arbeitszeit, ohne nach den Bedürfnissen der Beschäftigten zu differenzieren (Andresen u. a., S. 11). Sie konnten deshalb der Arbeitgeber-Ideologie »›Starre‹ Tarifregelungen versus ›moderne flexible‹ Arbeitszeiten« zu wenig eigene Konzepte entgegensetzen.

Die Auseinandersetzung um Arbeitszeitverkürzung in den Memoranden

Für die Memoranden der letzten 50 Jahre hatten diese Auseinandersetzungen einen hohen Stellenwert – u. a. dokumentiert in der viel beachteten Sonderveröffentlichung »35 Stunden sind genug« von 1983. Die *Arbeitsgruppe Alternative Wirtschaftspolitik* beschrieb immer wieder die Gefahr einer strukturellen Arbeitslosigkeit, verursacht durch zu geringe öffentliche Investitionen und durch ein Wachstum der Arbeitsproduktivität, das über das Wirtschaftswachstum hinausging. Arbeitszeitverkürzung sollte Beschäftigte an der gesamtgesellschaftlich wachsenden Produktivität beteiligen und damit Arbeitslosigkeit vermeiden. Zusätzlich müssten durch Ausbau der öffentlichen Investitionen mehr Arbeitsplätze geschaffen und die Daseinsvorsorge verbessert werden (siehe Kapitel 1, »50 Jahre *Arbeitsgruppe Alternative Wirtschaftspolitik*«). Ein Abbau der Arbeitslosigkeit vorrangig über privates Wirtschaftswachstum sei weder möglich noch wegen der ökologischen Schäden wünschenswert. Qualitatives Wachstum sei nötig.

Ab Ende der 80er Jahre setzten sich die Memoranden immer wieder mit den Durchsetzungsproblemen bei den Kämpfen um Arbeitszeitverkürzung auseinander. Die Einschätzungen und Antworten waren nicht ohne Widersprüche. Einerseits suchten sie nach pragmatischen Lösungen und forderten z. B., dass die durch eine Arbeitszeitverkürzung steigende Lohnkosten in Klein- und Mittelunternehmen unter bestimmten Bedingungen subventioniert werden sollten (MEMORANDUM 1992). Auch andere Formen der Arbeitszeitverkürzung – Senkung des Renteneintrittsalters, Urlaubsverlängerung usw. – wurden genannt, um die Forderung nach Wochenarbeitszeitverkürzung etwas zu »entlasten«. Entgegen diesem »Pragmatismus« wurde z. T. in den gleichen Memoranden gefordert, das Tempo der Arbeitszeitverkürzung in Richtung einer 30-Stunden-Woche noch zu beschleunigen. Die Arbeitszeit solle mit vollem Lohn- und Personalausgleich verbunden werden, um eine Arbeitsintensivierung zu vermeiden. Dabei wurde nicht thematisiert, dass für das Gros der Beschäftigten keine mitbestimmten Personalbemessungssysteme existierten, auf die ein Personalausgleich aufsetzen könnte. Als dritter Strang wurde die Diskussion um ein neues geschlechtergerechtes Normalarbeitsverhältnis weitergeführt mit einem Anspruch auf Arbeitszeitverkürzung je nach Lebensphase, um die unterschiedliche Beanspruchung für Sorgearbeit zu berücksichtigen. Vollzeit und Teilzeit sollten sich annähern, auch um die »Teilzeitfalle« zu vermeiden, durch die viele Frauen auch nach der Familienphase weiterhin bei Teilzeitarbeit blieben. Diese unterschiedlichen Forderungen standen z. T. unverbunden nebeneinander. Sie spiegelten nicht nur die Widersprüche zwischen den ursprünglichen Zielen der geforderten Arbeitszeitverkürzung und der begrenzten Durchsetzungsmacht wider. Sie zeigten auch die Kontroverse innerhalb der Linken, inwieweit kollektive Normen weiterhin Vorrang haben sollten oder inwieweit durch kollektive Regelungen auch individuelle Spielräume erweitert und unterschiedliche Lebensentwürfe berücksichtigt werden sollten.

Die aktuelle Gemengelage

Aktuell verstärken sich die Kämpfe um Arbeitszeitverkürzung wieder, aber in unterschiedlichen Formen. Gewerkschaften fordern in Tarifverträgen zusätzliche freie Tage, vor allem für besonders belastete Beschäftigtengruppen, oder wollen Wahlmöglichkeiten zwischen erhöhtem Entgelt und freien Tagen durchsetzen, also unterschiedliche Möglichkeiten zur Arbeitszeitverkürzung schaffen. Wirtschaftsverbände und konservativ/liberale Parteien fordern dagegen eine Arbeitszeitverlängerung (vor allem der Lebensarbeitszeit), um den Rückgang der Erwerbspersonen auszugleichen (BDA 2024). Gleichzeitig spaltet sich der Arbeitsmarkt in Branchen mit Arbeitskräftemangel und immer mehr Branchen mit Arbeitsplatzrückgang, wobei letztere in der Industrie und auch in konsumnahen Dienstleistungsbranchen inzwischen dominieren. In Branchen mit Arbeitskräftebedarf wollen Gewerkschaften durch mehr freie Tage die Arbeitsbedingungen attraktiver machen. In Branchen mit Arbeitsplatzabbau dringen dagegen Gewerkschaften auf Arbeitszeitverkürzung mit Lohnausgleich, um Entlassungen zu verhindern. Insgesamt besteht eine schwierige Gemengelage.

7.2 Einige Daten zur Arbeitszeit

Die Entwicklung der Arbeitszeit seit 1991 zeigt mehrere große Trends:

- Die zunächst hohe Arbeitslosigkeit ließ das gesamte Arbeitszeitvolumen abhängig Beschäftigter von 52,2 Mio. Stunden im Jahr 1991 auf 47,1 Mio. Stunden im Jahr 2005 sinken, um dann bis 2023 auf 54,6 Mio. Stunden wieder anzusteigen (IAB 2024).
- Für Vollzeitbeschäftigte sank die tarifliche/betriebsübliche Wochenarbeitszeit zwischen 1991 und 2023 von 39,10 Stunden pro Woche

um knapp eine Stunde auf 38,19 Stunden (ebd.). Auch die Überstunden sanken von jährlich 72,3 Stunden 1991 auf 43,2 Stunden im Jahr 2023. Die Jahresarbeitszeit, die auch Urlaub und freie Tage berücksichtigt, sank um knapp 4 % von 1.657 Stunden in 2001 auf 1.592 Stunden im Jahr 2023 (ebd.). Die tarifliche Wochenarbeitszeit in den Neuen Bundesländern liegt mit 38,6 Stunden aber immer noch eine Stunde über der im Westen des Landes.

- Die Quote erwerbstätiger Frauen stieg im gleichen Zeitraum von insgesamt 57 % auf 73 % (WSI GenderDatenPortal). Sie stieg vor allem in Westdeutschland in Form von Teilzeit, die von vielen Müttern als Brücke in die Erwerbstätigkeit genutzt wurde. In den Neuen Bundesländern war die Frauenerwerbstätigkeit von Anfang an höher und blieb trotz Arbeitslosigkeit hoch. Die Teilzeitquote bei erwerbstätigen Frauen stieg insgesamt von 30,2 % auf 49,9 % (IAQ 1).
- Die durchschnittliche Arbeitszeit von Teilzeitbeschäftigten einschließlich geringfügig Beschäftigter sank zunächst von 16,43 Stunden pro Woche im Jahr 1991 auf 14,9 im Jahr 2000, stieg aber bis 2023 wieder auf 18,1 an (ebd.). Das spiegelte vor allem das Auf und Ab bei der Anzahl geringfügig Beschäftigter wider. Die Stundendifferenz zwischen Vollzeit und Teilzeit verringerte sich also leicht.

Das alte Normalarbeitsverhältnis mit dem Mann als alleinigem Familienernährer, das in der Bundesrepublik im Gegensatz zur DDR dominierte, ist also auf dem Rückzug. An dessen Stelle ist in Westdeutschland nach 1990 ein modernisiertes Familienernährer-Modell getreten: Mann arbeitet Vollzeit, Frau arbeitet Teilzeit. Ein neues geschlechtergerechtes Normalarbeitsverhältnis hat sich also (noch?) nicht entwickelt.

7.3 Die Ambivalenz von Arbeitszeitwünschen

Bei Vollzeitbeschäftigten stieg der Wunsch nach Arbeitszeitverkürzung von 2015 bis 2021 kontinuierlich an, obwohl bei diesen Befragungen kein Lohnausgleich unterstellt wurde (BAuA 2023, S. 40f.). Von den Teilzeitbeschäftigten wünschen sich fast so viele eine Arbeitszeitverlängerung wie eine Arbeitszeitverkürzung. Mehr als die Hälfte wünscht sich also eine andere Arbeitszeitlänge als die vereinbarte (IAQ-Report 2024/05, Tab 3).

Vollzeitbeschäftigte Männer arbeiten im Schnitt einschließlich Überstunden 41,2 Stunden pro Woche, wünschen sich aber eine Arbeitszeit von 37 Stunden. Frauen würden gerne um 5,3 Stunden auf 35,1 Stunden pro Woche verkürzen (Kümmerling, IAQ-Report 2024/05, S. 18). Sie wollen die vertraglich vereinbarte Arbeitszeit verkürzen, aber vor allem die Diskrepanz zwischen vereinbarter und tatsächlicher Arbeitszeit abbauen (BAuA 2023, S. 42). Das zeigt, wie entgrenzt die Arbeitszeit durch Leistungsverdichtung inzwischen ist, was zu Zeitnot in der Arbeit, zu Überstunden, zu Verzicht auf Pausen usw. führt. Knapp die Hälfte der abhängig Beschäftigten leistet überwiegend aus betrieblichen Gründen Überstunden (»Arbeit sonst nicht zu schaffen, müssen für Kolleg*innen einspringen usw.« (BAuA 2023, S. 38). Der Wunsch nach mehr freier Zeit stößt häufig auf die betriebliche Realität von Arbeitsverdichtung und Personalmangel. Beschäftigte befürchten, dass sie eine Arbeitszeitverkürzung mit mehr Leistungsdruck und grauen Überstunden erkaufen müssen.

Gibt es eine »freizeitorientierte« Generation Z?

In der Öffentlichkeit dominiert die Wahrnehmung, dass die jüngere Generation in höherem Maße freizeitorientiert sei und weniger arbeiten wolle. Neuere Umfragen bestätigen dies nicht. Junge erwerbstätige Männer bis 25 Jahre wollen zwar kürzer arbeiten als früher: 1998 wollten sie noch ca. 38,5 Stunden arbeiten, 2021 nur noch ca. 37 Stunden (IAB Forschungsbericht 16/2023, Abb. 7, S. 21). Das unterscheidet sie aber nicht von anderen Altersgruppen. Bei Männern in der Altersgruppe zwischen 26 und 40 Jahren – also während der Familienphase – wuchs der Wunsch nach kürzeren Arbeitszeiten sogar stärker: von 38,5 Stunden im Jahr 1998 auf unter 36 Stunden im Jahr 2021 (ebd., Abb. 9, S. 23). Da die Befragung nicht zwischen Vollzeit und Teilzeit unterscheidet, ist sie, was Frauen angeht, schlecht verwertbar.

Auch die Shell-Jugendstudie von 2024, die junge Menschen zwischen 12 und 25 Jahren befragte, zeigt keinen »postmaterialistischen Trend«: Die Erwartungen an das Berufsleben differieren zwar nach formalem Bildungsstand, Geschlecht und genereller Werteorientierung. Aber für mehr als drei Viertel der Befragten ist ein gutes Einkommen und ein sinnstiftender, attraktiver Beruf sehr wichtig. Sie sind zugleich zuversichtlicher als die vorherigen Generationen, dass sie diese Wünsche auch verwirklichen können (Shell-Studie 2024, S. 28). Der wahre Kern in der Diskussion um die angeblich weniger leistungsbereite Generation Z ist wahrscheinlich den günstigeren Arbeitsmarktbedingungen geschuldet: Im Gegensatz zur früheren »Generation Praktikum« müssen Berufseinsteiger*innen sich jetzt weniger gefallen lassen.

Arbeitszeitlage und flexible Arbeitszeiten

Der Wunsch nach kürzerer Arbeitszeit ist für Beschäftigte immer gekoppelt mit dem Wunsch nach einer bestimmten Freizeitlage und damit nach freier Zeit, über die man eigenständig, je nach persönlichen Bedürfnissen verfügen kann. Das führt zu einem zweiten Konflikt mit Kapitalinteressen, der häufig unterschätzt wird. Wenn Unternehmen »just in time« produzieren und auf eine Personalreserve aus Kostengründen verzichten, verlangen sie, dass sich die Beschäftigten auch bei der Arbeitszeitlage flexibel nach dem häufig schwankenden Arbeitsanfall richten – im Extremfall mit einer Arbeitszeit auf Abruf. Das erschwert Beschäftigten eine planbare, eigenständige Freizeitgestaltung massiv. Darüber hinaus sind ungünstige Arbeitszeiten im Produktions-, im Gesundheits- und im kundennahen Dienstleistungsbereich (Einzelhandel, Gastronomie, Freizeiteinrichtungen, Nah- und Fernverkehr) nach wie vor verbreitet. 39 % müssen regelmäßig an Wochenenden arbeiten, ca. 25 % vor 7 Uhr und/oder nach 19 Uhr, 18 % arbeiten in Schichtarbeit (BAuA 2023, S. 62ff.). Ungünstige oder wechselnde Arbeitszeiten je nach Arbeitsanfall erschweren vor allem Beschäftigten mit Sorgearbeit die Erwerbsarbeit – die oft angestrebte Work-Life-Balance ist kaum möglich. Sie brauchen planbare Arbeitszeiten mit Rücksicht auf ihre jeweiligen privaten Erfordernisse

(Öffnungszeiten der Kitas usw.) und gleichzeitig Rücksichtnahme auf Unvorhergesehenes in der Sorgearbeit. Die Interessen von abhängig Beschäftigten und von Unternehmen in Bezug auf Flexibilität widersprechen sich zwangsläufig. Dieser Konflikt wird unter dem Modebegriff flexibler Arbeitszeiten häufig verdeckt.

Aktuell wollen die meisten kürzere Arbeitszeiten in Form freier Tage nehmen, um An- und Abfahrtszeiten zu sparen, um dem Leistungsdruck besser zu entgehen und um mehr Gestaltungsmöglichkeiten für die freie Zeit zu haben. Deshalb finden viele eine 4-Tage-Woche erstrebenswert (Lott, WSI 2023). Allerdings entlastet das die tägliche Sorgearbeit wenig. Deshalb fordern insbesondere Interessengruppen von Frauen eher eine Verkürzung der täglichen Arbeitszeit, was aber von Beschäftigten eher wenig unterstützt wird – eine weitere Ambivalenz. Offensichtlich entziehen sich die unterschiedlichen Bedingungen für Sorgearbeit und die unterschiedlichen Zeitarrangements zwischen den Partnern einer einheitlichen Vorgabe für die Umsetzung einer Arbeitszeitverkürzung.

Arbeitszeitverkürzung und Arbeitsintensivierung

Der Wunsch nach Arbeitszeitverkürzung stößt häufig auf die Befürchtung, dass das Arbeitspensum nicht verringert und die Arbeit intensiviert wird, weil die gleiche Arbeitsmenge dann in kürzerer Zeit bewältigt werden muss. Traditionell rechnen Expert*innen damit, dass im industriellen Produktionsbereich eine Arbeitszeitverkürzung zu über 70 % durch zusätzliche Arbeitsstunden ausgeglichen werden muss, im Verwaltungsbereich nur zu ca. 50 % (Arbeitsgruppe Alternative Wirtschaftspolitik 1980, S. 72). Aber auch im industriellen Bereich sind durch die Ausdünnung der Personaldecke und den Abbau mitbestimmter Personalbemessungssysteme die Umsetzungsbedingungen schwieriger geworden. Beschäftigte müssen ihre freien Tage häufig nach dem Arbeitsanfall richten. Im Verwaltungs- und Dienstleistungsbereich sind die Bedingungen noch schwieriger. Viele Beschäftigte unterliegen einer indirekten Steuerung, die nicht der Mitbestimmung von Betriebs- oder Personalräten unterliegt: sie bekommen ein bestimmtes Arbeitspensum vorgegeben, für deren

Bewältigung sie persönlich verantwortlich gemacht werden, und zwar unabhängig davon, wie viel Zeit sie dafür benötigen (Lehndorff 2019, S. 39f.). Dies führt zu einem widersprüchlichen Verhältnis zur Arbeitszeit: die Zeitnot in der Arbeit vergrößert einerseits das Bedürfnis nach mehr Ruhezeiten. Eine Entlastung durch kürzere Arbeitszeiten erscheint trotzdem unrealistisch, solange das Arbeitspensum nicht verringert wird. Arbeitgeber wollen dieses System der »Pensum-Arbeit« noch verschärfen, indem sie – entgegen geltender Gesetze – auf jede Arbeitszeitkontrolle verzichten wollen. Sie wehren sich deshalb gegen die Umsetzung eines Urteils des Bundesarbeitsgerichts von 2022, das sie zur Erfassung und Kontrolle der geleisteten Arbeitszeit verpflichtet.

Die Wünsche nach Arbeitszeitverkürzung variieren also nicht nur nach der unterschiedlichen Lebenssituationen. Sie spiegeln auch die jeweiligen betrieblichen Durchsetzungsbedingungen wider. Eine Umfrage der Gewerkschaft ver.di von 2024 (ver.di-Pressegespräch 2024) unter Beschäftigten im öffentlichen Dienst, in Krankenhäusern, in der Sozialverwaltung und der Wohlfahrtspflege zur Arbeitszeit belegt dies: Leistungsverdichtung und unbesetzte Stellen führen für 57,5 % der Befragten zu hoher Arbeitsbelastung, die sie mit Überstunden und Verzicht auf Pausen auffangen müssen. 77 % der Befragten wünschen sich zwar kürzere Arbeitszeiten. Unter den 10 Hauptwünschen zu verschiedenen Arbeitszeitregelungen belegt der Wunsch nach tariflicher Arbeitszeitverkürzung aber nur den 4. Platz, im Gesundheitsbereich sogar nur den 14. Platz. Wichtiger ist für alle u. a. die Wiedereinführung einer tariflich geregelten Altersteilzeit. Dem entspricht auch, dass vor allem im Gesundheits- und Erziehungsbereich viele Beschäftigte dem Arbeitsdruck »entfliehen«, indem sie auf Teilzeit gehen, wenn sie es sich finanziell leisten können.

Solange das Problem der Arbeitsintensivierung nicht gelöst ist (ver.di hat dies im Krankenhausbereich mit der tariflichen Durchsetzung von Personalschlüsseln begonnen), stößt eine Arbeitszeitverkürzung also in diesen Bereichen auf erhebliche Umsetzungsprobleme.

7.4 Die aktuellen Auseinandersetzungen um Arbeitszeit

»Wochenarbeitszeit zwischen Vielfalt und Stillstand« – so fasst Reinhard Bispinck seinen Überblick zur Arbeitszeitentwicklung zusammen (Bispinck März 2023). Bis auf die mühselige Anpassung der Wochenarbeitszeit in der ostdeutschen Metall- und Elektroindustrie an das Westniveau und die von der Gewerkschaft Deutscher Lokomotivführer (GDL) Anfang 2024 erkämpfte 35-Stunden-Woche wurde in letzter Zeit in keiner größeren Branche mehr die Wochenarbeitszeit verkürzt. Die tariflich vereinbarte 35-Stunden-Woche gilt nur für ca. 20 % der Beschäftigten (Bispinck 2024). Gleichzeitig ist aber die Vielfalt verschiedener Regelungen zur Arbeitszeitverkürzung gestiegen. Dem gingen häufig Kampagnen und Befragungen unter den Beschäftigten voraus, durch die Gewerkschaften Arbeitszeitbedürfnisse erfragten – so bei der IG Metall unter dem Motto »Mein Leben–meine Zeit« (Jänicke 2023, S. 317f.).

Die klassische Aufgabe, dass Beschäftigte durch Arbeitszeitverkürzung vor Entlassungen geschützt werden sollen, bekommt durch die ökologische Transformation und die Wachstumsschwäche vor allem in Industriebranchen wieder größere Bedeutung. Die **Deutsche Telekom** hatte bereits ab 2019 die Wochenarbeitszeit auf jetzt 34 Stunden reduziert, um Kündigungen zu vermeiden. In der **Metall- und Elektroindustrie** können durch Zukunftstarifverträge auf Unternehmensebene Maßnahmen zur Produktionsanpassung an die veränderten Bedingungen vereinbart werden. Wenn dies zur Arbeitsplatzsicherung nicht ausreicht, sind auch Maßnahmen z. B. durch Arbeitszeitverkürzung mit Lohnausgleich vorgesehen. Mit dem 2021 tariflich vereinbarten Transformationsgeld kann neben anderen Zielen auch der Lohn ausgeglichen werden, wenn die Arbeitszeit zur Beschäftigungssicherung verkürzt werden muss. In der **Stahlindustrie** wurde Anfang 2024 durchgesetzt, dass – zeitlich befristet – die Arbeitszeit zur Beschäftigungssicherung auf 32 Stunden pro Woche (vorrangig in freien Tagen) mit Teillohnausgleich verkürzt werden kann. Im VW-Tarifabschluss von Ende 2024, in dem die IG Metall bei dem geplanten Personalabbau den Verzicht auf Entlassungen und Betriebsschließungen durchsetzen konnte, ist zwar keine generelle Arbeitszeitverkürzung analog der früheren 28-Stunden-Woche vorgesehen. Aber ein Tariffonds – gespeist aus den dort eingezahlten Tariferhöhungen von 2024 – kann in bestimmten Betrieben für eine befristete Arbeitszeitverkürzung mit Lohnausgleich genutzt werden.

Viele Tarifverträge greifen darüber hinaus das Bedürfnis nach mehr Freizeit durch differenzierte Formen der Arbeitszeitverkürzung auf. Sie haben Wahlmöglichkeiten zwischen Geld und Freizeit und zwischen Vollzeit und Teilzeit geschaffen und für besonders belastete Beschäftigtengruppen zusätzliche Freizeitansprüche durchgesetzt. Dazu einige Schlaglichter:

Für die **Chemische Industrie** setzte die IG BCE ab 2017 die Möglichkeit durch, dass auf betrieblicher Ebene für Beschäftigte eine »lebensphasenorientierte Arbeitszeit« mit einem Korridor zwischen 32 und 40 Wochenstunden vereinbart werden kann. Seit 2019 haben alle Beschäftigten Anspruch auf eine befristete Teilzeit (»Brückenteilzeit«). 2019 wurde ein »Zukunftsbeitrag« vereinbart, der seit 2022 23 % eines Monatsentgeltes beträgt. Auf der Grundlage von Betriebsvereinbarungen können Beschäftigte diesen Zukunftsbeitrag für verschiedene Optionen verwenden, z. B. 5 freie Tage pro Jahr, Ansparen für Langzeitkonten bzw. Altersversorgung oder halbe Auszahlung in Geld und Freizeit.

In der **Metall- und Elektroindustrie** setzte die IG Metall 2018 zusätzlich zu dem bereits bestehenden Zusatzgeld (quasi ein Art Urlaubsgeld) ein weiteres tarifliches Zusatzgeld (»T-Zug A«) von inzwischen 27,5 % eines Monatsentgeltes pro Jahr durch, das unter bestimmten Umständen auch in Freizeit umgesetzt werden kann. Wenn Betriebe vorgeben, Personal abbauen zu müssen, kann das Zusatzgeld A durch eine Betriebsvereinbarung genutzt werden, um die Arbeitszeit mit Lohnausgleich zu verkürzen und damit Entlassungen zu verhindern. Unabhängig können besonders belastete Beschäftigtengruppen es nutzen, um durch zusätzliche freie Tage entlastet zu werden. Schichtarbeiter*innen haben jedes Jahr einen Anspruch auf 8 zusätzliche freie Tage, 2 davon vom Arbeitgeber zusätzlich finanziert (Jänicke, WSI-Mitteilungen 4/23, S. 319). Beschäftigte mit Kindern bis zu 12 Jahren und Beschäftigte mit pflegebedürftigen Familienangehörigen haben für diese Betreuungsphase insgesamt Anspruch auf 2 x 8 freie

Tage (wiederum 2 Tage vom Arbeitgeber finanziert) und 3 x 6 freie Tage. Diese Regelungen konnten 2024 in einer schwierigen Tarifrunde verbessert und auf Teilzeitbeschäftigte ausgedehnt werden, obwohl dort der Schwerpunkt auf Entgelt lag. Das zeigt deren Bedeutung für die Beschäftigten. Über 400.000 Beschäftigte haben die Freistellungsmöglichkeiten bisher genutzt. Daneben können Beschäftigte individuell und vorübergehend ihre Arbeitszeit auf bis zu 28 Stunden pro Woche reduzieren (»verkürzte Vollzeit«). Dies ergänzt den gesetzlichen Anspruch auf »Brückenteilzeit«.

Die EVG (Eisenbahn- und Verkehrsgewerkschaft) setzte bei der **Deutschen Bahn** bereits 2016 durch, dass die Beschäftigten ab 2018 die Entgeltsteigerung von damals 2,62 % auch in Freizeit umwandeln können. Damals wählten 39,8 % die Entgelterhöhung und 58,5 % zusätzliche freie Tage (Bispinck, 2020). Inzwischen können die Beschäftigten durch Entgeltumwandlung bis zu 12 zusätzliche Urlaubstage erhalten. Schichtarbeiter*innen können darüber hinaus ab 2027 ein tarifliches Zusatzgeld in 2 freie Tage umwandeln. Die GDL setzte, wie gesagt, 2024 für Beschäftigte im Schichtdienst die 35-Stunden-Woche durch. Die Beschäftigten können allerdings in einem Korridor zwischen 35 und 40 Stunden arbeiten.

Bei ver.di unterscheiden sich die Aktivitäten je nach Tarifbereich. In der aktuell laufenden Tarifrunde des **öffentlichen Dienstes** für Bund und Kommunen zu Beginn des Jahres 2025 liegt der Schwerpunkt auf der Entgeltsteigerung und höheren Zuschläge für Nacht-, Schicht- und Wochenendarbeit. Gleichzeitig fordert die Tarifkommission auch mehr freie Zeit: Die Beschäftigten sollen drei freie Tage erhalten, Gewerkschaftsmitglieder einen vierten freien Tag. Beschäftigte sollen außerdem auf einem »Meine-Zeit-Konto« Entgelterhöhungen, Zuschläge, Sonderzahlungen einzahlen und dann in Freizeit abgelten können. Da die Tarifparteien sich erst nach Redaktionsschluss dieses Textes einigten, konnte das Tarifergebnis hier nicht mehr berücksichtigt werden.

Eine Umfrage von 2022 bestätigt das Interesse der Beschäftigten an Wahlmöglichkeiten. Von den Beschäftigten, für die ein Tarifvertrag mit einer Wahloption zwischen »mehr Geld« und »mehr Freizeit« galt, entschieden sich 65,7 % für mehr Freizeit oder für eine Kombination von mehr Zeit und Geld. Vor allem Frauen mit jungen Kindern entschieden sich 78,7 % dafür (Mellies u. a. 2025, S. 26).

Die Auseinandersetzungen um Arbeitszeitverkürzung haben sich verändert und differenziert. Früher wurde um Arbeitszeit meist in gesonderten Manteltarifvertragsrunden gerungen, in denen es um die Wochenarbeitszeit als kollektive Höchstarbeitszeit ging. Inzwischen koppeln Gewerkschaften häufig die regelmäßigen Entgeltrunden mit Arbeitszeitforderungen, in denen sie zusätzliche freie Tage auch für besonders belastete Beschäftigtengruppen und/oder Wahloptionen zwischen Geld und Freizeit fordern.

Die seit einiger Zeit »gespaltene« Arbeitsmarktlage scheint die Auseinandersetzungen um Arbeitszeit eher zu befördern. In Branchen mit Fachkräftemangel können Beschäftigte ihre Wünsche nach kürzeren Arbeitszeiten eher durchsetzen, auch um diese Branche arbeitgeberseitig attraktiver zu machen. In der wachsenden Zahl von Branchen mit Arbeitsplatzabbau fordern Gewerkschaften Arbeitszeitverkürzung, um Entlassungen zu vermeiden. Trotzdem gibt es keine einfache Win-win-Situation. Denn in Krisenbranchen muss darum gekämpft werden, ob Unternehmen den Personalabbau einseitig auf die Beschäftigten abwälzen oder ob sie zu einer Arbeitszeitverkürzung mit Teillohnausgleich gezwungen werden können. Das dürfte in kleineren Unternehmen schwieriger sein als in großen Unternehmen z. B. der Automobilindustrie. Andererseits versuchen manche Unternehmen mit Arbeitskräftemangel, sich an die Forderung nach einer 4-Tage-Woche anzuhängen, indem sie die Beschäftigte durch längere tägliche Arbeitszeit den zusätzlichen freien Tag selber herausarbeiten lassen (Wagner u. a. 2023). Das widerspricht der Idee zusätzlicher freier Tage, die ja eben nicht durch höhere Arbeitsbelastung an den anderen Tagen erkauft werden sollen.

Manche befürchten, dass diese Vielfalt und die Ausweitung individueller Wahlmöglichkeiten kollektive Regelungen schwächen könnten. Diese Vielfalt spiegelt aber die unterschiedlichen Arbeitszeitinteressen von Beschäftigten wider, die in Tarifauseinandersetzungen berücksichtigt werden müssen. Außerdem bedingen sich kollektive Regelungen und individuelle Spielräume. Denn auch individuelle Rechtsansprüche bedürfen kollektiver Regelungen, um sie beanspruchen zu können. Individuelle Rechtsansprüche sind zwar umso schwerer durchzusetzen, je schwächer die kollektive Interessenvertretung im Betrieb und je größer die Machtasymmetrie zugunsten des Kapitals ist. Aber in diesen Fällen werden auch kollektive Arbeitszeitnormen ohnedies häufig nicht eingehalten. Denn deren Einhaltung bedarf immer des Zusammenspiels von Betriebs- und Personalräten und den einzelnen Beschäftigten.

7.5 Geschlechtergerechte Arbeitszeitgestaltung

Als Hauptproblem bleibt die Diskrepanz zwischen männlichen und weiblichen Erwerbsverläufen, die sich in einer Diskrepanz zwischen Vollzeit- und Teilzeitbeschäftigung zeigt. Zwar berücksichtigen manche Tarifverträge wie z. B. der für die Metall- und Elektroindustrie, dass Eltern mit Kindern mehr Zeit für Sorgearbeit brauchen und je nach Lebensphase zwischen Vollzeit und Teilzeit wechseln wollen. Zwar hat sich der Gender Time Gap etwas verringert (siehe MEMORANDUM 2024). Aber auf ein generationenbedingtes »Auswachsen« des modernisierten Dazuverdienerinnen-Modells (Mann arbeitet Vollzeit, Frau Teilzeit) sollte man nicht bauen. Denn nach wie vor arbeiten Väter mit Kindern relativ stabil weiter Vollzeit, während die durchschnittliche Arbeitszeit der erwerbstätigen Mütter mit Kindern bis 12 Jahren auf ca. 25 Stunden pro Woche sinkt (Kümmerling, IAQ-Report 2018/08, Abb.3, S. 11). Zu viele Faktoren hemmen eine gleichwertige Aufteilung zwischen Erwerbsarbeit und Sorgearbeit.

Die steuerlichen und infrastrukturellen Faktoren sind bekannt. Deshalb reichen kurze Hinweise:

- Das Ehegattensplitting belohnt nach wie vor gut Verdienende mit erheblichen Steuervorteilen, wenn die Ehefrau gar nicht oder Teilzeit arbeitet (siehe Hickel, Newsletter der *Arbeitsgruppe Alternative Wirtschaftspolitik*).
- Die Einrichtungen zur Kinderbetreuung wurden zwar erheblich ausgebaut, decken aber den wachsenden Bedarf auch in Bezug auf längere Öffnungszeiten nicht ab. Nach einer HDI Berufe-Studie von 2024 würden 41 % der Berufstätigen mit minderjährigen Kindern

mehr Stunden pro Woche arbeiten, wenn die Kinderbetreuungsmöglichkeiten dies zuließen.

- Die gesetzlich geregelte Elternzeit und das steuerlich finanzierte Elterngeld wurden Schritt für Schritt ausgebaut. Wenn beide Elternteile Teilzeit arbeiten, wird diese gleichwertige Aufteilung durch das Elterngeld Plus gesondert gefördert. Aber Väter nehmen das zu wenig in Anspruch. Außerdem gilt es nur für die ersten Lebensjahre des Kindes.
- Immer mehr Frauen und Männer befürworten eine partnerschaftliche Aufteilung von Erwerbsarbeit und Sorgearbeit in der Familienphase (Allensbach 2024). Aber trotz aller Fortschritte scheint sich nach der Geburt des ersten Kindes bei vielen Paaren die Rollenverteilung unabhängig von strukturellen Zwängen immer noch zu »retraditionalisieren«.

Die eigentlichen Hemmnisse für eine geschlechtergerechte Aufteilung von Erwerbs- und Sorgearbeit liegen aber im Anspruch der Unternehmen, voll über Beschäftigte und ohne Rücksicht auf ihre Sorgearbeit verfügen zu können. Das erschwert es Vollzeitbeschäftigten, Erwerbsarbeit und Sorgearbeit zu vereinbaren. Wirtschaftsverbände klammern das aus und verlangen vorrangig vom Staat mehr Engagement z. B. beim Ausbau der Kinderbetreuung, damit Frauen länger arbeiten können. Nur wenige Unternehmen bieten familienfreundliche Arbeitszeiten an und beschränken diese Angebote meist auf Frauen mit »hohem Marktwert«. Wirtschaftsverbände lehnen reduzierte Arbeitszeiten für Väter ausdrücklich ab. Sie wollen also, dass Frauen ihre Arbeitszeit einseitig erhöhen, obwohl das angesichts der Arbeitsbedingungen den Stress für beide erhöhen würde.

Dabei wollen immer mehr Eltern ihre Arbeitszeit gleichberechtigter aufteilen – so das Ergebnis des familiendemografischen Panels (Sozialbericht 2024, S. 174ff.). Zwar wünschen sich die Befragten in der »Rushhour des Lebens« immer noch unterschiedlich lange Arbeitszeiten für Mütter und Väter. Insgesamt wollen sie aber kürzere Arbeitszeiten für die meist Vollzeit arbeitenden Väter und längere für Teilzeit arbeitende Mütter. Je nach Alter der Kinder sollen Väter zwischen 34 und 38 Stunden pro Woche arbeiten können, Mütter zwischen 21 und 36 Stunden.

Würde die Kluft zwischen Wunsch und Realität geschlossen, würden bei den Männern ca. 320.000 Vollzeitäquivalente weniger zur Verfügung stehen, bei den Frauen aber 645.000 Vollzeitäquivalente hinzukommen – per Saldo also ein Plus von 325.000 (ebd.). Diese Rechnung ginge aber nur auf, wenn Unternehmen die Arbeitsbedingungen in der Familienphase erheblich zulasten ihres Profitinteresses verbessern würden.

Das Konzept einer lebensphasenspezifischen Arbeitszeit (Lehndorff 2019) nimmt diese unterschiedliche Beanspruchung von Beschäftigten im Lebensverlauf auf, ob in der Familienphase, bei der Pflege von Familienangehörigen, für Fortbildung oder für Ältere. Es will für diese Lebensphasen einen Rechtsanspruch auf kürzere Arbeitszeiten mit Rückkehrrecht und mit Einkommensausgleich durchsetzen. Damit würde das bisherige Normalarbeitsverhältnis fundamental verändert, das die privaten Erfordernisse und Bedürfnisse weitgehend vor den Betriebstoren lässt. Ein neues Normalarbeitsverhältnis würde der Sorgearbeit, den privaten Bedürfnissen von Beschäftigten eigenständige Rechte verschaffen, auf die Unternehmen eingehen müssten. Um den Modebegriff aufzunehmen: erst dadurch würden *work and life* in eine *balance* gebracht. Diese »kurze Vollzeit« (Lehndorff 2019) will also Vollzeit und Teilzeit annähern, indem die durchschnittliche Arbeitszeit für Vollzeitbeschäftigte im Lebensverlauf deutlich verkürzt wird, aber je nach Lebensphase variieren kann. Das erfordert:

- Einen Rechtsanspruch auf Stundenreduzierung und Rückkehrrecht.
- Einen Lohnausgleich je nach privater Lebenssituation: z. B. für Eltern und Alleinerziehende mit Kindern unter 14 Jahren, für Beschäftigte mit pflegebedürftigen Familienangehörigen, für Fortbildung, für ältere Beschäftigte oder Beschäftigte in Schichtarbeit. Er kann durch staatliche Zuschüsse, aber auch tariflich durch Arbeitgeberzuschuss finanziert werden.
- Bei der Arbeitszeitlage die Berücksichtigung der jeweiligen privaten Anforderungen.

Diese erweiterte Zeitsouveränität für Beschäftigte steht im Widerspruch zu der Kapitalstrategie, Personalkosten und Personalreserve so knapp wie möglich zu halten und die Beschäftigten flexibel je nach Arbeitsanfall einzusetzen. Wenn Beschäftigte umgekehrt vom Betrieb mehr Flexibilität für ihre Bedürfnisse einfordern können, müssen Unternehmen eine Personalreserve vorhalten, um auf die jeweiligen und z. T. auch kurzfristigen Beschäftigtenwünsche (Kind krank, Kita geschlossen) eingehen zu können (Kümmerling u. a. 2023). Eine geschlechtergerechte Arbeitszeitverkürzung und Arbeitszeitgestaltung erfordert deshalb eine Personalplanung zulasten der unternehmerischen Gewinn- und Kostenplanung. Der Konflikt zwischen einer Zeitsouveränität für Beschäftigte und für Unternehmen ist unübersehbar.

7.6 Ein Blick nach vorn

Tarifliche Kämpfe für Arbeitszeitverkürzung sind stärker verbreitet, als es den Anschein hat, auch wenn eine gemeinsame Forderung wie die 35-Stunden-Woche fehlt. Sie greifen einerseits auf, dass Arbeitszeitverkürzung durch Umverteilung der Arbeitszeit Entlassungen verhindern und neue Arbeitsplätze schaffen kann. Tarifliche Kämpfe greifen außerdem den generellen Wunsch nach Arbeitszeitverkürzung auf, um das eigene Leben neben der materiellen Abhängigkeit ausweiten zu können. Sie greifen dabei die unterschiedlichen Bedürfnisse von abhängig Beschäftigten aus. Sie berücksichtigen außerdem die unterschiedlichen Belastungen von Beschäftigten und erkämpfen dafür unterschiedliche Ausgleichsregelungen. Sie greifen dabei auch die unterschiedliche private Beanspruchung im Lebensverlauf auf. Solche Regelungen sind ein Beleg für die hohe Solidarität von Beschäftigten untereinander. Denn diese Regelungen, die besonderen Beschäftigtengruppen zugutekommen, werden von allen Beschäftigten in gemeinsamen Tarifverträgen erkämpft und finanziert.

Diese Tarifbewegungen müssen einerseits ergänzt werden durch Kämpfe gegen entgrenzte Arbeitszeiten. Das erfordert eine bessere Kontrolle von Arbeitszeitregelungen vor allem durch mehr und stärkere Betriebs- und Personalräte. Die Befürchtung, dass differenzierte Arbeitszeitregelungen und individuelle Rechtsansprüche diese Kontrolle eher erschweren, ist jedoch nicht von der Hand zu weisen. Denn Beschäftigte können ihre individuellen, tariflich abgesicherten Ansprüche am ehesten durchsetzen, wenn starke Betriebs- und Personalräte ihnen den nötigen Rückhalt dafür verschaffen. Aber das gilt ähnlich für die Einhaltung kollektiver Arbeitszeitregelungen. Auch hier müssen Beschäftigte durch Betriebs- und Personalräte wie durch Arbeitszeitkontrollen in die Lage versetzt werden, Pausen einzuhalten, sich gegen graue Überstunden zu wehren usw.

Die Tarifbewegungen zur Arbeitszeit müssen andererseits verbunden werden mit dem Einsatz gegen Arbeitsintensivierung. Das Verhältnis von abverlangter Arbeitsleistung und zugestandener Arbeitszeit muss wieder kollektiv geregelt und Systeme der indirekten Steuerung müssen zurückgedrängt werden. Die gewerkschaftlichen Kämpfe in Krankenhäusern und im Erziehungsbereich um Entlastungstarifverträge durch Personalbemessungssysteme, die Auseinandersetzungen im öffentlichen Nah- und Fernverkehr um Schichtregelungen usw. zeigen aber, welche Kraft diese zusammen mit der Forderung nach Arbeitszeitverkürzung entwickeln können.

Die Forderung nach einer 4-Tage-Woche könnte ein gemeinsames Dach bilden, da es das große Bedürfnis nach mehr freien Tagen thematisiert (Wagner/Wick 2024). Dabei muss die Vielfalt von Lebenslagen und Wünschen in solidarische Konzepte eingebunden werden. Das – kombiniert mit Auseinandersetzungen gegen die Arbeitsintensivierung und die Zeitnot bei der Arbeit – könnte ein Gesamtpaket bilden, durch das die Arbeitsbedingungen wieder humaner werden und Beschäftigte mehr Rechte bei der Verwirklichung ihrer jeweiligen Lebensentwürfe bekommen.

Literatur/Quellen

Andresen, K. / Gruber, S. / Horstmann, A. (2025): Der Streik für die 35-Stunden-Woche Aushandlungsprozesse und gewerkschaftliche Strategiefindung, in: WSI-Mitteilungen 17/2025.

Arbeitsgruppe Alternative Wirtschaftspolitik (1983), 35 Stunden sind genug! Sonderbeitrag MEMORANDUM 83, Köln.

Arbeitsgruppe Alternative Wirtschaftspolitik (2024): MEMORANDUM 2024. Schuldenbremse lösen: Auftakt zu gerechtem Klimaschutz, Köln.

Bispinck, R. (2020): Gewerkschaftliche Arbeitszeitpolitik. Was wurde erreicht und was wird diskutiert? Hg. v. Rosa-Luxemburg-Stiftung, Fachgespräche Arbeit-Zeit-Politik am 21./22.1.2020, Berlin.

Bispinck, R. (2024): Tarifliche Arbeitszeit West: Vielfalt und Stillstand, reinhard-bispinck.net, 27.4.2024.

Bundesanstalt für Arbeitsschutz und Arbeitsmedizin (BAuA) (2023): Arbeitszeitreport Deutschland: Ergebnisse der BAuA-Arbeitszeitbefragung 2021, Dortmund.

Bundesvereinigung der deutschen Arbeitgeberverbände (2024), New Work – Zeit für eine neue Arbeitszeit, www.arbeitgeber.de, abgerufen am 7.12.2024.

HDI Berufe-Studie (2024): Bevölkerungsrepräsentative YouGov-Umfrage im Auftrag des HDI, www.berufe-studie.de.

Institut für Arbeitsmarkt- und Berufsforschung (2023): IAB-Forschungsbericht 16/2023, Ruf, K. / Bächmann, A. / Abendroth-Sohl, A. / Mellies, A.: Arbeitszeit: Trends, Wunsch und Wirklichkeit.

Institut für Arbeitsmarkt- und Berufsforschung (IAB) (2024), doku/iab.de/arbeitsmarktdaten/AZ, abgerufen am 27.11.2024.

Institut für Demoskopie Allensbach (2022): Partnerschaftliche Aufgabenteilung in der Familie. Repräsentative Bevölkerungsbefragungen im Dezember 2021 und Januar 2022, Untersuchungsbericht.

IAQ – Institut für Arbeit und Qualifikation 1, Sozialpolitik aktuell, abbIV8d (Teilzeitquote insgesamt und nach Geschlecht 1991-2023), www.sozialpolitik-aktuell.de/files/sozialpolitik-aktuell/_Politikfelder/Arbeitsmarkt/Datensammlung/PDF-Dateien/abbIV8d.pdf, abgerufen 17.1.2025.

IAQ – Institut für Arbeit und Qualifikation: IAQ-Report 2024/05.

Jänicke, S.: »Bock auf gute Arbeit« – Tarifliche Arbeitszeitpolitik in der IG Metall, in: WSI-Mitteilungen 4/2023.

Kümmerling, A. (2018): Geschlechtsspezifische Unterschiede in den Arbeitszeiten, IAQ-Report 2018/08.

Kümmerling, A. / Rinke, Th. / Schmieja, V. / Klammer, U. (2023): Keine Zeit mehr für Erwerbsarbeit? Lebensphasenbezogene Arbeitszeiten als betriebliche Herausforderung, IAQ-Report 2023/10.

Kümmerling, A. (2024): Arbeitszeiten zwischen Wunsch, Befürchtungen und Wirklichkeit, IAQ-Report 2024/05.

Lafontaine, O. (1989): Das Lied vom Teilen. Die Debatte um Arbeit und politischen Neubeginn, München.

Lang, K. / Schaumburg, S. (2022): Handbuch Tarifvertrag. Geschichte – Praxis – Perspektiven, Köln.

Lehndorff, S. (2019): Erste Schritte auf einem langen Weg: Kurze Vollzeit als Element eines neuen Normalarbeitsverhältnisses, in: Ludwig, C. / Simon, H. / Wagner, A. (Hg.): Entgrenzte Arbeit, (un-)begrenzte Solidarität?, Münster.

Lott, Y. / Windscheid E. (2023): 4-Tage-Woche – Vorteile für Beschäftigte und betriebliche Voraussetzungen für verkürzte Arbeitszeiten, WSI-Policy Brief Nr. 79, Düsseldorf.

Mellies, A. / Abendroth, A.-K. / Bächmann, A.-C. / Ruf, K. (2025): Die Wahl der Wahl? Soziale Strukturierungen der tariflichen Wahlmöglichkeiten zwischen Zeit und Geld, in: WSI-Mitteilungen 1/25

Sozialbericht 2024 – Ein Datenreport für Deutschland, Hg. v. Statistisches Bundesamt, Wissenschaftszentrum Berlin für Sozialforschung, Bundesinstitut für Bevölkerungsforschung, Bonn.

Shell-Jugendstudie 2024, Zusammenfassung, abgerufen 28.11.2024.

ver.di-Pressegespräch zur Arbeitszeitbefragung Öffentlicher Dienst 2024 – Handout (Stand 13. Mai 2024), www.verdi.de.

Wagner H. / Wick G. (2023): Die 4-Tage-Woche geht um in Europa, in: Jacobin, 1.9.2023, www.jacobin.de.

WSI, GenderDatenPortal: Erwerbsarbeit 2024, Erwerbstätigenquoten und Erwerbsquote 1991-2022, www.wsi.de/de/wsi-genderdatenportal

8 Zwischen Angleichung und fortbestehenden Unterschieden: Geschlechtergleichstellung in Ost- und Westdeutschland

8.1 Sozialistisches trifft auf kapitalistisches Patriarchat

50 Jahre MEMORANDUM meint 15 Jahre MEMORANDUM West und 35 Jahre MEMORANDUM Ost-West. Geht man von den beiden in diesem Abschnitt betrachteten grundlegenden gesellschaftlichen Widersprüchen[1] **Klasse und Geschlecht** aus, so war es in den ersten 15 Jahren notwendig, den Widerspruch zwischen Kapital und Arbeit mit dem kapitalistischen Patriarchat in Zusammenhang zu denken und linke Alternativen vorzuschlagen. Das MEMORANDUM 1989 etwa hat das mit seinem Kapitel »Alternativen zum Patriarchat – gegen Benachteiligung von Frauen im Erwerbsleben und in der Sozialpolitik« versucht.

Nach 1990 wurde diese Analyse fortgesetzt und bei den Themen Arbeitsmarkt, Arbeitszeit, Rente, Einkommen usw. auf die Benachteiligung von Frauen (Gender Pay Gap, Gender Pension Gap) hingewiesen. Das MEMORANDUM 2002 etwa erinnerte in seinem Kapitel »Beschäftigung, Gleichstellung und soziale Sicherung – Arbeitszeit gestalten« an die Gleichwertigkeit der verschiedenen Lebensbereiche und forderte u. a. deutlich mehr Möglichkeiten zur individuellen Arbeitszeitgestaltung. 2015 erschien eine zusätzliche Publikation der *Arbeitsgruppe Alternative Wirtschaftspolitik* aus Anlass des 60. Geburtstags von Axel Troost. Hier werden unter der Überschrift »Alternative Wirtschaftspolitik und die Geschlechterfrage – ein schwieriges Verhältnis?«

---

1 Generell gehen wir von vier grundlegenden gesellschaftlichen Widersprüchen aus, die eng zusammenhängen und sich in den vier Menschenrechtsbewegungen der letzten Jahrhunderte Geltung verschafften: Widerspruch zwischen Kapital und Arbeit (Arbeiterbewegung), zwischen den Geschlechtern (Frauenbewegung), zwischen den Ethnien (Antikolonialbewegung, Black Lives Matter u. ä.), zwischen Natur und Gesellschaft (Klimabewegung).

die bis dahin erschienenen MEMORANDEN durch die Geschlechterbrille betrachtet und für künftige MEMORANDEN Empfehlungen ausgesprochen, z. B. »das gesamte Verhältnis von Erwerbsarbeit und Reproduktionsbereich (...) in seiner Komplexität aufzurufen«. Dieses Thema stünde nicht nur im Fokus der jüngeren Generation, die sich von der traditionellen Trennung zwischen Erwerbsarbeit und Reproduktionsbereich befreien will, sondern auch im Fokus moderner Kapitalinteressen (Wiethold 2015).

Zu ergänzen ist: Dieses Thema steht seit 35 Jahren auch im Fokus der Ostdeutschen, nicht nur der jungen. Denn der Beitritt der DDR zur Bundesrepublik Deutschland im Jahr 1990 bedeutete nicht, dass die »Beitrittsbürger*innen« ihre Erfahrungen, Wertorientierungen, Kenntnisse aus 40 DDR-Jahren (zwei Generationen) zu den Akten legen konnten. Vielmehr finden sich heute Belege dafür, dass gerade auf dem Gebiet der Geschlechtergleichstellung ein Einfluss von Ost nach West wirksam war/ist, vor allem in den Regionen, in die unmittelbar nach 1990 besonders viele Ostdeutsche (vor allem gut ausgebildet, vor allem weiblich) gezogen sind.

So kommt das DIW in seinem Wochenbericht 38/2020 zu der Erkenntnis: »Der Zuzug aus der ehemaligen DDR (sic) hatte positive Effekte auf den Beschäftigungsumfang westdeutscher Frauen (...) In der DDR sozialisierte Menschen, die nach Westdeutschland gezogen sind, haben vermutlich Einstellungen zur Vereinbarkeit von Familie und Beruf in Westdeutschland beeinflusst.« Insofern habe sich der Beitritt der DDR zur Bundesrepublik auf das Arbeitsmarktverhalten und die Normen der Westdeutschen ausgewirkt.

Schon einige Jahre vorher hatte der Siegener Soziologe Rainer Geißler festgestellt: »In der Regel unterliegt die ostdeutsche Sozialstruktur einem massiven Anpassungsdruck an westdeutsche Verhältnisse. Bei der geschlechtstypischen Ungleichheit lassen sich jedoch umgekehrte Einflüsse von Ost nach West ausmachen: Rückständige Westverhältnisse passen sich moderneren Ostverhältnissen an. Hinter den öffentlichen Diskussionen um den Ausbau der Kinderbetreuungsstätten und Ganztagsschulen, um Pflegeurlaub, Elterngeld, Erziehungsurlaub bzw. Elternzeit mit Beschäftigungsgarantie, um die besondere Unterstützung studierender Mütter, die berufliche Frauenförderung oder die bessere Vereinbarkeit von Erwerbstätigkeit und häuslichen Pflichten stehen – meist unausgesprochen – auch Regelungen, Einstellungen und Selbstverständlichkeiten, die in der DDR bereits einmal in einem anderem politischen Kontext Realität waren.« (Geißler 2014).

Der »andere politische Kontext« für Gleichstellungspolitik ist genauer zu betrachten, wenn im MEMORANDUM linke Alternativen für das heutige größere Deutschland hilfreich sein sollen: Es gab in der DDR keine kraftvolle Frauenbewegung in den 1960er/70er Jahren, aber ein von August Bebel ausführlich beschriebenes frauenpolitisches Konzept (Bebel 1954), das sich auf die Engels'sche Schrift »Der Ursprung der Familie, des Privateigentums und des Staates«, insofern auf die Matriarchatsforschung des 19. Jahrhunderts bezog. Danach sollte Frauenunterdrückung in direktem Zusammenhang mit Klassenunterdrückung entstanden sein. Die Folgerung erscheint plausibel: Weil im Sozialismus die Klassenunterdrückung beendet war, konnte es auch keine Frauenunterdrückung mehr geben. Patriarchat gibt es nur im Kapitalismus. Diese Überzeugung prägte nicht nur die Frauenpolitik in den sozialistischen Ländern, sondern war auch in der »traditionalistischen« Linken in den kapitalistischen Ländern fest verankert.

Dabei verstand Bebel unter Gleichberechtigung im Sozialismus ein Heranführen der Frauen hinsichtlich Bildung und Berufstätigkeit an Männerniveau. Private Arbeit (Küche, Kinderbetreuung, Altenbetreuung) sollte weitgehend vergesellschaftet werden. Das sozialistische Leben sollte vor allem ein öffentliches Leben werden.

Schon seit den 1970er Jahren wurden weltweit die Ergebnisse der Matriarchatsforschung des 19. Jahrhunderts in Frage gestellt. Die amerikanisch-österreichische Historikerin Gerda Lerner, Kommunistin und zunächst auch von der Unfehlbarkeit der marxistischen Klassiker überzeugt, kam schließlich zu dem Ergebnis, dass die Engels'sche Gleichsetzung zwischen Frauenunterdrückung und Klassenunterdrückung eine Sackgasse gewesen sei (Lerner 1991). Inzwischen sind sich die anthropologisch Forschenden (z. B. Schaik/Michel 2020) einig, dass das Patriarchat als **kulturelle Neuerung** vor ca. 15.000 Jahren im Zusammenhang mit dem Ende der Jägerzeit und dem Beginn der Sesshaftigkeit entstand. Frauenunterdrückung entstand also noch tief in der Urgemeinschaft und lange vor Klassenunterdrückung, Rassismus und menschengemachter Naturzerstörung. Das heißt: Patriarchat kann es auch im Sozialismus geben. Das heißt auch, dass der Geschlechterwiderspruch sehr viel mehr Zeit als die anderen gesellschaftlichen Widersprüche hatte, sich **als kulturelle Norm zu verfestigen.** Die gute Nachricht: Die genetische Prägung des Menschen fand viele Jahrtausende früher statt, und Kultur ist veränderbar.

Die auf dem Bebel'schen Konzept beruhende Gleichstellungspolitik hatte in der DDR z. B. zur Folge,

- dass in den 1960er Jahren die DDR-Betriebe soziale Orte wurden, weil sie Kinderbetreuung, Lebensmittelversorgung, Urlaubsgestaltung, medizinische Betreuung usw. anboten;
- dass es seit Mitte der 1970er Jahre keinen Geschlechter-Unterschied mehr im formalen Bildungsniveau gab;
- dass seit den 1980er Jahren mehr als 90 % aller Frauen des entsprechenden Alters berufstätig waren oder in Ausbildung;
- dass gleichzeitig mehr als 90 % der Frauen am Ende ihrer fertilen Phase Mütter waren;
- dass zu DDR-Ende für 80 % aller Kinder des entsprechenden Alters Krippenplätze, für 95 % Kindergartenplätze, für 80 % Schulhortplätze zur Verfügung standen.

Dennoch ist es sachgemäß, heute von einem sozialistischen Patriarchat zu sprechen, weil ein »Heranführen der Männer an Frauenniveau« ebenso wenig vorgesehen war wie ein formalisiertes, abgesichertes weibliches Mitspracherecht in den höchsten politischen Gremien. Obwohl sich im familiären Alltag eine Veränderung des Männerlebens kaum verhindern ließ, blieb Hausarbeit mehrheitlich Frauensache, blieben patriarchale Grundstrukturen erhalten. Ohne letztere wäre Stalinismus mit seinen mörderischen Konsequenzen auch nicht möglich geworden (Schaik/Michel/Mellner 2024).

Heute ist bekannt, dass Clara Zetkin eine andere Vorstellung von der diesbezüglichen sozialistischen Zukunft hatte. 1899 – Bebels Buch war mindestens in der 30. Auflage erschienen – sprach sie vor akademischer Jugend zu diesem Thema: »Erschließt die Berufstätigkeit der

Frau die Welt, so gibt sie dem Manne das Heim zurück. Denn wenn die Frau auf allen Gebieten menschlichen Schaffens als Mitarbeitende neben dem Manne steht, so gewinnt dieser Zeit und Kraft, als Mitarbeitender beim Ausbau des Heims und der Erziehung der Kinder neben der Frau zu wirken« (zit. n. Hervé 2008, S. 62 u. 64). Zetkin sprach in diesem und in anderen Zusammenhängen vom »Vollmenschentum«, das in der sozialistischen Zukunft zu erwarten sei. Diese Zetkin'sche Vorstellung wurde in der DDR nicht veröffentlicht und scheint in Teilen der Linken bis heute nicht angekommen zu sein.

8.2 Gleichstellung der Geschlechter im Öffentlichen (Bildung, Berufstätigkeit)

Bildung

Unbestritten, dass Gleichstellung der Geschlechter mit gleichen Erziehungs- und Bildungschancen für Mädchen und Jungen beginnt – ein Thema, das schon die Frauenbewegung des 19. Jahrhunderts auf die Tagesordnung gesetzt hatte.

Betrachtet man im 21. Jahrhundert im hochentwickelten Deutschland die relevante Statistik, z. B. den 4. Atlas zur Gleichstellung 2024, so zeigt sich, dass sich der feministische Kampf in dieser Hinsicht gelohnt hat: Jugendliche ohne schulischen Abschluss oder höchstens mit Hauptschulabschluss sind nur zu etwa 40 % weiblich, Jugendliche mit Hochschulreife dagegen zu mehr als 50 %. Auch den Studienberechtigungsschein erhalten mehr weibliche als männliche Jugendliche. Ähnlich »frauenlastig« ist die Situation bei den Studierenden. Das heißt, Mädchen/Frauen starten hinsichtlich Bildung nicht nur mit gleichen, sondern mit leicht besseren Ausgangsbedingungen als Jungen/Männer in das Berufsleben.

Dann allerdings ändert sich die Situation. Bereits seit Jahrzehnten wird in der alten Bundesrepublik darauf hingewiesen, dass sich bessere Bildungsvoraussetzungen nicht angemessen in bessere Berufschancen umsetzen lassen (z. B. Faulstich-Wieland u. a. 1984). Vor allem bei der Berufswahl gehen die Wege der Geschlechter bis heute deutlich

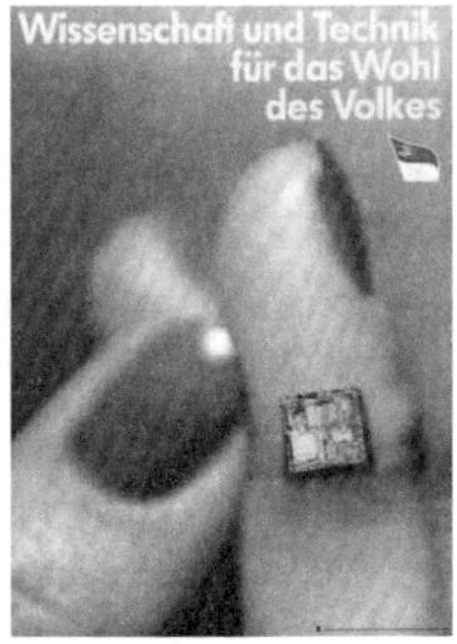

auseinander. Bei den nichtakademischen medizinischen Berufen beträgt der Frauenanteil 84 % (im Osten knapp 80 %), bei den MINT-Berufen dagegen 11 %. Von denen, die eine Abschlussprüfung in Ingenieurwissenschaften ablegten, waren 24 % Frauen. Bei den Abschlussprüfungen im Lehramt Primarbereich betrug der Frauenanteil dagegen 89 %.

Nach wie vor ergreifen Frauen also vor allem Berufe im sozialen und erzieherischen, weniger im technischen Bereich. Obwohl in der DDR, anders als in der alten Bundesrepublik, der gesellschaftliche Druck sehr hoch war, dass Frauen sich für technische Berufe entscheiden sollten (siehe nebenstehende Plakate), blieb es auch hier bei der traditionellen geschlechtsspezifischen Berufswahl. Im letzten DDR-Jahr machten Frauen zwar 49 % aller Berufstätigen aus, aber im Gesundheitswesen 83 % und im Bildungs- und Erziehungswesen 77 %. Und das waren auch in der DDR die schlechter bezahlten Bereiche. Denn Geschlechterkonzentration auf bestimmte Berufe wäre kein Problem, wenn Pflege-, Erziehungs- und Bildungsarbeit ihrer Bedeutung entsprechend gesellschaftlich anerkannt wäre und angemessen bezahlt würde.

Stattdessen werden Frauen aufgefordert, »Sackgassenberufe« zu meiden und sich für Berufe mit guter Bezahlung und guten Aufstiegschancen zu entscheiden. Eine solche Aufforderung, nicht selten in amtlichen Sozialberichten zu finden, missachtet langjährige feministische Forschung (z. B. Friese 1995), wonach ein Beruf zum »Sackgassenberuf« wird, wenn Frauen ihn massenhaft ergreifen. Umgedreht werden Berufe gesellschaftlich aufgewertet, also auch besser bezahlt, wenn sich massenhaft Männer für solche interessieren. Letzteres konnte in ostdeutschen Banken und Versicherungen Anfang der 1990er Jahre gut beobachtet werden.

Es sind also eher die tief verankerten patriarchalen »Gewissheiten«, dass Frauenarbeit weniger wert ist als Männerarbeit.

Seit mehr als 20 Jahren gibt es zur Diskrepanz zwischen Bildungs- und Berufschancen von Frauen auch neoliberale Kritik, weil mit dem Hauptverdiener- oder gar Alleinverdienermodell wertvolle »Humanressourcen« (Human Ressources, HR) in den Privathaushalten brachliegen würden. Empfohlen wird nun das Adult-Worker-Model als erstrebenswerte Familienform (vgl. Wiethold 2015). Es hat die Bedeutung frühkindlicher Bildung in öffentlichen Kinderbetreuungseinrichtungen entdeckt und geht davon aus, dass alle Erwachsenen, die erwerbsfähig sind, auch erwerbstätig sein sollen.

An dem Modell ist viel zu kritisieren (vgl. Leitner 2017): Es stellt den Vorrang der Berufsarbeit gegenüber der Sorgearbeit, insofern die strukturelle Rücksichtslosigkeit des Öffentlichen gegenüber dem Privaten (Kaufmann 1990) nicht infrage. Es nimmt die Betriebe nicht in die sozialpolitische Pflicht. Es regt nicht zu einer öffentlichen Debatte über Alternativen der gesellschaftlichen Organisation von Berufs- und Sorgearbeit an. Es stellt auch die einseitige Sicht auf Bildung nicht infrage. Als emanzipatorische Alternative ist das Adult-Worker-Model wohl nicht geeignet.

Berufstätigkeit

Sie ist weder für Männer noch für Frauen ausschließlich Erwerbstätigkeit. Nach langjährigen DDR-soziologischen Untersuchungen zur Arbeitsmotivation gehen Frauen sehr oft auch deshalb »auf Arbeit«, weil sie den Kontakt zu den Kolleginnen und Kollegen brauchen oder/ und weil ihnen die berufliche Anerkennung hilft, gelassen auf häusliche Probleme zu reagieren, oder/und weil sie als Berufstätige die Fragen ihrer Kinder besser beantworten können. Hier treffen sich offensichtlich die weiblichen Erfahrungen von Ost und West. Denn auch im MEMORANDUM 89 heißt es: »Jede dritte erwerbstätige Frau arbeitet nach einer Umfrage des IAB nicht primär des Geldes wegen, sondern aus Gründen wie: Freude am Beruf, Zusammensein mit anderen Menschen oder Unausgefülltheit durch Hausarbeit (DGB 1988, S. 3).« Die erste Abbildung zeigt den aktuellen Stand der weiblichen Berufstätigkeit im Ost-West-Vergleich.

Ostdeutsche Frauen erreichten demnach nach der radikalen »Modernisierung der Institutionen« Anfang der 1990er Jahre erst etwa 2015 das Niveau an beruflicher Tätigkeit wieder, mit dem sie »Beitrittsbürgerinnen« geworden waren.

Für westdeutsche Frauen kann man von einer kontinuierlichen Aufwärtsentwicklung sprechen. Allerdings darf hier die Tatsache nicht

Anteil der Erwerbstätigen und Arbeitslosen (Erwerbspersonen) an der weiblichen Bevölkerung zwischen 15 und 65 Jahren (in %)

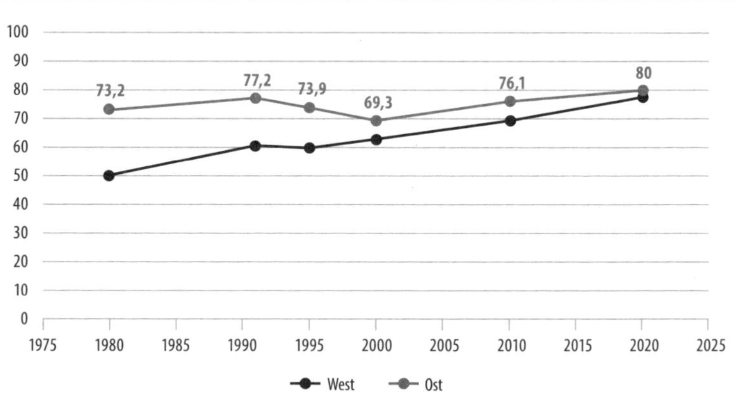

Quelle: Mikrozensus

© ARBEITSGRUPPE ALTERNATIVE WIRTSCHAFTSPOLITIK MEMORANDUM 2025

übersehen werden, dass der Umfang an beruflicher Arbeit sich auch heute noch deutlich nach Ost und West unterscheidet (siehe dazu auch Kapitel 3 »Verteilung« in diesem Buch). Nach einer Veröffentlichung des WSI der Hans-Böckler-Stiftung von 2023 sind im Osten 8,6 % aller beschäftigten Frauen und 8,8 % aller beschäftigten Männer »ausschließlich geringfügig beschäftigt«. Im Westen beträgt die Frauenquote 15,1 % und die Männerquote 7,5 %.

Auch gemessen an den Zahlen zu »Minijobs als frauentypische Beschäftigung (Zuverdienst-Modell)«, wie sie im 4. Atlas zur Gleichstellung 2024 vorgestellt werden, fallen die Ost-West-Unterschiede auf, siehe die Abbildung auf dieser Seite. Zu beachten ist, dass in diese Analyse nur Personen zwischen 30 und 55 Jahren (»Kern-Erwerbsphase«) einbezogen wurden, also weder die Studentin noch die Rentnerin, die zusätzlich einen Minijob übernimmt, um finanziell über die Runden zu kommen.

Berücksichtigt man darüber hinaus den statistischen Grundsatz, dass Mengen, die weniger als 5 % der Gesamtheit ausmachen, vernachlässigt werden dürfen, so gibt es die Zuverdienerin in den fünf ostdeutschen Ländern nicht. Insofern ist nicht korrekt, was im Drit-

Anteil der Frauen/Männer in Minijobs an allen beschäftigten Frauen/Männern (in %)

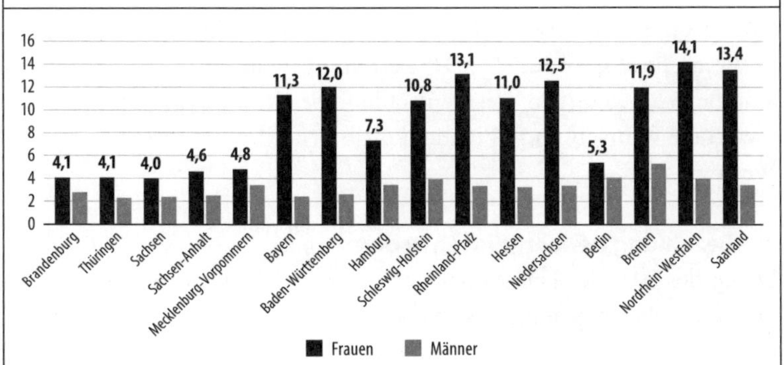

Quelle: 4. Atlas zur Gleichstellung 2024

© ARBEITSGRUPPE ALTERNATIVE WIRTSCHAFTSPOLITIK MEMORANDUM 2025

ten Gleichstellungsbericht von 2021 zu diesem Thema steht: »Auf der Ebene der Haushalte ist die Kombination Haupternährer und zuverdienende Partnerin in Deutschland als prägendes Modell fest etabliert.«

Als Ursache für den geringeren Arbeitsumfang westdeutscher Frauen gegenüber ostdeutschen wird meist die unzureichende Versorgung mit öffentlicher Kinderbetreuung in den westlichen Bundesländern genannt. Das Thema ist seit Jahrzehnten in der Debatte und wurde auch in den Memoranden kritisch reflektiert.

Nach WSI-Veröffentlichungen konnten 2023 in Thüringen 91,6 % der Vorschulkinder einen Kindergarten und 52,3 % der unter Dreijährigen eine Kinderkrippe besuchen, in beiden Fällen noch nicht DDR-Niveau, aber im gegenwärtigen Deutschland Spitze. Am Ende der Skala Baden-Württemberg, hier standen für 24,2 % der Vorschulkinder und für 10,7 % der Kleineren Tageseinrichtungen zur Verfügung. Die anderen Bundesländer liegen mit ihren Angeboten dazwischen.

Noch aussagekräftiger sind Daten, die die Betreuungsquoten zu den Betreuungswünschen der Eltern ins Verhältnis setzen (siehe dazu auch Kapitel 3 »Arbeitszeit«), denn heute würden viele junge Eltern gern ihre Kinder in eine Tageseinrichtung bringen, wenn es in zumutbarer Entfernung eine gäbe. Nach Veröffentlichungen (Kindertagesbetreuung Kompakt) des Bundesministeriums für Familie, Senioren, Frauen und Jugend (BMFSFJ) betrug die Betreuungsquote – beispielhaft für Kinder unter 3 Jahren – 2023 in Ostdeutschland (mit Berlin) 54,2 %, in Westdeutschland 32,7 %. Der Betreuungswunsch lag in Ostdeutschland bei 62,8 % und in Westdeutschland bei 48,6 %, d. h. die Differenz zwischen Wunsch und Wirklichkeit betrug im Osten 8,6 % und im Westen 15,9 %.

Zur Bezahlung der beruflichen Arbeit

Daten des WSI der Hans-Böckler-Stiftung (siehe nachfolgende Abbildungen) belegen erneut, dass das Lohngefälle zwischen Männern und Frauen (Gender Pay Gap) in Ostdeutschland deutlich geringer ausfällt als in Westdeutschland. Gleichzeitig bleibt die Tendenz stabil, dass Männerarbeit mehr wert ist als Frauenarbeit und dass Arbeit im Wes-

Brutto-Stundenverdienste 2022 und 10 Jahre zuvor

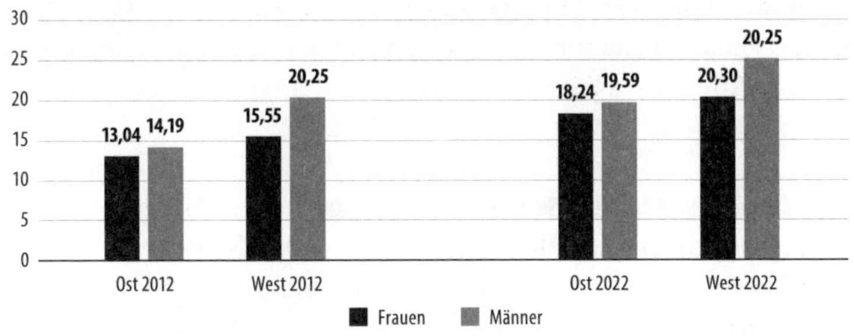

Quelle: WSI der Hans-Böckler-Stiftung 2023

© ARBEITSGRUPPE ALTERNATIVE WIRTSCHAFTSPOLITIK MEMORANDUM 2025

Tarifbindung der west- und ostdeutschen Betriebe (in %)

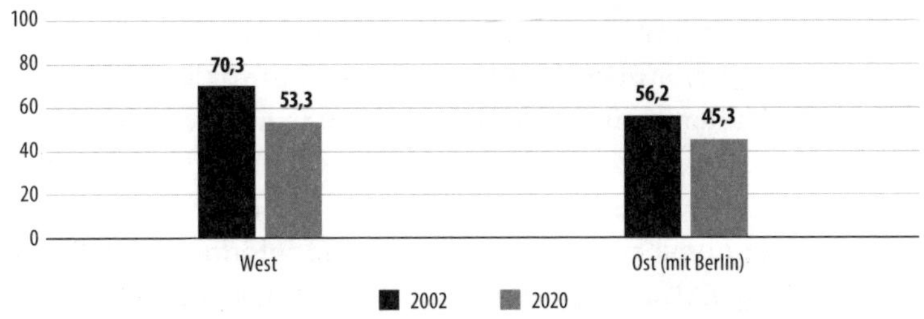

Quelle: WSI der Hans-Böckler-Stiftung 2023

© ARBEITSGRUPPE ALTERNATIVE WIRTSCHAFTSPOLITIK MEMORANDUM 2025

ten mehr wert ist als Arbeit im Osten. Die Begründung für die geringere Entlohnung im Osten hat sich im Laufe der letzten 35 Jahre geändert. Bis etwa zur Jahrtausendwende wurde in diesem Zusammenhang vor allem auf die Unfähigkeit der Ostdeutschen verwiesen, sich den neuen »moderneren« Verhältnissen anzupassen. Die Transformation der Institutionen sei gelungen, die Transformation der Verhaltensweisen nicht. Man habe den Ostdeutschen zu viel Statussicherheit gewährt, deshalb seien sie nicht zur Kompetenzentfaltung gezwungen gewesen.

Den Ostdeutschen seien private Bedürfnisse immer noch wichtiger als berufliches Fortkommen (vgl. Diewald 1997, Wingens 1999 u. v. a.). In den letzten Jahren wird stattdessen die geringere Tarifbindung in Ostdeutschland genannt, wenn Verdienstunterschiede zu begründen sind. Die Alternative liegt auf der Hand.

8.3 Gleichstellung der Geschlechter im Privaten (Hausarbeit, Geburtenrate, Familienformen)

Hausarbeit

Im jüngsten Familienreport von 2024 ist festgehalten: »Mütter und Väter haben heute meist beide den Anspruch und den Wunsch, das Familienleben gemeinsam zu gestalten und ausreichend Zeit für ihre Kinder zu haben. Zwei Drittel der Eltern finden es zudem wichtig, dass beide Partner gute berufliche Perspektiven haben und finanziell unabhängig sind.«

Dass Wunsch und Wirklichkeit hinsichtlich der Gestaltung des Familienlebens nicht übereinstimmen, lässt sich mit den Zahlen, die das Statistische Bundesamt auf der Grundlage seiner jüngsten Zeitverwendungserhebung[2] veröffentlicht hat, belegen. Die Ergebnisse von 2022 besagen, dass Frauen in Deutschland pro Woche 29 Stunden und 52 Minuten unbezahlt gearbeitet haben, rund 9 Stunden pro Woche mehr als Männer. Auch die Summe aus Berufsarbeitsstunden und unbezahlten Hausarbeitsstunden ist für Frauen höher als für Männer, ist im Vergleich zu 2012 sogar höher geworden.

Für berufstätige Eltern mit Kindern im Haushalt erhöhen sich die Zahlen noch einmal deutlich. Sie verbringen pro Woche etwa 11 Stunden mehr mit bezahlter und unbezahlter Arbeit als Personen dieser Altersgruppe ohne Kinder. Dabei unterscheidet sich der Zeitaufwand zwischen Vätern und Müttern kaum. Allerdings besteht bei Vätern die Arbeit mehr als zur Hälfte aus Berufsarbeit, während Mütter zu mehr als zwei Drittel unbezahlt arbeiten.

2 Solche Erhebungen werden nur alle 10 Jahre durchgeführt.

Den größten Teil der unbezahlten Arbeit machen die klassischen Frauenarbeiten aus: Kochen, Putzen, Wäsche waschen, Betreuung und Pflege. Bei handwerklicher und Gartenarbeit, beim Einkaufen, bei ehrenamtlicher Arbeit und bei Wegezeiten unterscheiden sich die Daten kaum nach Geschlecht.

Im Auftrag der Deutschen Forschungsgemeinschaft wurde untersucht, wie sich die häusliche Arbeitsteilung im Laufe der Ehejahre verändert. In Übereinstimmung mit soziologischen Forschungsergebnissen aus der DDR (vgl. Autorenkollektiv 1989) lautet das Ergebnis: »Die männliche Beteiligung an Tätigkeiten im Haushalt nimmt mit steigender Ehedauer deutlich ab. Die hier (…) präsentierten Ergebnisse sind als Indikator für die ungebrochen hohe handlungsleitende Wirkung kultureller Vorgaben zu sehen. Bei diesen kulturellen Vorgaben handelt es sich um Familienleitbilder, soziale Rollenerwartungen, aber auch um gesetzliche Vorschriften, die eine prinzipielle Trennung der weiblichen und männlichen Arbeitssphäre unterstützen bzw. befürworten.« (Schulz 2013).

Alles in allem gibt es also wenig Fortschritte in der häuslichen Arbeitsteilung, obwohl sich die weibliche Berufstätigkeit deutlich erhöht hat. Das entspricht DDR-Erfahrungen. Obwohl gegen Ende der DDR fast alle Frauen des entsprechenden Alters berufstätig waren oder in Ausbildung, blieb Hausarbeit zu etwa 70 % Frauensache (Schröter/Ullrich 2004).

Und aktuelle Befragungen junger Leute, z. B. die Plan-International-Befragung von 2023, in die 1000 Frauen und 1000 Männer im Alter von 18 bis 35 Jahren einbezogen waren, vermitteln diesbezüglich auch nur verhaltenen Optimismus: 52 % der jungen Männer wollen Hauptverdiener bleiben und betrachten Hausarbeit eher als Frauensache, und 45 % der jungen Männer meinen: »Solange ich Hauptverdiener bin, entscheide ich auch darüber, wofür das Geld ausgegeben wird«. Gleichzeitig der Hoffnungsschimmer: 48 % der jungen Männer sind demnach nicht nur auf Geldverdienen orientiert. Auch nach dem Väterreport von 2023 gibt es durchaus junge Männer, die so viel Zeit für Privates haben möchten, dass sie ihren Kindern eine Gute-Nacht-Geschichte vorlesen können. »Dieser Wunsch der Väter nach Teilzeit steigt mit dem Alter des jüngsten Kindes sowie mit der Höhe des Bildungsabschlusses und fällt zudem bei Vätern in Ostdeutschland höher aus als bei Vätern in Westdeutschland«.

Geburtenrate

»94 Prozent der 16- bis 26-jährigen Frauen und 86 Prozent der Männer wünschen sich Kinder (…) Aber Leitbilder bestimmen unsere Prioritäten, und hier rangiert der Beruf eindeutig vor dem Kind: Nur 7 Prozent finden, dass Kinder die Voraussetzung für gesellschaftliche Anerkennung sind. Aber 29 Prozent sagen, dass dies der Beruf ist. Kinder kollidieren heutzutage oft mit beruflichen Interessen«, so in einer Publikation des zuständigen Bundesministeriums von 2005 unter dem Titel: Das subjektive Zeitfenster für die Elternschaft.

Seit etwa 1970 ist in Deutschland die Geburtenrate[3] <2, das heißt, dass die Elterngeneration nicht reproduziert wird. Bekannt und unbestritten ist auch, dass das biologisch optimale Alter der Frau für die Geburt des ersten Kindes zwischen 20 und 25 Jahren liegt, dennoch werden heute die ersten Kinder von Frauen geboren, die im statistischen Mittel 31 Jahre alt sind.

Das Thema ist also, obwohl ein zutiefst privates, mit einer Reihe von gesellschaftlichen Problemen belastet. Gleichzeitig ist es die Gesellschaft, die hohes Interesse an einer erstrebenswerten Geburtenrate – sie ist mit 2,1 definiert – hat. Wenn zu wenig Kinder geboren werden, stehen später zu wenig Arbeitskräfte zur Verfügung. Insofern sei eine kinderfreundliche Politik Standortfaktor für ein Land. Dieser plausible Zusammenhang veranlasst immer wieder Staatsoberhäupter (aktuell Macron, Putin), aber auch die UNO, den Baby-Mangel in sogenannten hochentwickelten Ländern zu beklagen. Dass auf Anreize (Kindergeld) überwiegend Arme und wenig Qualifizierte reagieren, gehört oft mit zu den Klagen.

Nach Untersuchungen des international arbeitenden Instituts GBD (Gesellschaft für biotechnologische Diagnostik) wird die globale Geburtenrate im Jahr 2050 einen Wert von 1,83 und im Jahr 2100 einen Wert von 1,59 erreichen. Gegenwärtig wirkt noch die hohe Rate in

3 Anzahl der Kinder pro Frau im gebärfähigen Alter.

vielen Ländern des Südens (v. a. in Afrika), so dass für 2020 ein Wert von 2,23 errechnet werden konnte. In naher Zukunft würden sich – so wird vermutet – die Länder im Norden um Zuwanderung konkurrieren.

In Deutschland liegt die Geburtenrate derzeit bei 1,4. Die Abbildung auf dieser Seite zeigt den Verlauf der Geburtenrate seit 1950, insofern auch die Ost-West-Unterschiede. Nach einer fast gleichen Entwicklung bis Anfang der 1970er Jahre wirkten in der DDR von da an die sogenannten sozialpolitischen Maßnahmen, die DDR-Familien zum Kinderkriegen (möglichst drei) ermuntern sollten. Es ging im Einzelnen um ein umfangreiches Wohnungsbauprogramm, um Erhöhung der Löhne und der Urlaubsansprüche, um Verkürzung der Arbeitszeiten für Mütter, später auch für Väter (analog zum monatlichen Haushaltstag) und andere Betreuungspersonen, um zinslose Kredite für junge Ehepaare, um den Ausbau der öffentlichen Kinderbetreuungseinrichtungen, um Verlängerung des Mutterschaftsurlaubs bis hin zum bezahlten Baby-Jahr.

Gleichzeitig wurde Anfang 1972 das Abtreibungsverbot, nach Ute Gerhard (1993) das »Kernstück der Frauenunterdrückung«, das seit 1950 galt, in der DDR aufgehoben. Abbruch einer Schwangerschaft war bis zur 12. Schwangerschaftswoche möglich, »wenn die Frau es will«, und wurde dem Erkrankungsfall gleichgesetzt, d. h. war für die Frau kostenlos.

Geburtenrate in Deutschland

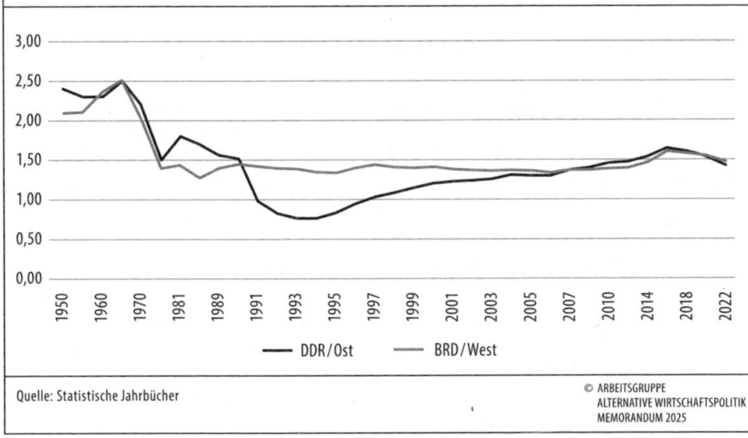

Quelle: Statistische Jahrbücher

© ARBEITSGRUPPE ALTERNATIVE WIRTSCHAFTSPOLITIK MEMORANDUM 2025

Auf der Grundlage von Kinderwunschbefragungen ist nachweisbar, dass DDR-Frauen zwar ihrem Staat den Wunsch nach dem dritten Kind nicht erfüllten, aber sie erfüllten sich ihre individuellen Kinderwünsche, und die lagen mehrheitlich bei zwei Kindern, in den letzten DDR-Jahren zunehmend auch bei nur einem Kind. »Bisher hat in der DDR der Kinderwunsch in etwa der Realisierungsquote entsprochen«, gab die Familienforscherin Jutta Gysi noch im Sommer 1989 zu Protokoll (Hannover 1993).

Dabei wünschten sich Akademikerinnen mehr Kinder als Arbeiterinnen – und bekamen sie auch, d. h. die sogenannte gewollte Kinderlosigkeit, vor allem bei hochqualifizierten Frauen, gab es in der DDR nicht, gibt es auch jetzt eher in West- als in Ostdeutschland. Nach Mikrozensus 2022 sind in den ostdeutschen Flächenländern 17 % der hoch gebildeten Frauen am Ende ihrer fertilen Phase kinderlos, in den westdeutschen Flächenländern 23 %, in den Stadtstaaten (abgesehen von Ost-Berlin auch westlich sozialisiert) 29 %. Und nach HDI-Befragungen von 2024 hat jede/r Fünfte in der Bundesrepublik, bei den 30- bis 34-Jährigen sogar jede/r Dritte den Kinderwunsch zurückgestellt, weil die Angebote an öffentlicher Kinderbetreuung mangelhaft sind.

Oben stehendes Diagramm zeigt darüber hinaus, dass junge ostdeutsche Frauen mit einem »Gebärstreik« auf den Beitritt der DDR reagierten. Die diesbezüglichen Fakten erregten auch international Aufsehen.

Familienformen und Scheidungsgeschehen

Überlegungen zu den Familienformen setzen eine Familiendefinition[4] voraus. Während noch Anfang des Jahrtausends Familie als eine Gemeinschaft mit starken Bindungen definiert wurde, in der mehrere Generationen dauerhaft füreinander sorgen (also die Alten für die

4 Im AfD-Grundsatzprogramm von 2016 ist zu diesem Thema zu lesen: »Die zunehmende Übernahme der Erziehungsaufgabe durch staatliche Institutionen wie Krippen und Ganztagsschulen, die Umsetzung des ›Gender-Mainstreaming‹-Projekts und die generelle Betonung der Individualität untergraben die Familie als wertegebende gesellschaftliche Grundeinheit (…) In der Familie sorgen Mutter und Vater in dauerhafter gemeinsamer Verantwortung für ihre Kinder.«

Familienformen im Ost-West-Vergleich (in %)

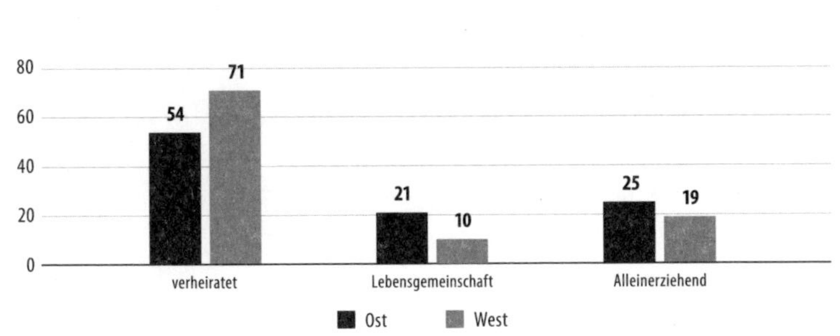

Quelle: Familienreport 2024

© ARBEITSGRUPPE
ALTERNATIVE WIRTSCHAFTSPOLITIK
MEMORANDUM 2025

Jungen genauso wie die Jungen für die Alten), steht im Familienreport 2024: »Familie ist dort, wo Menschen langfristig Verantwortung füreinander übernehmen.« Diese Definition ähnelt der, die in der späten DDR üblich war. Als Familie galten alle Formen menschlichen unmittelbaren Zusammenlebens.

Die Ost-West-Unterschiede in den Familienformen beschreibt der Erste Gleichstellungsbericht von 2011 so: »Während in der Bundesrepublik die auf Rollenteilung basierende Ehe und die eheliche Familie das Leitbild blieben, etablierte die DDR einen ›historisch neuen Familientyp‹ (Coester 1983) und richtete den weiblichen Lebensverlauf am Leitbild der ›werktätigen Mutter‹ aus.« Tatsächlich gab es in der DDR die eheliche Familie seltener und uneheliche Lebensgemeinschaften sowie das Alleinerziehen häufiger als im anderen deutschen Staat, ein Fakt, der mitunter als mit dem (historisch entstandenen) geringeren Einfluss der (katholischen) Kirche im Zusammenhang gesehen wird. Oben stehende Abbildung zeigt, dass sich daran nicht viel geändert hat.

Dass es im Osten mehr uneheliche Kinder gab und bis heute gibt, ist eine Folge dieser anderen Familienformen. Nach dem iwd-Informationsdienst hatten 2021 in Sachsen-Anhalt 56,7 % und in Baden-Württemberg 23,8 % der Lebendgeborenen nichtverheiratete Eltern. Die Zahlen der anderen Länder bewegen sich dazwischen.

Zusammengefasste Ehescheidungsziffer im Ost-West-Vergleich

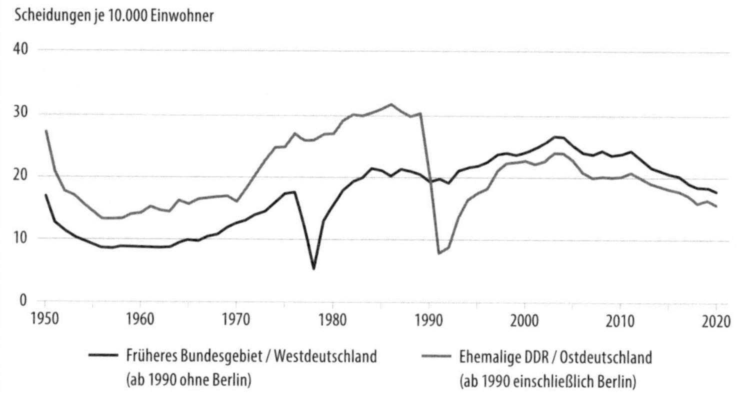

Quelle: Bundesinstitut für Bevölkerungsforschung 2020

© ARBEITSGRUPPE ALTERNATIVE WIRTSCHAFTSPOLITIK MEMORANDUM 2025

Gleichzeitig zeigt die oben stehende Grafik, dass Ehescheidungen in der DDR häufiger vorkamen als im Westen, vor allem seit den 1970er Jahren. Die US-Journalistin Stefanie O'Connell Rodriguez, die das Scheidungsgeschehen in vielen Länder untersucht hat, veröffentliche Ende 2022 eine Studie, nach der weltweit »der Stress-Level in Partnerschaften steigt, sobald Frauen mehr als 40 Prozent zum Haushaltseinkommen beitragen«. Kleinere »Zuverdienste« sind offensichtlich willkommen, weil sie die kulturelle Norm nicht in Frage stellen. Gut möglich, dass Anfang der 1970er Jahre in der DDR diese 40-Prozent-Marke erreicht war, denn nach DIW-Untersuchungen von 1996 trugen DDR-Frauen 1989 47 % zum Haushaltseinkommen bei, westdeutsche Frauen zum damaligen Zeitpunkt 18 %.

Die tiefen Einschnitte Ende der 1970er Jahre in Westdeutschland und nach 1990 in Ostdeutschland sind jeweils bürokratisch-juristischen Veränderungen geschuldet. Die Gerichte waren kurze Zeit nicht arbeitsfähig, weil neue Gesetze zu berücksichtigen waren. Zu beachten ist bei der Wertung dieser Grafik auch, dass in der DDR bereits 1955 das Schuldprinzip durch das Zerrüttungsprinzip ersetzt wurde, in der

BRD erst 1976. Dass nach 1990 die östlichen Scheidungsraten unter den westlichen liegen, wird mit dem geringeren Maß an Eheschließungen im Osten begründet.

Wie Ehescheidungen bzw. die lebenslängliche Ehe zu bewerten sind, welche Familienformen dem derzeitigen partnerschaftlichen Anspruch am besten entsprechen, solche Fragen sollten viel öfter öffentlich diskutiert werden, auch unter dem Gesichtspunkt, dass es mehrheitlich Frauen sind, die Scheidungen beantragen; vor allem aber unter dem Gesichtspunkt des Kindeswohls. Ausgangspunkt könnte die zentrale These des Revolutionsforschers Reinhart Koselleck (2000) sein: »Mag die Geschichte – kurzfristig – von den Siegern gemacht werden, die historischen Erkenntnisgewinne stammen – langfristig – von den Besiegten«.

Ein Fazit?

Das sozialistische Patriarchat hat Spuren im kapitalistischen hinterlassen. Diese sollten allerdings nicht nur mit den neutralen Kategorien »rückständig« und »modern« beschrieben werden, denn das, was nach dem Beitritt der DDR als erhaltenswert galt, bediente Kapitalinteressen (etwa die weibliche Berufstätigkeit). Dort, wo dieses unmittelbare Interesse fehlt – etwa bei der Abschaffung des § 218 – ist eine Anpassung rückständiger Westgesetze an ehemalige, aber diesbezüglich modernere Ostgesetze (bisher) nicht in Sicht.

Literatur/Quellen

Autorenkollektiv unter Leitung von Barbara Bertram (1989): Typisch weiblich – typisch männlich? Wissenschaftlicher Rat für soziologische Forschung (Hg.), Berlin.

Bebel, August (1954): Die Frau und der Sozialismus (1879), Berlin.

Diewald, Martin (1997): Aufbruch oder Entmutigung? Kompetenzentfaltung, Kompetenzentwertung und subjektive Kontrolle in den neuen Bundesländern. Arbeitsbericht 5/1997 aus dem Projekt ›Ostdeutsche Lebensverläufe im Transformationsprozess‹. Max-Planck-Institut für Bildungsforschung, Berlin.

Faulstich-Wieland, Hannelore / Horstkemper, Marianne / Tillmann, Klaus-Jürgen / Weißbach, Barbara (1984): Erfolgreich in der Schule – diskriminiert im

Beruf. Geschlechtsspezifische Ungleichheiten bei der Berufseinmündung, in: Jahrbuch der Schulentwicklung 1984, Band 3, S. 117-143.

Friese, Marianne (1995): Modernisierungsfallen im historischen Prozess. Zur Entwicklung der Frauenerwerbsarbeit in einem gewandelten Europa, in: Berliner Journal für Soziologie 2/95.

Geißler, Rainer (2014): Ungleichheiten zwischen Frauen und Männern, in: Informationen zur politischen Bildung (Bundeszentrale für politische Bildung), Nr. 324/2014, Sozialer Wandel in Deutschland, S. 64-73.

Gerhard, Ute (1993): Es geht um Herrschaft, in: Wir Frauen. Frauenkalender, Köln.

Hannover, Irmela (1993): Der Kinderwunsch. »Geburtenregulierung« im Sozialismus, in: »Unter anderen Umständen. Zur Geschichte der Abtreibung«. Deutsches Hygienemuseum Dresden, Berlin, S. 96-103.

Hervé, Florence (Hg.) (2008): Clara Zetkin oder: Dort kämpfen, wo das Leben ist, Berlin.

Kaufmann, Franz Xaver (1990): Zukunft der Familie, Stabilität, Stabilitätsrisiken und Wandel der familialen Lebensformen sowie ihre gesellschaftlichen und politischen Bedingungen, München.

Koselleck, Reinhart (2000): Zeitschichten. Studien zur Historik, Frankfurt/M.

Leitner, Sigrid (2017): De-Familisierung im Adult-Worker-Model: Wo bleibt die Sorgearbeit?, in: Widersprüche. Zeitschrift für sozialistische Politik im Bildungs-, Gesundheits- und Sozialbereich, 37(144), S. 55-66.

Lerner, Gerda (1991): Die Entstehung des Patriarchats (1986), aus dem Englischen von Walmor Möller-Falkenberg, Frankfurt a. M./New York.

Schaik, Carel van / Michel, Kai (2020): Die Wahrheit über Eva. Die Erfindung der Ungleichheit von Frauen und Männern, Hamburg.

Schaik, Carel van / Michel, Kai / Mellner, Harald (2024): Die Evolution der Gewalt, München.

Schröter, Ursula / Ullrich, Renate (2005): Patriarchat im Sozialismus? Nachträgliche Entdeckungen in Forschungsergebnissen aus der DDR, Rosa-Luxemburg-Stiftung, Texte 24, Berlin.

Schulz, Florian (2013): Häusliche Arbeitsteilung im Eheverlauf, in: Online-Familienhandbuch/Vereinbarkeit zwischen Familie und Beruf.

Wiethold, Franziska (2015): Alternative Wirtschaftspolitik und die Geschlechterfrage – ein schwieriges Verhältnis?, in: Wilfried Kurtzke / Gunter Quaißer (Hg.): Alternative Wirtschaftspolitik – Tro(o)st in Theorie und Praxis, Marburg, S. 91-98.

Wingens, Matthias (1999): Der »gelernte DDR-Bürger«: Biographischer Modernisierungsrückstand als Transformationsblockade? Planwirtschaftliche Semantik, Gesellschaftsstruktur und Biographie, in: Soziale Welt 50 (1999), Heft 3, S. 255-280.

9 Gesundheitspolitik

9.1 Fragestellung

Im Verständnis der *Arbeitsgruppe Alternative Wirtschaftspolitik* zählen neben der Gesundheitspolitik im engeren Sinne auch die Finanz-, Wirtschafts-, Sozial-, Arbeitsmarkt-, Bildungs-, Verkehrs- und Wohnungspolitik sowie weitere Politikbereiche zu den Handlungsfeldern eines Gesundheitssystems. Insofern unterstützt die *Arbeitsgruppe Alternative Wirtschaftspolitik* auch den Public-Health Ansatz von »Health in all Policies« der WHO[1]. Dies ist insofern von großer Bedeutung, da sich in entwickelten Wohlfahrtsstaaten die Medizinsysteme seit langem auf die Bearbeitung von Krankheiten fokussiert haben, während die Bearbeitung der Ursachen der Entstehung von Krankheiten mehrheitlich Aufgabe anderer gesellschaftlicher Teilbereiche ist.

Eindrücklich belegt der aktuelle Sozialbericht für Deutschland die in der Abbildung auf Scite 310 veranschaulichten Zusammenhänge eines primär kompensatorischen Charakters medizinischer Versorgungssysteme: Die gesundheitliche Lage der Bevölkerung in Deutschland bzw. deren Gesundheitschancen sind äußerst ungleich verteilt und diese Ungleichverteilung nimmt tendenziell eher zu als ab. Kurzgefasst kann man für eines der reichsten Länder der Erde konstatieren, dass (relative) Armut weiterhin krank macht und das Leben erheblich verkürzt. Die sozioökonomische Lage beeinflusst maßgeblich von Geburt an die Lebenserwartung und die lebensbegleitenden Krankheitslasten der Individuen (Destatis/WZB/BiB 2024, S. 314ff.). Dieses Phänomen existiert weltweit, so dass die *Arbeitsgruppe Alternative Wirtschaftspolitik*

1 Health in All Policies (HiAP) ist eine von der Weltgesundheitsorganisation (WHO) in der Helsinki-Erklärung 2013 eingeführte Strategie, ressort- sowie politikfeldübergreifende Zusammenarbeit als gesamtgesellschaftliche Aufgabe zu verfolgen. Während es auf internationaler Ebene bereits seit Jahrzehnten verschiedene etablierte Umsetzungen gibt, bewegt sich Deutschland erst seit einigen Jahren und langsam in diese Richtung (Köckler/Geene 2022).

Gesundheit und Gesundheitssystem

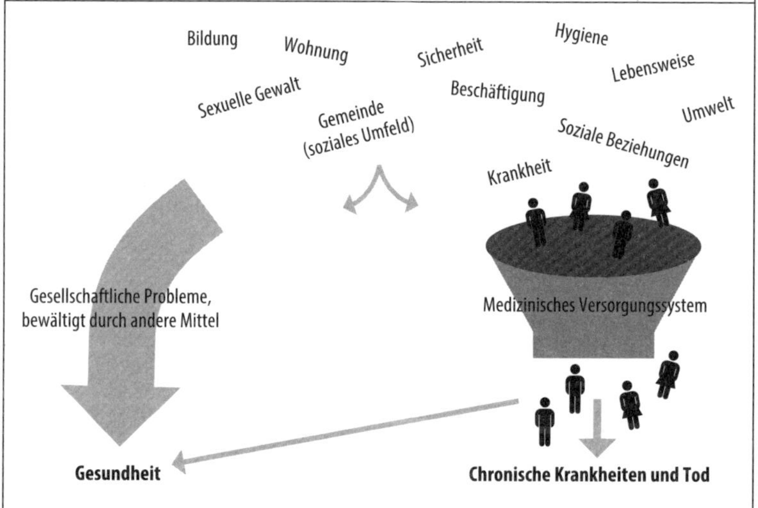

Quelle: Kühn/Klinke (2008: 173), Grafik in Anlehnung an Hurowitz (1993)

© ARBEITSGRUPPE ALTERNATIVE WIRTSCHAFTSPOLITIK MEMORANDUM 2025

überzeugt ist, dass der der Zusammenhang zwischen Einkommen und Gesundheit tendenziell eher durch den Abbau vertikaler Schichtung (Stratifizierung) als durch bessere Gesundheitspolitiken zu durchbrechen ist.

Dies im Hinterkopf, fokussiert der folgende Beitrag das Handlungsfeld Gesundheitspolitik im engeren Sinne (vgl. Abbildung auf S. 311): die Gesamtheit der Organisationen, Einrichtungen und Ressourcen, deren primärer Auftrag darin besteht, die Gesundheit von Individuen und der Bevölkerung zu verbessern, zu erhalten oder wiederherzustellen (Gerlinger 2024b).

50 Jahre Memoranden, 50 Jahre Gesundheitsreformen – viele Jahre, in denen Gesundheitspolitik tendenziell eher fiskalpolitische und ordnungspolitische Ziele verfolgt, als qualitative Verbesserungen der Versorgung der Bevölkerung mit Gesundheitsleistungen anzustreben. Von daher ist es für die *Arbeitsgruppe Alternative Wirtschaftspolitik*

Die Grundstruktur des deutschen Gesundheitssystems

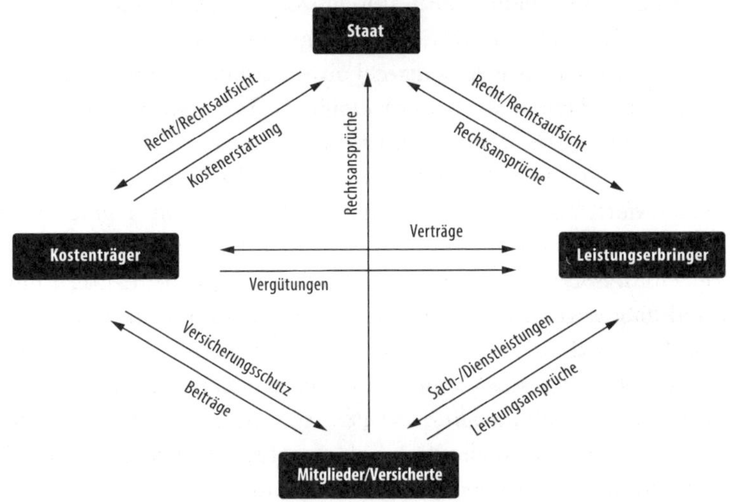

Quelle: Simon (2021a:91)

© ARBEITSGRUPPE
ALTERNATIVE WIRTSCHAFTSPOLITIK
MEMORANDUM 2025

Zeit zu fragen, wohin das bundesdeutsche Gesundheitssystem sich entwickelt und welche Spuren das neoliberale Projekt in seinen Strukturen hinterlassen hat. Aktuellen Anlass bietet darüber hinaus auch die Ende 2024 in Kraft getretene Gesundheitsreform: Was verspricht die Krankenhausstrukturreform und was wird sie absehbar für die Gesundheitsversorgung bedeuten?

9.2 Entwicklung der Gesundheitspolitik

Nach dem Ende der gesundheitspolitisch gewollten expansiven Phase in den 1960er und insbesondere in den 70er Jahren befindet sich das bundesdeutsche Gesundheitssystem spätestens seit Anfang der 80er Jahre im Spannungsfeld konfligierender wirtschafts- und gesundheitspolitischer Ziele. Die zahlreichen Gesundheitsreformen fokussieren seitdem primär die Ausgabendimension von Gesundheitspolitik, während genuin gesundheitspolitische Ziele, wie die Gewährleistung einer qualitativ hochwertigen bedarfsgerechten Versorgung der Bevölkerung mit Gesundheitsleistungen – im Sinne eines Abbaus von Über-, Unter- und Fehlversorgung (SVRKAiG 2002) –, in den Hintergrund getreten sind (vgl. z. B. Braun/Buhr/Klinke/Müller et al. 2010, S. 57ff.).

9.2.1 Rationalisierung vor Rationierung[2]

Als sich unter einflussreichen Gesundheitspolitikern der alten Bundesrepublik parteiübergreifend ein strategischer Konsens herausgebildet hatte, dass dem Sozialstaat im Allgemeinen und dem Gesundheitssystem im Besonderen eine unerwünschte und schwer steuerbare Wachstumsdynamik inhärent sei, der man Einhalt gebieten wolle, wurde 1977 die Konzertierte Aktion im Gesundheitswesen (KAiG) begründet. Deren Mitglieder beschlossen 1985, einen wissenschaftlichen Sachverständigenrat (SVRKAiG[3]) einzusetzen, der mittels Gutachten- und Sondergutachten die KAiG in ihrer Tätigkeit beraten sollte. Im richtungsweisenden Gutachten 2000/01 konsentierte der SVRKAiG den kleinsten gemeinsamen Nenner künftiger Gesundheitspolitik: Rationalisierung vor Rationierung. Konstatiert wurde eine Parallelität von Über-, Unter- und Fehlversorgung, deren schrittweise Beseitigung durch eine zielgenauere, am medizinisch Notwendigen orientierte Versorgung, genügend Wirtschaftlichkeitsreserven heben könne, um eine Einhaltung der exogenen fiskalpolitischen Ziele

2 »Rationalisierung vor Rationierung« markiert seit 2001 den kleinsten gemeinsame Nenner aller relevanten gesundheitspolitischen Akteure: Das Ziel der Dämpfung von Kostensteigerungen soll zunächst durch Steigerungen von Effektivität und Effizienz (-> Rationalisierung) in der Versorgung mit Gesundheitsleistungen erreicht werden, bevor zum Mittel der Vorenthaltung und Begrenzung von medizinisch sinnvollen Leistungen (-> Rationierung) gegriffen wird.

3 Nach dem Ende der KAiG wurde der SVRKAiG 2004 in »Sachverständigenrat zur Begutachtung der Entwicklung im Gesundheitswesen« (SVR-G) umbenannt und berät seitdem den/die Bundesgesundheitsminister*in.

(Grundsatz der Beitragssatzstabilität) mittel- bis langfristig gewährleisten zu können.

Weitgehend unberücksichtigt blieb dabei der Sachverhalt, dass Gesundheitsleistungen mehrheitlich personale Dienstleistungen[4] sind und daher weniger als andere berufliche Tätigkeiten rationalisierbar. Produktivitätsfortschritte personaler Dienstleistungen können mit dem herkömmlichen Instrumentarium der VWL nicht sinnvoll gemessen werden. Denn insbesondere die Qualität einer personalen Dienstleistung reagiert hochgradig elastisch auf die Verknappung des Ressourceneinsatzes und ist gleichzeitig schwer messbar.[5]

Medizinische und pflegerische Versorgung ist primär Arbeitszeit (im Krankenhaus z. B. ca. 70 Prozent). Daher muss im Falle eines Wachstums tendenziell auch ein wachsender Teil der gesellschaftlichen Arbeitszeit für derartige Tätigkeiten aufgewendet werden. Unter sonst gleichen Umständen (z. B. bei synchroner Einkommensentwicklung in allen Wirtschaftszweigen) führt dies notwendig zu einem Anstieg des Anteils der Gesundheitsausgaben am BIP. Weitere Faktoren, wie der medizinische Fortschritt oder der demografische Wandel, verstärken diesen Trend (Gerlinger 2024b). Insofern fordert die *Arbeitsgruppe Alternative Wirtschaftspolitik* seit langem eine Stärkung der Einnahmeseite, wie z. B. durch Überleitung der privaten Krankenversicherung

4 Abgesehen primär vom Arzneimittelsektor, der ca. 17 % der Leistungsausgaben der gesetzlichen Krankenversicherung (GKV) beansprucht und hochgradig industrialisierbar ist.

5 Der medizinische und pflegerische Dienstleistungsprozess im Krankenhaus entscheidet über die Qualität der Versorgung, weil die Versorgung der Patient*innen aus dieser Arbeit resultiert. Dabei ist das Ergebnis dieser Arbeit nicht mit Produkten materieller Natur vergleichbar. Vielmehr kennzeichnet es die medizinischen und pflegerischen Dienstleistungen, dass Produktionstätigkeit und Konsumtion zugleich in einem Prozess (»uno actu«) erfolgen. Dieser Prozess ist weitgehend intransparent, da es sich um ein Laien-Experten-Verhältnis handelt, wobei die Laien noch dazu tendenziell weder physisch noch psychisch in der Lage sind, eine Kontrollfunktion wahrzunehmen. Setzt man Ärzt*innen oder Pflegekräfte unter (Zeit-)Druck, ihre Leistungen günstiger zu erbringen, sind Verschlechterungen der Versorgungsqualität daher wahrscheinlich aber schwer messbar (Braun/Buhr/Klinke/Müller et al. 2010, S. 262f.).

(PKV) in die gesetzliche Krankenversicherung (GKV), eine vollständige Überführung der Beamt*innen in die GKV (vgl. Abschnitt 9.2.3) und eine Streichung des Grundsatzes der Beitragssatzstabilität aus dem Sozialgesetzbuch SGB V, um eine schleichende Erosion der Gesundheitsversorgung zu verhindern.

Derzeit setzt die sich abzeichnende Rezession den Beitragssatz unter Druck: Die Expert*innen des sogenannten Schätzerkreises[6] haben für 2025 eine rechnerisch nötige Erhöhung des Zusatzbeitragssatzes um 0,8 Punkte auf 2,5 Prozent vom beitragspflichtigen Einkommen ermittelt. Alle gesetzlich Versicherten zahlen gegenwärtig den festen Beitragssatz von 14,6 Prozent, bei Pflichtversicherten jeweils zur Hälfte getragen von Arbeitgebern*innen und Beschäftigten.

9.2.2 Quo vadis GKV-Finanzierung?

Im Jahr 2022 wurden in Deutschland 498 Milliarden Euro oder 5.939 Euro je Einwohner*in für gesundheitsbezogene Waren und Dienstleistungen ausgegeben (Destatis 2024a). Diese Summe repräsentiert 12,6 Prozent des Bruttoinlandsprodukts (BIP). Gemäß den Berechnungen der OECD steht Deutschland damit weltweit hinter den USA an zweiter Stelle (OECD 2024).

Von diesen Gesundheitsausgaben wurden 2022 289 Milliarden Euro bzw. 53 % über die GKV finanziert. 274 Milliarden Euro davon waren Leistungsausgaben. Die Sozialversicherungsträger insgesamt trugen gut zwei Drittel aller Ausgaben für Gesundheit. Auf die private Krankenversicherung einschließlich der Pflege-Pflichtversicherung entfielen 7,7 Prozent (Gerlinger 2024b). Pro Versicherten wurden von der GKV Leistungsausgaben in Höhe von rund 3.922 Euro vergütet (BMG 2024c).

Für Krankenhausbehandlungen wurden in 2022 von der GKV 88 Milliarden Euro (32,1 %) gezahlt. Die Arzneimittelversorgung (49

6 Im Schätzerkreis sitzen Fachleute des Bundesgesundheitsministeriums, des Bundesamts für Soziale Sicherung (BAS) und des Spitzenverbands der gesetzlichen Krankenkassen (GKV-Spitzenverband).

Länder mit dem höchsten Gesundheitsausgabenanteil am BIP

(in Prozent)

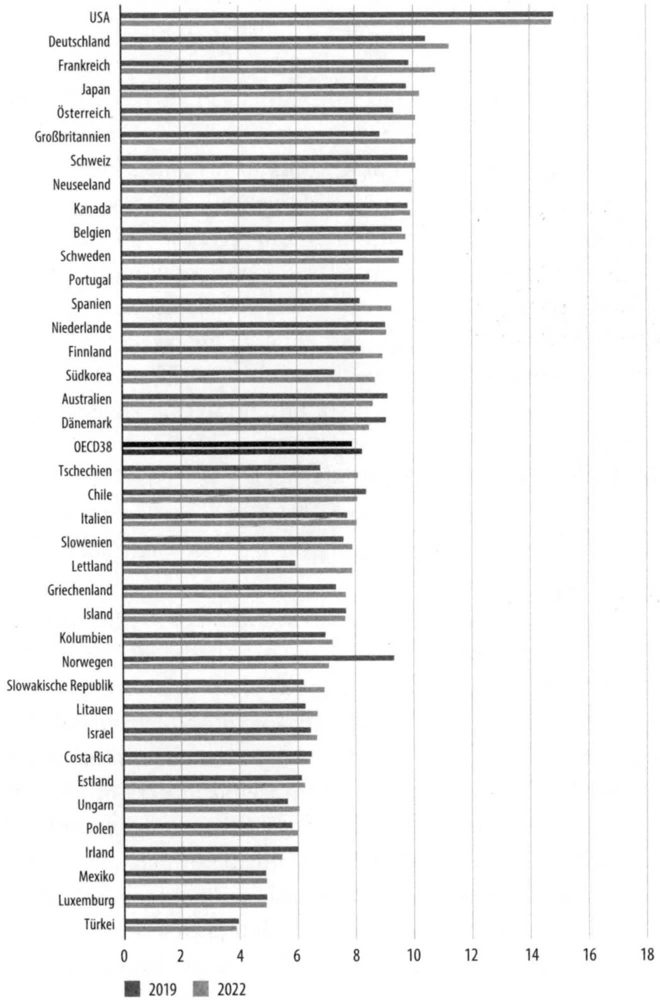

Quelle: OECD (2024)

© ARBEITSGRUPPE
ALTERNATIVE WIRTSCHAFTSPOLITIK
MEMORANDUM 2025

Ausgaben der gesetzlichen Krankenversicherung nach Leistungsarten

in Milliarden Euro und Prozent

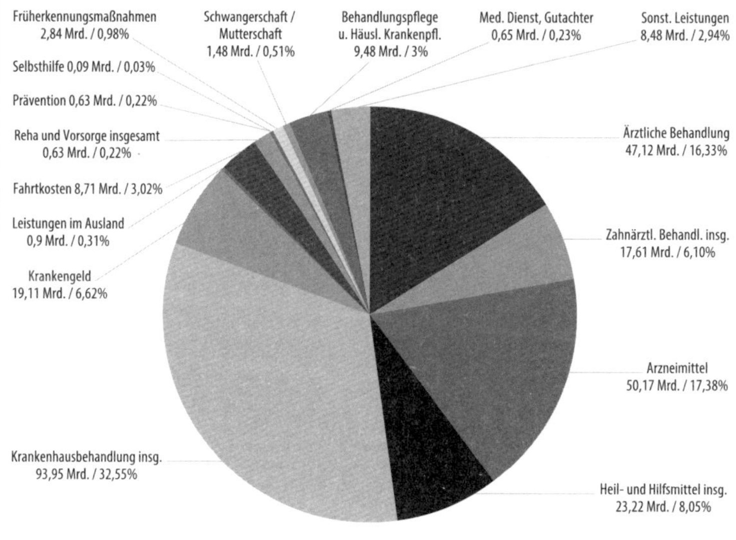

Quelle: Bundesministerium für Gesundheit 2024c
Grafik: eigene Darstellung

© ARBEITSGRUPPE
ALTERNATIVE WIRTSCHAFTSPOLITIK
MEMORANDUM 2025

Milliarden Euro bzw. 17,8 %) und die ambulante ärztliche Behandlung (46 Milliarden Euro bzw. 16,8 %) machten jeweils gut ein Sechstel der Leistungsausgaben aus. Demgegenüber waren die Bereiche »Prävention« und »Selbsthilfe« mit zusammen 0,67 Milliarden Euro (0,2 %) fast bedeutungslos (BMG 2024c).

2023 stiegen die Ausgaben der GKV insgesamt um 6,1 Prozent auf 306 Milliarden Euro. Nach Angaben des Gesundheitsministeriums lagen die Ausgaben der Kassen im 1. bis 3. Quartal 2024 um 7,5 Prozent höher als im Vergleich zum Vorjahreszeitraum (BMG 2024b).

Insgesamt wird 2025 ein weiteres Wachstum der Ausgaben bei gleichzeitig tendenziell sinkenden Beitragseinnahmen erwartet, weshalb ohne strukturelle Reformen – entweder auf der Ausgabenseite oder der Einnahmeseite – eine Erhöhung des Zusatzbeitragssatzes unabwendbar ist.

9.2.3 Bürgerversicherung

Nachdem Deutschland einer der letzten Staaten in Europa ist, der sich mit GKV und PKV ein duales Versicherungssystem leistet, ist es aus Sicht der *Arbeitsgruppe Alternative Wirtschaftspolitik* höchste Zeit, eine Bürgerversicherung einzuführen und so die Gerechtigkeitsdefizite der derzeitigen Finanzierung zu verringern. Gerechtigkeitsdefizite bestehen u. a. darin, dass privat Krankenversicherte sich nicht am Solidarausgleich in der gesetzlichen Krankenversicherung beteiligen, obwohl ihr Durchschnittseinkommen deutlich höher ist als das von gesetzlich Versicherten (Rothgang/Domhoff 2017).

Zwischen der gesetzlichen Krankenversicherung (GKV) und der privaten Krankenversicherung (PKV) kommt es zu einer Risikoselektion, die zulasten der GKV geht. Zudem führt die Beitragsbemessungsgrenze in der GKV zu einer Benachteiligung der Pflichtversicherten im Vergleich zu Besserverdienenden, da bei letzteren das Einkommen oberhalb dieser Grenze (in 2025: 5.512,50 Euro monatlich) beitragsfrei bleibt. Unsolidarisch ist außerdem die Beitragsberechnung für abhängig Beschäftigte in der GKV insofern, als ausschließlich Beiträge auf die Bruttoeinkommen aus abhängiger Beschäftigung berechnet werden und daher bei Mitgliedern mit zusätzlichen Einkommensarten wie Mieteinnahmen oder Kapitalerträgen, diese unberücksichtigt bleiben. Bei den Versicherten mit solchen zusätzlichen Einkünften werden also nur Teile ihres Gesamteinkommens zur Beitragsberechnung herangezogen (letzteres gilt ausdrücklich nicht für freiwillig Versicherte; vgl. Rosenbrock/Gerlinger 2023).

Konzepte für eine Bürgerversicherung basieren auf zwei zentralen Elementen: 1. Die gesamte Bevölkerung würde unter einheitlichen Bedingungen in einer gemeinsamen Krankenversicherung vereint. Dadurch entfielen sowohl die Versicherungspflichtgrenze für höherverdienende Angestellte als auch die Sonderregelungen, die Beamt*innen und Selbstständigen den Zugang zur privaten Krankenversicherung ermöglichen. 2. Zur Finanzierung der Krankenversicherung sollen neben Einkünften aus abhängiger Beschäftigung auch andere Einkommensarten herangezogen werden. Besonders in Kombination mit einer Anhebung oder Abschaffung der Beitragsbemessungsgrenze könnte eine Bürgerversicherung die prozentualen Krankenversicherungssätze deutlich senken. Die genauen finanziellen Auswirkungen hängen jedoch von der spezifischen Ausgestaltung einer solchen Versicherung ab (Rosenbrock/Gerlinger 2023).

9.2.4 Public Health

Alle Gesundheitssysteme entwickelter Wohlfahrtsstaaten sind im Kern Krankenversorgungssysteme. D. h. es geht primär um die kollektive Organisation der Krankenbehandlung. Pointiert gesagt, wird nicht das kollektive Risiko krank zu werden bearbeitet, sondern bei realisiertem Risiko werden die gesundheitlichen und finanziellen Folgen einer Erkrankung gelindert.

Andererseits ist es selbst in reichen Gesellschaften und gerade auch in Deutschland so, dass Unterschiede in den Lebensbedingungen für ungleiche Gesundheitschancen sorgen. Dieser Sachverhalt verweist auf die potenziell herausragende Rolle von Gesundheitsförderung und Prävention für die Herstellung gesundheitlicher Chancengleichheit (Gerlinger 2024a, S. 163).

Die Reduzierung gesundheitlicher Chancenungleichheit hat als Thema der Gesundheitspolitik in den letzten Jahren eine Aufwertung erfahren. Allerdings existiert ein Widerspruch zwischen Präventionsrhetorik und Präventionsrealität (Gerlinger 2024a).

Insgesamt spielt das Ziel der Verbesserung gesundheitlicher Chancengleichheit eine noch viel zu geringe Rolle, wie z. B. der mit 0,3 Prozent viel zu geringe Anteil der Ausgaben für Prävention und Selbsthilfe (vgl. Abbildung auf S. 316) belegt. Das Grundproblem präventiver Gesundheitspolitik besteht darüber hinaus im sozialen Präventionsparadox. Damit ist u. a. gemeint, dass Präventionsangebote primär diejenigen Bevölkerungsschichten erreichen, die ökonomisch am wenigsten auf diese angewiesen sind und den geringsten gesundheitlichen Zusatznutzen erfahren, da ihr Gesundheitszustand überdurchschnittlich gut ist. Deshalb schließt sich die *Arbeitsgruppe Alternative Wirtschaftspolitik* auch dem Grundsatz an, das gelingende soziale gesundheitliche Präventionspolitik primär Verhältnisprävention[7] bedeutet und nur nachgeordnet Verhaltensprävention[8] sein kann (Rosenbrock 2004).

Die *Arbeitsgruppe Alternative Wirtschaftspolitik* fordert in diesem Kontext eine Stärkung des öffentlichen Gesundheitsdienstes und den Wiederaufbau einer wirksamen staatlichen Aufsicht im Bereich des betrieblichen Arbeitsschutzes, um so die Gleichheit von Gesundheitschancen in der Lebens- und Arbeitswelt zu fördern.

9.3 Krankenhausreform

Das Bundesministerium für Gesundheit (BMG) prognostiziert ab 2025 die ungeordnete Schließung zahlreicher Kliniken, insbesondere kleinerer Häuser der Grundversorgung in der Fläche. Grund seien der Investitionskostenstau und die mangelhafte Refinanzierung der Leistungen durch das DRG-System[9]: Die Ausgaben für Krankenhausbehandlungen seien in den ersten sechs Monaten in 2024 um 3,6 Milliarden Euro gestiegen und stellten damit einen maßgeblichen Treiber der zunehmenden Ausgabendynamik dar, hieß es im September 2024 vom Bundesministerium für Gesundheit. Außerdem seien die Ausgaben für Arzneimittel im ersten Halbjahr 2024 um 10 Prozent (2,5 Milliarden Euro) gestiegen.

7 Verhältnisprävention bedeutet äußere Bedingungen so zu gestalten, dass Gesundheit gefördert und Krankheit verhindert wird. Beispiele: Verbesserung der Bedingungen am Arbeitsplatz, des Wohnens oder der gesellschaftlichen Teilhabe.

8 Verhaltensprävention zielt darauf ab, das individuelle Verhalten zur Gesundheitsförderung anzupassen. Beispiele: Ernährung, Sexualität, Sport.

9 Diagnosis Related Groups (DRG; deutsch: Diagnosebezogene Fallgruppen) bezeichnen ein Klassifikationssystem für ein pauschaliertes Abrechnungsverfahren, mit dem Krankenhausfälle (Patienten) anhand von medizinischen Daten Fallgruppen zugeordnet werden.

Daraus leitet das Bundesministerium für Gesundheit dringenden Handlungsbedarf für eine Strukturreform des stationären Sektors ab, um die Kliniklandschaft neu ordnen zu können (dpa 2024). Besonders in urbanen Räumen sollen Standorte verschwinden und »Kapazitäten zur Qualitätssteigerung gebündelt« werden.

9.3.1 Struktur der akutstationären Versorgung

Aufgrund der Struktur des Gesundheitssystems besitzt der stationäre Sektor die spezifische Rolle einer letztzuständigen Institution[10], die neben einer hohen finanziellen Bedeutung (vgl. nochmals Abbildung auf S. 316) seine hohe Bedeutung für eine bedarfsdeckende, qualitativ hochwertige Versorgung in Deutschland begründet. Seit längerem vollzieht sich in diesem Sektor ein grundlegender Wandel, der strukturell vor allem drei Dimensionen betrifft:

- Rückgang der Bettenzahl und der durchschnittlichen Verweildauer
- Anstieg der Behandlungsfallzahlen
- fortschreitende Privatisierung der Träger

Im Jahr 2023 wurden in deutschen Krankenhäusern ca. 477.000 Betten gezählt, während es 1991 noch knapp 666.000 waren. Im gleichen Zeitraum sind die Zahl der Krankenhäuser (von 2.411 auf 1.874) und die durchschnittliche Verweildauer je Behandlungsfall (von 14,0 auf 7,2 Tage) deutlich zurückgegangen. Gleichzeitig stieg die Zahl der stationären Behandlungsfälle von rund 14,6 Millionen auf rund 17,2 Millionen. Vor Ausbruch der Corona-Pandemie, im Jahr 2019, war die Zahl der stationären Behandlungsfälle mit 19,4 Millionen sogar noch deutlicher höher (vgl. Tabelle auf S. 322).

Waren 1991 erst 14,8 Prozent aller Krankenhäuser in privater Trägerschaft, so stieg dieser Anteil bis 2023 auf 40,0 Prozent. Dabei hat das Gewicht von großen Kapitalgesellschaften, vor allem von

---

10 Was die Sozialhilfe bzw. das Bürgergeld im Bereich ökonomischer Überlebenssicherung ist, ist das Krankenhaus im Bereich der Gesundheit: Wird hier das Niveau des Leistungsanspruches gesenkt, gibt es für die Betroffenen keine Möglichkeit, sich an eine übergeordnete Institution zu wenden, um die Nichterbringung einer Leistung zu kompensieren.

Aktiengesellschaften deutlich zugenommen. Der Anteil öffentlicher Häuser ging in diesem Zeitraum von 46,0 auf 28,5 Prozent zurück. Allerdings ist der Anteil der in öffentlicher Trägerschaft aufgestellten Krankenhausbetten im Jahr 2023 mit 46,9 Prozent weiterhin hoch; der von privaten Trägern liegt demgegenüber bei nur 20,6 Prozent (Destatis 2024b).

9.3.2 Finanzierung der Krankenhäuser

Im Jahr 2022 wurden für die Krankenhausversorgung insgesamt 120 Milliarden Euro ausgegeben, von denen allein 88,1 Milliarden Euro auf die gesetzliche Krankenversicherung (GKV) entfielen. Dies entspricht einem Anteil von 24,1 Prozent an den gesamten Gesundheitsausgaben bzw. von 30,5 Prozent der GKV-Gesamtausgaben (Destatis 2023; BMG 2024c).

Zugleich ist das Krankenhaus ein bedeutender Beschäftigungsfaktor. Ende 2023 war es Arbeitsplatz für 1,4 Millionen Menschen. Umgerechnet auf Vollzeitäquivalente waren dies rund 987.000 Stellen im Jahresdurchschnitt. Darunter waren über 177.000 Vollkräfte im ärztlichen Dienst und gut 810.000 im nichtärztlichen Dienst (Destatis 2024b).

9.3.3 DRG-Fallpauschalen

Die sicherlich gravierendste Veränderung in der Krankenhauspolitik der vergangenen Jahrzehnte war die Umstellung der Vergütung auf diagnosebezogene Fallpauschalen (Diagnosis Related Groups – DRGs). Im DRG-System richtet sich die Höhe der Vergütung nach der Hauptdiagnose und dem Schweregrad der Erkrankung der Patient*innen. Diese wird mit Hilfe eines Patientenklassifikationssystems erfasst (kodiert). Ergänzend werden die durchgeführten Eingriffe und therapeutischen Maßnahmen nach einem Operationen- und Prozedurenschlüssel (OPS) erfasst. Dabei werden einem Krankenhaus nicht seine realen Kosten, sondern die für den jeweiligen Behandlungsfall ermittelten Durchschnittskosten erstattet (Preissystem).

Tabelle: Krankenhäuser, Betten und Patientenbewegung, 1991-2023

Jahr	Anzahl Kranken-häuser	aufgestellte Betten	Fallzahl	Verweil-dauer in Tagen	Betten-auslas-tung in %
1991	2.411	665.565	14.576.613	14,0	84,1
1995	2.325	609.123	15.931.168	11,5	82,1
2000	2.242	559.651	17.262.929	9,7	81,9
2005	2.139	523.824	16.539.398	8,7	74,9
2006	2.104	510.767	16.832.883	8,5	76,3
2007	2.087	506.954	17.178.573	8,3	77,2
2008	2.083	503.360	17.519.579	8,1	77,4
2009	2.084	503.341	17.817.180	8,0	77,5
2010	2.064	502.749	18.032.903	7,9	77,4
2011	2.045	502.029	18.344.156	7,7	77,3
2012	2.017	501.475	18.620.442	7,6	77,4
2013	1.996	500.671	18.787.168	7,5	77,3
2014	1.980	500.680	19.148.626	7,4	77,4
2015	1.956	499.351	19.239.574	7,3	77,5
2016	1.951	498.718	19.532.779	7,3	77,9
2017	1.942	497.182	19.442.810	7,3	77,8
2018	1.925	498.192	19.392.466	7,2	77,1
2019	1.914	494.326	19.415.555	7,2	77,2
2020	1.903	487.783	16.793.962	7,2	67,3
2021	1.887	483.606	16.742.344	7,2	68,2
2022	1.893	480.382	16.802.693	7,2	69,0
2023	1.874	476.924	17.202.131	7,2	71,2

Quelle: Destatis 2024b; eigene Darstellung

Die Einführung des DRG-Systems führte zu einem beträchtlichen Bedeutungszuwachs finanzieller Kalküle bei der Erbringung von Versorgungsleistungen. Zentral sind die beiden folgenden Anreize zu nennen:

- die Kosten je Behandlungsfall so weit wie möglich zu senken;
- die Zahl der Behandlungsfälle bei solchen Diagnosen und Eingriffen zu erhöhen, bei denen die Kosten deutlich unter den DRG-Erlösen liegen.

Ein Primat des Versorgungsgebots wird derzeit tendenziell durch ein Primat des Wirtschaftlichkeitsgebots ersetzt. Diese Zielverschiebung kann diskursanalytisch als »ordnungspolitischer Wandel« gekennzeichnet werden (Klinke 2010).

Die DRGs wurden schon zum Zeitpunkt ihrer Einführung kontrovers diskutiert (Braun/Buhr/Klinke/Müller et al. 2010). Dabei hat die Kritik in den letzten Jahren deutlich zugenommen (Simon 2020): Der Kostendruck veranlasste die Krankenhausträger zu überzogenen Personaleinsparungen vor allem beim Pflegepersonal, weil dessen Leistungen nicht angemessen bei der Berechnung der Kosten berücksichtigt wurden (Simon 2021b).

DRGs sind damit auch ein wichtiger Grund für die schlechten Arbeitsbedingungen und für den Fachkräftemangel im Krankenhaus. Sie schaffen einen Anreiz zur vorzeitigen Entlassung von Patient*innen. Zudem entsteht ein erhöhter Aufwand in der nachstationären Versorgung (z. B. in der Rehabilitation).

Ferner bringen DRGs hohe Belastungen für Patient*innen mit sich (z. B. durch eine steigende Zahl präoperativer Krankenhausbesuche). Angehörige werden ebenfalls belastet, weil sie bei einer frühzeitigen oder verfrühten Entlassung aus dem Krankenhaus die Versorgung im häuslichen Umfeld gewährleisten müssen. Schließlich nehmen Ärzt*innen sowie das Pflegepersonal in wachsendem Maße Konflikte zwischen Versorgungsqualität und Kostendruck wahr (Klinke 2018).

Die bisherigen Versuche, die negativen Auswirkungen des DRG-Systems zu begrenzen, zielen vor allem darauf ab, dass Einsparungen beim Pflegepersonal keinen Kostenvorteil mehr bringen sollen:

- Seit 2020 ist ein Pflegepersonalquotient in Kraft, der die Arbeitsbelastung je Gesundheits- und Krankenpfleger*in begrenzt.
- Mittlerweile gelten für bestimmte Fachabteilungen im Krankenhaus Pflegepersonaluntergrenzen.
- Pflegekosten der Krankenhäuser wurden aus dem DRG-System ausgegliedert und werden seitdem gesondert vergütet.

Aufgrund des angespannten Arbeitsmarkts bleibt ein nachhaltiger Erfolg dieser Maßnahmen abzuwarten. Dazu bedarf es flankierender Maßnahmen, z.B. um die Frauenerwerbstätigkeit zu stärken.

9.3.4 Reformbedarf

Reformbedarf besteht nicht nur bei der Vergütung von Krankenhäusern, sondern auch hinsichtlich der gesamten Krankenhausstrukturen (z.B. Busse/Berger 2018).

1. Beispiel – Überkapazitäten im Krankenhaussektor: Deutschland weist im internationalen Vergleich eine sehr hohe Bettenzahl auf. Zwar führt die geringere Bettenanzahl in anderen Ländern oft zu längeren Wartezeiten auf Behandlungen (Schölkopf/Grimmeisen 2021), doch kritisieren insbesondere die Krankenkassen die Überkapazitäten. Sie fordern eine Reduzierung der Betten, aus der sie sich sowohl Kosteneinsparungen als auch eine Qualitätsverbesserung erwarten. Gleichzeitig bleibt die Wohnortnähe ein zentrales Qualitätskriterium der Krankenhausversorgung (Beivers/Waehlert 2018).

In Ballungsräumen und Großstädten gibt es für bestimmte Fachbereiche eine hohe Bettenzahl, so dass eine Überversorgung besteht – selbst unter Berücksichtigung der Versorgung des Umlands. Überkapazitäten sind problematisch, da sie einerseits Kliniken dazu verleiten, die Fallzahlen zu steigern, was zu Über- und Fehlversorgung führt, und andererseits vermeidbare Kosten durch die Vorhaltung und unnötige Nutzung freier Kapazitäten verursachen (Loos/Albrecht/Zich 2019). Dennoch: Die Corona-Krise gezeigt, dass ausreichende Reserven für unvorhergesehene Spitzen im Behandlungsbedarf essenziell sind.

2. Beispiel – Qualitätsmängel in der Krankenhausversorgung: Diese zeigen sich besonders bei komplexen Eingriffen, bei denen ein Zusammenhang zwischen Fallzahl und Behandlungsqualität besteht. In kleinen Krankenhäusern fehlen häufig die nötige Erfahrung und Routine für gewisse Eingriffe, was negative Folgen für die Gesundheit der Patient*innen hat (Busse/Berger 2018).

Aus diesen Gründen wird eine stärkere Spezialisierung und Fokussierung von Krankenhäusern empfohlen. Der Gemeinsame Bundesausschuss (G-BA) hat hierzu Mindestmengen für bestimmte Leistungen, wie den Einsatz von Kniegelenk-Totalendoprothesen oder Organtransplantationen, festgelegt (§ 136b Abs. 1 Nr. 2 SGB V). Nur Kliniken, Fachabteilungen oder Ärzte, die diese Mindestmengen innerhalb eines bestimmten Zeitraums erfüllen, dürfen entsprechende Eingriffe mit den Krankenkassen[11] abrechnen (Gerlinger 2024b).

9.3.5 Krankenhausstrukturreform 2024

Das Bundesministerium für Gesundheit betrachtet die Krankenhausstrukturreform 2024 als umfassende Antwort auf die geschilderten Reformbedarfe. Mit dem Krankenhausversorgungsverbesserungsgesetz (KHVVG) soll die Behandlungsqualität in Klinken und die flächendeckende medizinische Versorgung für Patient*innen, auch im ländlichen Raum, gestärkt werden (Bundestag 2024): »Die Fallpauschalen werden endlich durch Vorhaltepauschalen weitgehend ersetzt. Gleichzeitig werden nicht notwendige Krankenhäuser abgebaut oder umgewandelt«, so der Bundesminister für Gesundheit Lauterbach (BMG 2024a). Der Bundestag hat das Gesetz am 17. Oktober 2024 beschlossen. In Kraft getreten ist die Reform zum

11 Krankenkassen sind die Träger der gesetzlichen Krankenversicherung (GKV). Im Gegensatz zu den gewinnorientierten Versicherungsgesellschaften der privaten Krankenversicherung (PKV) sind gesetzliche Krankenkassen zur Kostendeckung verpflichtet. Gesundheitsreformen und somit auch Krankenhausreformen beziehen sich immer primär auf die Regulierung der Versorgung von GKV-Patient*innen. Die PKV schließt sich im Rahmen der sogenannten »Standardtarife« Veränderungen des Leistungskatalogs bzw.- leistungsrechtlicher Veränderungen für GKV-Patient*innen an. PKV-Patient*innen werden jedoch z. B. auch in Kliniken versorgt, die nicht mit der GKV abrechnen können (Privatkliniken).

1. Januar 2025. Im Mittelpunkt dieser Reform stehen zwei Instrumente:

1. Die Vergütung der Krankenhäuser basiert nun auf zwei Komponenten: den etablierten DRGs und den neu eingeführten Vorhaltepauschalen. Diese Vorhaltepauschalen sollen die Finanzierung der Versorgungsinfrastruktur, insbesondere kleiner Häuser der Grund- und Regelversorgung in der Fläche, sicherstellen. Krankenhäuser erhalten demnach eine Vergütung für die Bereitstellung bestimmter Leistungen, unabhängig davon, ob diese tatsächlich in Anspruch genommen werden. Dadurch soll der wirtschaftliche Druck, der durch die DRGs entsteht, verringert werden.
2. Jedes Krankenhaus wird künftig einer spezifischen Versorgungsstufe und Leistungsgruppe zugeordnet, für die es bestimmte Anforderungen erfüllen muss. Diese Anforderungen betreffen unter anderem die Ausstattung mit Fachabteilungen, Personal, Betten und Medizintechnik. Die Art und der Umfang dieser Vorgaben dienen als Grundlage für die Berechnung der jeweiligen Vorhaltepauschale.

Abhängig von ihrer Versorgungsstufe und Leistungsgruppe dürfen Krankenhäuser dann nur bestimmte Leistungen erbringen. Diese Einteilung soll sowohl Überkapazitäten reduzieren als auch die Spezialisierung und Zentralisierung von Leistungen fördern, insbesondere über die Grund- und Regelversorgung hinaus. Ziel ist es, insbesondere kleineren Krankenhäusern künftig zu untersagen, Leistungen anzubieten, die nicht zum standardmäßigen Leistungsspektrum der vorzuhaltenden Fachgebiete gehören.

Im Moment ist es zu früh, die tatsächlichen Wirkungen dieser Reform zu bewerten. Bewertet werden kann jedoch die regulatorische Stoßrichtung. Diese ist vom Grundsatz her im Sinne der *Arbeitsgruppe Alternative Wirtschaftspolitik*, da die Reform auf eine bessere Planung und Verzahnung der stationären und ambulanten Versorgungsstrukturen abzielt. Außerdem werden erstmalig seit vielen Jahrzehnten der Kostendämpfungspolitik mit einer Gesundheitsreform wieder genuin gesundheitspolitische Ziele verfolgt: Es werden explizit zusätzliche Mittel verfügbar gemacht, um Verbesserungen der Versorgungsqualität durch Transformation der Strukturen zu erreichen.

Ob die dafür bereitgestellten zusätzlichen Mittel ausreichen und wer sie letztendlich bezahlen wird,[12] ist unklar. Außerdem handelt es sich um einen Versuch, die duale Finanzierung[13] wiederzubeleben. Fraglich ist, ob die Länder den Ball konstruktiv aufnehmen und sich bei der von ihnen zu verantwortenden Landeskrankenhausplanung gegen lokale Partikularinteressen durchsetzen und Standorte dort schließen – wo sinnvoll – und anderorts ausbauen – wo nötig.

Vor allem aber ist damit das System einer prospektiven Preissteuerung des Leistungsgeschehens weiterhin in Kraft und auch die Folgen von Privatisierung und New Public Management auf die Organisation Krankenhaus und die Handlungslogiken der Akteure bleiben wirksam. Insofern ist diese Reform ein erster Schritt, dem weitere Folgen müssen, damit Patient*inneninteressen und nicht organisationale Interessen im Vordergrund von Versorgungsentscheidungen stehen können.

9.4 Schlussfolgerungen

Die *Arbeitsgruppe Alternative Wirtschaftspolitik* hat in ihren MEMORANDEN immer wieder deutlich gemacht, dass Gesundheit und Pflege als öffentliche Güter zu betrachten sind. Sie den Mechanismen eines Quasi-Marktwettbewerbs auszusetzen, bei dem nicht die Erhaltung und Wiederherstellung der Gesundheit von Menschen im Mittelpunkt

12 Derzeit sollen 50 Prozent vom Gesundheitsfonds und die andere Hälfte von den Ländern bezahlt werden. Ob hierfür der Steueranteil am Gesundheitsfonds oder die Beiträge erhöht werden, ist unklar.

13 Die Krankenhausfinanzierung erfolgt in Deutschland nach dem Prinzip der »dualen Finanzierung«. Alle Kosten, die für die Behandlung von Patient*innen entstehen, werden von den Krankenkassen finanziert. Die Investitionskosten für Gebäude und Anlagen sollen jedoch durch die Bundesländer finanziert werden. Daher dürfen auch die Länder per Landeskrankenhausplan entscheiden, wo ein Krankenhaus gebaut, erweitert oder geschlossen wird und welche Häuser an der Versorgung teilnehmen dürfen. Faktisch werden allerdings seit vielen Jahren in den allermeisten Bundesländern auch die Investitionskosten primär aus den laufenden Einnahmen für die Behandlung von Patient*innen finanziert. Von daher kann man das Prinzip als ausgehöhlt bezeichnen, weshalb seit langem immer wieder eine Reform angemahnt wird.

steht, sondern mit der Gesundheit von Menschen Gewinne erwirtschaftet werden, ist ein Irrweg.

Die *Arbeitsgruppe Alternative Wirtschaftspolitik* tritt demgegenüber für die Stärkung einer an universalistischen Prinzipien orientierten kollektiven Organisation der Krankenversorgung ein, die der gesamten Bevölkerung eine solidarische bedarfsdeckende Gesundheitsversorgung auf dem Stand der gesundheitswissenschaftlichen Erkenntnis bietet und deren langfristiger Bestand über eine stabile Finanzierung gewährleistet ist. Sie tritt gleichzeitig für eine Stärkung der Gesundheitsförderung ein, die über den Ausbau des ÖGD auf dem aktuellen Stand der Public-Health-Forschung Verhältnisprävention vor Verhaltensprävention priorisiert, um Kernursachen der in Deutschland ausgeprägt unterschiedlichen Verteilung von Gesundheitschancen anzugehen.

Literatur/Quellen

Beivers, Andreas / Waehlert, Lilia (2018): »Kann direkte Demokratie helfen, Bedarfsgerechtigkeit im Krankenhausmarkt adäquat zu erfassen?«, in: Klauber, Jürgen / Geraedts, Max / Friedrich, Jörg / Wasem, Jürgen (Hg.): Krankenhaus-Report 2018, Stuttgart, S. 285-296.

BMG (2024a): Bundestag beschließt Krankenhausreform. Der Bundestag hat heute das Krankenhausversorgungsverbesserungsgesetz (KHVVG) beschlossen, www.bundesgesundheitsministerium.de, abgerufen am 20.1.2025.

BMG (2024b): Finanzentwicklung der GKV im 1. bis 3. Quartal 2024, www.bundesgesundheitsministerium.de, abgerufen am 20.1.2025.

BMG (2024c): Kennzahlen der Gesetzlichen Krankenversicherung 2011 bis 2024, www.bundesgesundheitsministerium.de, abgerufen am 14.1.2025.

Braun, Bernard / Buhr, Petra / Klinke, Sebastian / Müller, Rolf / Rosenbrock, Rolf (2010): Pauschalpatienten, Kurzlieger und Draufzahler – Auswirkungen der DRGs auf Versorgungsqualität und Arbeitsbedingungen im Krankenhaus, Bern.

Bundestag (2024): Gesetz zur Verbesserung der Versorgungsqualität im Krankenhaus und zur Reform der Vergütungsstrukturen (Krankenhausversorgungsverbesserungsgesetz – KHVVG), Bundesgesetzblatt, Heft BGBl. 2024 I Nr. 400 vom 11.12.2024.

Busse, Reinhard / Berger, Elke (2018): »Vom planerischen Bestandsschutz zum bedarfsorientierten Krankenhausangebot«, in: Klauber, Jürgen / Geraedts Max / Friedrich, Jörg / Wasem, Jürgen (Hg.): Krankenhaus-Report 2018, Stuttgart, S. 149-170.

Destatis (2023): Gesundheitsausgaben nach Einrichtungen, Statistisches Bundesamt, www.destatis.de, abgerufen am 19.1.2025.

Destatis (2024a): Gesundheitsausgaben im Jahr 2022 auf knapp 500 Milliarden Euro gestiegen, Statistisches Bundesamt, www.destatis.de, abgerufen am 4.2.2025.

Destatis, 2024b: Statistischer Bericht – Grunddaten der Krankenhäuser 2023, Statistisches Bundesamt, www.destatis.de, abgerufen am 19.1.2025.

Destatis / WZB / BiB (Hg.) (2024): Sozialbericht 2024. Ein Datenreport für Deutschland, Bundeszentrale für politische Bildung/bpb, Bonn.

dpa (2024): Experten: 0,8 Prozentpunkte mehr Krankenkassenbeitrag, www.weser-kurier.de, abgerufen am 12.1.2025.

Gerlinger, Thomas (2024a): Gesundheitliche Chancengleichheit in der Gesundheitspolitik und Gesundheitssystemgestaltung, in: WSI-Mitteilungen 77 (3), S. 163-171.

Gerlinger, Thomas (2024b): Gesundheitspolitik, Bundeszentrale für politische Bildung, www.bpb.de, abgerufen am 3.11.2024.

Hurowitz, James C. (1993): Toward a Social Policy for Health, New England Journal of Medicine, Bd. 329, Heft 2, S. 130-133.

Klinke, Sebastian (2010): »Elemente eines ordnungspolitischen Wandels – Auswirkungen auf das ärztliche und pflegerische berufliche Selbstverständnis«, in: Gerlinger, Thomas / Kümpers, Susanne / Lenhardt, Uwe / Wright, Michael T. (Hg.): Politik für Gesundheit: Fest- und Streitschriften zum 65. Geburtstag von Rolf Rosenbrock, Bern.

Klinke, Sebastian (2018): »Das berufliche Selbstverständnis von ÄrztInnen im DRG-Krankenhaus«, in: Klinke, Sebastian / Kadmon, Martina (Hg.): Ärztliche Tätigkeit im 21. Jahrhundert. Profession oder Dienstleistung, Heidelberg, S. 105-158.

Köckler, Heike / Geene, Raimund (2022): Gesundheit in allen Politikfeldern / Health in All Policies (HiAP), Bundeszentrale für gesundheitliche Aufklärung (BzgA), https://doi.org/10.17623/BZGA:Q4-i157-1.0, abgerufen am 2.11.2024.

Kühn, Hagen / Klinke, Sebastian (2008): »Perspektiven einer solidarischen Krankenversicherung«, in: Kocka, Jürgen (Hg.); Zukunftsfähigkeit Deutschlands. Sozialwissenschaftliche Essays, Bundeszentrale für politische Bildung, Bonn, S. 155-178.

Loos, Stefan / Albrecht, Martin / Zich, Karsten (2019): Zukunftsfähige Krankenhausversorgung: Simulation und Analyse einer Neustrukturierung der Krankenhausversorgung am Beispiel einer Versorgungsregion in Nordrhein-Westfalen, Bertelsmann Stiftung.

OECD (2024): Fiscal Sustainability of Health Systems: How to Finance More Resilient Health Systems When Money Is Tight?, Paris.

Rosenbrock, Rolf (2004): »Primäre Prävention zur Verminderung sozial bedingter Ungleichheit von Gesundheitschancen – Problemskizze und ein Politikvorschlag zur Umsetzung des § 20 Abs. 1 SGB V durch die GKV«, in: Rosenbrock, Rolf / Bellwinkel, Michael / Schröer, Alfons (Hg.): Primärprävention im Kontext sozialer Ungleichheit. Wissenschaftliche Gutachten zum BKK-Programm ›Mehr Gesundheit für alle‹ Gesundheitsförderung und Selbsthilfe, Bremerhaven, S. 7-149.

Rosenbrock, Rolf / Gerlinger, Thomas (2023): Gesundheitspolitik: Eine systematische Einführung, 4, Bern u. a.

Rothgang, Heinz / Domhoff, Dominik (2017): Beitragssatzeffekte und Verteilungswirkungen der Einführung einer »Solidarischen Gesundheits-und Pflegeversicherung«, Universität Bremen, www.dielinkebt.de, abgerufen am 18.1.2025.

Schölkopf, Martin / Grimmeisen, Simone (2021): Das Gesundheitswesen im internationalen Vergleich: Gesundheitssystemvergleich, Länderberichte und europäische Gesundheitspolitik, 4., aktualisierte und überarbeitete Auflage, Berlin.

Simon, Michael (2020): Das DRG-Fallpauschalensystem für Krankenhäuser. Kritische Bestandsaufnahme und Eckpunkte für eine Reform der Krankenhausfinanzierung jenseits des DRG-Systems, Working Paper der HBS-Forschungsförderung 196, Hans-Böckler-Stiftung, November 2020, Düsseldorf.

Simon, Michael (2021a): Das Gesundheitssystem in Deutschland. Eine Einführung in Struktur und Funktionsweise, 7, Bern.

Simon, Michael (2021b): Pflegepersonal in Krankenhäusern: Eine Analyse neuerer Entwicklungen auf Grundlage der Daten der Krankenhausstatistik und der Arbeitsmarktstatistik, Hannover.

SVRKAiG (2002): Bedarfsgerechtigkeit und Wirtschaftlichkeit. Gutachten 2000/2001. Band III, 1-4: Über-, Unter- und Fehlversorgung, Baden-Baden.

10 Langzeitpflege – Die Politik der Mangelverwaltung ist an ihre Grenze gelangt

Privat vor öffentlich – konservativ-subsidiäres Sozialstaatsdenken als Fundament

Bei den Dienstleistungen der Langzeitpflege geht es im Kern um die Rolle, die dem Staat zugemessen wird. Gleichermaßen Umfang, Reichweite und die Qualität der Leistungserbringung wie auch die Arbeits- und Entlohnungsbedingungen der Beschäftigten hängen an der staatlichen Bereitschaft, eine qualitativ hochstehende und für alle Bürger*innen gleichermaßen gut zugängliche Infrastruktur zu schaffen und dauerhaft zu finanzieren.

In Deutschland wurde lange um die Frage gerungen, ob die Langzeit- resp. Altenpflege als öffentliche Aufgabe ausgestaltet werden soll. Ein Kommunalmodell war in der Diskussion, fand politisch aber keine Mehrheit. Basierend auf konservativ-subsidiärem Sozialstaatsdenken wurde an der Idee festgehalten, dass die Langzeitpflege primär Aufgabe der Familie bleiben und der Staat nur eine nachgeordnete Rolle übernehmen soll. Dieses normative Postulat setzt auf die private Organisierung der benötigten Leistungen und das Agieren der Familie als »Hauptpflegedienst der Nation«. Durch welche Merkmale sich familienbasierte Systeme mit einer nur subsidiären Rolle des Staates von Systemen unterscheiden, wo wie in Skandinavien, aber auch den Niederlanden dem Staat eine tragende Rolle zukommt, siehe Heintze 2015a, 2015b (S. 56ff.). Abgesehen von Österreich haben die Länderzuordnungen (Heintze 2015a, Tab. 1, S. 16) weiter Bestand. Österreich dagegen vollzieht seit rund einer Dekade sowohl finanzierungs- wie leistungsseitig eine Pfadverschiebung durch den Ausbau der öffentlichen Prägung; Näheres siehe Heintze 2023 (S. 54ff.).

Basierend auf den normativen Vorab-Setzungen mündete das Ringen um die Lösung des Pflegeproblems in die Schaffung einer als Teilleistungssystem ausgeprägten Pflegeversicherung. Sie hat die Aufgabe,

Pflegebedürftige und deren Familien mit Geld- und Sachleistungen zu unterstützten. Im Gesetzentwurf von CDU/CSU und FDP aus dem Jahr 1993 heißt es: »*wer sein Leben lang gearbeitet und eine durchschnittliche Rente erworben hat, soll wegen der Kosten der Pflegebedürftigkeit nicht zum Sozialamt gehen müssen.*« (BT-Drs. 12/5262, S. 2). Eine Vollversicherung werde »*weder angestrebt noch erreicht.*« (ebd., S. 90). Von der Logik einer »Teilkaskoversicherung« mit gedeckelten Eigenanteilen unterscheidet sich das System durch die Deckelung der Versicherungsleistungen (vgl. Rothgang 2023, S. 499).

Ebenso wie die Krankenversicherung ist auch die Pflegeversicherung dual organisiert. Sie dockt organisatorisch an die gesetzlichen und privaten Krankenversicherungen an, ohne jedoch in das Krankenversicherungssystem von Sozialgesetzbuch V (SGB V) integriert zu sein. Mit der sozialen Pflegeversicherung (SPV) und der privaten Pflegepflichtversicherung (PPV) wurde ein eigener Sozialversicherungszweig (SGB XI) geschaffen, was die schon vorher extreme Komplexität des deutschen Gesundheits- und Pflegesystems weiter anwachsen ließ.

Im Jahr 2025 feiert die Pflegeversicherung ihr 30-jähriges Jubiläum. Wesentliche Funktionsvoraussetzung ist unverändert die Bereitschaft der Angehörigen – in der Mehrzahl Frauen –, unter Hintanstellung eigener Berufsinteressen Arbeitsvermögen unentgeltlich einzubringen. Die Fortexistenz traditioneller familialer und informeller Versorgungsarrangements bleibt so gesichert. Der Logik des Systems entsprechend bildet das Pflegegeld die dominante Leistungsart. Ende 2023 bezogen – über alle Altersgruppen hinweg – 54,7 % der Pflegebedürftigen ausschließlich Pflegegeld. Dies entspricht den Anteilen beim Start der Pflegeversicherung (1997: 56,3 %). Zunächst war der Anteil zurückgegangen, was als schleichende Erosion der Angehörigenpflege gedeutet werden konnte. 2012 betrug er nur noch 43,9 %, stieg dann aber wieder auf das Niveau der 1990er Jahre (Destatis Pflegestatistik).

Die Pflegeversicherung schuf klare Rechtsansprüche auf Leistungen. Anders als bei der Krankenversicherung sind sie zwischen SPV und PPV identisch. Sozialpolitisch war dies ein Fortschritt, zumal sich finanzierungsseitig die FDP mit ihrer Forderung nach Schaffung einer kapitalgedeckten Zusatzversicherung als Alternative zu einer umlagefinanzierten SPV nicht durchsetzen konnte. Die Leistungen freilich sind gedeckelt. Konkret: Wird bei häuslicher Pflege ein ambulanter Pflegedienst in Anspruch genommen, rechnet dieser bei gesetzlich Versicherten direkt mit deren Pflegekasse ab (Pflegesachleistung nach § 36 SGB XI). Dazu schließen die Pflegekassen mit vorrangig freigemeinnützigen und privat-gewerblichen Dienstleistern Versorgungsverträge nach § 72 SGB XI sowie Vergütungsverträge nach §§ 85, 89 SGB XI ab. Die Vergütungsverträge regeln die Preise, die für einzelne Leistungspakete wie Körperpflege, Mobilisation, Hilfe bei der Nahrungsaufnahme usw. abgerechnet werden können. Auf dieser Basis stimmen Pflegedienste mit den von ihnen versorgten pflegebedürftigen Personen dann die benötigten Hilfen ab, wobei der Kostenerstattungsanspruch bei der gesetzlich festgelegten Obergrenze endet. Darüber hinausgehende Kosten müssen von den Pflegebedürftigen selbst getragen werden. In der Öffentlichkeit wird das Problem hoher Eigenanteile fast ausschließlich bezogen auf die Heimversorgung diskutiert, stellt sich aber auch bei der häuslichen Pflege. Aktuell (Stand: 1.1.2025) bewegen sich die Leistungen beim Pflegegeld zwischen 347 € (Pflegegrad 2) und 990 € (Pflegegrad 5) und bei der Inanspruchnahme von Sachleistungen (ambulante oder stationäre Dienste) zwischen 796 € (Pflegegrad 2) und 2.299 € (Pflegegrad 5). Bei Pflegegrad 1 besteht kein Anspruch auf Geld- oder Sachleistungen, sondern nur auf die allen Pflegebedürftigen zustehenden Zusatzleistungen nach § 38a I SGB XI von 224 €/mtl. Die Leistungsgewährung erfolgt hochbürokratisch im Modus der Rationierung durch die Begutachtungsverfahren des Medizinischen Dienstes; zu mehr als 60 % werden niedrige Pflegegrade (1 und 2) vergeben (BGM 2024, S. 1).

Dreiklang von Privatvorrang, Preiswettbewerb und Beitragsstabilität

Die Pflegeversicherung unterliegt einer 100-prozentigen Vermarktlichung mit einem Set an Spielregeln, die über den Preiswettbewerb eines Quasimarktes mit Kontrahierungszwang[1] und die Etablierung

1 Privat-gewerbliche und freigemeinnützige Pflegedienstleister haben gegenüber den Pflegekassen einen Rechtsanspruch auf den Abschluss eines Versorgungsvertrages (§§ 71, 72 SGB XI); öffentliche Dienstleister nur nachrangig (§ 72 III SGB XI). In der Fachdebatte wird dieser Kontrahierungs-

eines doppelten Privatvorrangs – privat non-profit und privat for-profit hat Vorrang vor öffentlichen Trägern (§ 11 II SGB XI) – auf eine stetig wachsende Privatisierung der Leistungserbringung zielen. Bei den Heimen erfolgte eine Marginalisierung in Richtung Restgröße: Anfang der 90er Jahre lag der kommunale Anteil an den Plätzen noch bei 28,6 %, Ende 2023 waren es kümmerliche 5,7 %. Bei den ambulanten Diensten kam ein Ausbau öffentlicher Leistungserbringung nie in Gang; Ende 2001 entfielen auf kommunale Dienstleister 2 % der in der eigenen Häuslichkeit versorgten Pflegebedürftigen; Ende 2023 nur noch 1,3 % (Destatis Pflegestatistik).

Zu den Spielregeln gehört der Grundsatz der Beitragsstabilität (§ 70 SGB XI). Lange gelang es der Politik, den Beitragssatz der SPV auf niedrigem Niveau zu halten. In den 12 Jahren von 2000 bis 2012 stieg er lediglich um 0,25 Punkte, in den nachfolgenden 12 Jahren aber um 1,45 Punkte auf 3,4 im Jahr 2024. Erkauft wurde die Beitragsstabilisierung mit Fehlentwicklungen, die dringend der Korrektur bedurften. Das lange Festhalten an einem veralteten Pflegebedürftigkeitsbegriff, eine unzureichende bis fehlende Leistungsdynamisierung und Qualitätsmängel sind ebenso zu nennen wie die Erosion der Tarifbindung. Der letzte Punkt steht in einem engen Zusammenhang mit der politisch gewollten Entfaltung von Marktlogiken. Sukzessive öffnete dies die Büchse der Pandora. In immer mehr Regionen übernahmen private For-Profit-Träger die Marktführerschaft. Zunehmend sind sie Teil international agierender Pflegekonzerne oder gehören zum Portfolio von Finanzinvestoren (Bobsin 2019; Rang/Schmitt 2024). Heime und Pflegedienste sowie mittelbar die dort versorgten, höchst vulnerablen Menschen wurden zu einer Handelsware und die Arbeitsbeziehungen sind durch Tariffreiheit geprägt. Die Tarifbindung der Pflegebranche sank auf ein bedenklich

zwang kritisch gesehen, weil der Marktwettbewerb regelt, welches Angebot verfügbar ist. Bei voll- und teilstationären Plätzen sowie der Kurzzeitpflege bleiben Bedarfe, auf die gesetzlich ein Rechtsanspruch besteht, ungedeckt, ohne dass eine Bearbeitung erfolgt. Bedarfsermittlungen für geografische Räume fehlen weitgehend; eine darauf bezogene Steuerung ist mit engen Grenzen konfrontiert. Näheres siehe Kirchner (2024).

niedriges Niveau.[2] Zugleich liefert die lange verschleppte Modernisierung des Pflegebedürftigkeitsbegriffs eine Teilerklärung dafür, dass die Zahl anerkannt Pflegebedürftiger (SPV und PPV) von Ende der 90er Jahre bis 2015 nur moderat von 2 Mio. auf 2,9 Mio. anstieg, sich nach erfolgter Modernisierung aber kräftig auf 5,7 Mio. zum Jahresende 2023 erhöhte (Destatis 2024). Systematisch einbezogen sind jetzt auch Menschen mit erheblichen kognitiven Einschränkungen. Weitere Faktoren wie die Verschiebung der Alterspyramide in die höheren Altersklassen kommen hinzu, da der Unterstützungsbedarf im Alter ab 80 Jahren stark ansteigt. Der 9. Altersbericht der Bundesregierung (BT-Drs. 20/14450 v. 9.1.2025, S. 8) erwartet vor diesem Hintergrund eine Zunahme der Zahl pflegebedürftiger Menschen auf 7,6 Mio. bis zum Jahr 2055.

Ausgabenwachstum erzwingt Beitragssteigerungen – trotzdem wachsen die Bedarfslücken und die Finanznot der Sozialen Pflegeversicherung

Zur langen Phase niedriger Beitragssätze gehörte ein geringes Ausgabenwachstum: in der Dekade von 2003 bis 2013 stiegen die Ausgaben der SPV (inkl. Verwaltung) nominal nur um 38,6 % von 17,6 Mrd. € auf 24,3 Mrd. €; in der folgenden Dekade bis 2023 aber fast viermal so stark um 143 % auf 59,2 Mrd. € (Quelle: Bundesgesundheitsministerium). Die massive Unterfinanzierung, die der deutschen Pflegeversicherung in der Vergangenheit zu attestieren war, hat sich abgeschwächt. Auf die über öffentliche Haushalte und das Pflichtversicherungssystem (SPV und PPV) finanzierten laufenden Ausgaben entfallen heute (2022) 1,8 % des BIP; 2013 waren es nur 1,2 %. Der Abstand zu dem, was die fünf skandinavischen Länder im Mittel ausgeben, ging von 1,4 BIP-Prozentpunkten im Zeitraum von 2011 bis 2016 auf einen BIP-Prozentpunkt in 2021/22 zurück, blieb gegenüber den Niederlanden aber bei etwa 2 BIP-Prozentpunkten stabil. Es gab

2 Schulten et al. (2022, S. 72) kommen für Nordrhein-Westfalen, wo kirchliche Leistungserbringung eine große Rolle spielt, auf eine Tarifbindung von noch rd. 30 %, sofern das kirchliche Sonderrecht (vgl. Kasten) mitgezählt wird.

eine Leistungsausweitung. Gleichwohl werden immer mehr Menschen durch die privat zu tragenden Ausgaben finanziell überfordert. Die statistisch erfassten Zuzahlungen privater Haushalte haben sich seit der Schaffung der Pflegeversicherung mehr als vervierfacht (1995: 43,64 €/EW; 2022: 236,56 €/EW). In den nordischen Ländern wie auch in den Niederlanden, wo die Langzeitpflege als öffentliche Aufgabe ausgestaltet ist, fiel die Steigerung dagegen moderat aus. Die Eurostat-Daten erlauben nur für den Zeitraum von 2010 bis 2022 vergleichende Aussagen. Einer Steigerung um 74 % in Deutschland stehen Steigerungen zwischen 19 % (Dänemark) und 29 % (Finnland) in den nordischen Ländern gegenüber; in den Niederlanden blieben die privaten Zuzahlungen annähernd stabil (+ 2,5 %).[3]

Die Leistungsausweitung betrifft die Reichweite der Pflegeversicherung. Sie bedingt nicht, dass der gesetzlich normierten Vorgabe, wonach die Hilfen »*darauf auszurichten (sind), die körperlichen, geistigen und seelischen Kräfte der Pflegebedürftigen, auch in Form der aktivierenden Pflege, wiederzugewinnen oder zu erhalten*« (§ 2, I SGB XI) heute besser entsprochen wird. Einerseits postuliert das Gesetz einen mit Rechtsansprüchen versehenen Vorrang für häusliche Pflege, Tagespflege und Kurzzeitpflege (§§ 3, 41, 42 SGB XI). Andererseits fehlen diesbezüglich die Plätze und auch die Nachfrage der Pflegebedürftigen nach einem ambulanten Pflegedienst geht häufig ins Leere. In einem System, das professionelle Leistungserbringung nur ergänzend zur familiären, nachbarschaftlichen oder anderweitig ehrenamtlichen Pflege und Betreuung vorsieht (§ 4 II SGB XI), wirkt dies kostendämpfend. Die von den Angebotslücken betroffenen Pflegebedürftigen sind notgedrungen auf informelle Pflegearrangements sowie den grauen Pflegemarkt verwiesen. Zur Refinanzierung des Einsatzes ausländischer Betreuungskräfte im Rahmen des sogenannten »24-Stunden-Service« wird dann das Pflegegeld herangezogen. Ins Bild passt, dass diesbezüglich keinerlei Daten erhoben werden, handelt es sich doch um ein willkommenes Ventil,

3 Eigene Berechnung anhand der Eurostat-Datenbank »Gesundheitsausgaben – ausgewählte Funktionen der Gesundheitsversorgung nach Finanzierungssystemen [hlth_sha11_hchf]; Update 2.8.2024.

das die Grenzen des familienbasierten Systems ausweitet. Auch dies erklärt die anhaltende Dominanz der Inanspruchnahme von Pflegegeld. Aus steigenden Eigenanteilen und ungedeckten Bedarfen resultiert für die Pflegeversicherung ein kostendämpfender Effekt. Er konnte aber nicht verhindern, dass der Grundsatz der Beitragsstabilität ins Wanken geriet. Zum 1.7.2023 und erneut zum 1.1.2025 musste der Beitragssatz angehoben werden. Die Soziale Pflegeversicherung taumelt von einer Fast-Insolvenz[4] zur nächsten, die von der Politik mit kurzatmigen Notmaßnahmen abgewendet wird.[5]

10.1 Punktuelle Verbesserungen machen das System nicht zukunftsfest

Die *Arbeitsgruppe Alternative Wirtschaftspolitik* hat in ihren Memoranden (vgl. MEMORANDUM 2012, S. 183-206; MEMORANDUM 2014, S. 225-243; MEMORANDUM 2018, S. 154-169) immer wieder angemahnt, dass es einer fundamentalen Reform der Langzeitpflege bedarf, um das System mit Blick auf den demografischen Wandel und die Veränderung der Krankheitsbilder zukunftsfest zu machen. Zu den konkreten Forderungen siehe MEMORANDUM 2012, S. 200ff.; MEMORANDUM 2014, S. 235ff. und MEMORANDUM 2018, S. 163ff. Sie bleiben aktuell. Tatsächlich nämlich kamen nur punktuelle Verbesserungen und Problementschärfungen zur Umsetzung. Für systemische Refor-

4 Zum neoliberalen Umbau des Gesundheitssystems gehört, dass seit 2010 auch die gesetzlichen Kassen insolvent werden können (vgl. Heintze 2023, S. 35).

5 Am 1.1.2025 stieg der Beitragssatz um 0,2 Prozentpunkte auf bundeseinheitlich 3,6 %. Mit Mehreinnahmen in 2025 von 3,7 Mrd. € wird gerechnet. Siehe Bundesgesundheitsministerium (Pressemitteilung vom 20.12.2024). Dazu gehört, dass entgegen des Mantras vom notwendigen Bürokratieabbau Bürokratie in absurder Weise zusätzlich aufgebaut wird. Gestaffelt nach der Anzahl der Kinder gibt es zwischenzeitlich sechs verschiedene Beitragssätze. Den höchsten Beitragssatz von aktuell 4,2 Prozentpunkten zahlen Kinderlose ab dem Alter von 23 Jahren, den geringsten Beitrag zahlen Mitglieder mit 5 und mehr Kindern im Alter von unter 25 Jahren. Näheres siehe Bundesgesundheitsministerium (13.2.2025), S. 21.

men in Richtung der Stärkung präventiver Ansätze, ihrer Verzahnung mit pflegerischen Versorgungskonzepten und des Übergangs zu einer öffentlichen, kommunal verankerten Bedarfslogik einschließlich einer auf Vollfinanzierung gerichteten Finanzreform fehlen der deutschen Politik Mut und Weitblick. Und doch: Unter den erreichten Verbesserungen sind die Modernisierung des Pflegebedürftigkeitsbegriffs und die verbesserte Bezahlung der Pflegekräfte als bedeutsam hervorzuheben.

Verbesserungen betreffen den Pflegebedürftigkeitsbegriff und die Bezahlung der Pflegekräfte

Der Pflegebedürftigkeitsbegriff stand lange in der Kritik, weil er eng auf körperliche Defizite zugeschnitten war. Mit dem Zweiten Pflegestärkungsgesetz (PSG II) vom 21. Dezember 2015 (BGBl. I Nr. 54, 2424) erfolgte eine Erweiterung auf den Bereich der kognitiven Beeinträchtigungen. Seit 2017 wird nicht mehr nach drei Pflegestufen, sondern nach fünf Pflegegraden unterschieden. Maßgebend ist der Grad der Selbstständigkeit einer Person, unabhängig von der Frage, ob die Beeinträchtigung aus körperlichen oder kognitiven Einschränkungen herrührt. Dies ist ein Fortschritt; Demenzkranke sind nun in das Leistungssystem einbezogen. An der Grundphilosophie, dass sozialrechtlich nur erhebliche Beeinträchtigungen Leistungen begründen, ändert sich freilich nichts. In der Folge unterbleiben Maßnahmen der Prävention und von niedrigschwelligen Angeboten, die bei vielen älteren Menschen bewirken könnten, dass der Eintritt einer im Rechtssinne erheblichen Pflegebedürftigkeit zeitlich nach hinten verschoben wird.

Die zweite Verbesserung betrifft die Bezahlung des Pflegepersonals. Die Logik der Vermarktlichung machte die Langzeitpflege zu einem Experimentierfeld für Tariffreiheit und Niedriglohnbeschäftigung, weil sich mit Lohndumping und schlechter Personalausstattung ein Wettbewerbsvorteil erzielen lässt (Auth 2013; Heintze 2018). Das Pflegepersonal geriet in einen tagtäglichen Konflikt zwischen hoher Identifikation mit dem Beruf und schlechten Arbeitsbedingungen. Immer weniger Menschen zeigten sich in der Folge bereit, einen pflegerischen Beruf zu erlernen resp. stiegen vorzeitig aus dem Beruf aus, während gleichzeitig der Personalbedarf wuchs. Zu den Arbeitsbedingungen in den Pflegeberufen und der wachsenden Personallücke siehe die Beiträge im AOK-Pflegereport von 2019. Zwar ist seither eine leichte Entspannung eingetreten. Die Bundesagentur für Arbeit diagnostiziert jedoch fortgesetzt einen Fachkräfteengpass (BfA 2024, S. 19ff.). Gaben beim DGB-Index »Gute Arbeit« 2008 50 % der Pflegekräfte an, dass sie voraussichtlich nicht bis zur Rente durchhalten, waren es 2012 75 % und in den Befragungen 2018 bis 2022 immer noch zwei Drittel verglichen mit 38 % bei allen Befragten (DGB 2023, S. 10).

Um die negativen Folgen des Lohndumpings einzufangen, wuchs die Notwendigkeit für staatliche Interventionen, die sich die Politik mit der Delegation der Langzeitpflege an den Markt gerade ersparen wollte. Zunächst wurde nur indirekt durch die Schaffung eines Rechtsrahmens, den die Gewerkschaft ver.di und tarifvertragswillige Arbeitgeber*innen nutzen sollten, interveniert.[6] Der Versuch scheiterte an den kirchlichen Arbeitgeber*innen, die um ihr Sonderarbeitsrecht bangten (vgl. Heintze 2023, S. 15f. und den Kasten). Da die Situation mit Blick auf den angewachsenen Pflegenotstand immer unhaltbarer wurde, griff der Gesetzgeber schließlich direkt ein. Durch die Schaffung einer Tariftreueregelung erzwang er die Beendigung des Lohndumpings in der Altenpflege. Seit dem 1. September 2022 muss eine Pflegeeinrichtung, um als solche zugelassen zu sein, entweder selbst tarifgebunden sein oder ihre Pflegekräfte mindestens in Höhe von in der Region anwendbaren Pflege-Tarifverträgen entlohnen.[7] Aktuell gelten dabei die in der 6. Pflegearbeitsbedingungen-VO vom 28.11.2023 (BGBl. 2023 I Nr. 336) festgelegten Mindestlöhne. Seit dem 1.5.2024 erhält eine Pflegefachkraft (Hilfskraft) mindestens einen Bruttostundenlohn von 19,50 € (15,50 €). In den Einrichtungen, die unter die Mindestlohnregelung fallen, arbeiteten 2024 rund 1,3 Mio. Beschäftigte.

6 Über eine Änderung des Arbeitnehmer-Entsendegesetzes (§ 7a AEntG) wurde versucht, einen noch auszuhandelnden Tarifvertrag für allgemeinverbindlich zu erklären (Pflegelöhneverbesserungsgesetz; BT-Drs. 19/13395).

7 Mit dem Gesundheitsversorgungsweiterentwicklungsgesetz (GVWG) fand dies Eingang in das Pflegeversicherungsrecht (§§ 72 und 82c SGB XI). Zur praktischen Handhabung siehe ver.di, https://gesundheit-soziales-bildung.verdi.de/mein-arbeitsplatz/altenpflege/; 10.2.2025.

Sonderarbeitsrecht der Kirchen

Nach 1945 haben es die Kirchen in der BRD geschafft, aus dem Recht auf Selbstbestimmung, das ihnen das Grundgesetz (Art. 140) in Verbindung mit Art. 137 III der Weimarer Reichsverfassung gewährt, ein Recht zur Schaffung einer eigenen arbeitsrechtlichen Ordnung abzuleiten. Das kirchliche Sonderarbeitsrecht (sogenannter »Dritter Weg«) begründet problematische, der Ideologie von der »christlichen Dienstgemeinschaft« folgende Arbeitsbeziehungen. Den Beschäftigten in den von kirchlichen Arbeitgeber*innen getragenen Einrichtungen der Kinder- und Jugendhilfe, von Krankenhäusern und Pflegediensten wurden die Moralvorstellungen der Kirchen aufgezwungen und grundlegende Kollektivrechte bezogen auf Tarifverträge, Arbeitskampfmaßnahmen und Mitbestimmung vorenthalten. Dort, wo die Verkündigung religiöser Botschaften und die christliche Seelsorge den Tätigkeitsschwerpunkt bilden, lassen sich die Sonderregelungen mit dem Recht auf Selbstbestimmung begründen; nicht aber dort, wo die Tätigkeit Zwecken folgt wie der Kindererziehung oder der gesundheitlichen und pflegerischen Versorgung, zumal die Finanzierung dieser Aufgaben aus öffentlichen Quellen erfolgt.

Lange fanden die Kirchen mit ihrem Pochen auf Sonderrechten Rückhalt bei einer konservativen Richterschaft und Politik. Zunehmend jedoch wird die rechtliche Begründbarkeit in Zweifel gezogen. Bundesarbeitsgericht (BAG) und Bundesverfassungsgericht (BVerfG) stehen hier gegeneinander. Während das BAG den Geltungsbereich des Sonderarbeitsrechts auf die verkündigungsnahen Bereiche beschränken möchte, agiert das BVerfG als Schutzpatron der Kirchen. Im Ergebnis hat das BAG wiederholt den EuGH angerufen und von dort Rückendeckung erhalten (vgl. das EuGH-Urteil C-414/16 vom 17. April 2018). Die letzte Anrufung datiert von 2022 bezogen auf einen Fall, wo ein kirchlicher Träger (Caritas) das Arbeitsverhältnis mit einer Hebamme wegen deren Kirchenaustritt gekündigt hatte. Das BAG will geklärt haben, ob hier eine nach europäischem Recht unzulässige Diskriminierung vorliegt; siehe BAG-Beschluss vom 21.7.2022, 2 AZR 130/21 (A), www.bag-urteil.com/21-07-2022-2-azr-130-21-a/; 25.2.2025.

Nur bei der evangelischen, nicht bei der katholischen Kirche gibt es zwischenzeitlich einzelne Landeskirchen resp. Verbände (u. a. die Kirche von Berlin-Brandenburg und die Diakonie Niedersachsen), die das gewerkschaftliche Tarifrecht anerkennen und mit ver.di Tarifverträge abschließen. Es sind Ausnahmen. Aufs Ganze gesehen verteidigen die Kirchen hartnäckig ihre angemaßten Sonderrechte. Entscheidend kommt es daher auf die weitere Rechtsprechung des EuGH an. Das BVG nämlich stützt das kirchliche Sonderarbeitsrecht. Entsprechend wies es (Beschluss vom 15.7.2015; 2BvR 2292/13) eine Verfassungsbeschwerde von ver.di als unzulässig ab. Siehe Pressemitteilung Nr. 64/2015 vom 2.9.2015 (*»Verfassungsbeschwerde gegen »Dritten Weg« im kirchlichen Arbeitsrecht unzulässig«*).

Verschiebebahnhöfe statt zukunftsweisender Planung – Gesamtstrategie fehlt

Weder die Modernisierung des Pflegebedürftigkeitsbegriffs noch die Durchsetzung besserer Bezahlung des Pflegepersonals fügen sich in eine Gesamtstrategie, die das System zukunftsfest macht. Die Pflegeversicherung gewährleistet immer weniger, dass unterstützungsbedürftige Menschen die Leistungen erhalten und bezahlen können, derer sie bedürfen. Eine öffentliche Bedarfsermittlung existiert ebenso wenig wie eine darauf aufbauende verbindliche Infrastrukturplanung (zu den landesrechtlichen Regelungen siehe Kirchner 2024, S. 32f.). Die Defizite haben weitreichende Folgen. So ist das Niveau vermeidbarer Krankenhauseinweisungen im internationalen Vergleich sehr hoch, was auf qualitative Mängel in der Langzeitpflege wie auch der

Primärversorgung hinweist. Wissenschaftlich fand die Fehlsteuerung in den letzten Jahren verstärkt Beachtung. Nach einer Studie, die die Universität Witten/Herdecke mit verschiedenen Projektpartnern in 2021 zur Thematik der *Pflegesensitiven Krankenhausbehandlungen (PSK)* erstellte, ließen sich bei guter pflegerischer Versorgung etwa 35 % der Krankenhauseinweisungen vermeiden (Valk-Draad et al. 2023). Der Barmer Pflegereport 2023 wiederum weist aus, dass sich ein Viertel resp. bis zu 1,3 Mio. Krankenhausaufenthalte bei Pflegebedürftigen durch eine bessere Versorgung vermeiden ließen. Ging es bei den genannten Studien eher um reguläre Krankenhausbehandlungen, widmet sich eine vom GKV-Spitzenverband anhand von Daten aus Hamburg geförderte qualitative Studie den Notfalleinweisungen (»*Notfalleinweisungen minimieren. Studie zu Umfang und Notwendigkeit von Notfalleinweisungen alter und hochaltriger Menschen aus stationären Pflegeeinrichtungen (NoMi)*«: www.gkv-90prozent.de/ausgabe/28/meldungen/28_notfalleinweisungen/28_notfalleinweisungen.html; 11.1.2025). Hauptbefund: Pflegeheime greifen schnell zum Mittel der Notfalleinweisung, wenn Heimbewohner*innen eine Krise erleben. Bei ungefähr der Hälfte der untersuchten Fälle war die Einweisung medizinisch nicht indiziert; die Heimbewohner*innen konnten das Krankenhaus binnen eines Tages wieder verlassen. Würde das Potenzial der Pflege besser genutzt, könnten die überflüssigen Notfalleinweisungen stark reduziert werden. Dies freilich erfordert eine Höherqualifikation des Pflegefachpersonals. In Ländern mit grundständisch akademisierter Altenpflege stellen hochqualifizierte Kräfte einen relevanten Anteil der Beschäftigten. Geraten Heimbewohner*innen in eine Krise, die keine Krankenhauseinweisung erfordert, erkennen sie dies und ergreifen in Wahrnehmung eigener Verantwortung die zur Beendigung der Krise notwendigen individuellen, pflegerischen und medizinischen Maßnahmen. In Deutschland verfügt das Fachpersonal weitestgehend »nur« über eine dreijährige Fachschulausbildung. Treten bei Heimbewohner*innen krisenhafte Ereignisse auf, wird die Verantwortung durch Veranlassung »vorsorglicher Krankenhauseinweisungen« gerne weitergereicht. Welches Niveau vermeidbare Krankenhauseinweisungen haben, ist somit ein wichtiger Indikator für die Qualität der Pflege.

Die Langzeitpflege ist durch immer angespanntere Rahmenbedingungen und ein Geflecht ineinandergreifender Probleme geprägt. Am drängendsten und nur über eine große Finanzreform lösbar, ist das Problem der Kostenprivatisierung mit Eigenanteilen, die für das Gros der Pflegebedürftigen nicht mehr leistbar sind. Am wichtigsten jedoch sind Strukturreformen. Die Notwendigkeit, Verantwortlichkeiten für die Bedarfsermittlung, für die Pflegeinfrastrukturplanung und die Steuerung des Angebots bei den Kommunen zu bündeln mit Zuweisung der erforderlichen Finanzierungsmittel, lässt sich zunehmend weniger ignorieren. Die gegebene Situation, basierend auf Wettbewerbsorientierung, Verantwortungsdiffusion und zerstückelten Zuständigkeiten, ist durch eine große Intransparenz beim örtlichen Bedarf, unterentwickelter Prävention und fehlender Leistungsintegration geprägt. Die Defizite gehen zu Lasten von Qualität, Effektivität der Versorgung und Effizienz.

10.2 Explodierende Eigenanteile als drängendstes Problem – Pflegeversicherung scheitert an ihrem Kernversprechen

Mit der Schaffung der Pflegeversicherung verband sich das Versprechen, dass die rein pflegebedingten Kosten über die Pflegeversicherung gedeckt werden. Dies gelang nur kurzfristig (Rothgang/Domhoff 2019, S. 27ff.). In den 5 Jahren von 2019 bis 2024 erhöhte sich der Eigenanteil an den pflegebedingten Heimkosten prozentual annähernd so stark wie in den 20 Jahren zuvor. Am 1.7.2024 belief er sich nach der Ermittlung des Verbandes der Ersatzkassen (VDEK) im Bundesdurchschnitt auf 1.426 €. Die private Zuzahlung zu den gesamten Heimkosten erhöhte sich von 2017 auf 2020 im Schnitt um 344 € (2017: 1.691 €; 2020: 2.035 €) und bis zum 1.7.2024 um weitere 836 €.[8] Erreicht werden damit Eigenanteile von um die 3.000 €/mtl.

8 VDEK Pressemitteilung vom 10.7.2024 mit Materialien (www.vdek.com/presse/pressemitteilungen/2024/finanzielle-eigenbeteiligung-in-pflegeheimen-steigt-weiter.html); 10.1.2025.

Dies bei regional großen Unterschieden. Die Bruttoaltersrente, die seitens der Rentenversicherung Ende 2023 monatsdurchschnittlich zur Auszahlung kam, deckt den Zuzahlungsbedarf noch nicht einmal zur Hälfte. Im Mittel belief sie sich auf 1.236 € (Männer: 1.510 €, Frauen: 1.018 €); siehe DRV 2024, S. 70. Auch bei Berücksichtigung weiterer Alterseinkünfte ist eine wachsende Gruppe pflegebedürftiger Menschen schon seit Jahren überfordert, die privaten Zuzahlungen zu stemmen, die bei der Inanspruchnahme professioneller Leistungen, gleichermaßen stationär wie ambulant, anfallen. Im Besonderen trifft dies Ostdeutschland. Die Durchschnittsaltersrente lag dort Ende 2023 zwar um 288 € über dem westdeutschen Niveau (ebd.), zugleich jedoch verfügen viele Ostdeutsche neben der Rente über keine weiteren Alterseinkünfte von Relevanz.

Vollversicherung als Ziel, Deckelung der Eigenanteile als Zwischenschritt

Seit Jahren steht die Forderung im Raum, das Teilleistungssystem zu einer Pflegevollversicherung weiterzuentwickeln. Zumindest sollte das Finanzierungsprinzip dahingehend umgedreht werden, dass der Eigenanteil auf einen Sockelbetrag begrenzt wird und alle pflegebedingten Zusatzkosten von der Pflegeversicherung übernommen werden. Für diesen von Rothgang und Domhoff (a. a. O., S. 10, 38f.) vorgeschlagenen sogenannten »Sockel-Spitze-Tausch« fehlt aber fortgesetzt der politische Wille. Im Ergebnis gibt es nur minimale Entlastungen. So können seit 1.1.2020 aufgrund des Angehörigenentlastungsgesetzes vom 10.12.2019 (BGBl. I Nr. 46, 12.12.2019, 2135) unterhaltsverpflichtete Angehörige erst dann finanziell in Anspruch genommen werden, wenn ihr jährliches Bruttoeinkommen den Betrag von 100.000 € übersteigt. Die Pflegebedürftigen selbst allerdings müssen – ein Schonvermögen bleibt ausgespart – auf ihr Vermögen weiter zurückgreifen, wenn ihre Alterseinkünfte zu gering sind, um daraus die hohen Eigenanteile zu bestreiten.[9] Zwar wurden im Rahmen des Gesundheitsver-

9 Details siehe: www.pflege.de/pflegegesetz-pflegerecht/elternunterhalt/; 10.2.2025

sorgungsweiterentwicklungsgesetzes (GVWG) vom 11.7.2021 mit Wirkung ab dem 1.1.2022 Zuschüsse auf den reinen Pflegeanteil eingeführt. Sie steigen mit der Wohndauer. Die Wirkung ist jedoch schnell verpufft. Selbst Pflegebedürftige, die schon drei Jahre und länger in einem Heim betreut werden und daher die höchste Entlastung (75 %) erhalten, zahlten am 1.7.2024 im Schnitt noch einen Eigenanteil von 1.865 €; ein Plus von 115 € gegenüber dem 1.1.2024.

Da die 2021 eingeführte Zuschussregelung nachhaltig zu keiner Entlastung führt, steigt die Zahl der Pflegebedürftigen, die auf »*Hilfe zur Pflege*« angewiesen sind, tendenziell an. Dabei bestand das Kernversprechen bei Schaffung der Pflegeversicherung gerade darin, diese bedürftigkeitsgeprüfte kommunale Sozialhilfeleistung entbehrlich zu machen. Zunächst mit Erfolg. Die Inanspruchnahme ging von 573.636 (1995) auf 289.280 (1998) stark zurück, schwankt jetzt aber wieder um die Marke von 400.000. Mit der Einführung der Zuschussregelung ging die Zahl der Leistungsempfänger in 2022 gegenüber 2021 um 7,9 % auf 376.615 zurück, um im Folgejahr 2023 bereits wieder um 8,1 % auf 406.985 Personen zu steigen (Destatis 9.10.2024: www.destatis.de/DE/Themen/Gesellschaft-Umwelt/Soziales/Sozialhilfe/Tabellen/liste-hilfe-pflege.html; 10.2.2025). Die hochbürokratische Regelung mit nach Wohndauer steigenden Zuschüssen entfachte nur einen kurzfristigen Strohfeuereffekt.

Nachhaltige Entlastung – Blick nach Österreich lohnt

Eine nachhaltige Entlastung bedarf anderer Ansätze. Hilfreich wäre ein Blick nach Österreich. Nach jahrelanger Diskussion beschloss der Nationalrat Ende 2017 mit breiter Mehrheit eine Verfassungsänderung dahingehend, dass die Bundesländer ab 1.1.2018 auf das Vermögen von Personen, die in stationären Pflegeeinrichtungen betreut werden, wie auch auf das Vermögen ihrer Angehörigen nicht mehr zurückgreifen dürfen. Im Gegenzug erhalten sie Mittel aus dem Pflegefonds, die von zunächst 100 Mio. € bedarfsbedingt später auf 300 Mio. € aufgestockt wurden. Stiegen die privaten Zuzahlungen in der Dekade von 2007 bis 2017 um 111 % auf 173 €/pro Einw. an, reduzierten sie sich bis 2022 um 3,3 % auf 167 €/pro Einw.

Die Abschaffung des Pflegeregresses ist ein Fortschritt, dem abgesehen von den liberalen Neos alle Parlamentsfraktionen zugestimmt hatten (vgl. Heintze 2023, S. 55 u. 63). Zu berücksichtigen ist freilich, dass der Entlastungsbedarf geringer ausfällt als es in Deutschland erforderlich wäre. Die pflegerischen Geld- und Sachleistungen sind in Österreich etwas höher; die umlagefinanzierten Pensionsleistungen deutlich höher (ebd., Tab. 3, S. 24).

10.3 Weichenstellung auf Community Nursing und Community Care nötig – Auf die Rolle der Kommunen kommt es an

Pflege und Alltagsunterstützung hat einen starken Ortsbezug. Mit dem Alter wird der Ortsbezug durch die Verkleinerung des Aktionsradius und den Bedeutungsgewinn des eigenen Wohnquartiers noch einmal größer. Dort, wo präventive Hausbesuche und ein flächendeckendes Community Nursing Bedarfe an alltäglicher Unterstützung schon vor dem Eintritt erheblicher Pflegebedürftigkeit identifizieren, kann mit kleinen Hilfen ein Beitrag dafür geleistet werden, dass Menschen trotz gewisser Einschränkungen noch lange in ihrer gewohnten Umgebung ein selbstbestimmtes Leben führen können. Zwar entsteht für die Vorhaltung entsprechender Strukturen ein Finanzierungsbedarf, dem jedoch Minderausgaben nicht nur bei der Pflege, sondern auch bei der Krankenversorgung entgegenstehen. Dänemark, wo präventive Hausbesuche schon lange als kommunale Pflichtaufgabe ausgeprägt sind, liefert dafür belastbare Daten; ebenso Norwegen (vgl. Bannenberg 2021). Österreich ließ sich vom dänischen Vorbild inspirieren. Unter den deutschsprachigen Ländern avancierte es zum Vorreiter bei der Etablierung von Community Nursing (Näheres siehe Heintze 2023, S. 66ff. und 2024, S. 44). Die Evaluation des *Institute for Applied Research on Aging* von Ende 2024 ergab umfassende Wirkungen sowohl auf Ebene des Individuums und seiner Familie wie auch auf Ebene der erweiterten Community und Gemeinde. Empfohlen wird die »*langfristige Verankerung von Community Nursing als neues, bevölkerungsorientiertes, wohnortnahes und aufsuchendes Gesundheitsangebot*« (ebd., XVIII). Angestrebt seitens der alten Regierung aus ÖVP und Grünen war eine Übernahme in die Regelversorgung mit Fokussierung auf ältere zu Hause lebende Menschen ab 75 Jahren. Das Regierungsprogramm 2025-2029 »*Jetzt das Richtige tun. Für Österreich*« der Koalition aus ÖVP, SPÖ und Neos sieht die Fortführung vor (a. a. O., S. 114: www.spoe.at/aktuelles/regierungsprogramm-wir-bringen-oesterreich-wieder-auf-kurs/; 27.2.2025).

In Deutschland beinhaltete die Entkommunalisierung, die die Einführung der Pflegeversicherung mit sich brachte, eine falsche Weichenstellung. Entsprechend gehen Forderungen schon länger dahin, die Gestaltungskraft der Kommunen zurückzugewinnen (siehe etwa FES/KdA 2013). Welche Potenziale gehoben werden können, wenn die Pflegeinfrastrukturplanung und die Schaffung von Unterstützungsstrukturen als kommunale Pflichtaufgabe ausgestaltet ist, zeigt sich in den Ländern, die bei der Langzeitpflege entweder schon lange auf diesem Pfad unterwegs sind (Skandinavien) oder in der jüngeren Vergangenheit entsprechende Umorientierungen vorgenommen haben wie die Niederlande ab 2015[10] resp. Österreich ab 2022. Dass die Gesundheitsausgaben insgesamt dort weniger stark angestiegen sind als in Deutschland, könnte damit zusammenhängen.

Zwar thematisierte im Jahr 2016 der 7. Altenbericht der Bundesregierung, dass die Rolle der Kommunen einer Aufwertung bedarf, die Impulse des Berichts wurden aber kaum umgesetzt. Bei der Bund-Länder-AG, mit der ein Anlauf zur Stärkung kommunaler Verantwortung genommen werden sollte, war das Scheitern vorprogrammiert;

---

10 Zum 1.1.2015 erfolgte die Übertragung der Gesamtzuständigkeit für die Pflege und Betreuung nicht dauerhaft schwerstpflegebedürftiger Menschen an die Kommunen. Für die Cure- und Care-Komponente der Langfristpflege existieren nun separate Systeme. Die Pflege von Menschen mit dauerhaftem Intensivpflegebedarf erfolgt beitragsfinanziert über das Langzeitpflegegesetz (WLZ 2015); die Betreuung und Unterstützung von Menschen, deren Selbstständigkeit weniger stark eingeschränkt ist, wird von den Kommunen im Rahmen des Sozialunterstützungsgesetzes (WMO 2015) organisiert. Zur Finanzierung wurden Mittel an die Kommunen umverteilt. Näheres siehe Van der Ham, L. et al. (2018).

Bereitschaft, den Kommunen originär Zuständigkeiten und Finanzen zu übertragen, bestand nicht. Das Dritte Pflegestärkungsgesetz (PSG III) vom 23.12.2016 (BGBl. I Nr. 65, 28.12.2016, 3191), mit dem die Empfehlungen der Bund-Länder-AG umgesetzt wurden, nennt als Ziel die Verbesserung der Steuerung, Kooperation und Koordination von Beratung und Pflege in den Kommunen, ohne dafür die Voraussetzungen zu schaffen. So eröffnete das Gesetz die Möglichkeit, dass neben den anderen Akteuren zukünftig auch Kommunen einen Beitrag zur Beratung von Pflegebedürftigen erbringen können. Die Hürden wurden aber so hoch gelegt, dass von den vorgesehenen 60 befristeten Modellvorhaben (§§ 123, 124 SGB XI) kein einziges zustande kam und im SGB XI zwischenzeitlich ersetzt wurden durch neue, im Zeitraum von 2025 bis 2028 durchzuführende Modellvorhaben. Das gleiche Schicksal wie die Beratungsmodellvorhaben ereilte die Postulierung »*gemeinsamer Verantwortung*« von Ländern, Kommunen, Pflegeeinrichtungen und Pflegekassen für Ausbau und Weiterentwicklung »*der notwendigen pflegerischen Versorgungsstrukturen*« (§ 8 I SGB XI). Sie geht rechtlich ins Leere, weil nach § 69 SGB XI der Sicherstellungsauftrag ausschließlich bei den Pflegekassen liegt. Praktisch zudem kann eine am Bedarf der örtlichen Bevölkerung ausgerichtete Sicherstellung bedarfsgerechter Versorgungsstrukturen nur von einer Körperschaft wahrgenommen werden, die die örtlichen Gegebenheiten kennt und für die Gesamtbevölkerung Verantwortung trägt. Die noch 95 gesetzlichen Kassen (Stand: 1.1.2025) – Gleiches gilt für die privaten Kassen – tragen aber nur für ihre jeweiligen Mitglieder Verantwortung und sind vor Ort kaum bis gar nicht verankert. Notwendig ist ergo die Beendigung derzeitiger Verantwortungsdiffusion durch Ausgestaltung als kommunale Pflichtaufgabe mit Zuweisung erforderlicher Finanzmittel.

Fazit

Seit Jahren verharrt das System der Langzeitpflege in einer tiefgreifenden Krise. Die Symptome sind hinlänglich dokumentiert und analysiert. Sie reichen vom Fehlen einer nachhaltig am Bedarf ausgerichteten Finanzierung, Infrastrukturplanung und Steuerung über Defizite bei der Versorgungsqualität bis zu Personalengpässen und der verschleppten Aufwertung des Pflegeberufs. Untätigkeit ist der Politik nicht vorzuwerfen. Zu registrieren ist eine hyperventilierende gesetzgeberische Tätigkeit, die aber nur auf die kurzfristige Systemstabilisierung gerichtet ist. Die Verweigerung grundlegender Reformen führt dazu, dass Deutschland gegenüber vergleichbar hochentwickelten Ländern immer mehr ins Hintertreffen gerät. Auch der Koalitionsvertrag der Ende 2024 implodierten Ampel-Regierung enthielt keine vorwärtsweisende Strategie.

Einige Ankündigungen gleichwohl hätten im Kleinen einen Fortschritt bedeuten können. So sollte das neue Berufsbild der »Community Health Nurse« geschaffen werden (Koalitionsvertrag 2021, S. 82 und es gab das Versprechen: »*Wir gestalten eine rechtssichere Grundlage für die 24-Stunden-Betreuung im familiären Bereich*« (ebd., S. 81). Beides wurde nicht eingelöst. Bezogen auf die Regulierung des grauen Pflegemarktes hat die dazu eingesetzte Arbeitsgruppe noch nicht einmal Empfehlungen vorgelegt. Dabei hätte Österreich, wo der graue Pflegemarkt bereits seit 2007 politisch reguliert ist, Vorbild sein können (vgl. Heintze 2023, S. 54, 63f.). Allerdings hätten Finanzmittel mobilisiert werden müssen. Dazu aber fehlte und fehlt die Bereitschaft.

Literatur/Quellen

Auth, D. (2013): Ökonomisierung der Pflege – Formalisierung und Prekarisierung von Pflegearbeit, in: WSI-Mitteilungen 66 (6), S. 412-422.

Bannenberg, N. et al. (2021): Preventive Home Visits, in: American Journal of Health Economics, 4 (7): www.journals.uchicago.edu/doi/abs/10.1086/714988, abgerufen am 10.2.2025.

Barmer (Hg.) (2023): Barmer Pflegereport 2023. Pflegebedürftige im Krankenhaus, Schriftenreihe zur Gesundheitsanalyse, Bd. 44 (Autoren: Rothgang, H. / Müller, R.), Berlin.

Bobsin, R. (2018): Finanzinvestoren in der Gesundheitsversorgung in Deutschland. 20 Jahre Private Equity – Eine Bestandsaufnahme, Hannover.

Bundesagentur für Arbeit (2024): Berichte: Blickpunkt Arbeitsmarkt – Arbeitsmarktsituation im Pflegebereich, Nürnberg.

Bundesministerium für Familie, Senioren, Frauen und Jugend / BMFSFJ (2016): Siebter Bericht zur Lage der älteren Generation in der Bundesrepublik Deutschland. Sorge und Mitverantwortung in der Kommune – Aufbau und

Sicherung zukunftsfähiger Gemeinschaften und Stellungnahme der Bundesregierung, BT-Drs. 18/10210 vom 2.11.2016 (zit. als 7. Altenbericht).
Bundesministerium für Familie, Senioren, Frauen und Jugend (2024): Achter Bericht über die Entwicklung der Pflegeversicherung und den Stand der Pflegerischen Versorgung in der Bundesrepublik Deutschland, BT-Drs. 20/13900 vom 22.11.2024.
Bundesministerium für Familie, Senioren, Frauen und Jugend (2025): Neunter Altersbericht: Alt werden in Deutschland – Vielfalt der Potenziale und Ungleichheit der Teilhabechancen, BT-Drs. 20/14460 vom 9.1.2025.
Bundesministerium für Gesundheit (BGM) (Hg.): Zahlen und Fakten zur Pflegeversicherung, fortlaufend (Stand zuletzt: 15.7.2024).
Destatis (fortlaufend bis 2024): Pflegestatistik – Pflege im Rahmen der Pflegeversicherung 2023 – Deutschlandergebnisse, Statistischer Bericht.
DGB (2018): Arbeitsbedingungen in der Alten- und Krankenpflege. So beurteilen die Beschäftigten die Lage (Sonderauswertung DGB-Index »Gute Arbeit«, September 2018), https://index-gute-arbeit.dgb.de/, abgerufen am 6.1.2025.
DGB (2023): Arbeitsbedingungen in der Pflege revisited. Was hat sich in den vergangenen Jahren getan), DGB-Index Gute Arbeit, Kompakt 02/2023.
Friedrich-Ebert-Stiftung (FES) / Kuratorium Deutsche Altenhilfe (KdA) (Hg.) (2013): Gute Pflege vor Ort. Das Recht auf eigenständiges Leben im Alter, in: WISO-Diskurs, August 2013, Bonn.
Gesetz zur sozialen Absicherung des Risikos der Pflegebedürftigkeit (Pflege-Versicherungsgesetz – PflegeVG) von 1993, BT-Drs. 505/93.
Heintze, C. (2015a): Auf der Highroad – der skandinavische Weg zu einem zeitgemäßen Pflegesystem: ein Vergleich zwischen fünf nordischen Ländern und Deutschland; Expertise im Auftrag der Abteilung Wirtschafts- und Sozialpolitik der Friedrich-Ebert-Stiftung (WISO-Diskurs, 2. Auflage), Bonn, http://library.fes.de/pdf-files/wiso/11337.pdf, abgerufen am 24.2.2025.
Heintze, C. (2015b): Institutionell ausgerichtete Pflegeversorgung – der skandinavische Weg, in: Wissenschaftliches Institut der AOK (WIdO) / Jacobs, K. et al. (Hg.) (2015): Pflege-Report 2015. Pflege zwischen Heim und Häuslichkeit, Stuttgart, S. 55-71.
Heintze, C. (2018): Pflege in der Dauerkrise. Die Logik des Marktes geht zu Lasten des Pflegepersonals und der Qualität. (Online-Publikation 2018 unter: www.alternative-wirtschaftspolitik.de/de/article/502.cornelia-heintze.html?sstr=Cornelia|Heintze, abgerufen am 10.2.2025).
Heintze, C. (2023): Weniger Ungleichheit und ein besserer Sozialstaat, Langfassung von Kapitel 6 des MEMORANDUM 2023 der Arbeitsgruppe Alternative Wirtschaftspolitik, www.alternative-wirtschaftspolitik.de/de/article/10656841.kapitel-6-memo-2023.html¸ abgerufen am 10.2.2025.
Heintze, C. (2024): Langzeitpflege und Pflegeberuf. Wo und wie sich Österreich einen Vorsprung erarbeitet hat, in: Dr. med Mabuse 266, 4(49), S. 76-78.
Institute for Applied Research on Aging (Hg.) (2024): Evaluation Community Nursing Österreich. Endbericht (Autoren: Pichler, Ch. et al.), Villach, https://cn-oesterreich.at/das-pilotprojekt/evaluation, abgerufen am 13.1.2025.

Kirchner, I. (2024): Caring Communities – Vision und Handlungsbedarfe, in: WIdO (2024), S. 27-41.

Koalitionsvertrag 2021-2025 zwischen der Sozialdemokratischen Partei Deutschlands (SPD), Bündnis 90/Die Grünen und den Freien Demokraten (FDP): Mehr Fortschritt wagen. Bündnis für Freiheit, Gerechtigkeit und Nachhaltigkeit, www.spd.de/koalitionsvertrag2021/, abgerufen am 10.2.2025.

Rang, R. / Schmitt, H. (2024): Finanzinvestoren in der Pflegebranche. Fallstudie Private Equity am Beispiel der Alloheim-Pflegegruppe, HBS-Working Paper 327.

Rothgang, H. (2023): Zur Notwendigkeit einer Finanz- und Strukturreform der Pflegeversicherung, in: Bundesgesundheitsblatt Gesundheitsforschung Gesundheitsschutz 25;66(5), S. 498-507, https://pmc.ncbi.nlm.nih.gov/articles/PMC10163102/, abgerufen am 24.2.2025.

Rothgang, H. / Domhoff, D. (2019): Die Pflegebürgerversicherung als Vollversicherung, in: HBS-Working Paper 150, www.boeckler.de/fpdf/HBS-007293/p_fofoe_WP_150_2019.pdf, abgerufen am 10.2.2025.

Schulten, Th. et al. (2022): Tarifverträge und Tarifflucht in Nordrhein-Westfalen, Study Nr. 30 der Hans-Böckler-Stiftung, Düsseldorf.

SGB XI – Soziale Pflegeversicherung – vom 26. Mai 1994 (BGBl. I, S. 1014f.), bis zur Fassung vom 30. Mai 2024.

Valk-Draad, M. P. et al. (2023): Pflegeheim-sensitive Krankenhausfälle und Ansätze zur Verringerung der Hospitalisierung von Pflegeheimbewohnerinnen und -bewohnern, Bundesgesundheitsbl. 66, 199-211, https://doi.org/10.1007/s00103-022-03654-4, abgerufen am 10.2.2025.

Van der Ham, Lia et al. (2018): De Wmo 2015 in praktijk, Den Hague (The Netherlands Institute for Social Research).

Wissenschaftliches Institut der AOK (WIdO) / Jacobs, K. et al. (Hg.) (2019): Pflege-Report 2019. Mehr Personal in der Langzeitpflege – aber woher?, https://link.springer.com/book/10.1007/978-3-662-58935-9.

Wissenschaftliches Institut der AOK (WIdO) / Schwinger, A. et al. (2024) (Hg.): Pflege-Report 2024. Ankunft der Babyboomer – Herausforderungen für die Pflege, https://link.springer.com/chapter/10.1007/978-3-662-70189-8_2.

11 Rentenpolitische Schicksalsjahre

Angesichts der Gefahr, dass auch die nächste Bundesregierung droht, die Ausfahrt für eine Solidarreform der Rentenversicherung zu verpassen, will die *Arbeitsgruppe Alternative Wirtschaftspolitik* zeigen, dass es durchaus Alternativen zu den derzeit diskutierten Vorschlägen der Politik gibt. Die Versprechen, dass private und betriebliche Vorsorgesysteme die wachsenden Lücken der gesetzlichen Rentenversicherung (GRV) schließen würden, haben sich in der Vergangenheit nicht bewahrheitet und werden auch zukünftig nicht erfüllt werden können. Für die *Arbeitsgruppe Alternative Wirtschaftspolitik* ist der entscheidende Maßstab für die Gestaltung der Alterssicherung die Frage, welche Ziele erreicht werden sollen. Es geht um Lebensstandardsicherung im Alter und den sozialen Ausgleich in der Gesellschaft. Angesichts der aktuellen legitimatorischen Herausforderungen unserer sozialstaatlich verfassten Demokratie durch neoliberale sowie neofaschistische Angriffe auf das sozialstaatliche Prinzip ist eine Orientierung an diesen Zielen wichtiger denn je.

Scheitern des Rentenpakets II und der drohende Verfall des Rentenniveaus

Die Einführung der Riester-Rente nach der Jahrtausendwende und die damit verbundene Drei-Säulen-Politik der Alterssicherung hatten tiefgreifende Auswirkungen auf die gesetzliche Rentenversicherung. Diese Maßnahmen führten nicht zu einer wegweisenden Reform, sondern zu einer Verschlechterung der Rentenpolitik – insbesondere durch eine zunehmende Entkoppelung der Rentenanpassung von der Bruttolohnentwicklung durch die Rentenreformen von 2001 (Einführung des Riester-Faktors) und 2004 (Einführung des Nachhaltigkeitsfaktors). Die Folgen der zunehmenden Entkopplung von Durchschnittslöhnen und Rentenhöhen zeigen sich in dem insbesondere in den 2000er Jahren stark sinkenden Rentenniveau von 52,9 % im Jahr 2000 auf mittlerweile 48 %. Durch Änderungen wie den Riester-Faktor und den

Nachhaltigkeitsfaktor wurde das Rentenanpassungsverfahren mehrfach modifiziert. Das führte vielfach zu einer Dämpfung der Renten gegenüber der allgemeinen Einkommensentwicklung.[1]

Nur bis zum Ende dieses Jahres ist das Rentenniveau gegen ein weiteres Absinken gesichert. Das 2018 beschlossene Rentenversicherungs-Leistungsverbesserungs- und -Stabilisierungsgesetz legte damals zwei Haltelinien fest: Das Rentenniveau darf bis zum Jahr 2025 nicht unter 48 % fallen und der Beitragssatz nicht über 20 % steigen. Eine Verlängerung der Absenkungsgarantie ist dringend geboten. Mussten die automatischen Anpassungen der bisherigen doppelten Haltelinie nur marginal greifen, stehen laut Prognosen der Bundesregierung insbesondere in den nächsten Jahren wesentliche Verschlechterungen des Rentenniveaus an. Dieses droht ohne Stabilisierungsgarantie weiter kontinuierlich bis zum Jahr 2038 auf 45,2 % abzusinken (BMAS 2024).

Eine Verlängerung der Garantie gegen diesen dramatischen Absturz des Rentenniveaus sollte durch das Rentenpaket II der Ampel-Regierung geschaffen werden. Dieses Gesetzespaket enthielt eine Haltelinie von 48 % für das Rentenniveau, die für einen ersten Abschnitt bis zum 1. Juli 2039 in der Rentenanpassungsformel gesetzlich verankert werden sollte. Dem Vorhaben wurden im Zuge der Koalitionsquerelen des Jahres 2024 im Gesetzgebungsprozess immer wieder Steine in den Weg gelegt. Insbesondere die FDP war in der zweiten Jahreshälfte stark bemüht, das Rentenpaket im legislativen Prozess so stark auszubremsen, dass es schließlich gemeinsam mit der Ampel-Koalition ein Ende fand.

Sozialpolitisch steuert Deutschland mit der ungelösten Frage der Sicherung des Rentenniveaus auf einen weiteren Verfall der Leistungsfähigkeit der GRV zu. Die negativen Folgen der Dämpfungsfaktoren werden mitsamt dem Anpassungsdruck durch den demografischen Wandel weiter auf das Rentenniveau durchschlagen. Der Fokus der politischen Reformen bis 2014 lag stark auf der Beitragssatzstabilität und damit der Einengung des Finanzrahmens der GRV nach der

1 Siehe zu den entsprechenden Reformen der GRV den ausführlichen Beitrag in *Arbeitsgruppe Alternative Wirtschaftspolitik* (2021): MEMORANDUM 2021. Corona – Lernen aus der Krise! Alternativen zur Wirtschaftspolitik, Köln, S. 143ff.

sich die Leistungsseite durch ein sinkendes Rentenniveau anpassen musste. Seit diesem Paradigmenwechsel in der Alterssicherung wird eingefordert, dass private und betriebliche Vorsorge die Leistungen der gesetzlichen Rentenversicherung ersetzen sollen – und zwar umso mehr, je niedriger das Rentenniveau ist. Diese Erwartungen der damaligen Befürworter der Riester-Reformen haben sich nicht realisiert. Die Zahl der Riester-Verträge ist seit nun fast zehn Jahren rückläufig bzw. stagniert. Die Riester-Rente selbst ist für die Versicherungswirtschaft, die gerne immense Versicherungsgebühren auf ohnehin schon teure Versicherungsprodukte einstrich, zum Ende hin ein »Ladenhüter«. Und auch die Verteilungswirkung von Riester-Förderung wird immer wieder kritisiert: Gerade diejenigen Gruppen, die aufgrund ihrer Arbeitsmarktlage eine nur geringe Altersrente zu erwarten haben, nutzen die Riester-Förderung zur Aufstockung ihrer Niedrigrenten am wenigsten (DGB 2023).

Die Rentenniveaugarantie des Rentenpakets II hätte die Anpassungsrichtung wieder umgedreht, wonach sich der Finanzrahmen und der Beitragssatz an der festen Leistungsgröße von 48 % Rentenniveau hätte orientieren und damit anwachsen müssen. Die Verweigerung einer gesetzlichen Haltelinie des Rentenniveaus hätte zur Folge, dass die GRV weiter gesellschaftlich delegitimiert werden würde: In ihrer Lebensstandardsicherungsfunktion, weil der Lebensstandard im Ruhestand maßgeblich davon abhängt, ob die Rente mit den Lohnerhöhungen Schritt hält. Und zum anderen in ihrer Funktion sozialer und existenzieller Absicherung im Alter. Je geringer das Rentenniveau, umso schwieriger wird es für Beschäftigte auch mit einer kontinuierlichen Erwerbsbiografie eine Rente zu erhalten, die am Ende über der Grundsicherung liegt.

Altersarmut

Das sinkende Rentenniveau ist einer der wesentlichen Gründe für die zunehmende Zahl an armutsgefährdeten Rentner*innen in Deutschland.[2] In dem Zeitraum zwischen 2005 und 2023 hat sich die Armuts-

2 Vgl. für Zahlen www.sozialpolitik-aktuell.de/files/sozialpolitik-aktuell/_Politikfelder/Alter-Rente/Datensammlung/PDF-Dateien/abbVIII54_Grafik_Monat_11_2016.pdf.

gefährdung der entsprechenden Altersgruppe von 11,0 % auf 18,3 % erhöht. Frauen sind dabei mit 20,8 % nochmals sehr viel stärker altersarmutsgefährdet als Männer. Letzten Informationen der Bundesregierung nach ist die Armutsgefährdungsquote auch im Jahr 2024 auf ein neues Rekordhoch von 19,6 % geklettert, so dass nun mehr in absoluten Zahlen 3,54 Millionen Menschen betroffen sind.[3] Schon seit einiger Zeit verläuft der Anstieg der Armutsgefährdung bei den über 65-Jährigen stärker als in der Gesamtbevölkerung.[4] Die neben dem sinkenden Rentenniveau dafür maßgeblichen weiteren Gründe sind facettenreich und gut erforscht (Bäcker 2008).

Zu den Gründen gehören die durch die Deregulierung des Arbeitsmarktes verschlechterten Rentenansprüche. Diese entstehen durch Beiträge vom jeweiligen Erwerbseinkommen. Sie spiegeln also wider, inwieweit Rentenbezieher*innen die Chance hatten, durch stabile Erwerbsbiografien auch stabile Rentenansprüche zu erwerben. Bei dem berühmten »Eckrentner« wird unterstellt, dass er 45 Jahre lang ohne Unterbrechung in Vollzeit den Durchschnittslohn bezogen hat. Dieser Eckrentner ist inzwischen auch bei Männern eine Ausnahme geworden. Die heutigen Rentenbezieher*innen haben häufig Phasen der Arbeitslosigkeit hinter sich oder mussten zu Niedriglöhnen arbeiten – das hat vor allem die Rentenansprüche in Ostdeutschland gesenkt. Frauen mit Kindern arbeiten häufig Teilzeit und zu Niedriglöhnen. Für Arbeitslosengeld-Bezieher*innen werden nur Beiträge in Höhe von 80 % des vorherigen Einkommens in die Rentenkasse eingezahlt. Für Bürgergeld-Bezieher*innen werden keine Entgeltpunkte gutgeschrieben. Diese Zeit gilt nur als Anwartschaftszeit. Niedriglöhne senken aufgrund der entsprechend niedrigen Beiträge ebenfalls die Rentenansprüche. Für Erziehungszeiten entstehen zwar Rentenansprüche (wie im Fall der sogenannten »Mütterrente«) für 3 Jahre. Das reicht aber vielfach nicht aus. Die meisten Eltern (meist

3 Redaktionsnetzwerk Deutschland: Zahl der armutsgefährdeten Rentner steigt auf Rekordhoch, 3.2.2025, www.rnd.de.

4 Schon jetzt hat die reale Entwicklung der Altersarmut, die Prognosen, die von Haan et al. (2017) erstellt wurden und eine Entwicklung der Altersarmutsgefährdung bis 2036 bei 20 % sahen, fast überholt.

Frauen) arbeiten länger in Teilzeitarbeit, was die Rentenansprüche entsprechend mindert.

Den Missstand zunehmender Altersarmut sollte die 2021 eingeführte Grundrente abmildern. Mit ihr wird ein Zuschlag auf die eigene Rente gezahlt. Voraussetzung ist eine geringe Rente bei langer Beitragszeit (mindestens 33 Jahre; für vollen Grundrentenzuschlag sind 35 Jahre erforderlich). Trotz der Einführung der Grundrente konnte diese den Trend der ansteigenden Armutsgefährdung in der Altersgruppe der Über-65-Jährigen zwar mildern, aber nicht abbremsen. Grund dafür ist auch, dass durch die Grundrente wegen der Zugangsbeschränkungen nur ein Teil der Grundsicherungsberechtigten profitiert, denn sie ignoriert Menschen, deren Beschäftigungszeiten den Grenzwert von 33 Jahren nicht erreichen.

Ein Rentensystem, in dem abhängig Beschäftigte Ansprüche entsprechend Erwerbseinkommen erwerben, braucht ein stabiles Erwerbssystem ohne Niedriglohn, mit niedriger Arbeitslosigkeit und mit der Möglichkeit, stabile Erwerbsarbeit und Familie zu vereinbaren. Zusätzlich müssen Zeiten der Arbeitsunterbrechung – ob Arbeitslosigkeit, Erziehungszeiten, lange Krankenphasen – besser bewertet werden. Zudem müssen Niedriglöhne bei den Rentenansprüchen aufgewertet werden.

Aktienrente und Generationenkapital – bevorstehender Einstieg in die Teilkapitaldeckung?

So wenig ausreichend die Leistungsseite der GRV ausgestaltet ist, so herausfordernd ist auch die Baustelle der Finanzierungsseite angesichts der demografischen wie sozialen Herausforderungen der Zukunft. Die Debatte um Lösungsansätze zur Stärkung des Finanzrahmens der GRV wird dabei kontrovers diskutiert. Die Debatten der letzten Legislatur waren dabei von dem Einstieg in die Teilkapitaldeckung geprägt. In erster Linie zählte dazu das sogenannte »Generationenkapital«. Mit dem Generationenkapital sollte eine neue, zusätzliche und kapitalgedeckte Komponente zur Finanzierung der gesetzlichen Rentenversicherung geschaffen werden. Der dafür notwendige Kapitalstock von 12 Milliarden Euro sollte durch Darlehen aus dem Bundeshaushalt und Eigenmitteln des Bundes aufgebaut und öffentlich-rechtlich verwaltet werden. Mit der jährlichen Erhöhung des Kapitalstocks um 3 Prozent peilte man das Ziel an, bis zum Jahr 2036 ein Kapitalvolumen von 200 Milliarden Euro aufzubauen und der gesetzlichen Rentenversicherung zuzuführen. Mit den Ausschüttungen war die Erwartung verknüpft, dass ab 2040 eine Einsparung von 0,3 Beitragssatzpunkten erzielt werden könnte. Das alles unter der Prämisse, dass man die entstandenen Verwaltungs- und Refinanzierungskosten zusätzlich erwirtschaftet.

Gewerkschaften kritisierten diesen Weg als »Schritt ins Ungewisse«[5]. Die Umsetzung dieser Idee hätte kaum zur Sicherung der Rente beigetragen und wäre eine kreditfinanzierte Wette auf unklare Erträge in der Zukunft gewesen. Ob man entsprechende Erträge selbst zur Erreichung des überschaubaren Effekts von 0,3 Beitragssatzpunkten hätte wirklich erwirtschaften können, ist mehr als fraglich. Politisch besonders bedenklich wäre aber gewesen, dass man mit dem Generationenkapital die Rente erstmals direkt und institutionell mit der Entwicklung der Finanzmärkte verknüpft und damit den Türspalt für weitere Reformen der Rentenversicherung in Richtung Kapitaldeckung geöffnet hätte.

Sollte das Projekt eines Einstiegs in die Teilkapitaldeckung der Rentenversicherung auch in der Bundesregierung ab 2025 Anhänger*innen finden, wäre noch offen, welche Reformoption – Anlage von Haushaltsmitteln vs. Anlage von Versicherungsbeiträgen – beschritten werden wird. Die einstigen Koalitionspartner FDP und Bündnis 90/Die Grünen haben in ihren Wahlprogrammen zur Bundestagswahl ihre in der Koalition nicht realisierten Projekte neu aufgelegt. Diesmal – im Fall der FDP – als »Gesetzliche Aktienrente« in Anlehnung an das schwedische Rentenmodell; und – im Fall von Bündnis 90/Die Grünen – in Form eines »Bürgerfonds« als breiter gedachte Neuauflage des Generationenkapitals. Sollte die Debatte über Elemente der Finanzmarktfinanzierung in der nächsten Legislatur unvermeidlich werden, wird in der politischen Bewertung wichtig sein, dass man eine doppelte Haltelinie

5 IG Metall: Rentenpaket II: Ein Schritt vorwärts und ein Schritt ins Ungewisse, Pressemitteilung vom 5.3.2024, www.igmetall.de.

(Urban 2022) beibehält: Dazu zählt zum Ersten die Verhinderung der Spekulationen mit Beitragsmitteln – auch wenn dies »nur« die Nachhaltigkeitsrücklagen der Rentenversicherung betreffen sollte. Dieses Prinzip wird zumindest von SPD und Grünen bisher auch noch als rote Linie formuliert. Zum Zweiten zählt dazu die Absage an eine Verbindung zwischen Kapitalerträgen und Rentenhöhe. Es muss dringend vermieden werden, dass das Risiko einer gescheiterten Anlagepolitik die gesetzlich Rentenversicherten selbst tragen.

Solidarische Alternativen zur Stärkung des Finanzrahmens der GRV

Die Apologeten des Finanzmarktkapitalismus stellen die Hinwendung zur Kapitaldeckung sowie die Förderung privater Zusatzvorsorge gerne als den alternativlosen Ausweg aus der drohenden Finanzierungslücke der GRV dar. Die »Dramatisierung als politische Strategie« (Bäcker 1986) ist auch heute noch gang und gäbe und beliebt bei all denjenigen, die angesichts der vermeintlichen Unfinanzierbarkeit des Systems entweder eine grundsätzliche Hinwendung zur kapitalgedeckten Altersvorsorge anstreben oder zwar im System der Umlagefinanzierung bleiben wollen, dafür aber für eine Absenkung des Rentenniveaus oder Erhöhung der Regelaltersgrenze plädieren.[6] Entscheidende Faktoren für die Finanzierbarkeit des Systems waren, sind und bleiben dafür aber die Entwicklung der Produktivität, des Arbeitsmarktes, der sozialversicherungspflichtigen Beschäftigung, der Arbeitseinkommen und Verbreitung von Tariflöhnen. Wer sich vermeintlich besorgt angesichts der Finanzierungsbedarfe zukünftiger Rentnergenerationen zeigt, findet hier Ansatzpunkte politischer Reformprojekte.

Doch auch das System selbst beinhaltet viele Stellschrauben, an denen gedreht werden kann, um auf solidarischem Wege Potenziale des historisch erfolgreichen Umlagesystems zu heben. In aller Kürze sind dabei nur zwei zu nennen:

---

6 So zum Beispiel das Mitglied des Sachverständigenrats Veronika Grimm in ihrem Sondervotum zum Jahresgutachten 2024, in dem sie sowohl für die stärkere Privatisierung als auch die Anhebung der Regelaltersgrenze bzw. Abschaffung der »Rente mit 63« plädiert. Siehe Sachverständigenrat zur Begutachtung der gesamtwirtschaftlichen Entwicklung (2024), S. 144ff.

Solidarischer Mix aus Steuern und Beiträgen: Angesichts der sozialen wie demografischen Herausforderungen kann kaum bestritten werden, dass ein höherer paritätischer Beitragssatz nötig sein wird. Die tatsächliche Höhe des Beitragssatzes wird aber unter anderem dadurch beeinflusst sein müssen, in welchem Umfang Leistungsverbesserungen auf dem Feld gesamtgesellschaftlicher Aufgaben systemgerecht aus zusätzlichen Steuermitteln finanziert werden. Diese sogenannten gesamtgesellschaftlichen Aufgaben (wie z. B. die Mütterrente) erfüllen eine wichtige sozialpolitische Funktion, sind aber derzeit noch unzureichend aus Steuermitteln gegenfinanziert und belasten daher die GRV.[7] Zu kritisieren sind in dem Zusammenhang auf jeden Fall die jüngst erfolgten Kürzungen der Steuerzuschüsse zum Zweck der Entlastung des Bundeshaushalts angesichts der Erfordernisse der Schuldenbremse.

Erwerbstätigenversicherung: Die gesetzliche Rentenversicherung ist eng auf den Status als Arbeitnehmer*in zugeschnitten. Insbesondere für Beamt*innen und einen Teil der Selbstständigen gibt es eigene Systeme der Alterssicherung. Rund zwei Drittel der Selbstständigen und Freiberufler*innen haben hingegen keine obligatorische Sicherung für die Risiken Alter, Invalidität und Tod. Dies betrifft insbesondere Solo-Selbstständige, die allein vom Verkauf ihrer eigenen Arbeitskraft leben und keine Angestellten haben. Für den Neuaufbau einer solidarischen Alterssicherung ist es daher perspektivisch von zentraler Bedeutung, dass alle Erwerbstätigen in einem gemeinsamen System pflichtversichert sind. Alle Sozialverbände und Teile der DGB-Einzelgewerkschaften fordern daher langfristig die Weiterentwicklung der gesetzlichen Rentenversicherung zu einer Erwerbstätigenversicherung, in der alle zukünftigen Selbstständigen, Beamt*innen – und auch Politiker*innen – versichert sind.

7 Nach einer von Fiscal Future aufgestellten Berechnung für den VdK wurden von der DRV gesamtgesellschaftliche Aufgaben in Höhe von 108,2 Milliarden Euro übernommen. Zum Ausgleich dessen wurden Bundeszuschüsse in Höhe von 84,3 Milliarden Euro gezahlt. Daraus ergibt sich eine Unterfinanzierung von jährlich 23,9 Milliarden Euro (VdK 2025).

Fazit: Baustellen und Reformperspektiven

In Zeiten einer sich zuspitzenden wirtschaftlichen Krise und industrieller Strukturbrüche wirkt die derzeitige rentenpolitische Debatte um drohende Rentenkürzungen, längere Lebensarbeitszeiten und die Kapitalisierung der Beiträge wie Benzin auf das Feuer gesellschaftlicher Unsicherheiten. Aufgabe der Gewerkschaften und Sozialverbände wird es sein, die Parteien dahingehend zu ermahnen.

Die Sicherung des Lebensstandards im Alter und der Schutz vor Altersarmut gehören zu den Kernversprechen des Sozialstaats. Lebensstandardsicherung und Armutsvermeidung im Alter rücken aber für immer größere Teile der Bevölkerung in weite Ferne. Gerade die junge Generation droht mit sinkenden Leistungen und steigenden Beiträgen zum Opfer dieser Politik zu werden. Fehlt die Perspektive auf ein leistungs- und bedarfsgerechtes Leben im Alter, droht auch die Überzeugung für den Wert sozialer Leistungen und solidarischer Versicherungssysteme insgesamt verloren zu gehen. Die gesellschaftliche Verunsicherung könnte damit noch weitgehender in eine gesellschaftliche Zuwendung zum Rechtspopulismus umschlagen.

Insbesondere in diesen politisch schwierigen Zeiten würden Gewerkschaften und Sozialverbände daher gut daran tun, wenn sie nicht schon den Kompromiss als Forderung formulieren, sondern mit mutigen Vorstellungen zum Erhalt und Ausbau des Sozialstaats die Politik vor sich hertreiben würden. Eine umfassende Reform der gesetzlichen Rentenversicherung muss beide Prinzipien der gesetzlichen Rentenversicherung adressieren: das leistungsgerechte Äquivalenzprinzip und das Solidarprinzip des sozialen Ausgleichs. Und sie muss glaubhaft darstellen können, wie die finanziellen Rahmenbedingungen geschaffen werden können, damit diese auch in Zeiten des demografischen Wandels finanziert werden können. Dazu zählen insbesondere:

- Die Stabilisierung des Rentenniveaus und schrittweise spätere Anhebung.
- Die Stärkung der Grundsicherung im Alter, Verzicht auf Einkommensanrechnung bei der Grundrente sowie verbesserte Anwartschaften für Zeiten mit Niedriglohnverdienst und für Bürgergeldbezieher*innen.

- Die Einführung einer solidarischen Erwerbstätigenversicherung, in die alle Berufsgruppen einbezogen werden. Verbesserte Anwartschaften für Zeiten mit Niedriglohnverdienst, und für ALG-II- Bezieher*innen.
- Höhere Bundeszuschüsse, die mindestens die Kosten für die Übernahme gesamtgesellschaftlicher Aufgaben, die von den Rentenversicherungsträgern getragen werden, abdecken.
- Der Fortbestand der abschlagsfreien Rente nach 45 Versicherungsjahren (sogenannte »Rente mit 63«) und keine Erhöhung des Renteneintrittsalters, stattdessen gesicherte und flexible Altersübergänge.

Literatur/Quellen

Arbeitsgruppe Alternative Wirtschaftspolitik (2021): MEMORANDUM 2021. Corona – Lernen aus der Krise! Alternativen zur Wirtschaftspolitik, Köln.

Bäcker, Gerhard (1986): Bevölkerungsentwicklung und Alterssicherung. Argumente und Scheinargumente, Probleme und Scheinprobleme, in: MEMO-Forum Nr. 9, 3/1986, S. 56-86.

Bäcker, Gerhard (2008): Altersarmut als soziales Problem der Zukunft?, in: Deutsche Rentenversicherung, Jg. 63, 2008, Nr. 4, S. 357-367, www.sozialpolitik-aktuell.de.

Blank, Florian (2022): Schweden: Nur bedingt vorbildlich, in: Böckler Impuls 7/2022, S. 6, www.boeckler.de.

BMAS – Bundesministerium für Arbeit und Soziales (2024): Rentenversicherungsbericht 2024. Berlin, www.bmas.de

BMWK – Bundesministerium für Wirtschaft und Klimaschutz (2024): Wachstumsinitiative – neue wirtschaftliche Dynamik für Deutschland, in: Schlaglichter Wirtschaftspolitik 08/24, S. 8-12.

DGB (2023): Private Altersvorsorge kein sinnvoller Beitrag zum sozialpolitischen Ziel einer guten Alterssicherung. Stellungnahme. Berlin, www.dgb.de.

Haan, Peter et al. (2017): Entwicklung der Altersarmut bis 2036. Trends, Risikogruppen und Politikszenarien. Bertelsmann Stiftung, Gütersloh, www.bertelsmann-stiftung.de.

Sachverständigenrat zur Begutachtung der gesamtwirtschaftlichen Entwicklung (2024): Versäumnisse angehen, entschlossen modernisieren. Jahresgutachten, Wiesbaden.

Urban, Hans-Jürgen (2014): »Flexi-Rente« und Altersübergang: Flexibler Ausstieg oder Arbeiten bis zum Ende?, in: Soziale Sicherheit 7/2014, S. 262-267.

Urban, Hans-Jürgen (2022): Von der Aktienrente profitieren nicht die Versicherten, sondern die Finanzmärkte, in: Die Welt, 15.11.2022, www.welt.de.
VdK (2025): VdK Faktenblatt. VdK-Forderungen, Einnahmenanalyse Sozialversicherungssystem und steuerpolitisches Konzept, www.vdk.de.

Bitte beachten Sie auch die nachfolgenden Seiten.

ANZEIGE

Heinz-J. Bontrup

Arbeit, Kapital und Staat

Plädoyer für eine demokratische Wirtschaft

6., erweiterte Auflage
Paperback
773 Seiten, € 38,00
ISBN 978-3-89438-326-8

Für die Risiken von Großbanken, Versicherungen und Pensionsfonds, die mit ihren Spekulationen 2007 ff. die schwerste und bis heute fortschwelende Krise seit Jahrzehnten ausgelöst haben und sie weiterhin anheizen, darf der Staat gerade stehen. Trotzdem gelten Liberalisierung und Privatisierung nach wie vor als Heilsbringer der Wirtschaftspolitik, gerade so, als sei nichts passiert. Die Ergebnisse sind erschreckend: Anhaltende Massenarbeitslosigkeit, fortschreitender Sozialabbau, um sich greifende Prekarisierung. Demgegenüber bietet Heinz-J. Bontrup auf der Basis einer fundierten einzel- und gesamtwirtschaftlichen Analyse ein Konzept, das weit über die Krise hinausweist: Eine demokratisierte Wirtschaft, die den allgemeinen Wohlstand erhöht und nicht nur den Reichtum einer kleinen Schicht mehrt. Wer sich auf Bontrups Standardwerk einlasse, schrieb die *Frankfurter Rundschau* zur 1. Auflage, werde »reichlich mit Erkenntnisgewinn und Argumentationskompetenz belohnt«.

PapyRossa Verlag

ANZEIGE

Christoph Butterwegge

Umverteilung des Reichtums

Paperback
223 Seiten, € 16,90
ISBN 978-3-89438-831-7

Warum nimmt die soziale Ungleichheit seit Jahren zu? Welche Rolle spielen dabei Wirtschaftsstrukturen, Eigentumsverhältnisse und Verteilungsmechanismen? Mit welchen Narrativen werden die beträchtlichen Einkommens- und Vermögensunterschiede gerechtfertigt? Christoph Butterwegge beleuchtet die Politik unterschiedlicher Bundesregierungen und fragt, weshalb sich die Kluft zwischen Arm und Reich nach der »Zeitenwende« und zusätzlichen Rüstungsanstrengungen weiter vertieft. Er nimmt den Niedriglohnsektor, den »Um-« bzw. Abbau des Sozialstaates sowie die Steuerentlastungen für Wohlhabende in den Blick. Wie lässt sich die Entwicklung aufhalten und verhindern, dass die Reichen noch reicher und die Armen noch zahlreicher werden? Angesichts der Umverteilung von Unten nach Oben setzt das Buch eine Rückverteilung des Reichtums auf die Agenda. Abschließend wird diskutiert, ob neben zahlreichen Einzelmaßnahmen die Umgestaltung des bestehenden Wirtschaftssystems nötig ist.

PapyRossa Verlag

ANZEIGE

VSA: Epochenbrüche | Interregnum

Rudolf Hickel
Schuldenbremse oder »goldene Regel«?
Verantwortungsvolle Finanzpolitik für die sozial-ökologische Zeitenwende | Eine Flugschrift
96 Seiten | € 12.00
ISBN 978-3-96488-226-4
Nun haben selbst Konservative verstanden, dass die Schuldenbremse notwendige Reparaturen an der Infrastruktur blockiert. Sie vor allem für eine nach oben offene Aufrüstung zu lockern, ist allerdings fatal. Erforderlich ist ihre Abschaffung, damit sozial-ökologische Zukunftsinvestitionen nachhaltigen Wohlstand für alle ermöglichen.

Klaus Lang
Die rechte Mitte
Konservative Radikalisierung von CDU und CSU?
Eine Flugschrift
120 Seiten | € 12.00
ISBN 978-3-96488-236-3
Ein Blick auf die neue Kanzlerpartei, ihre gesellschaftlichen Hintergründe und in deren Geschichte.

Ingar Solty
Trumps Triumph?
Gespaltene Staaten von Amerika, autoritärer Staatsumbau, neue Blockkonfrontation
Eine Flugschrift
120 Seiten | € 12.00
ISBN 978-3-96488-238-7
Hintergründe zur Wahl, zu Programm & Personal des Autokraten.

Sozialismus.de

Monatlich in der gedruckten Ausgabe Artikel zu aktuellen Anlässen sowie Analysen zu Hintergründen und auch immer etwas Theorie. Jahresabo: € 85 (11 Hefte + 6 Supplements); Ermäßigt: € 65 | Kennenlern-Abo (3 Hefte): € 20. Täglich umsonst im Netz: Kurzanalysen & Kommentare zwischen den Printausgaben unter www.Sozialismus.de.

www.vsa-verlag.de